Langenscheidt

Praktisches Lehrbuch
Französisch

von Micheline Funke
und Braco Lukenic

Langenscheidt

Berlin · München · Wien · Zürich · New York

Zeichnungen: Karin Bauer
Grafik: Ute Weber
Titelgestaltung: Independent Medien-Design
Lektorat extern: Zohra Toumia
Sprachliche Beratung: Geneviève Lohr, Agnès Bloumentzweig

Ergänzende Hinweise, für die wir jederzeit dankbar sind, bitten wir zu richten an:
Langenscheidt Verlag, Postfach 40 11 20, 80711 München

www.langenscheidt.de

© 2005 Langenscheidt KG – Berlin und München
Druck: Druckerei Heenemann, Berlin
Printed in Germany
ISBN-13: 978-3-468-26154-1
ISBN-10: 3-468-26154-3

3. 4. 5. 6. 7. * 10 09 08 07 06

Wegweiser

Herzlich willkommen! Sie haben sich entschlossen, Französisch zu lernen – und Sie wollen sich über die bloße Verständigungsmöglichkeit hinaus intensiver mit der Fremdsprache beschäftigen. Dieser Praktische Lehrgang wird Ihnen gründliche Kenntnisse des Französischen vermitteln. Sie werden die häufigsten 1.800 Wörter und die wichtigsten grammatischen Strukturen kennen lernen, ideale Voraussetzungen also, um auf Französisch Situationen des Alltags schriftlich oder mündlich zu bewältigen. Außerdem können Sie sich mit diesem Kurs auf das Level B1 der Europäischen Sprachenzertifikate (TELC) vorbereiten, das Sie beispielsweise bei einer Volkshochschule ablegen können.

Sie haben sich entschieden, zu Hause und wahrscheinlich ohne Lehrer Französisch zu lernen. Weil wir Sie dabei nicht allein lassen wollen, haben wir das Buch durchgängig klar strukturiert und darauf geachtet, besonders ausführliche und einfache Erklärungen, anschauliche Beispiele und nützliche Lerntipps aufzunehmen. In den folgenden beiden Abschnitten erfahren Sie, wie die Lektionen strukturiert sind und wie Sie mit dem Buch arbeiten können.

Wie sind die Lektionen aufgebaut?

Alle Lektionen sind gleich aufgebaut, so dass Sie sich im Buch leicht zurechtfinden werden. Blättern Sie am besten einmal ein paar Seiten durch, damit Sie sich selbst einen Eindruck verschaffen können.

Auf der ersten Seite finden Sie neben der Lektionsnummer einen Kasten, der Ihnen verrät, was Sie in der Lektion erwartet. Danach geht es richtig los: Jede Lektion beginnt mit einem **Lesetext**, der aus der „echten" Alltagswelt Frankreichs kommt und ein Beispiel für eine der vielen Textsorten der geschriebenen Sprache darstellt. Für das schnellere Verständnis haben wir eine Übersetzung hinzugefügt.

In der Rubrik **„Quoi de neuf ?"** *Was gibt es Neues?* wird Ihnen der Grammatikschwerpunkt der jeweiligen Lektion erklärt. Mit Hilfe der Erklärungen und der Beispiele aus dem ersten Text wird Ihnen schnell deutlich werden, was es hier zu lernen gilt.

Anschließend folgt der Haupttext der Lektion, ein **Dialog**, der Sie vor allem mit dem gesprochenen Französisch vertraut macht. Diesen Text finden Sie im Anhang auch übersetzt sowie auf den CDs ⊙ vertont, so dass Sie Aussprache, Rhythmus und Melodie der französischen Sprache erleben können. Alle Texte werden selbstverständlich von französischen Muttersprachlern gesprochen.

Im „**Vocabulaire**", der Wörterliste zu jeder Lektion, sind alle neuen Wörter aus den beiden Texten der Reihenfolge nach aufgeführt und übersetzt. Um Ihnen bei der Aussprache zu helfen, haben wir in den ersten fünf Lektionen auch jeweils die Lautschrift hinzugefügt. Manchmal finden Sie hinter einem Wort eine Anmerkung, die Ihnen einen Hinweis darauf gibt, wie das Wort konjugiert, in einem spezifischen Zusammenhang verwendet oder einer bestimmten Wortart zugeordnet wird. Die Wörterlisten sind zum Teil recht lang. Sie müssen aber nicht alle Wörter gleichermaßen intensiv lernen. Die normal gedruckten Wörter benötigen Sie zwar für das Verständnis des Textes, Sie müssen sie jedoch an dieser Stelle nicht aktiv beherrschen. Die fett gedruckten Wörter dagegen sollten Sie sehr gut lernen. Sie gehören zum festgelegten Wortschatz der Europäischen Sprachenzertifikate (TELC).

Der anschließende Abschnitt „**Grammaire**" macht Sie Schritt für Schritt mit den Strukturen der Grammatik vertraut. Was Sie als Grammatikschwerpunkt bereits in „Quoi de neuf ?" kennen gelernt haben, wird hier ausführlich behandelt und vertieft, auch neue Grammatikthemen werden angesprochen. Sie müssen sich aber nicht durch die ganze Grammatik einer Lektion arbeiten, bevor Sie die Übungen machen können. Die Angaben in dem gelben Pfeil   hinter den Zwischenüberschriften verraten Ihnen, welche Übungen welchen Grammatikthemen zugeordnet sind. Und falls Sie einen grammatischen Begriff nicht verstehen, können Sie ihn in der **Liste der grammatischen Fachausdrücke** auf Seite 16 nachschlagen.

In „**Savoir dire**" *Sprachliches Know-how* zeigen wir Ihnen, wie Sie die Sprache verwenden, um alltägliche Situationen auf Französisch zu meistern. Lernen Sie die Wörter und Redewendungen gut, und beeindrucken Sie Ihre Gesprächspartner auf Ihrer nächsten Reise durch „waschechtes" Französisch!

Unter „**Expressions utiles**" finden Sie weitere nützliche Ausdrücke, die zu den Themen der Lektion gehören. Diese Wörter und Wendungen sollten Sie sich gut einprägen.

Sie können übrigens alle französischen Wörter, die im Buch vorkommen, auch im **Glossar** am Ende des Buchs nachschlagen. Dort finden Sie neben der kontextbezogenen Übersetzung und der Angabe der Lektion, in welcher das Wort erstmalig in dieser Bedeutung vorkommt, auch die Lautschrift für alle Wörter. Zusätzliche Lektionsangaben verweisen auf weitere kontextbezogene Bedeutungen.

Interessante **Informationen** über Land und Leute finden Sie überall dort, wo das Symbol **i** erscheint.

Am Ende jeder Lektion heißt es: Üben, Üben und nochmals Üben. Dazu dienen Ihnen die vielen „**Exercices**". Durch zahlreiche Übungstypen erhalten Sie die Gelegenheit, den Wortschatz und die neu erlernten grammatischen Strukturen vielfältig und abwechslungsreich anzuwenden. Die Übungen sollten Sie schriftlich lösen. Sie können das Buch dabei als Arbeitsmaterial benutzen und Ihre Antworten oder Notizen direkt hineinschreiben – in der Regel ist Platz dafür vorgesehen. Die Lösungen aller Übungen sind im Anhang abgedruckt.

Auf den beiden Übungs-CDs bieten wir Ihnen ein abwechslungsreiches **Hör- und Sprechtraining**, das Sie in die verschiedensten Alltagssituationen versetzt. Es ist den Lektionen im Buch direkt zugeordnet.

Nach jeweils fünf Lektionen können Sie Ihre Lernfortschritte anhand eines **Tests** überprüfen. Erst wenn Sie sich beim Lösen der Tests wirklich sicher fühlen, sollten Sie sich den nächsten Lektionen zuwenden. Die Auswertung und die Lösungen zu den Tests finden Sie im Anhang.

Wie sollten Sie mit dem Buch arbeiten?

Grundsätzlich gilt hier wie beim Sprachenlernen überhaupt: Nehmen Sie sich nicht zu viele Seiten auf einmal vor. Üben Sie stattdessen lieber täglich. 30 Minuten reichen schon.

Bevor Sie mit der ersten Lektion beginnen, sollten Sie sich zunächst unseren Einstieg auf der ersten Übungs-CD anhören, der Ihnen einen Eindruck von der Aussprache des Französischen vermittelt. Lesen Sie anschließend die Ausspracheregeln auf den Seiten 12-15 des Buches und sprechen Sie alle Beispiele mehrmals laut nach.

Nun können Sie mit der ersten Lektion beginnen. Lesen Sie den ersten Text und erschrecken Sie nicht vor den vielen unbekannten Wörtern. Bei diesem Text ist es nämlich gar nicht wichtig, dass Sie ihn Wort für Wort verstehen. Es genügt, wenn Sie erkennen, worum es geht. Markieren Sie zunächst einmal alle Wörter, die Sie ohne Hilfe der Übersetzung und ohne Wörterbuch verstehen.

Sie werden erstaunt sein, wie viele das sind! Auf diese Weise trainieren Sie nach und nach Ihre Fähigkeit, mit fremdsprachigen Texten umzugehen, ohne jedes Wort zu verstehen.

Ganz anders sollten Sie mit dem Dialog, dem eigentlichen Haupttext jeder Lektion verfahren. Da dieser Text aus der gesprochenen Alltagssprache kommt, ist es wichtig, ihn zu hören, also hautnah mit Melodie und Rhythmus zu erleben. Hören Sie sich also den Dialog zunächst ein- oder zweimal ohne Buch an und notieren Sie sich alles, was Sie verstanden haben. Das können einzelne Wörter, ganze Satzteile oder auch nur ein paar Assoziationen sein. Damit Ihnen das Zuhören und Verstehen leichter fällt, haben wir alle Dialoge der zwanzig Lektionen auch in einer etwas verlangsamten Geschwindigkeit aufgenommen. Vielleicht hilft es Ihnen, den Text in mehrere kleine Hör-Etappen zu unterteilen. Hören Sie anschließend den ganzen Dialog noch einmal an. Erst jetzt sollten Sie dabei das Buch vor sich liegen haben. Wenn Sie mit Hilfe des „Vocabulaire" und eventuell der Übersetzung das Gefühl haben, den Text gut zu verstehen, sollten Sie ihn laut vorlesen. Setzen Sie dabei ruhig Ihr schauspielerisches Können ein und imitieren Sie unsere Sprecher!

Um die neuen Wörter auch langfristig im Gedächtnis zu behalten, kann es sinnvoll sein, sie aufzuschreiben. Sehr bewährt hat sich dabei eine Lernkartei

(Zettelkasten). Ein kleiner Tipp: Lernen Sie alle Wörter am besten gleich mit dem Artikel.

Die schriftlichen Übungen im Buch dienen dazu, Grammatik, Wortschatz und die Grundlagen der Aussprache zu üben. Mit Hilfe des Lösungsschlüssels im Anhang können Sie jederzeit überprüfen, ob Sie alles richtig gemacht haben. Um das Hören und Sprechen zu erlernen, sollten Sie regelmäßig mit den beiden Übungs-CDs arbeiten. Bei einigen dieser Hörübungen werden Sie das Buch brauchen, z.B. um eine Lücke auszufüllen oder um etwas anzukreuzen. Alle anderen sollten Sie aber möglichst ohne Buch lösen, denn schließlich geht es bei diesen Übungen ja darum, Hörverständnis und Sprechfertigkeit zu trainieren! Zur Kontrolle finden Sie jedoch unmittelbar vor der jeweiligen Lösung eine Verschriftlichung des Hörtextes – auf die Sie aber wirklich nur im Notfall zurückgreifen sollten.

Und nun viel Spaß und viel Erfolg!

Abkürzungen

abr	*abréviation,* Abkürzung
adj	*adjectif,* Adjektiv, Eigenschaftswort
adv	*adverbe,* Adverb, Umstandswort
f	*féminin,* feminin, weiblich
F	*familier,* Umgangssprache
inf.	*infinitif,* Infinitiv, Grundform
inv	*invariable,* unveränderlich
loc	*locution,* Redewendung
m	*masculin,* maskulin, männlich
pl	*pluriel,* Plural, Mehrzahl
pr	*pronom,* Pronomen, Fürwort
prép	*préposition,* Präposition, Verhältniswort
qc	*quelque chose,* etwas
qn	*quelqu'un,* jemand
subj.	*subjonctif*
subst.	*substantif,* Substantiv, Hauptwort
v/imp	*verbe impersonnel,* unpersönliches Verb, Tätigkeitswort

Inhaltsverzeichnis

Wegweiser 3
Abkürzungen 6
Lektionsübersicht 8
Aussprache, Betonung und Schreibweise 12
Grammatische Fachausdrücke 16

Lektion 1 19
Lektion 2 31
Lektion 3 43
Lektion 4 55
Lektion 5 67
Test 1 79

Lektion 6 81
Lektion 7 94
Lektion 8 106
Lektion 9 117
Lektion 10 129
Test 2 141

Lektion 11 143
Lektion 12 155
Lektion 13 167
Lektion 14 178
Lektion 15 187
Test 3 197

Lektion 16 199
Lektion 17 209
Lektion 18 218
Lektion 19 227
Lektion 20 238
Test 4 251

Übersetzung der Dialoge 253
Hör- und Sprechtraining 268
Verbtabelle 294
Lösungen zum Lektionsteil 305
Lösungen zu den Tests 314
Lösungen zum Hör- und Sprechtraining 316
Glossar 332

Lektionsübersicht

	Texte	Themen / Sprechabsichten	Grammatik
1	**Lesetext** Website: *www.paris. french-lessons.com* **Dialog** *Premiers contacts*	Sich begrüßen und sich verabschieden Sich / jemanden vorstellen Nach dem Befinden fragen Das französische Alphabet **Info:** *Bonjour !*	Die Verben *être* und *s'appeler* im Präsens Die Subjektpronomen Die betonten Personalpronomen Die Intonationsfrage
2	**Lesetext** Preisliste: *Tarif* **Dialog** *Rendez-vous au café*	Eine Getränkekarte verstehen Etwas bestellen Die Wochentage Die Grundzahlen 1 – 20 **Info:** *Les cafés*	Der bestimmte Artikel Das Substantiv Der unbestimmte Artikel Die Verben auf -er im Präsens Die Fragesätze
3	**Lesetext** Einladungen: *Invitations / Réponses* **Dialog** *Bon anniversaire !*	Angaben zur eigenen Person machen Einladen, auf eine Einladung reagieren Zum Geburtstag gratulieren Die Grundzahlen ab 21 **Info:** *On fait la fête ?*	Die Verben *avoir, aller, faire, prendre* im Präsens Der Fragebegleiter *quel* Die Ländernamen und Nationalitäten Die Angleichung der Adjektive
4	**Lesetext** Kleinanzeigen: *Petites annonces* **Dialog** *À la recherche d'un appartement*	Sich orientieren Eine Wohnung beschreiben Die Uhrzeit angeben Die Ordnungszahlen **Info:** *Les transports en commun*	Die Sonderformen der Adjektive Die Verben *connaître, savoir, devoir, pouvoir* im Präsens Die Verneinung mit *ne... pas* und *ne... plus* Die Stellung des Adjektivs Ortsangaben
5	**Lesetext** Prospekt: *En promotion* **Dialog** *Des goûts et des couleurs*	Informationen austauschen Meinung, Gefallen ausdrücken Monate und Jahreszeiten Angabe des Datums Die Farben **Info:** *Les courses*	Die Verben auf -ir und die Verben auf -re im Präsens Das unregelmäßige Verb *vouloir* im Präsens Die direkten Objektpronomen der 3. Person Die Demonstrativbegleiter

Texte	Themen / Sprechabsichten	Grammatik	
Lesetext Restaurantführer: *Les bonnes adresses du* *Petit Malin* **Dialog** *Au restaurant*	Telefonische Reservierung im Restaurant Bestellen im Restaurant: Wie bestellt man was? **Info:** *Au restaurant*	Besondere Verben auf -*er* im Präsens: *manger,* *commencer, payer* Das unregelmäßige Verb *boire* Der Teilungsartikel *du,* *de la, de l'* Mengenangaben	6
Lesetext Bewerbung: *Changement professionnel* **Dialog** *C'est de la part de qui ?*	Sich vorstellen Ein Bewerbungsgespräch Ein offizielles Telefon- gespräch Ein Lebenslauf **Info:** Das französische Schulsystem	Das *passé composé* mit *avoir* Das unregelmäßige Verb *dire* Die Possessivbegleiter	7
Lesetext Anrufbeantworter: *Un* *message sur le répondeur* **Dialog** *Nice ou Venise ?*	Ein privates Telefongespräch (mit Nachricht auf dem Anrufbeantworter) Argumentieren Eine Schlussfolgerung ausdrücken Über das Wetter reden **Info:** Französische Umgangssprache	Das *passé récent /* *futur proche* Weitere Verben auf -*ir:* *sortir, partir* Die direkten und indirekten Objektpronomen (Formen und Stellung)	8
Lesetext Postkarte: *Bons baisers de Venise* **Dialog** *Comment vont* *les amours ?*	Von einer Reise erzählen Eine Person beschreiben Eine Postkarte schreiben In der Vergangenheit erzählen **Info:** *Fêtes en France*	Besondere Verben: *écrire,* *offrir, découvrir, recevoir* Das *passé composé* mit *être*	9
Lesetext Umfrage: *Les jobs d'étudiants* **Dialog** *Interview*	Über die Arbeit reden Über Geld reden **Info:** *Le minitel*	Unregelmäßige Verben: *mettre, voir, lire* Der Begleiter *tout* Die reflexiven Verben	10

Lektionsübersicht

	Texte	Themen / Sprechabsichten	Grammatik
11	**Lesetext** Gebrauchsanweisung: *Bon à savoir !* **Dialog** *Bien choisir*	Sich informieren Sich beraten lassen Eine technische Funktion erklären Ein Handy beschreiben **Info:** Französische Rufnummern	Formen und Stellung der Adverbien Das Relativpronomen *qui* als Subjekt
12	**Lesetext** Ratgeber Gesundheit: *Limitez les effets du blues saisonnier* **Dialog** *Le blues saisonnier*	Über Stimmungen reden Sport und Gesundheit **Info:** Ausgehen und Sport treiben	Der Imperativ: Formen und Funktion Die Stellung der Objektpronomen beim Imperativ
13	**Lesetext** Tagebuch: *Hier et aujourd'hui* **Dialog** *Changement de programme*	Über Erinnerungen sprechen Über die Familie reden Einen Termin absagen **Info:** *La 2 CV, la deuche*	Das *imparfait* (Imperfekt) Der Gebrauch des *passé composé* und des *imparfait* Verben mit Infinitivergänzung
14	**Lesetext** Bericht: *Minijupe – maxisuccès* **Dialog** *Soldes d'été*	Über Kleidung und Mode reden Einen Vergleich formulieren **Info:** Mode in Frankreich	Der Komparativ des Adjektivs Der Komparativ des Adverbs
15	**Lesetext** Praktische Hinweise: *Infos pratiques pour voyager en avion* **Dialog** *À l'agence de voyage*	Am Flughafen Einen Flug buchen Auskünfte einholen Planen Einen Computer benutzen **Info:** *Offres de voyage sur Internet*	Das *futur* (Futur) Formen und Gebrauch des *futur*
16	**Lesetext** Ratschläge: *Quelques conseils pour bien choisir vos lunettes* **Dialog** *Tu devrais changer de lunettes*	Ratschläge erteilen Gefallen, Missfallen außern Formen beschreiben **Info:** *L'Hexagone*	Das *conditionnel* (Konditional) Formen und Gebrauch des *conditionnel* Die Demonstrativpronomen

Texte	Themen / Sprechabsichten	Grammatik	
Lesetext Auszug aus einem Reiseführer: *Visite des caves de champagne Du Barry à Reims* **Dialog** *Excursion à Reims*	Ein Arbeitstreffen vorbereiten Einen Ausflug organisieren Zeitangaben **Info:** Was Sie über Weine wissen müssen	Der Bedingungssatz Die Pronomen *en* und *y*	17
Lesetext Werbetext: *Europauto, leader de la location à bas prix* **Dialog** *Location de voiture Europauto*	Ein Auto mieten Ein Auto beschreiben Verhandeln können Sich beschweren **Info:** *Les autoroutes en France*	Der Superlativ des Adjektivs und des Adverbs	18
Lesetext Lokale Nachrichten: *Fête de quartier* **Dialog** *Stand commun*	Umwelt und Lebensqualität Hilfe anbieten Jemanden einschätzen **Info:** *Les marchés aux puces*	Der *subjonctif présent* (Teil 1) Das *plus-que-parfait*	19
Lesetext Frauenzeitschrift Test: *Êtes-vous prêt(e) pour le mariage ?* **Dialog** *Vive les mariés !*	Über das Privatleben sprechen Gefühle ausdrücken Auf eine Bitte / Nachricht reagieren Familienanzeigen **Info:** *Vive les mariés !*	Zusammenfassung der Relativpronomen Die Veränderlichkeit des *participe passé* Der *subjonctif présent* (Teil 2)	20

Aussprache, Betonung und Schreibweise

Das französische Alphabet

In Lektion 1 finden Sie eine übersichtliche Darstellung mit Beispielen. Zum Üben der Aussprache finden Sie auf CD 1/Dialoge das französische Alphabet vertont.

Aussprache der Vokale, Halbvokale und Konsonanten

Hier finden Sie die wichtigsten Regeln zur Aussprache der einzelnen Buchstaben. Zur Verdeutlichung sind jeweils einige Beispielwörter hinzugefügt.

Phonetikzeichen Vokale	Beispielwörter	Wie wird ausgesprochen?
[a]	ami [ami], balle [bal]	helles **a** wie in B**a**ll
[ɑ]	pas [pɑ], pâte [pɑt]	dunkles **a** wie ah in B**ah**n
[ɑ̃]	dans [dɑ̃], lampe [lɑ̃p]	ein nasal gesprochenes **a**
[e]	aimer [ɛme], café [kafe], chez [ʃe]	geschlossenes **e**, wie in S**ee**
[ɛ]	lait [lɛ], neige [nɛʒ], mère [mɛʀ], tête [tɛt]	offenes **e**, wie in W**e**lt oder wie **ä** in h**ä**tte
[ɛ̃]	bain [bɛ̃], plein [plɛ̃], vin [vɛ̃]	ein offenes, nasal gesprochenes **e**
[ə]	petit [p(ə)ti] , que [kə]	sehr kurzes ö, wie am Wortende in bitt**e**, oft kaum noch zu hören
[i]	ici [isi], Tahiti [taiti]	wie **i** in n**ie**
[o]	eau [o], hôtel [otɛl], rose [ʀoz],	geschlossenes **o** wie in B**oo**t
[ɔ]	donner [dɔne], fort [fɔʀ]	offenes **o** wie in M**o**rd
[õ]	combien [kõbjɛ̃], rond [ʀõ]	nasal gesprochenes **o**
[ø]	deux [dø], Europe [øʀɔp], peu [pø]	geschlossenes **ö** wie in b**ö**se
[œ]	beurre [bœʀ], heure [œʀ], sœur [sœʀ]	offenes **ö**, etwa in H**ö**lle
[œ̃]	brun [bʀœ̃], parfum [paʀfœ̃]	nasales ö, oft wie ɛ̃ gesprochen
[u]	amour [amuʀ], route [ʀut]	geschlossenes **u** wie in M**u**t
[y]	rue [ʀy], sud [syd]	geschlossenes **ü** wie in m**ü**de

Halbvokale

[j]	bien [bjɛ̃], fille [fij], payer [peje]	wie deutsches **j** in jetzt oder wie **i** in Eier und Hai
[w]	moi [mwa], oui [wi], voir [vwarʀ]	ein kurzes, gleitendes **u**, immer vor anderen Vokalen
[ɥ]	huit [ɥit], lui [lɥi], nuit [nɥi]	ein kurzes, gleitendes **ü**, immer vor anderen Vokalen

Konsonaten

[p]	apporter [apɔʀte], pomme [pɔm]	stimmloses **p**, aber ohne Behauchung fast wie deutsch b
[t]	terre [teʀ], thé [te], vite [vit]	stimmloses **t**, aber ohne Behauchung, fast wie deutsch d
[k]	café [kafe], qui [ki],	stimmloses **k**, aber ohne Behauchung, fast wie deutsch g
[b]	bain [bɛ̃], bon [bõ]	weicher **b**-Laut wie in geben
[d]	dans [dã], monde [mõd]	weicher **d**-Laut wie in müde
[g]	gare [gaʀ], guitare [gitaʀ]	weicher **g**-Laut wie in fliegen
[f]	neuf [nœf], photo [foto]	wie deutsches **f**
[v]	vent [vã], vous [vu]	wie deutsches **w**
[s]	son [sõ], tasse [tas], ces [se] glaçon [glasõ], nation [nasjõ]	stimmloser **s**-Laut wie in Wasser
[ʃ]	chou [ʃu], mâcher [maʃe]	wie **sch** in Scholle, Fisch
[z]	rose [ʀoz], zéro [zeʀo]	stimmhaftes **s** wie in Sonne
[ʒ]	jaune [ʒon], majeur [maʒœʀ], ranger [ʀãʒe], gilet [ʒilɛ]	stimmhafter **sch**-Laut wie **g** in Etage
[l]	long [lõ], aller [ale]	wie deutsches **l**
[m]	mère [mɛʀ], comment [kɔmã]	wie deutsches **m**
[n]	nez [ne], année [ane]	wie deutsches **n**
[ɲ]	gagner [gaɲe], vigne [viɲ]	**nj**-Laut wie in Kampagne
[ŋ]	camping [kapiŋ]	wie deutsch -**ng** inDing
[ʀ]	rouge [ʀuʒ]	wie deutsches, im Rachen gesprochenes **r**, aber kein gerolltes **r**

Betonung

In der französischen Lautschrift wird nie ein Betonungszeichen angegeben, weil jedes Wort einen eigenen Ton hat, sondern immer der ganze Satz oder der Satzteil. Betont wird immer auf der allerletzten Silbe. Dabei zählt ein stummes **e** am Wortende nicht mit, es wird dann die Silbe davor betont: Il vient chez moi [ilviɛ̃ʃemwa]

Bindung

In der französischen Aussprache sehr wichtig ist die *liaison*, das heißt die Aussprache eines sonst nicht gesprochenen Konsonanten am Wortende, wenn ein Vokal oder ein „stummes h" folgt. Gebundene Wörter müssen dem Sinn nach zusammengehören.

Unerlässliche Bindungen:
Artikel + Substantiv: *lesamis*
Pronomen + Substantiv: *cesamis*
Zahlwort + Substantiv: *troisamis*
Adjektiv + Substantiv: *un grandhôtel*
Pronomen + Verb: *ilsont*
nach folgenden Präpositionen: *chez, dans, en, sans, sous*
nach folgenden Adverbien: *très, tout, plus, moins*
Achtung: Unmöglich ist die Bindung nach *et* und vor *h aspiré*

h muet und **h aspiré**

h wird im Französischen nie ausgesprochen. Trotzdem unterscheiden die Franzosen zwei verschiedene **h**-Laute: „**h muet**" und „**h aspiré**".

h muet [aʃmɥɛ] (*stummes h*)
Französische Wörter, die mit **h** anfangen, werden so ausgesprochen, als würde das Wort mit dem folgenden Vokal anfangen:
l'homme [lɔm]   *les hommes* [lezɔm]

h aspiré [aʃaspiʀe] (*behauchtes h*)
Auch ein „**h aspiré**" wird nicht gesprochen. In diesem Fall zählt aber das „**h aspiré**" wie ein gesprochener Konsonant, d.h. es gibt keine Bindung und der Artikel **le, la** wird nicht gekürzt:

le haricot [ləaʀiko]   *les haricots* [leaʀiko]
le hasard [ləazaʀ]   *à tout hasard* [atuazaʀ]

In der Schrift werden die beiden **h** nicht unterschieden.

Akzentsetzung

Die Akzente haben im Französischen die Funktion von Hinweisen für die Aussprache oder von Unterscheidungsmerkmalen.

accent aigu (é) : z.B. apéritif; das -e wird als geschlossenes -e gesprochen
accent grave (è) : z.B. préfère; das -e wird als offenes -e = ä gesprochen
accent circonflexe (ê) oder **(ô)** : z.B être; das -e wird als offenes -e gesprochen; hôtel: das -o wird als geschlossenes -o gesprochen.

Der *accent grave* wird außerdem als Unterscheidungsmerkmal bei *a* und *u* verwendet, z.B. elle **a** (*sie hat*), **à** Paris (*in bzw. nach Paris*), **ou** (*oder*), **où** (*wo bzw. wohin*)

Orthographische Zeichen

Die Cedille: Comment **ç**a va ? (*Wie geht es?*)
Die Cedille zeigt an, dass c vor a, o, u als stimmloses s gesprochen wird.

Der Bindestrich: Donnez-moi un plan, sil vous plaît ! (*Geben Sie mir einen Plan, bitte.*)
Der Bindestrich wird bei bestimmten Verbformen und auch zur Bildung zusammengesetzter Substantive gebraucht.

Das Trema: Citro**ë**n
Das Trema zeigt die getrennte Aussprache zweier Vokale.

Der Apostroph: Qu'est-ce que c'est ? (*Was ist das?*), l'ami (*der Freund*)
Der Apostroph ersetzt bestimmte Vokale vor Wörtern, die mit Vokalen oder stummem h beginnen.

Groß- und Kleinschreibung

In der Regel beginnt im Französischen ein Wort mit einem Kleinbuchstaben. Eigennamen werden groß geschrieben: la France, Georges Gaillard, un Martini usw.
Das erste Wort eines Satzes, einer Überschrift schreibt man groß.

Grammatische Fachausdrücke

Um einen benutzerfreundlichen Überblick zu geben, sind die Begriffe sowohl in deutscher wie in französischer Sprache aufgeführt und mit Beispielen belegt. Durch den Lektionsverweis in der ersten Spalte kann der Benutzer rasch die entsprechenden grammatischen Themen im Buch nachschlagen.

französische Bezeichnungen	deutsche Bezeichnungen	Beispiele
accord **3** (par exemple des adjectifs)	Veränderlichkeit (z.B. der Adjektive)	un **petit** restaurant / une **petite** rue / **les petites** villes
adjectif **3, 4**	Adjektiv, Eigenschaftswort	un **bon** thé / une **bonne** idée
adjectif démonstratif **5**	Demonstrativbegleiter	**ce** guide / **cet** hôtel / **cette** ville / **ces** touristes
adjectif interrogatif **3**	Fragebegleiter	**Quel** âge a-t-il? *etc.*
adjectif ordinal **4**	Ordnungszahl	au **deuxième** étage
adjectif possessif **7**	Possessivbegleiter, besitzanzeigendes Fürwort	Voilà **mon** adresse : 30, rue de Rennes.
adverbe **11**	Adverb, Umstandswort	C'est une fonction **très** pratique.
article contracté **4**	zusammengezogener Artikel	Il va **au** cinéma. Il vient **du** bureau.
article défini **2**	bestimmter Artikel	**le** restaurant / **la** rue **les** vacances
article indéfini **2**	unbestimmter Artikel	**un** restaurant / **une** rue **des** vacances
article partitif **6**	Partitiv, Teilungsartikel	Je mange **du** poisson. Tu as **de la** chance.
auxiliaire	Hilfsverb	**avoir** / **être**
comparatif **14**	Komparativ, Vergleichsform	Romain est **moins** sportif que Steve.
complément d'objet direct	direktes Objekt, Akkusativobjekt	Il mange **un sandwich**.
complément d'objet indirect	indirektes Objekt, Dativobjekt	Je téléphone **à** la secrétaire.
conditionnel **16, 17**	Konditional	Tu **devrais** changer de lunettes !
conjonction	Konjunktion, Bindewort	**et**, **si**, **où** *etc.*
conjugaison	Konjugation, Beugung	
consonne	Konsonant, Mitlaut	b, c, d, f, g, *etc.*

déterminant **3, 5, 7, 10**	Begleiter, *Wörter, die vor einem Substantiv stehen, z.B. Demonstrativpronomen, Possessivpronomen usw.*	
expression de la quantité **6**	Mengenangaben	**un kilo de** tomates
féminin **1, 2**	feminin, weiblich	la rue, **une** rue
masculin **1, 2**	maskulin, männlich	le boulevard, **un** boulevard
genre **2**	Genus, Geschlecht	
futur proche **8**	unmittelbare Zukunft	Il **va faire** un voyage d'affaires à Madrid.
futur **15**	Futur, Zukunftsform	Il **téléphonera** lundi prochain.
imparfait **13**	Imperfekt	Il **était** professeur d'anglais.
impératif **12**	Imperativ, Befehlsform	**Faites** du sport !
indicatif	Indikativ, Aussageform	Elle aime les romans policiers.
indications de temps **17**	Zeitangaben	Il habite Paris **depuis** 2 ans.
infinitif	Infinitiv, Grundform	aim**er**
interrogation **2**	Fragestellung, Frageform	Est-ce que vous aimez le thé vert ?
intonation **2**	Intonation, Betonung	Vous aimez le thé vert ?
inversion **2**	Inversion, Umstellung	Aimez-vous le thé vert ?
négation **4**	Negation, Verneinung	Elle **n'**aime **pas** le thé vert.
participe passé **7, 9, 20**	Partizip Perfekt, Mittelwort der Vergangenheit	aim**é**, chois**i**, attend**u**
passé composé **7, 9**	Perfekt, vollendete Vergangenheit	**J'ai attendu** une heure. **Elle est** déjà **allée** à Rome.
passé récent **8**	unmittelbare Vergangenheit	Il **vient de** gagner un voyage.
pluriel **2**	Plural, Mehrzahl	**les** touristes
plus-que-parfait **19**	Plusquamperfekt	Il **avait passé** son enfance en Espagne.
préposition	Präposition, Verhältniswort	**chez** Sandrine, **pour** Léa, *etc.*
présent **2, 3**	Präsens(form), Gegenwart	Je **suis** au café.
pronom complément d'objet direct **8, 12**	direktes Objektpronomen	Il **te** trouve sympathique.
pronom complément d'objet indirect **8, 12**	indirektes Objektpronomen	Je **lui** téléphone souvent.
pronom démonstratif **16**	Demonstrativbegleiter, Demonstrativpronomen	Nicole ? C'est une amie, **celle** qui habite à Nice.

pronom personnel	Personalpronomen, persönliches Fürwort	
pronom personnel sujet **1**	Subjektpronomen	**je, tu, il, elle** *etc.*
pronom personnel tonique **1**	unbetontes Personalpronomen	**moi, toi** *etc.*
pronom relatif **11, 20**	Relativpronomen	C'est un vendeur **qui** est très sympathique.
radical	Stamm	nous **aim**ons
singulier **2**	Singular, Einzahl	le touriste
subordonnée **11, 17, 19**	Nebensatz	Il me téléphone **quand il vient à Paris**.
subjonctif **19, 20**	Subjonctif *(nicht vergleichbar mit dem deutschen Konjunktiv)*	Il faut que j'**aille** à Lyon la semaine prochaine.
substantif **2**	Substantiv, Nomen	**la chambre**
sujet	Subjekt, Satzgegenstand	**Elle** est architecte.
superlatif **18**	Superlativ	C'est l'offre **la plus intéressante**
verbe	Verb, Tätigkeitswort	faire, travailler
verbe impersonnel	unpersönliches Verb	Il pleut.
verbe pronominal **10**	Reflexives Verb	Je **m'appelle** Sandrine.
voyelle	Vokal, Selbstlaut	**a, e, i, o, u**

Ihre Lernziele in dieser Lektion sind:
- Sich begrüßen und sich verabschieden
- Sich / jemanden vorstellen
- Das französische Alphabet
- Die Verben **être** und **s'appeler** im **Präsens**
- Die **Subjektpronomen**
- Die **betonten Personalpronomen**

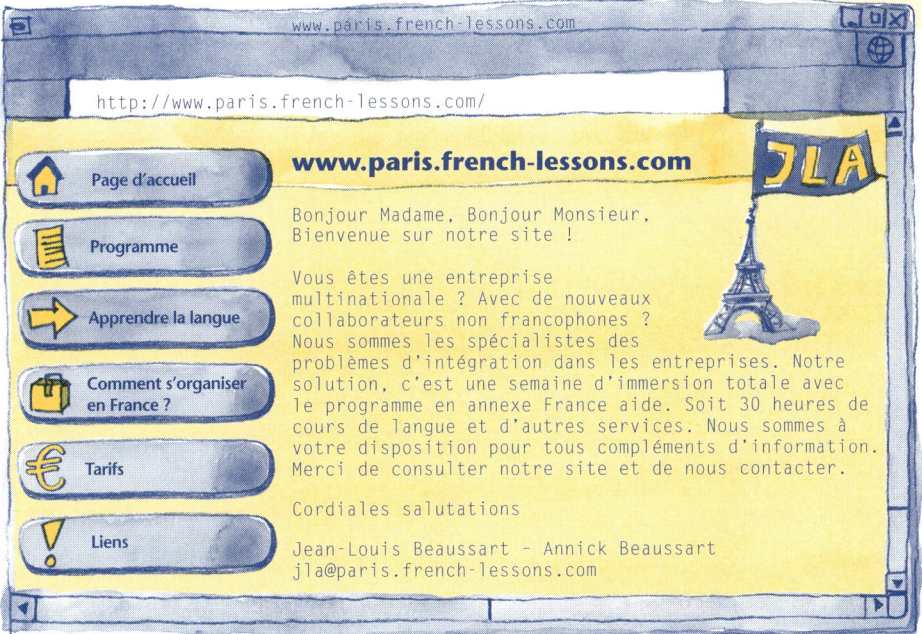

www.paris.french-lessons.com

http://www.paris.french-lessons.com/

www.paris.french-lessons.com

- Page d'accueil
- Programme
- Apprendre la langue
- Comment s'organiser en France ?
- Tarifs
- Liens

Bonjour Madame, Bonjour Monsieur, Bienvenue sur notre site !

Vous êtes une entreprise multinationale ? Avec de nouveaux collaborateurs non francophones ? Nous sommes les spécialistes des problèmes d'intégration dans les entreprises. Notre solution, c'est une semaine d'immersion totale avec le programme en annexe France aide. Soit 30 heures de cours de langue et d'autres services. Nous sommes à votre disposition pour tous compléments d'information. Merci de consulter notre site et de nous contacter.

Cordiales salutations

Jean-Louis Beaussart - Annick Beaussart
jla@paris.french-lessons.com

www.paris.french-lessons.com

Guten Tag, meine Damen und Herren,
willkommen auf unserer Website!

Sind Sie ein internationales Unternehmen? Mit neuen Mitarbeitern, deren Muttersprache nicht Französisch ist? Wir sind die Spezialisten für alle Integrationsprobleme in Unternehmen. Unsere Lösung lautet: Eine Woche intensivster Beschäftigung mit dem im Anhang aufgeführten Programm *France aide*. Das bedeutet: 30 Stunden Sprachkurs und weitere Leistungen. Für alle zusätzlichen Informationen stehen wir Ihnen gerne zur Verfügung.

Danke für Ihren Besuch unserer Website sowie Ihre Anfrage.

Mit freundlichen Grüßen
Jean-Louis Beaussart – Annick Beaussart
jla@paris.french-lessons.com

Homepage I Programm I Die Sprache lernen I Wie organisiert man sich in Frankreich? I Preise I Links

Quoi de neuf ?

Zu Beginn Ihres Sprachkurses lernen Sie, wie man Kontakte knüpft, wie man sich grüßt und sich gegenseitig vorstellt. Dafür werden **être** *sein* und **s'appeler** *heißen* verwendet, jedoch genügt es, wenn Sie sich jetzt nur jene Verbformen einprägen, die in den Texten vorkommen. Der Rest kommt dann später. Viel Erfolg!

Präsens der Verben *être* und *s'appeler*   E 4

être
sein

je	suis	*ich bin*	nous	sommes	*wir sind*
tu	es	*du bist*	vous	êtes	*ihr seid / Sie sind*
il	est	*er ist*	ils	sont	*sie sind*
elle	est	*sie ist*	elles	sont	*sie sind (feminin)*

s'appeler
heißen

je	m'appelle Sandrine	*ich heiße Sandrine*
tu	t'appelles Morgane	*du heißt Morgane*
il	s'appelle Bernard	*er heißt Bernard*
elle	s'appelle Sophie	*sie heißt Sophie*
nous	nous appelons Dubois	*wir heißen Dubois*
vous	vous appelez Gaillard	*Sie heißen / ihr heißt Gaillard*
ils	s'appellent Beaussart	*sie heißen Beaussart*
elles	s'appellent Duval	*sie heißen Duval (feminin)*

▎**Ils** s'appellent Jean-Louis et Annick Beaussart.
  Sie heißen Jean-Louis und Annick Beaussart.
Befinden sich in einer Gruppe
männliche und weibliche
Personen, so wird immer
die Form **ils** verwendet.

Premiers contacts

Dans la rue

Bernard :	Salut, Romain ! Tu vas bien ?
Romain :	Oui, merci. Et toi, comment vas-tu ?
Bernard :	Oh, ça va ! Je suis...
Romain :	Excuse-moi Bernard, voilà le bus ! Au revoir !

Dans une entreprise

Delphine :	Bonjour, je m'appelle Delphine. Tu t'appelles comment ?
Catherine :	Moi, c'est Catherine.
Delphine :	Tu es aussi stagiaire ?
Catherine :	Oui, c'est ça. Tiens, voilà Patrick ! Delphine, je te présente Patrick. Patrick, Delphine.
Delphine :	Bonjour, Patrick.
Patrick :	Bonjour, Delphine.

Dans une soirée

Georges Gaillard :	Bonsoir, je suis Georges Gaillard, vous vous appelez comment ?
Sophie Gaume :	Je m'appelle Sophie Gaume.
Georges Gaillard :	Ravi de vous connaître. Je vous présente Jean Dubois.
Jean Dubois :	Enchanté, Madame. Comment allez-vous ?
Sophie Gaume :	Très bien, merci.

1

Vocabulaire

www.paris.french-lessons.com

bonjour [bõʒuʀ]	guten Tag
Madame *f* [madam]	Frau
Monsieur *m* [məsjø]	Herr
bienvenue ! [bjɛ̃vəny]	willkommen!
sur [syʀ]	auf
notre [nɔtʀ]	unser(e,s)
le site [ləsit]	Website
vous êtes [vuzɛt]	Sie sind
être [ɛtʀ]	sein
l'entreprise *f*	Unternehmen
[lɑ̃tʀəpʀiz]	
multinationale *adj f*	international
[myltinasjɔnal]	
avec de nouveaux	mit neuen
collaborateurs	Mitarbeitern
[avɛkdənuvokɔlabɔʀatœʀ]	
avec [avɛk]	mit
nouveau *adj m* [nuvo],	neu
nouveaux *m pl* [nuvo]	
le collaborateur *m*	Mitarbeiter
[ləkɔlabɔʀatœʀ]	
non [nõ]	nein; hier: nicht
francophone *adj*	Französisch
[fʀɑ̃kɔfɔn]	sprechend
nous sommes [nusɔm]	wir sind
un, une [œ̃, yn]	ein, eine
le/la spécialiste	Fachmann,
[lə/laspesjalist]	-frau
le problème	Problem
[ləpʀɔblɛm]	
l'intégration *f*	Integration
[lɛ̃tegʀasjõ]	
dans [dɑ̃]	in
la solution [lasɔlysjõ]	Lösung
c'est [sɛ]	das ist
une semaine [ynsəmɛn]	eine Woche
l'immersion *f* [limɛʀsjõ]	Eintauchen
total *adj* [tɔtal]	vollständig;
	hier: intensiv
le programme	Programm
[ləpʀɔgʀam]	
en annexe [ɑ̃nanɛks]	im Anhang
l'annexe *f* [lanɛks]	Anhang
soit [swa]	das heißt, d.h.
l'heure *f* [lœʀ]	Stunde
le cours [ləkuʀ]	Kurs
le cours de langue	Sprachkurs
[ləkuʀdəlɑ̃g]	
la langue [lalɑ̃g]	Sprache
d'autres services	weitere
[dotʀəsɛʀvis]	Leistungen
le service [ləsɛʀvis]	Dienstleistung
à votre disposition	zu Ihrer
[avɔtʀədispozisjõ]	Verfügung
pour [puʀ]	für
le complément	Ergänzung
[ləkõplemɑ̃]	
l'information *f*	Information
[lɛ̃fɔʀmasjõ]	
merci [mɛʀsi]	danke
consulter [kõsylte]	nachsehen in
contacter [kõtakte]	Kontakt
	aufnehmen
cordiales salutations	mit freundlichen
[kɔʀdjalsalytasjõ]	Grüßen
la page d'accueil	Homepage
[lapaʒdakœj]	
apprendre [apʀɑ̃dʀ]	lernen
comment [kɔmɑ̃]	wie
s'organiser [sɔʀganize]	sich organi-
	sieren
en France [ɑ̃fʀɑ̃s]	in Frankreich
le tarif [lətaʀif]	Preis
le lien [ləljɛ̃]	Link

Premiers contacts

le premier contact	erster Kontakt
[ləpʀəmjekõtakt]	
dans [dɑ̃]	in; hier: auf

la rue [laʀy]	Straße	tu es [tyɛ]	du bist
salut ! [saly]	hallo!, grüß dich!, servus!	aussi [osi]	auch
		le/la stagiaire [lə/lastaʒjɛʀ]	Praktikant(in)
Tu vas bien ? [tyvabjɛ̃]	Geht es dir gut?	c'est ça [sɛsa]	richtig, das stimmt
bien adv [bjɛ̃]	gut		
oui [wi]	ja	tiens [tjɛ̃]	übrigens
et [e]	und	je te présente [ʒətəpʀezɑ̃t]	ich stelle dir ... vor
toi [twa]	du		
Comment vas-tu ? [kɔmɑ̃vaty]	Wie geht es dir?	présenter [pʀezɑ̃te]	vorstellen
		bonsoir [bõswaʀ]	guten Abend
ça va [sava]	es geht	la soirée [laswaʀe]	Abend, hier: Party
je suis [ʒəsɥi]	ich bin		
excuse-moi [ɛkskyzimwa]	entschuldige	je suis [ʒəsɥi]	ich bin
		Comment allez-vous ? [kɔmɑ̃talevu]	Wie geht es Ihnen?
voilà [vwala]	hier ist, hier kommt		
		vous vous appelez [vuvuzaple]	Sie heißen
le bus [ləbys]	Bus		
au revoir ! [ɔʀ(ə)waʀ]	auf Wiedersehen	ravi [ʀavi]	erfreut
		connaître [kɔnɛtʀ]	kennen lernen
je m'appelle [ʒəmapɛl]	ich heiße	je vous présente [ʒəvupʀezɑ̃t]	ich stelle Ihnen ... vor
tu t'appelles [tytapɛl]	du heißt		
s'appeler [sap(ə)le]	heißen	enchanté [ɑ̃ʃɑ̃te]	sehr erfreut
comment [kɔmɑ̃]	wie	très bien [tʀɛbjɛ̃]	sehr gut
moi [mwa]	ich		

Grammaire

1. Die Subjektpronomen   E 2

	Singular		Plural	
1. Person	je / j'	ich	nous	wir
2. Person	tu	du	vous	ihr / Sie
3. Person maskulin	il	er	ils	sie
feminin	elle	sie	elles	sie

▌ Vor Vokalen (a, e, i, o, u) und stummem h wird je zu j' verkürzt, z.B. j'arrive *ich komme*, j'habite *ich wohne*.
▌ Vous anstelle von tu ist die Höflichkeitsform.
▌ Il kann unpersönliches Pronomen sein: Il est deux heures. *Es ist zwei Uhr.*
▌ Für die dritte Person Plural gibt es eine maskuline und eine feminine Form:

Elles s'appellent **Léa et Marie** *Sie heißen Léa und Marie (feminin)*
Ils s'appellent **Romain et Pierre** *Sie heißen Romain und Pierre (maskulin)*
Ils s'appellent **Delphine et Patrick** *Sie heißen Delphine und Patrick (gemischt)*

Die Subjektpronomen werden in Verbindung mit einem konjugierten Verb gebraucht, z.B. **Je** suis Marie. *Ich bin Marie.*

2. Die betonten Personalpronomen *E 6*

		Singular		Plural	
1. Person		moi	*ich*	nous	*wir*
2. Person		toi	*du*	vous	*ihr / Sie*
3. Person	maskulin	lui	*er*	eux	*sie*
	feminin	elle	*sie*	elles	*sie*

▌Für die dritte Person Plural gibt es eine maskuline und eine feminine Form:
  Elles, elles s'appellent Léa et Marie *Sie heißen Léa und Marie (feminin)*
  Eux, ils s'appellent Romain et Pierre *Sie heißen Romain und Pierre (maskulin)*
  Eux, ils s'appellent Delphine et Patrick *Sie heißen Delphine und Patrick (gemischt)*

▌**Moi, toi** usw. werden alleinstehend gebraucht
  (d.h. ohne konjugierte Verbformen) und
  verstärken oft eine Aussage: z.B.: **Moi,**
  je m'appelle Sylvie. *Ich heiße Sylvie.*
▌nach **c'est**, z.B.: Marie, c'est **toi** ?
  Oui, c'est **moi**. *Marie, bist du's?*
  *Ja, **ich** bin's.*
▌nach Präpositionen, z.B.:
  La carte, c'est pour **toi** !
  *Die Postkarte ist für **dich**!*

3. Die Intonationsfrage *E 3*

Aussagesatz:	Il s'appelle Jean Dubois.	*Er heißt Jean Dubois.*
Fragesatz:	Il s'appelle Jean Dubois ?	*Heißt er Jean Dubois?*

Diese Frageform bilden Sie durch Heben der Stimme am Satzende. Es gibt in diesem Fall keinen Unterschied in der Wortstellung zwischen Aussage- und Fragesatz.

Savoir dire

Sich begrüßen und sich verabschieden   *E 5*

Begrüßung	freundschaftliche Beziehung	formelle Beziehung
tagsüber	Salut ! Bonjour.	Bonjour, Monsieur / Madame / Mademoiselle.
abends	Salut ! Bonsoir.	Bonsoir, Monsieur / Madame / Mademoiselle.

Verabschiedung	freundschaftliche Beziehung	formelle Beziehung
	Salut !	Au revoir, Monsieur / Madame / Mademoiselle.

Sich / jemanden vorstellen   *E 5*

sich vorstellen	nur mit Vornamen	mit Vornamen + Namen mit Monsieur / Madame / Mademoiselle + Namen
	Je m'appelle Marie. Moi, c'est Romain. Je suis Roland.	Je m'appelle Georges Gaillard. Je suis Georges Gaillard. Je suis Monsieur / Madame / Mademoiselle Dubois. Je suis Monsieur Léon Duval.

jemanden vorstellen ...	freundschaftliche Beziehung	formelle Beziehung	... und darauf reagieren
	C'est Delphine. Je te présente Léa.	Je vous présente Jean Dubois. Je vous présente Monsieur / Madame / Mademoiselle X.	ravi / *ravie de vous connaître enchanté / *enchantée *feminine Form

1

jemanden identifizieren	freundschaftliche Beziehung	formelle Beziehung
Vous êtes ... ?	Comment tu t'appelles ?	Comment vous vous appelez ?
Monsieur Gaillard, c'est vous ? (*Sind Sie es?*)	Tu t'appelles comment ?	Vous vous appelez comment ?
X, c'est qui ? (*X, wer ist es?*)		Comment vous appelez-vous ?

Nach dem Befinden fragen   E 5

nach dem Befinden fragen	freundschaftliche Beziehung	formelle Beziehung
	Comment vas-tu ?	Comment allez-vous ?
	Tu vas bien ?	Vous allez bien ?
	Comment ça va ?	
	Ça va ?	

Expressions utiles

Das französische Alphabet

1 Hören Sie die Aufnahme und lesen Sie mit.

A comme (*wie*) Agnès
B comme Bernard
C comme Catherine
D comme Denis
E comme Émile
F comme France
G comme Gérard
H comme Henri
I comme Irma
J comme Jean
K comme Kevin
L comme Laure
M comme Manon

N comme Nathalie
O comme Oscar
P comme Pierre
Q comme Quentin
R comme Roland
S comme Sandrine
T comme Thomas
U comme Ursule

V comme Victoire
W comme Wanda
X comme Xavier
Y comme Yvonne
Z comme Zoé

2 Hören Sie die Aufnahme noch einmal und notieren Sie, welche Vornamen auf Deutsch und auf Französisch gleich ausgesprochen werden.

1. ...*Oscar*...............   2. ....   3. ....

3 Hören Sie die Aufnahme noch einmal und kreuzen Sie jene Buchstaben an, die anders ausgesprochen werden als im Deutschen. Insgesamt sollten Sie elf Buchstaben finden.

...*J*..... ....

i **Bonjour !**
Wenn Franzosen jemanden höflich anreden, sagen sie **Bonjour**, **Monsieur** bzw. **Madame** oder **Mademoiselle**. Im Unterschied zum Deutschen ist es nicht notwendig, den Familiennamen zu kennen, um jemanden höflich anzusprechen. In einem berufsbezogenen Kontext ist es aber durchaus üblich, **Bonjour, Monsieur Dufour** usw. zu sagen. **Mademoiselle** hat im Vergleich zum deutschen Wort Fräulein keinen Beigeschmack. In der Regel benutzt man **Mademoiselle**, wenn die Person sich als solche vorstellt. Mit **Madame** treffen Sie auf jeden Fall den richtigen Ton. **Salut !** entspricht Hallo! bzw. Tschüs! Diese Form wird also zur Begrüßung und zur Verabschiedung gleichermaßen gebraucht.
Wenn Leute sich näher kennen, küssen sie sich bei der Begrüßung auf die Wangen. Dieser Kuss **(la bise)** kann flüchtig oder herzhaft sein je nach Vertrautheitsgrad und je nach Situation. Ob zwei, drei oder vier **bises** ausgetauscht werden, hängt von der geographischen Herkunft und vom sozialen Umfeld ab. Zwischen zwei Männern ist der Händedruck geläufiger als die **bise**.

Exercices

1 Welche wesentlichen Informationen haben Sie Text 1 (→ Seite 19) entnommen?

1. Dieser Text ist
   a. eine Reisebeschreibung. ☐
   b. eine Webseite. ☒
   c. eine Gebrauchsanweisung. ☐

2. Was heißt *bonjour* ?
   a. auf Wiedersehen ☐
   b. guten Abend ☐
   c. guten Tag ☐

3. Was heißt *bienvenue*?
   a. Schöne Reise! ☐
   b. Willkommen! ☐
   c. Bis bald! ☐

4. Was heißt *site*?
   a. Haus ☐
   b. setzen Sie sich ☐
   c. Website ☐

5. Das Wort *langue* bedeutet:
  a. Zunge ☐
  b. Sprache ☐
  c. Zunge und Sprache ☐

6. Der Ausdruck *page d'accueil* bedeutet:
  a. Homepage ☐
  b. Empfang ☐
  c. Buchseite ☐

7. Das Wort *tarif* bedeutet:
  a. Liste ☐
  b. Ticket ☐
  c. Preise ☐

8. Sein oder nicht sein? Wie viele Formen von *être* kommen im Text vor?
  a. zwei ☐
  b. drei ☐
  c. vier ☐

9. Wenn Sie nicht Französisch sprechen können, dann sind Sie:
  a. francophone ☐
  b. non francophone ☐
  c. francophile ☐

10. Was heißt *Link* auf Französisch?
  a. liste ☐
  b. lien ☐
  c. ligue ☐

2 Welche wesentlichen Informationen haben Sie den Minidialogen (→ Seite 21) entnommen?
Tu ou **vous** ? Du oder Sie?
In welchen Dialogen (1, 2 oder 3) duzt man sich? In welchen siezt man sich? Kreuzen Sie jeweils die richtige Antwort an. Sie können sich die drei Gespräche auch noch einmal anhören.

	dialogue 1	dialogue 2	dialogue 3
tu	☐	☐	☐
vous	☐	☐	☐

3 ◉ Hören Sie folgende Sätze auf CD1, Dialoge und kreuzen Sie die richtige Antwort an.

	Fragesatz	Aussagesatz
1. Bonjour Paul, ça va	☒	☐
2. Je suis Madame Dauré	☐	☐
3. Vous êtes Mademoiselle Dubois	☐	☐
4. C'est Romain	☐	☐
5. Salut, tu vas bien	☐	☐
6. Je m'appelle Catherine	☐	☐
7. Bonsoir Monsieur, vous allez bien	☐	☐
8. Je vous présente Marie Martial	☐	☐

4 Ergänzen Sie die Minidialoge mit den richtigen Formen des Verbs **être**.

1. ● Vous _êtes_ Monsieur Dubois ?

   ● Oui, c'est ça. Et vous, vous .... Georges Gaillard ?

2. ● C'est qui ? C' .... Delphine ?

   ● Non, c' .... Sandrine.

3. ● Bonjour Madame, vous .... Madame Dubois ?

   ● Non, moi, c' .... Mademoiselle Martin.

4. ● Bonsoir Monsieur, nous .... Monsieur et Madame Dubois. Et vous ?

   ● Moi, je .... Monsieur Dauré, Jacques Dauré.

5. ● Salut, moi c'est Catherine. Léa, c' .... qui ? C' .... toi ?

   ● Non, moi, c' .... Dominique.

5 Was sagen Sie? Kreuzen Sie die richtige Antwort an.

1. *Sie treffen Ihren Jugendfreund Pierre auf der Straße. Es ist 14 Uhr. Grüßen Sie ihn.*

   a. Salut, Pierre. ☒   **b.** Bonsoir, Pierre. ☐

2. *Fragen Sie Pierre, wie es ihm geht.*

   a. Tu vas bien ? ☐   **b.** Comment allez-vous ? ☐

3. *Stellen Sie Pierre Ihre Freundin Léa vor.*

   a. Je te présente Léa. ☐   **b.** Je suis Léa. ☐

4. *Verabschieden Sie sich von Pierre.*

   a. Au revoir ! ☐   **b.** Bienvenue ! ☐

5. *Es ist 20 Uhr. Sie begrüßen Frau Martin, Ihre Gastgeberin.*

   a. Bonsoir, Madame. ☐   **b.** Bonjour, Madame. ☐

1

6. Sie möchten wissen, wer Monsieur Dubois ist.

   a. Monsieur Dubois, c'est qui ? ☐   **b.** Monsieur Dubois, c'est toi ? ☐

7. Sie verabschieden sich von Frau Martin.

   a. Au revoir, Madame.   ☐   **b.** Salut, Madame.   ☐

6   Setzen Sie jeweils das richtige betonte Personalpronomen ein.

1. _Moi_......, je m'appelle Lucie.

2. ...., nous sommes sur Internet.

3. Et ...., vous êtes Madame Gaumet ?

4. Pierre Dubois ? C'est ....

5. Sandrine, c'est .... ?

6. ...., tu t'appelles comment ?

7   Ein Wort passt jeweils nicht in die Reihe. Kreuzen Sie es an.

1. ☐ bonjour   ☐ bonsoir   ☐ salut   ☒ merci
2. ☐ je   ☐ tu   ☐ et   ☐ vous
3. ☐ sommes   ☐ tiens   ☐ êtes   ☐ suis
4. ☐ monsieur   ☐ mademoiselle   ☐ madame   ☐ bienvenue
5. ☐ moi   ☐ toi   ☐ lui   ☐ voilà
6. ☐ Delphine   ☐ Sandrine   ☐ Marie   ☐ Martin
7. ☐ Pierre   ☐ Henri   ☐ Paul   ☐ Martine

In dieser Lektion lernen Sie:
- ▌Eine Getränkekarte verstehen
- ▌Etwas bestellen
- ▌Die Wochentage
- ▌Die **Grundzahlen 1–20**
- ▌Der **Artikel**, das **Substantiv**
- ▌Die **Verben auf -er** im **Präsens**
- ▌Die **Fragesätze**

TARiF

prix €

comptoir   salle

Boissons

Express	1,00	2,10
Petit crème	1,50	2,50
Grand crème	3,50	3,90
Thé	2,00	2,50
Jus de fruits		
pomme, orange	2,60	4,00
Soda		
Schweppes	2,60	4,00
Eau minérale		
Perrier	2,50	4,00
Vittel	2,50	4,00
Bière pression	2,00	3,50
Bière bouteille	3,90	5,40
Apéritif		
Pastis	2,10	4,30
Martini	2,50	4,80

Sandwichs

jambon-beurre	3,50	3,50
saucisson-beurre	3,50	3,50
pâté	3,80	3,80
fromage	3,80	3,80
Croque-monsieur	5,00	5,90
Quiche	5,00	5,90
Omelette	6,00	6,50
Salade composée	6,00	6,50

Prix service compris prix nets

Preisliste

Preise €
An der Theke / Im Lokal

Getränke
Espresso
Kleiner Milchkaffee
Großer Milchkaffee
Schwarzer Tee
Fruchtsaft
Apfel, Orange
Sodawasser
Schweppes
Mineralwasser
Perrier
Vitell
Bier vom Fass
Flaschenbier
Aperitif
Pastis
Martini

Sandwichs
Schinken und Butter
Salami und Butter
Pastete
Käse
Schinken-Käse-Toast
Quiche
Omelett
Gemischter Salat

Alle Preise Nettopreise
inkl. Bedienung

2

Quoi de neuf ?

In dieser Lektion lernen Sie, wie Sie in einem französischen *Café* etwas Einfaches bestellen können. Dazu brauchen Sie Artikel und Substantiv, Verben im Präsens und ein paar wichtige Fragesätze. Ferner werden Sie Romain, Léa und Morgane, die gute Freunde sind, näher kennen lernen.

Der bestimmte Artikel: *le, la, l', les*   E 4

Singular maskulin	feminin	Plural maskulin und feminin	
le café	la salade	les cafés	les salades
le gâteau	l'eau	les gâteaux	les_eaux
l'apéritif	l'adresse	les apéritifs	les_adresses
l'hôtel		les_hôtels	

▌ Wenn ein Substantiv mit Vokal oder stummem h beginnt, werden **le** und **la** zu **l'** verkürzt. Vor Vokal und stummem h wird in der Aussprache **les** gebunden, z.B. **les_adresses**, [lezadʀɛs], **les_hôtels** [lezotel].

Das Substantiv

▌ Im Französischen sind Substantive entweder feminin oder maskulin. Neutrale Substantive wie im Deutschen gibt es nicht.
▌ In der Regel wird der Plural der Substantive gebildet, indem ein **-s** an das Substantiv angehängt wird, z.B. **le café** ▶ **les cafés**. Einige Substantive haben eine unregelmäßige Pluralbildung auf **-x**, z.B. **le cadeau** ▶ **les cadeaux**. Das **-s** und das **-x** der Pluralbildung werden nicht ausgesprochen: **les cafés** [lekafe], **les gâteaux** [legato].

Der unbestimmte Artikel: *un, une, des*   E 5

Singular maskulin	feminin	Plural maskulin und feminin	
un café	une salade	des cafés	des salades
un cadeau	une orange	des cadeaux	des_oranges
un_apéritif		des_apéritifs	
un_hôtel		des_hôtels	

▌ Im Gegensatz zum Deutschen gibt es im Französischen eine Pluralform des unbestimmten Artikels, z.B. **un restaurant**, **des restaurants** *ein Restaurant, Restaurants.*

▌ Vor Vokal und stummem h werden die unbestimmten Artikel in der Aussprache
immer gebunden, z.B. **un apéritif** [œ̃naperitif], **des apéritifs** [dezaperitif], **un hôtel**
[œ̃notel], **des hôtels** [dezotel].

Rendez-vous au café

Romain :	Salut Morgane, salut Léa ! Excusez-moi, il est déjà une heure, je suis en retard. Vous êtes là depuis longtemps ?
Morgane :	Non non, on est là depuis dix minutes. Alors, raconte. La fête chez Sandrine, c'est vendredi ou samedi ?
Romain :	Sandrine préfère samedi, à partir de 8 heures. Est-ce que vous êtes libres samedi ?
Léa :	Moi, je suis libre. Et toi Morgane ?
Morgane :	Moi, ça marche ! Arnaud et moi, on travaille à la bibliothèque, mais jusqu'à 5 heures seulement.
Romain :	Ah, voilà le serveur ! Monsieur, s'il vous plaît !
Le serveur :	J'arrive ! Bonjour Monsieur, vous désirez ?
Romain :	Pour moi, un grand crème et un sandwich au saucisson, s'il vous plaît. Et vous, vous commandez autre chose ?

Léa :	Oui, encore une bière pression et un croque-monsieur. Et toi, Morgane ?
Morgane :	Moi, je voudrais une quiche et une salade composée, s'il vous plaît.
Le serveur :	Oui… Et comme boisson, encore un jus d'orange ?
Morgane :	Non, un express et une eau minérale, s'il vous plaît.
Le serveur :	L'eau minérale, gazeuse ou plate ?
Morgane :	Gazeuse. Un Perrier, s'il vous plaît… Romain, tu me donnes l'adresse de Sandrine, s'il te plaît ! Où est-ce qu'elle habite ?
Romain :	Elle habite 13, rue de Rennes, métro Saint Germain des Prés.
Léa :	Merci, je note ! Qu'est-ce que vous achetez comme cadeau à Sandrine ? Qu'est-ce qu'elle aime ?
Romain :	Euh… Sandrine aime les fleurs, les gâteaux, la musique, elle adore le jazz.
Morgane :	Bon, j'achète des fleurs !
Léa :	Alors moi, j'apporte un gâteau au chocolat. Et toi, Romain ?
Romain :	Moi, j'invite Sandrine à un concert de jazz la semaine prochaine.
Léa :	Super ! Oh, c'est déjà deux heures. Je vous laisse. Bonne journée et à samedi.

Vocabulaire

Tarif

le tarif [taʀif]	*die Preisliste*
la boisson [bwasõ]	*Getränk*
le prix [pʀi]	*Preis*
le comptoir [kõtwaʀ]	*Theke*
la salle [sal]	*Lokal*
l'express [ɛkspʀes]	*Espresso*
le petit crème [ptikʀɛm]	*kleiner Milch-kaffee*
le grand crème [gʀãkʀɛm]	*großer Milch-kaffee*
le thé [te]	*Schwarzer Tee*
le jus de fruits [ʒydfʀyi]	*Fruchtsaft*
la pomme [pɔm]	*Apfel*
l'orange *f* [lɔʀãʒ]	*Orange*
le soda [sɔda]	*Sodawasser*
l'eau minérale *f* [lomineʀal]	*Mineralwasser ohne Kohlen-säure*
la bière [bjɛʀ]	*Bier*
la bière pression [bjɛʀpʀesjõ]	*Bier vom Fass*
la bouteille [butɛj]	*Flasche*
l'apéritif *m* [lapeʀitif]	*Aperitif*
le pastis [pastis]	*Aperitif mit Anis*
le sandwich [sãdwitʃ]	*Sandwich*
le jambon [ʒãbõ]	*Schinken*
le beurre [bœʀ]	*Butter*
le saucisson [sosisõ]	*Salami*
le pâté [pate]	*Pastete*
le fromage [fʀɔmaʒ]	*Käse*
le croque-monsieur [kʀɔkməsjø]	*Toastbrot mit Schinken und Käse überbacken*
la quiche [kiʃ]	*Speckkuchen (Spezialität aus Lothringen)*
l'omelette *f* [lɔmlɛt]	*Omelett*
la salade [salad]	*Salat*
la salade composée [saladkõpoze]	*gemischter Salat*

le service [sɛʀvis]	*Service*
service compris [sɛʀviskõpʀi]	*einschließlich Bedienung*
net [nɛt]	*netto*

Rendez-vous au café

le rendez-vous au café [ʀãdevuokafe]	*Treffen in der Kneipe*
le rendez-vous [ʀãdevu]	*Verabredung*
le café [kafe]	*Kaffee, hier: Kneipe*
excusez-moi ! [ɛkskyzemwa]	*bitte entschuldigt, Entschuldigung*
il est déjà une heure [ilɛdeʒaynœr]	*es ist schon ein Uhr*
déjà [deʒa]	*schon*
en retard [ãʀ(ə)taʀ]	*zu spät*
être en retard [ɛtʀãʀ(ə)taʀ]	*zu spät kommen*
là [la]	*da*
depuis [depɥi]	*seit*
longtemps [lõtã]	*lange*
dix [dis]	*zehn*
la minute [minyt]	*Minute*
alors [alɔʀ]	*also*
raconte ! [ʀakõt]	*erzähle!*
raconter [ʀakõte]	*erzählen*
la fête [fɛt]	*Fest*
chez [ʃe]	*bei*
vendredi *m* [vãdʀədi]	*Freitag*
samedi *m* [samdi]	*Samstag*
préférer [pʀefeʀe]	*vorziehen*
à partir de [apaʀtiʀdə]	*ab*
libre [libʀ(ə)]	*frei*
ça marche ! [samaʀʃ]	*es klappt!*
on travaille [õtʀavaj]	*wir arbeiten*
travailler [tʀavaje]	*arbeiten*
à [a]	*in*
la bibliothèque [biblijɔtɛk]	*Bibliothek*

jusque [ʒysk(ə)]	bis	acheter [aʃte]	kaufen
seulement [sœlmã]	nur	comme [kɔm]	als
le serveur [sɛrvœʀ]	Kellner	le cadeau [kado]	Geschenk
s'il vous plaît [silvuplɛ]	bitte	aimer [eme]	mögen
arriver [aʀive]	(an)kommen	la fleur [flœʀ]	Blume
désirer [deziʀe]	wünschen	le gâteau [gato]	Kuchen
grand adj [gʀã]	groß	le gâteau au chocolat	Schokolade-
le crème [kʀɛm]	Milchkaffee	[gatoʃɔkɔla]	kuchen
commander [kɔmãde]	bestellen	la musique [myzik]	Musik
autre chose [otʀəʃoz]	etwas anderes	adorer [adɔʀe]	sehr gern
encore [ãkɔʀ]	noch		mögen
je voudrais [ʒəvudʀɛ]	ich möchte	le jazz [dʒaz]	Jazz
l'eau gazeuse f [logazøz]	Sprudel	apporter [apɔʀte]	mitbringen
l'eau plate f [loplat]	stilles Wasser	inviter [ɛ̃vite]	einladen
tu me donnes	du gibst mir	le concert [kõsɛʀ]	Konzert
[tym(ə)dɔn]		la semaine prochaine	nächste Woche
donner [dɔne]	geben	[s(ə)mɛnpʀɔʃɛn]	
l'adresse f [ladʀɛs]	Adresse	super [sypɛʀ]	toll
où [u]	wo	laisser [lese]	lassen
habiter [abite]	wohnen	bonne journée !	schönen Tag!
le métro [metʀo]	U-Bahn	[bɔnʒuʀne]	
noter [nɔte]	aufschreiben	à samedi ! [asamdi]	bis Samstag

Grammaire

Die Verben auf -er im Präsens   E 2

1. Regelmäßige Bildung: travailler, aimer

travailler *arbeiten*	aimer *mögen, lieben*
je travaille	j'aime
tu travailles	tu aimes
il / elle / on travaille	il / elle / on aime
nous travaillons	nous aimons
vous travaillez	vous aimez
ils / elles travaillent	ils / elles aiment

Ebenso: die meisten anderen Verben auf -er, z.B. **adorer** *sehr gerne haben;* **apporter,** *mitbringen;* **arriver** *ankommen;* **chercher** *suchen;* **commander** *bestellen;* **inviter** *einladen* usw.

2

▎Im gesprochenen Französisch wird **on** häufig in der Bedeutung von **nous** verwendet, z.B. **On habite à Paris.** *Wir wohnen in Paris.*

▎Nur bei **nous** und **vous** sowie beim **Infinitiv** werden die Verbendungen -ons, -ez ausgesprochen, alle anderen Endungen sind stumm.
Vor Vokal und stummem h wird **je** zu **j'** verkürzt, z.B. **j'aime** *ich liebe*; **j'habite** *ich wohne.*

2. Besonderheiten bei den Verben auf *-er: acheter, préférer*

acheter *kaufen*		préférer *vorziehen*	
j'achète	[aʃɛtə]	je préfère	[pʀefɛʀə]
tu achètes	[aʃɛtə]	tu préfères	[pʀefɛʀə]
il / elle / on achète	[aʃɛtə]	il / elle / on préfère	[pʀefɛʀə]
nous achetons	[aʃ(ə)tõ]	**nous préférons**	[pʀefeʀõ]
vous achetez	[aʃ(ə)te]	**vous préférez**	[pʀefeʀe]
ils / elles achètent	[aʃɛtə]	ils / elles préfèrent	[pʀefɛʀə]

▎Einige Verben auf **-er** haben stammbetonte Formen (1. bis 3. Person Singular, 3. Person Plural) und endungsbetonte Formen (1. und 2. Person Plural). Achten Sie auf den entsprechenden Unterschied in der Aussprache.

Die Fragesätze

1. Die Entscheidungsfrage mit *est-ce que*   E 1

Est-ce que vous aimez les fleurs ?	*Mögen Sie Blumen?*
Est-ce que vous achetez un cadeau ?	*Kaufen Sie ein Geschenk?*

▎Eine Entscheidungsfrage kann nur mit ja oder nein beantwortet werden.

▎**Est-ce que** steht am Anfang des Fragesatzes. Die Wortstellung ist die gleiche wie im Aussagesatz.

▎Die Entscheidungsfrage mit **est-ce que** wird in der gesprochenen Sprache genau so oft verwendet wie die Intonationsfrage (→ Lektion1).

2. Die Teilfrage mit *qu'est-ce que*

Qu'est-ce que vous aimez comme fleurs ?	*Was für Blumen mögen Sie?*
Qu'est-ce que vous achetez comme cadeau ?	*Was kaufen Sie als Geschenk?*
Où est-ce qu'elle travaille ?	*Wo arbeitet sie?*

▮ Auf eine Teilfrage wird eine präzise Angabe erwartet. Sie enthält immer ein Fragewort, z.B. **qu'est-ce que** *was*, **où** *wo*, **comment** *wie*, **quand** *wann* usw.
Das Fragewort steht am Satzanfang vor *est-ce que*.

3. Die Inversionsfrage

Aimez-vous les fleurs ?	*Mögen Sie Blumen?*
Où travaille-t-elle ?	*Wo arbeitet Sie?*
Comment va-t-il ?	*Wie geht es ihm?*

▮ Bei der Inversionsfrage steht das Verb vor dem Subjekt. Ein Bindestrich verbindet
das Verb und das Subjektpronomen. Vor **il**, **elle** und **on** wird ein **t** eingeschoben,
wenn das Verb in der 3. Person Singular mit einem Vokal endet. Das Fragewort
steht auch hier am Satzanfang.

▮ Abgesehen von ihrem Gebrauch in einigen Standardausdrücken wie **Comment
allez-vous ?** *Wie geht es Ihnen?* wird die Inversionsfrage vor allem in der
geschriebenen und der gehobenen Sprache verwendet.

▮ Im Französischen haben Sie im Gegensatz zum
Deutschen verschiedene Möglichkeiten, einen Fragesatz zu formulieren. Wichtig ist, dass Sie die Sprach-
ebene berücksichtigen. Die Intonationsfrage ist
umgangssprachlich, die Inversionsfrage gehört dem
gehobenen Sprachstil an. Die Frage mit *est-ce que*
kann in der gesprochenen und in der geschriebenen
Sprache verwendet werden.

Savoir dire

Die Wochentage

lundi	*Montag*
mardi	*Dienstag*
mercredi	*Mittwoch*
jeudi	*Donnerstag*
vendredi	*Freitag*
samedi	*Samstag*
dimanche	*Sonntag*

▍ Alle Wochentage sind maskulin.

▍ **Samedi** und **le samedi** haben nicht die gleiche Bedeutung. Vergleiche: Je travaille **samedi**. *Ich arbeite am Samstag.* d.h. *am kommenden Samstag*, und Je travaille **le samedi**. *Ich arbeite samstags*, d.h. *immer am Samstag.*

Die Grundzahlen 1–20 E 6

0	zéro		
1	un / une	11	onze
2	deux	12	douze
3	trois	13	treize
4	quatre	14	quatorze
5	cinq	15	quinze
6	six	16	seize
7	sept	17	dix-sept
8	huit	18	dix-huit
9	neuf	19	dix-neuf
10	dix	20	vingt

Expressions utiles

Sich bedanken

Merci.	*Danke.*
Merci beaucoup.	*Vielen Dank.*
Merci à vous (à toi).	*Ich danke Ihnen (dir).*
C'est très gentil.	*Das ist sehr nett (von Ihnen / dir).*
Je vous en prie.	*Nichts zu danken.*
Il n'y a pas de quoi / Pas de quoi !	*Nichts zu danken.*
Je vous en prie, c'est tout naturel.	*Nichts zu danken, das ist selbstverständlich.*

i Les cafés

Die **cafés** gehören nach wie vor zum französischen Alltagsleben, in den Dörfern wie in den Städten. Es gibt in einem **café** (umgangssprachlich auch **bistro**) immer Kleinigkeiten zum Essen. Ein richtiges Essen gibt es jedoch nur in den **cafés-restaurants**. Als Gast sollte man wissen, dass die **consommations** *(alles, was es zum Trinken oder zum Essen gibt)* in zwei oder drei räumlich relevante Preisstufen eingeteilt sind: **au comptoir** *(an der Theke)*, **en salle** *(im Lokal)* oder auch **en terrasse** *(an den Tischen draußen)*. Man erhält einen Kassenbon, auf dem der Preis mit **service compris** *(einschließlich Bedienung)* ausgedruckt ist.

Es gibt viele Mischformen von **cafés**:

▌das **café-tabac**, auch je nach Region **bar-tabac** genannt, wo man nicht nur Zigaretten, sondern auch Postkarten, Briefmarken, Telefonkarten usw. kaufen kann;

▌das **café-PMU**, wo Pferdewetten abgeschlossen werden können;

▌das **café-épicerie**, Tante-Emma-Laden und Kneipe in einem;

▌das **café-théâtre**, wo sich Freunde der Kleinkunst und des Kabaretts treffen;

▌das **café philosophique**, das sich zum literarischen Treffpunkt entwickelt hat;

▌und schließlich das **cybercafé**, das Internetcafé (das nur noch wenig gemeinsam hat mit dem klassischen **bistro**).

Exercices

1 Ergänzen Sie folgende Fragen, indem Sie **est-ce que** oder **qu'est-ce que** einsetzen. Kreuzen Sie anschließend die Fragen an, die auch ohne diese Ergänzung korrekt sind.

1. *Qu'est-ce que* .... tu apportes comme gâteau ? ☐

2. .... tu arrives samedi ? ☒

3. .... tu invites Romain ? ☐

4. .... tu aimes comme eau minérale ? ☐

5. .... tu es stagiaire ? ☐

6. .... tu achètes comme fleurs ? ☐

7. .... tu travailles samedi ? ☐

8. .... tu aimes comme bière ? ☐

2 Ergänzen Sie die Sätze mit dem jeweils passenden Verb. Achten Sie auf die Endungen.

| arriver | préférer | commander | acheter | travailler |
| commander | | inviter | | habiter |

1. Ils _commandent_ des sandwichs et des boissons pour trois personnes.

2. Elle .... en retard.

3. Vous .... un café pour moi ? Merci !

4. Je .... comme stagiaire.

5. Tu .... un gâteau pour dimanche ?

6. Nous .... Sandrine au concert la semaine prochaine.

7. Elles .... rue Daguerre.

8. Je .... la musique classique.

3 Was sagen Sie? Kreuzen Sie die richtige Antwort an.

1. *Sie treffen Freunde im Café. Sie sind zu spät und entschuldigen sich dafür.*

   a. Je suis là depuis longtemps. ☐   **b.** Excusez-moi, je suis en retard. ☒

2. *Der Kellner fragt Sie, was Sie möchten.*

   a. Vous désirez ? ☐   **b.** Vous préférez ? ☐

3. *Sie bestellen einen gemischten Salat.*

   a. J'achète une salade. ☐   **b.** Je voudrais une salade composée. ☐

4. *Sie fragen Léa, ob sie am Sonntag Zeit hat.*

    a. Tu es libre jeudi ? ☐   **b.** Tu es libre dimanche ? ☐

5. *Sie verabschieden sich von Ihren Freunden und wünschen ihnen einen schönen Tag.*

    a. Bonsoir, bonne journée ! ☐   **b.** Au revoir, bonne journée ! ☐

4 Maskulin oder feminin? Kreuzen Sie dementsprechend die Spalte **le, l'** *(m)*, **la** oder **l'** *(f)* an.

	le	l' *m*	la	l' *f*
1. boisson			✗	
2. apéritif				
3. jus d'orange				
4. café				
5. sandwich				
6. omelette				
7. salade				
8. quiche				
9. eau minérale				
10. fromage				

5 Lesen Sie die fünf folgenden Bestellungen. Ergänzen Sie die fehlenden Artikel.

1. Je voudrais <u>une</u> bière pression et .... sandwich au pâté.

2. Pour moi, ... thé, s'il vous plaît !

3. Monsieur, s'il vous plaît ! .... omelette .... salade composée.

4. Pour nous, deux jus de fruits, ... jus de pomme et .... jus d'ananas !

5. Encore .... café et .... gâteau, s'il vous plaît !

6 Hören Sie zunächst, wie die Zahlen ausgesprochen werden. Tragen Sie dann die entsprechenden Zahlen ein.

cinq	...5.....	onze	....	neuf	....	dix-huit	....
trois	....	dix-sept	....	quatorze	....	vingt	....
un	....	quatre	....	seize	....	treize	....
huit	....	sept	....	dix	....	quinze	....
deux	....	six	....	douze	....		

7 Auf Wortsuche! Welcher berühmte Käse versteckt sich hinter den französischen Vornamen? Ergänzen Sie die fehlenden Buchstaben.

```
          .C.   A   M   I   L   L   E
       N  ....  T   H   A   L   I   E
       A  ....  E   L   I   E
          ....  M   I   L   E
          ....  A   R   I   E
          ....  E   R   T   H   E
    P  I  ....  R   R   E
          ....  O   M   A   I   N
 J  U  S  ....  I   N   E
```

Lösung: .C.. ....

8 Ein Wort passt jeweils nicht in die Reihe. Kreuzen Sie es an.

1.	☐ lundi	☐ mardi	☐ mercredi	☒ depuis
2.	☐ fromage	☐ pâté	☐ jambon	☐ saucisson
3.	☐ rue	☐ boulevard	☐ métro	☐ avenue
4.	☐ café	☐ thé	☐ quiche	☐ eau minérale
5.	☐ le	☐ des	☐ les	☐ la
6.	☐ musique	☐ cadeau	☐ jazz	☐ rock
7.	☐ salade	☐ pomme	☐ orange	☐ ananas

Ihre Lernziele in dieser Lektion sind:
- Einladen, auf eine Einladung reagieren
- Angaben zur eigenen Person machen
- Zum Geburtstag gratulieren
- Die **Grundzahlen ab 21**
- Die Verben **avoir, aller, faire, prendre** im **Präsens**
- Der Fragebegleiter **quel**
- Die **Ländernamen** und **Nationalitäten**
- Die **Angleichung der Adjektive**

Invitations

Réponses

Chère Morgane,
Je fais une petite fête samedi prochain, à partir de 8 heures. C'est mon anniversaire ! Je compte sur toi.
Grosses bises
Sandrine

Chère Sandrine,
Quelle bonne idée ! Avec plaisir ! Est-ce que tu aimes le champagne ?
À samedi.
Morgane

Chère Zoé, cher Pierre,
Je vous invite à mon anniversaire le samedi 11 novembre chez moi, 13, rue de Rennes. La fête commence à partir de 20 heures. Merci de confirmer par mail ou par téléphone (01 23 26 27 33) avant le 8 novembre.
Amitiés
Sandrine

sandrine.sanceau@freenet.fr
Chère Sandrine,
Merci pour l'invitation. Désolés, impossible de venir samedi. Nous allons à un congrès médical à Nice. Nous te souhaitons un joyeux anniversaire !
À bientôt !
Bons baisers
Zoé, Pierre

Einladungen

Antworten

Liebe Morgane,
am kommenden Samstag ab 20 Uhr mache ich ein kleines Fest. Ich habe Geburtstag! Ich rechne fest mit dir.
Dicke Küsse
Sandrine

Liebe Zoé, lieber Pierre,
ich lade euch am Samstag, den 11. November, zu meinem Geburtstagsfest bei mir ein, Rue de Rennes 13. Das Fest beginnt um 20 Uhr. Bitte gebt mir per E-Mail oder Telefon (01 23 26 27 33) noch vor dem 8. November Bescheid.
Liebe Grüße
Sandrine

Liebe Sandrine,
was für eine gute Idee! Sehr gerne! Magst du Champagner?
Bis Samstag.
Morgane

sandrine.sanceau@freenet.fr
Liebe Sandrine,
danke für deine Einladung. Leider können wir am Samstag nicht kommen. Wir fahren zu einem Ärztekongress nach Nizza. Wir wünschen Dir alles Gute zum Geburtstag!
Bis bald!
Herzliche Grüße und Küsse
Zoé, Pierre

3

Quoi de neuf

Sie begleiten Romain und Morgane auf das Geburtstagsfest ihrer Freundin Sandrine. Sie werden die Bekanntschaft anderer Freunde machen. Für Sie ist es auch die Gelegenheit, das Präsens wichtiger unregelmäßiger Verben zu entdecken, die Fragen mit *quel* sowie Ländernamen und Nationalitätsbezeichnungen kennen zu lernen.

Die unregelmäßigen Verben *avoir, aller, faire, prendre* im Präsens   E 3

avoir *haben*	
j'ai	nous avons
tu as	vous avez
il / elle a	ils / elles ont

▌ Achten Sie auf die Aussprache. Vergleichen Sie:
ils ont [ilzõ], **elles ont** [ɛlzõ] (*sie haben*);
ils sont [ilsõ], **elles sont** [ɛlsõ] (*sie sind*).

aller *gehen*	**faire** *machen*	**prendre** *nehmen* Ebenso: **apprendre** *lernen*
je vais	je fais	je prends
tu vas	tu fais	tu prends
il / elle va	il / elle fait	il / elle prend
nous allons	nous faisons	nous prenons
vous allez	vous faites	vous prenez
ils / elles vont	ils / elles font	ils / elles prennent

Der Fragebegleiter *quel*   E 1

	Singular	Plural
maskulin **quel**	Quel cours ? *Welcher Kurs?* Quel jour sommes-nous ? *Was für einen Tag haben wir?*	Quels cours ? *Welche Kurse?*
feminin **quelle**	Quelle profession ? *Welcher Beruf?* À quelle heure ? *Um wie viel Uhr?* En quelle année ? *In welchem Jahr?*	Quelles professions ? *Welche Berufe?*

- **Quel** richtet sich in Genus und Zahl nach seinem Bezugswort.
  Quelle heure est-il ? / Il est quelle heure ? *Wie spät ist es?*
- Achten Sie darauf, dass bei der Inversionsfrage ein **t** zwischen Verb und **il**, **elle** oder **on** eingeschoben werden muss, wenn das Verb in der 3. Person Singular mit einem Vokal endet. **Quel âge a-t-il ?** *Wie alt ist er?*

Bon anniversaire !

Sandrine : Maintenant tout le monde est là, on prend le champagne !

Romain : À la santé de Sandrine ! Bon anniversaire !

Sandrine : À la vôtre ! Merci à vous pour les cadeaux !

Morgane : Sandrine est vraiment resplendissante. Au fait, elle a quel âge ?

Romain : Eh bien, nous sommes de la même année. Elle a 26 ans comme moi.

Sandrine : Chers amis, ce soir nous fêtons aussi les trois ans de l'école *Contacts langue*. Je voudrais vous présenter une partie de l'équipe : Steve Milne et Raquel Munoz.

Romain : Bonsoir Raquel, vous êtes espagnole ?

Raquel : Oui, je suis de Madrid. Je suis professeur d'espagnol à Paris.

Romain : Moi, je vais souvent à Barcelone. J'aime beaucoup l'Espagne.

Raquel : Quelle est votre profession ?

Romain : Je suis agent immobilier, nous avons un partenaire à Malaga.

Raquel : Alors, vous parlez espagnol ?

Romain : Oui, un peu. Je voudrais faire un cours intensif en Espagne.

Raquel : Et vous, Morgane, qu'est-ce que vous faites ? Vous travaillez avec Romain ?

Morgane : Non, moi, je suis étudiante en médecine. Steve, vous êtes anglais ou américain ?

Steve : Je suis américain. Je donne des cours d'anglais pour financer mes études. À propos Romain, je cherche toujours un appartement pas très cher, près de l'école de langues. Vous avez quelque chose pour moi ?

Romain : Voilà ma carte de visite, on a sûrement encore quelque chose pour vous. Vous téléphonez lundi.

Sandrine : Le dîner est prêt, on passe à table ! Vous avez sûrement très faim !

3

Vocabulaire

Invitations – Réponses

l'invitation f [lɛ̃vitasjɔ̃]	Einladung
cher adj m [ʃɛʀ]	lieb; teuer
chère adj f [ʃɛʀ]	lieb; teuer
je fais [ʒəfɛ]	ich mache
faire [fɛʀ]	machen
petit(e) adj [pəti]	klein
l'anniversaire m	Geburtstag
[lanivɛʀsɛʀ]	
compter sur ... [kɔ̃tesyʀ]	mit ... rechnen
gros adj m [gʀo]	dick
grosse adj f [gʀos]	dick
la bise [biz]	Kuss
je vous invite	ich lade euch
[ʒəvuzɛ̃vit]	ein
novembre m [nɔvɑ̃bʀ]	November
chez moi [ʃemwa]	bei mir
commencer [kɔmɑ̃se]	anfangen
confirmer [kɔ̃fiʀme]	zusagen
le mail [mɛl]	E-Mail
le téléphone [telefɔn]	Telefon
avant [avɑ̃]	vor (zeitlich)
amitiés [amitje]	herzliche Grüße
	(am Briefende)
la réponse [ʀepɔ̃s]	Antwort
quelle bonne idée !	sehr gute Idee!
[kɛlbɔnide]	
avec plaisir	gern, mit
[avɛkpleziʀ]	Vergnügen
le champagne [ʃɑ̃paɲ]	Champagner
désolé(s)! [dezɔle]	tut mir (uns) leid
impossible [ɛ̃pɔsibl]	unmöglich
venir [vəniʀ]	kommen
le congrès [kɔ̃gʀɛ]	Tagung
médical [medikal]	medizinisch
joyeux adj m [ʒwajø]	fröhlich
nous te souhaitons	wir wünschen
[nutəswetɔ̃]	dir
à bientôt [abjɛ̃to]	bis bald
le baiser [beze]	Kuss

Bon anniversaire !

Bon anniversaire !	Alles Gute zum
[bɔnanivɛʀsɛʀ]	Geburtstag!
maintenant [mɛ̃t(ə)nɑ̃]	jetzt
tout le monde [tulmɔ̃d]	alle
on prend le champagne	wir trinken
[ɔ̃pʀɑ̃lʃɑ̃paɲ]	Champagner
la santé [sɑ̃te]	Gesundheit
à la santé de ...	Prost (+ Name)
[alasɑ̃tedə]	
à la vôtre ! [alavotʀ]	zum Wohl!
vraiment [vʀɛmɑ̃]	wirklich
resplendissante adj	blendend
[ʀɛsplɑ̃disɑ̃t)]	(aussehend)
au fait [ofɛt]	übrigens
elle a [ɛla]	sie hat
elle a quel âge ?	wie alt ist sie?
[ɛlakɛlaʒ]	
l'an m [lɑ̃]	Jahr
elle a 26 ans	sie ist 26
[ɛlavɛ̃tsizɑ̃]	
comme [kɔm]	wie
la même [lamɛm]	der, die selbe
l'année f [lane]	Jahr
l'ami m [lami]	Freund
l'amie f [lami]	Freundin
fêter [fɛte]	feiern
la partie [paʀti]	Teil
l'équipe f [lekip]	Team
espagnol adj m	spanisch,
[ɛspaɲɔl]	Spanisch
le professeur [pʀɔfɛsœʀ]	Lehrer(in)
beaucoup [boku]	sehr; viel
je vais [ʒəvɛ]	ich gehe
aller [ale]	gehen
quel [kɛl]	welche(r,s)
la profession [pʀɔfɛsjɔ̃]	Beruf
l'agent immobilier m	Immobilien-
[laʒɑ̃imɔbilje]	händler
le partenaire [paʀtənɛʀ]	Partner

3

parler [paʀle] — sprechen
intensif *adj* [ɛ̃tɑ̃sif] — *intensiv*
vous faites [vufɛt] — *Sie machen*
anglais *adj m* [ɑ̃glɛ] — *englisch, Englisch*
américain *adj m* [ameʀikɛ̃] — *amerikanisch*
l'étudiant(e) *m (f)* [letydjɑ̃] — *Student(in)*
un étudiant en médecine [ɛ̃netydjɑ̃ɑ̃medsin] — *ein Medizinstudent*
donner des cours [dɔnedekuʀ] — *unterrichten*
financer [finɑ̃se] — *finanzieren*
les études *f pl* [lezetyd] — *Studium*
les études de médecine *f/pl* [lezetyddəmedsin] — *Medizinstudium*
à propos [apʀopo] — *übrigens*
chercher [ʃɛʀʃe] — *suchen*

l'appartement *m* [lapaʀtəmɑ̃] — *Wohnung*
pas très cher [patʀeʃɛʀ] — *nicht sehr teuer*
près de [pʀɛdə] — *in der Nähe von*
l'école *f* [lekɔl] — *Schule*
quelque chose [kɛlkəʃoz] — *etwas*
la carte de visite [kaʀtdəvizit] — *Visitenkarte*
sûrement [syʀmɑ̃] — *bestimmt, sicher*
téléphoner [telefɔne] — *anrufen*
lundi *m* [lœ̃di] — *Montag*
le dîner [dine] — *Abendessen*
prêt *adj* [pʀɛ] — *fertig*
la table [tabl(ə)] — *Tisch*
passer à table [paseatabl(ə)] — *sich zu Tisch setzen*
la faim [fɛ̃] — *Hunger*
avoir faim [avwaʀfɛ̃] — *Hunger haben*

Grammaire

1. Die Ländernamen und Nationalitätsbezeichnungen E 5

Ländernamen		Adjektiv Singular *maskulin (feminin)*	Substantiv Singular *maskulin / feminin*
l'Angleterre *f*	*England*	anglais(e)	un Anglais / une Anglaise
l'Allemagne *f*	*Deutschland*	allemand(e)	un Allemand / une Allemande
l'Espagne *f*	*Spanien*	espagnol(e)	un Espagnol / une Espagnole
l'Italie *f*	*Italien*	italien(ne)	un Italien / une Italienne
la France	*Frankreich*	français(e)	un Français / une Française
la Hollande	*Holland*	hollandais(e)	un Hollandais / une Hollandaise
la Suède	*Schweden*	suédois(e)	un Suédois / une Suédoise
la Suisse	*Schweiz*	suisse	un Suisse / une Suisse *oder* une Suissesse
le Japon	*Japan*	japonais(e)	un Japonais / une Japonaise
le Portugal	*Portugal*	portugais(e)	un Portugais / une Portugaise
les États-Unis *m pl*	*die Vereinigten Staaten*	américain(e)	un Américain / une Américaine

▌Genus der Ländernamen: Die meisten Ländernamen sind feminin, einige wenige sind maskulin.
Ländernamen stehen in der Regel mit dem bestimmten Artikel **le** oder **la**. Vor einem Vokal werden **le** und **la** zu **l'** verkürzt.

▌Ortsangabe auf die Frage **où ?** *(wo? / wohin?)*:
Bei Städten wird immer **à** verwendet, z.B. **Elle habite à Paris.** *Sie wohnt in Paris.*
Bei allen femininen Ländernamen und bei den wenigen maskulinen Ländernamen, die mit einem Vokal anfangen, wird **en** verwendet, z.B.
Nous sommes en France. *Wir sind in Frankreich.*
Ils sont en Uruguay. *Sie sind in Uruguay.*
Bei maskulinen Ländernamen, die mit einem Konsonanten anfangen, wird **au** verwendet, z.B. **Je suis au Portugal.** *Ich bin in Portugal.*
Bei Ländernamen im Plural verwendet man **aux**, z.B. **Il travaille aux États-Unis.** *Er arbeitet in den Vereinigten Staaten.*

▌Die Adjektive, die eine Nationalität bezeichnen, werden von den entsprechenden Ländernamen abgeleitet.

▌Die Substantive, die eine Nationalität bezeichnen, werden immer groß geschrieben. Sie richten sich in Genus und Zahl nach der Person, die sie bezeichnen, z.B.
un Français, des Français; une Française, des Françaises.

▌Die Bezeichnung der Sprache des Landes ist meistens identisch mit der maskulinen Form des jeweiligen Adjektivs, z.B. **Je parle français.** *Ich spreche Französisch.*
Le français est une langue romane. *Französisch ist eine romanische Sprache.*

2. Die Angleichung der Adjektive ⟩ E 6 ⟩

	Singular	Plural
maskulin	un étudiant français un étudiant espagnol un étudiant suisse un invité sympathique	des étudiants français des étudiants espagnols des étudiants suisses des invités sympathiques
feminin	une étudiante française une étudiante espagnole une étudiante suisse une invitée sympathique	des étudiantes françaises des étudiantes espagnoles des étudiantes suisses des invitées sympathiques

▌Die Adjektive richten sich in Genus und Zahl nach dem Substantiv, auf das sie sich beziehen.

▌Bei gemischten Gruppen (mit maskulinen und femininen Elementen), wird immer die maskuline Form verwendet.

■ Indem zur Bildung der femininen Form ein **e** an die maskuline Form anhängt wird, wird der Unterschied zwischen Maskulinum und Femininum beim Sprechen hörbar: Der bei der maskulinen Form nicht hörbare Konsonant wird bei der femininen ausgesprochen, z.B. **français** ▶ **française**.

■ Einige Adjektive, die bereits auf **-e** enden, haben nur eine Form im Singular, z.B. **un ami sympathique, une amie sympathique**.

Savoir dire

Alter angeben   E 2

Quel âge a-t-il ? / Quel âge a-t-elle ?	*Wie alt ist er? / Wie alt ist sie?*
Il a trente ans.	*Er ist 30 Jahre alt.*
Il a la quarantaine.	*Er ist um die vierzig.*
Il / Elle est jeune.	*Er / Sie ist jung.*
Il est vieux / Elle est vieille.	*Er ist alt / Sie ist alt.*

Beruf angeben   E 2

Qu'est-ce que vous faites ?	*Was machen Sie beruflich?*
Qu'est-ce qu'il / qu'elle fait ?	*Was macht er / sie beruflich?*
Quelle est votre profession ?	*Was sind Sie von Beruf?*
Quelle est sa profession ?	*Was ist er / sie von Beruf?*
Il est / Elle est professeur d'anglais.	*Er ist / Sie ist Englischlehrer(in).*
Il / Elle est architecte / médecin.	*Er ist / Sie ist Architekt(in) / Arzt (Ärztin).*
Il / Elle travaille chez Siemens.	*Er / Sie arbeitet bei Siemens.*
Il / Elle est dans l'informatique.	*Er / Sie ist in der Informatikbranche.*

■ Mit dem Verb **être** wird die Berufsbezeichnung ohne Artikel angegeben. Vergleiche: **Il est médecin.** *Er ist Arzt.* und **C'est un bon médecin.** *Das ist ein guter Arzt.*

Auf eine Einladung reagieren   E 4

Sich bedanken

Merci pour l'invitation.	*Danke für die Einladung.*
Merci beaucoup pour l'invitation.	*Vielen Dank für die Einladung.*
C'est gentil !	*Das ist nett von Ihnen!*

Annehmen oder ablehnen

Avec plaisir !	*Mit Vergnügen! Sehr gerne!*
Volontiers !	*Gerne!*
Désolé(e) !	*Tut mir leid!*
Désolés !	*Tut uns leid!*
Je regrette !	*Ich bedauere!*
impossible de *(+inf.)* !	*unmöglich zu (+ Inf.)!*

Zum Geburtstag gratulieren   E 4

Bon / Joyeux anniversaire !	*Alles Gute zum Geburtstag!*
Je te / vous souhaite un bon anniversaire !	*Ich wünsche dir / Ihnen / euch alles Gute zum Geburtstag!*

Expressions utiles

Die Grundzahlen ab 21   E 8

21 vingt et un(e)	**50 cinquante**	**90 quatre-vingt-dix**
22 vingt-deux	51 cinquante **et** un(e)	**91 quatre-vingt-onze**
23 vingt-trois	52 cinquante-deux	92 quatre-vingt douze
24 vingt-quatre	53 cinquante-trois	93 quatre-vingt treize
25 vingt-cinq	*etc.*	*etc.*
26 vingt-six	**60 soixante**	**100 cent**
27 vingt-sept	**61 soixante et un(e)**	101 cent un(e)
28 vingt-huit	62 soixante-deux	102 cent deux
29 vingt-neuf	63 soixante-trois	*etc.*
30 trente	*etc.*	200 deux cents
31 trente **et** un(e)	**70 soixante-dix**	201 deux-cent-un(e)
32 trente-deux	71 soixante **et** onze	*etc.*
33 trente-trois	72 soixante-douze	**1.000 mille**
etc.	73 soixante-treize	**1.000.000 un million**
40 quarante	*etc.*	2.000.000 deux millions
41 quarante **et** un(e)	**80 quatre-vingts**	
42 quarante-deux	**81 quatre-vingt-un(e)**	
43 quarante-trois	82 quatre-vingt-deux	
etc.	83 quatre-vingt-trois	
	etc.	

2 345 235 deux millions trois cent quarante-cinq mille deux cent trente-cinq

- Zehner- und Einerzahlen werden mit Bindestrich verbunden. Bei 21, 31, 41, 51, 61 und 71 (**vingt et un**, **trente et un** usw.) wird **et** verwendet, bei 81 und 91 (**quatre-vingt-un**, **quatre-vingt-onze**) nicht mehr.
- Die Zahlen **70, 80, 90** sind zusammengesetzt, z.B. **soixante-dix**: 70 = 60 + 10; **quatre-vingt**: 80 = 4 x 20; **quatre-vingt-dix**: 90 = 4 x 20 + 10.
- Die Belgier und die Schweizer zählen anders. Sie benutzen **septante** für 70, **huitante** für 80 und **nonante** für 90.
- Bei **quatre-vingts** (80) und den vollen Hundertern, z.B. **deux cents** (200) fällt das -s weg, wenn eine weitere Zahl folgt, z.B. **quatre-vingt-trois** (83), **deux cent six** (206).
- **Mille** (1000) ist unveränderlich, z.B. **cinq mille** (5000).
- Man kann die Jahreszahlen so lesen: 1995 = **mille neuf cent quatre-vingt-quinze** oder so: 1995 = **dix-neuf cent quatre-vingt-quinze**. Ganz einfach 2004 = **deux mille quatre**.

i | **On fait la fête ?** *Feiern wir?*

Franzosen feiern gern, sei es aus besonderem Anlass oder einfach so, weil ihnen danach ist! Auch Sie werden bestimmt gastfreundlichen Franzosen begegnen, die Sie – meist zum Essen – einladen werden. Ob Sie zum Aperitif oder zum Essen eingeladen sind, in jedem Fall sollten Sie nicht allzu pünktlich erscheinen – es ist sogar etwas unhöflich. Es gehört in Frankreich zum guten Ton, eine Viertelstunde später zu kommen als in der Einladung angegeben. So lassen Sie Ihren Gastgebern genug Zeit und laufen nicht Gefahr, mitten in die Vorbereitungen hineinzuplatzen! Es ist manchmal ratsam, auf den genauen Wortlaut der Einladung zu achten. Es kann sich lediglich um einen Aperitif handeln, dem kein vollständiges Menü folgt. Bei einem solchen Empfang werden die üblichen Chips und verschiedene Nüsse serviert sowie allerlei Häppchen: **amuse-gueule** und **canapés** in vielen Variationen, mit denen Sie aber nicht unbedingt satt werden. Werden Sie aber zu einem sogenannten **apéritif dînatoire** eingeladen, brauchen Sie sich keine Gedanken zu machen. Diese Formel beinhaltet Aperitif und Abendessen in einem.

3

Exercices

1 Ergänzen Sie die Fragen mit **quel, quelle, quels** oder **quelles**.

1. Il est ..*quelle*........... heure ?

2. Elle a .... âge ?

3. Nous sommes de la même année. .... année ?

4. Vous faites .... cours ? Les cours de français ou les cours d'anglais ?

5. Merci pour le cadeau ! .... cadeau ?

6. On parle .... langues en Suisse ?

7. .... est votre profession ?

8. .... est votre nom ? – Steve Milne.

2 Die Sätze sind durcheinander geraten. Geben Sie die richtige Reihenfolge an.

1. J'ai trente ans.
2. Je suis John Mankovic.
3. Vous êtes professeur d'anglais ?
4. Vous travaillez à Paris ?

5. Vous avez quel âge ?
6. Non, je suis acteur de cinéma.
7. Non, je travaille à Los Angeles.
8. Vous vous appelez comment ?

Reihenfolge: ...*8*..... ....

3 Ergänzen Sie die Sätze mit dem jeweils passenden Verb. Achten Sie auf die Endungen.

prendre aller avoir inviter avoir faire souhaiter aller

1. Il ..*prend*.......................... des cours d'espagnol.

2. Elle .... quatre personnes pour son anniversaire.

3. Vous .... souvent à Madrid ?

4. Je .... une fête pour les trois ans de l'école de langues.

5. Tu .... l'adresse de *Contacts langues* ?

6. Elles .... le même âge.

7. Elles .... en Espagne, à Barcelone.

8. Je te .... un bon anniversaire !

4 Was sagen Sie? Kreuzen Sie die richtige Antwort an.

1. *Sie laden zwei gute Freunde zu Ihrem Geburtstag ein.*

    a. Je t'invite à mon anniversaire. ☐ **b.** Je vous invite à mon anniversaire. ☒

2. *Sie nehmen die Einladung an und sagen.*

    a. Avec plaisir ! ☐ **b.** Désolés ! ☐

3. *Sie bieten ihren Gästen Champagner an.*

    a. On passe à table ! ☐ **b.** On prend le champagne ! ☐

4. *Die Freunde gratulieren zum Geburtstag.*

    a. Bon anniversaire ! ☐ **b.** Bonne fête ! ☐

5. *Sie bedanken sich für die Geschenke.*

    a. Merci pour les gâteaux ! ☐ **b.** Merci pour les cadeaux ! ☐

5 Setzen Sie **le, la, l'** oder **les** vor die Ländernamen und tragen Sie die jeweilige Bezeichnung für die Landessprache ein.

Land		**Sprache**	
1.	..*la*.... France	a.	..*le français*....................
2.	.... Allemagne	b.	....
3.	.... Angleterre	c.	....
4.	.... Espagne	d.	....
5.	.... Hollande	e.	....
6.	.... Italie	f.	....
7.	.... États-Unis	g.	....
8.	.... Portugal	h.	....
9.	.... Suède	i.	....
10.	.... Japon	j.	....

3

6 Setzen Sie die jeweils passende Form des Adjektivs ein.

1. Vivaldi est un musicien ..*italien*............................ (italien / italienne).

2. Le fado est une musique .... (portugais / portugaise).

3. Le sumo est un sport .... (japonais / japonaise).

4. Coco cola est une marque .... (américain / américaine).

5. Gérard Depardieu est un acteur .... (français / française).

6. La bière est une spécialité .... (allemand / allemande).

7. Le plum-pudding est un gâteau .... (anglais / anglaise).

7 (o) Hören Sie zunächst, wie die Zahlen ausgesprochen werden. Tragen Sie dann die entsprechenden Zahlen ein.

quatre-vingt ..*80*.....	soixante-quinze	quatre-vingt-dix ....
quarante-cinq	trente	un million ....
cent	quarante-trois	quarante ....
soixante-dix	soixante-cinq	trente-quatre ....
soixante	trente-neuf	quatre-vingt-douze ....
vingt et un	cinquante	vingt-cinq ....
cinquante-huit	mille	

8 Ein Wort passt jeweils nicht in die Reihe. Kreuzen Sie es an.

1. ☐ espagnol	☐ américain	☐ anglais	☒ chère
2. ☐ an	☐ heure	☐ année	☐ âge
3. ☐ trente	☐ soixante	☐ chez	☐ cent
4. ☐ merci	☐ amitiés	☐ bises	☐ baisers
5. ☐ invitation	☐ invité	☐ inviter	☐ donner
6. ☐ profession	☐ équipe	☐ médecin	☐ professeur
7. ☐ France	☐ Espagne	☐ Lyon	☐ Italie

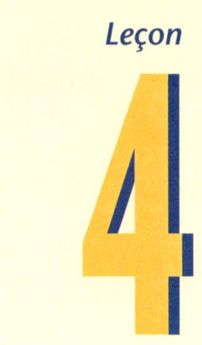

Ihre Lernziele in dieser Lektion sind:

- Sich orientieren
- Eine Wohnung beschreiben
- Die Uhrzeit angeben
- Die **Ordnungszahlen**
- Die **Sonderformen der Adjektive**
- Die Verben **connaître, savoir, devoir, pouvoir** im **Präsens**
- Die Verneinung mit **ne... pas** und **ne... plus**
- Die **Stellung des Adjektivs**
- **Ortsangaben**

Leçon 4

Petites annonces

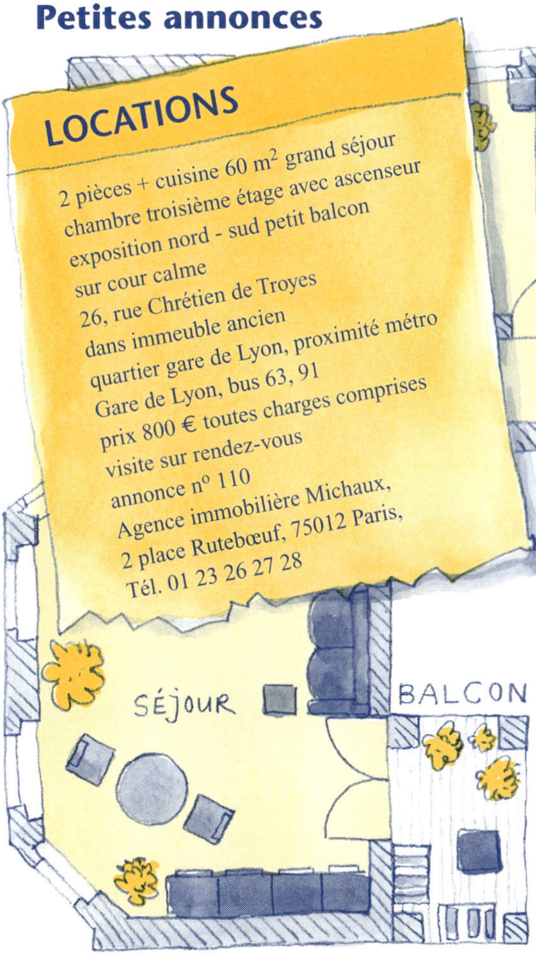

LOCATIONS
2 pièces + cuisine 60 m² grand séjour
chambre troisième étage avec ascenseur
exposition nord - sud petit balcon
sur cour calme
26, rue Chrétien de Troyes
dans immeuble ancien
quartier gare de Lyon, proximité métro
Gare de Lyon, bus 63, 91
prix 800 € toutes charges comprises
visite sur rendez-vous
annonce nº 110
Agence immobilière Michaux,
2 place Ruteboeuf, 75012 Paris,
Tél. 01 23 26 27 28
SÉJOUR
BALCON

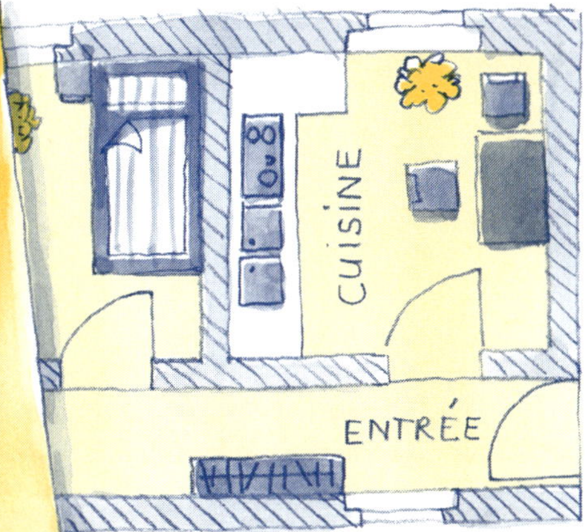

CUISINE
ENTRÉE

Kleinanzeigen

ZU VERMIETEN

2 Zimmer + Küche, 60 m² großes Wohnzimmer, dritter Stock mit Aufzug, Nord-Süd-Ausrichtung, kleiner Balkon zu ruhigem Hinterhof
26, rue Chrétien de Troyes
Altbau im Viertel Gare de Lyon,
Nähe U-Bahn-Station Gare de Lyon und Buslinie 63, 91
Preis € 800,00 inkl. Nebenkosten
Besichtigung nach Terminabsprache
Anzeige Nummer 110
Immobilienmakler Michaux,
2 place Rutebœuf, 75012 Paris,
Tel. 01 23 26 27 48

Quoi de neuf ?

Auf dem Geburtstagsfest von Sandrine war Steve auf Wohnungssuche. Er hat in der Zwischenzeit ein interessantes Angebot in einer Zeitungsanzeige gefunden. Gehen Sie mit ihm diese Wohnung besichtigen! Zunächst werden Sie lernen, wie man Ortsangaben und die Uhrzeit ausdrückt. Um die Wohnung zu beschreiben, werden Sie Adjektive gebrauchen. Ferner werden Sie die Verneinung und die Ordnungszahlen entdecken.

Sonderformen der Adjektive   E 3

▌ Adjektive, die auf **-er** enden, bilden die weibliche Form auf **-ère**.

Singular		
	maskulin	**feminin**
	le prem**ier** jour *der erste Tag*	la prem**ière** liste *die erste Liste*
	un agent immobil**ier** *Makler*	une agence immobil**ière** *Maklerbüro*

Ebenso: **cher** ▶ **chère** *teuer*, **régulier** ▶ **régulière** *regelmäßig*, **fier** ▶ **fière** *stolz*.

▌ Die meisten Adjektive, die auf **-al** enden, bilden die weibliche Form auf **-ale** und die maskuline Pluralform mit **-aux**.

	maskulin	**feminin**
Singular	un congrès médic**al** *eine medizinische Tagung*	une profession médic**ale** *ein medizinischer Beruf*
Plural	des congrès médic**aux** *medizinische Tagungen*	des études médic**ales** *medizinische Studien*

Ebenso: **amical** ▶ **amicaux** *freundlich*, **international** ▶ **internationaux** *international*, **original** ▶ **originaux** *neuartig*, **spécial** ▶ **spéciaux** *spezial*.

▌ Einige Adjektive verdoppeln den Endkonsonanten bei der femininen Form.

Singular		
	maskulin	**feminin**
	ancien	ancie**nne**	*alt, ehemalig*
	bon	bo**nne**	*gut*
	gros	gro**sse**	*dick, fett*

▌ Die Adjektive **beau**, **nouveau** und **vieux** haben zwei maskuline Formen im Singular, je nachdem ob das folgende Wort mit Konsonanten oder mit Vokal bzw. stummem h beginnt.

maskulin	maskulin vor Vokal oder stummem h	feminin
un **beau** quartier *ein schönes Viertel*	un **bel** appartement *eine schöne Wohnung*	une **belle** cuisine *eine schöne Küche*
un **nouveau** quartier *ein neues Viertel*	un **nouvel** appartement *eine neue Wohnung*	une **nouvelle** agence *eine neue Agentur*
un **vieux** quartier *ein altes Viertel*	un **vieil** appartement *eine alte Wohnung*	une **vieille** rue *eine alte Straße*

Die Pluralform von **beau** bzw. **nouveau** lautet **beaux** bzw. **nouveaux**, **vieux** erhält kein weiteres -**x**, bleibt also unverändert.

À la recherche d'un appartement

Steve :	Pardon Madame, je cherche la rue Chrétien de Troyes depuis un quart d'heure. Je ne trouve pas, je ne sais plus quoi faire.
La passante :	La rue comment ? Vous pouvez répéter, s'il vous plaît !
Steve :	La rue Chrétien de Troyes, … ou de Troille, je ne sais pas comment prononcer.
La passante :	Ah, la rue Chrétien de Troyes ! Bon, vous connaissez un peu le quartier ?
Steve :	Non, pas du tout. Et je suis très pressé, je dois visiter un appartement à deux heures, et il est déjà deux heures moins le quart !
La passante :	Pas de problème, ce n'est pas loin d'ici. Vous allez tout droit jusqu'à la place Rutebœuf, là, vous tournez à droite, vous prenez la rue Barthes jusqu'au feu et ensuite vous tournez à gauche, c'est la rue Chrétien de Troyes.
Steve :	Merci beaucoup !
La passante :	Pas de quoi, … et bonne chance pour l'appartement !

Steve :	Bonjour Mademoiselle, je m'appelle Steve Milne. J'ai rendez-vous à deux heures pour la visite de l'appartement.
L'employée de l'agence :	Oui, bonjour Monsieur. Vous êtes le premier sur la liste... Voilà, ici, c'est l'entrée avec des placards à gauche. Là, à droite, vous avez le grand séjour et la cuisine. C'est le côté sud, avec un petit balcon sur la cour. Côté nord, il y a la chambre avec une petite salle de bains. Ça vous plaît ?
Steve :	Oui, beaucoup. C'est un bel appartement, très clair, bien situé mais... un peu cher pour une personne. C'est trop rapide, je dois encore réfléchir.
L'employée de l'agence :	Comme vous voulez, Monsieur, mais il y a encore six autres personnes intéressées. J'ai besoin d'une réponse avant 6 heures.
Steve :	D'accord, je vous rappelle sur votre portable. Au revoir et merci.

Vocabulaire

Petites annonces

la petite annonce [ptitanõs]	Kleinanzeige
la location [lɔkasjõ]	Mietangebot
la pièce [pjɛs]	Zimmer
la cuisine [kɥizin]	Küche
m² abr, le mètre carré [mɛtʀəkaʀe]	Quadratmeter
le séjour [seʒuʀ]	Wohnzimmer
la chambre [ʃãbʀ]	Schlafzimmer
le troisième étage [tʀwazjɛmetaʒ]	3. Stockwerk
l'ascenseur m [lasãsœʀ]	Fahrstuhl
le balcon [balkõ]	Balkon
la cour [kuʀ]	Hof
calme [kalm]	ruhig
l'immeuble m [limœbl]	Haus
ancien adj m [ãsjɛ̃]	alt
le quartier [kaʀtje]	Wohnviertel
la gare [gaʀ]	Bahnhof
la proximité [pʀɔksimite]	Nähe
le bus [bys]	Bus
toutes charges comprises inkl. [tutʃaʀʒkõpʀiz]	Nebenkosten
la visite [vizit]	Besichtigung
le rendez-vous [ʀãdevu]	Termin; Verabredung

l'agence immobilière f [laʒãsimɔbiljɛʀ]	Immobilien-makler
n° abr, le numéro [nymeʀo]	Nummer

À la recherche d'un appartement

à la recherche d'un appartement [alaʀəʃɛʀʃdɛ̃napaʀtəmã]	auf Wohnungssuche
la passante [pasãt]	Fußgängerin
l'agence f [laʒãs]	Agentur
l'employée f [lãplwaje]	die Angestellte
pardon [paʀdõ]	Entschuldigung
le quart d'heure [kaʀdœʀ]	Viertelstunde
trouver [tʀuve]	finden
je sais [ʒəsɛ]	ich weiß
savoir [savwaʀ]	wissen
ne... plus [nə... ply]	nicht mehr
quoi [kwa]	was
répéter [ʀepete]	wiederholen
prononcer [pʀɔnõse]	aussprechen
ne... pas [nə... pa]	nicht
vous connaissez [vukɔnese]	Sie kennen
connaître [kɔnɛtʀ]	kennen
un peu [œ̃pø]	ein bisschen

le quartier [kaʀtje]	Stadtviertel
pas du tout [padytu]	überhaupt nicht
très [tʀɛ]	sehr
être pressé [ɛtʀəpʀese]	es eilig haben
je dois [ʒədwa]	ich muss
devoir [dəvwaʀ]	müssen
visiter [vizite]	besichtigen
à deux heures [adøzœʀ]	um zwei Uhr
déjà [deʒa]	schon
il est 2 heures moins	es ist viertel vor
le quart	zwei
[ilɛdøzœʀmwɛlkaʀ]	
pas loin d'ici	nicht weit von
[palwɛ̃disi]	hier
tout droit [tudʀwa]	geradeaus
jusque [ʒysk(ə)]	bis
la place [plas]	Platz
tourner [tuʀne]	abbiegen
à droite [adʀwat]	(nach) rechts
le feu [fø]	Ampel
ensuite [ãsɥit]	dann
à gauche [agoʃ]	(nach) links
pas de quoi loc [padkwa]	gern geschehen
bonne chance! [bɔnʃãs]	viel Glück!
avoir rendez-vous	einen Termin
[avwaʀʀãdevu]	haben
premier adj m [pʀəmje]	erste
la liste [list]	Liste

l'entrée [lãtʀe]	Gang, Diele
le placard [plakaʀ]	Wandschrank
côté sud [kotesyd]	auf der Südseite
côté nord [kotenɔʀ]	auf der Nordseite
il y a loc [ilja]	es gibt, es ist
la salle de bains	Badezimmer
[saldəbɛ̃]	
Ça vous plaît ? [savuplɛ]	Gefällt es Ihnen?
beaucoup [boku]	sehr
bel (beau) adj m [bɛl,bo]	schön
clair adj m [klɛʀ]	hell
bien situé [bjɛ̃sitɥe]	in guter Lage
rapide adj [ʀapid]	schnell
mais [mɛ]	aber
réfléchir [ʀefleʃiʀ]	überlegen
comme [kɔm]	wie
vous voulez [vuvule]	Sie wollen
vouloir [vulwaʀ]	wollen
la personne intéressée	Interessent
[lapɛʀsɔnɛ̃teʀese]	
j'ai besoin de	ich brauche
[ʒɛbəzwɛ̃də]	
avoir besoin de	brauchen
[avwaʀbəzwɛ̃də]	
la réponse [ʀepõs]	Antwort
d'accord [dakɔʀ]	einverstanden
rappeler [ʀap(ə)le]	zurückrufen
le portable [pɔʀtabl]	Handy

Grammaire

1. Die unregelmäßigen Verben *connaître, savoir, devoir, pouvoir* im Präsens E 1

	connaître	savoir	devoir	pouvoir
	kennen	*wissen*	*müssen*	*können*
je	connais	sais	dois	peux
tu	connais	sais	dois	peux
il / elle	connaît	sait	doit	peut
nous	connaissons	savons	devons	pouvons
vous	connaissez	savez	devez	pouvez
ils / elles	connaissent	savent	doivent	peuvent

2. Die Verneinung mit *ne... pas* und *ne... plus*   E 6

ne... pas *nicht*	ne... plus *nicht mehr*
Je ne trouve pas la liste. *Ich finde die Liste nicht.*	Je ne trouve plus la liste. *Ich finde die Liste nicht mehr.*
Je ne suis pas à Paris. *Ich bin nicht in Paris.*	Je ne suis plus à Paris. *Ich bin nicht mehr in Paris.*
Je n'ai pas l'adresse. *Ich habe die Adresse nicht.*	Je n'ai plus l'adresse. *Ich habe die Adresse nicht mehr.*

Bezieht sich die Verneinung auf ein Verb, besteht sie aus zwei Teilen, die das konjugierte Verb umklammern. Beginnt das Verb mit Vokal oder stummem h, wird **ne** zu **n'** verkürzt.

3. Die Stellung der Adjektive beim Substantiv   E 2

▮ Die Adjektive stehen normalerweise hinter dem Substantiv, z.B. **une collègue sympathique** *eine sympathische Kollegin.*
▮ Folgende Adjektive stehen jedoch in der Regel vor dem Substantiv:

maskulin	feminin
un **beau** quartier, un **bel** appartement *ein schönes Viertel, eine schöne Wohnung*	une **belle** chambre *ein schönes Schlafzimmer*
un **bon** dîner *ein gutes Abendessen*	une **bonne** idée *eine gute Idee*
un **mauvais** quartier *ein schlechtes Viertel*	une **mauvaise** idée *eine schlechte Idee*
un **jeune** étudiant *ein junger Student*	une **jeune** étudiante *eine junge Studentin*
un **joli** balcon *ein schöner Balkon*	une **jolie** cour *ein schöner Hof*
un **nouveau** quartier, un **nouvel** appartement *ein neues Viertel, eine neue Wohnung*	une **nouvelle** adresse *eine neue Adresse*
un **vieux** quartier, un **vieil** appartement *ein altes Viertel, eine alte Wohnung*	une **vieille** rue *eine alte Straße*

▮ Ordnungszahlen stehen vor dem Substantiv, z.B. **le premier jour** *der erste Tag;* **la première fois** *das erste Mal.*

- Im Gegensatz zum Deutschen stehen auch Farben und Nationalitätsbezeichnungen hinter dem Substantiv, z.B. **le canapé rouge** *das rote Sofa;* **une étudiante allemande** *eine deutsche Studentin.*
- Einige Adjektive haben verschiedene Bedeutungen, je nachdem ob sie vor oder hinter dem Substantiv stehen, z.B. **un ancien musée** *ein ehemaliges Museum;* **une ancienne pharmacie** *eine ehemalige Apotheke*, aber **un immeuble ancien** *ein Altbau.*

4. Ortsangaben, der Ausdruck *il y a*

- **Il y a** steht oft im Zusammenhang mit Ortsangaben und entspricht im Deutschen *es gibt, es ist / sind …*

Il y a un ascenseur dans l'immeuble.	*Es gibt einen Fahrstuhl in dem Gebäude.*
Il y a un petit balcon côté sud.	*Auf der Südseite ist ein kleiner Balkon.*
Il y a en tout trois pièces.	*Es sind insgesamt drei Zimmer.*

- Wichtige Ausdrücke des Ortes

Vous allez **tout droit**.	*Sie gehen geradeaus.*
Vous tournez **à droite**.	*Sie biegen rechts ab.*
Vous tournez **à gauche**.	*Sie biegen links ab.*
Il est **dans** l'appartement.	*Er ist in der Wohnung.*
jusqu'au feu	*bis zur Ampel*
jusqu'à l'avenue Dufour	*bis zur Dufour-Avenue*
jusqu'à la place de la République	*bis zum Platz der Republik*
Vous prenez la rue **du** Marché.	*Sie nehmen die Marktstraße.*
Vous traversez la place de la République.	*Sie überqueren den Platz der Republik.*
Vous arrivez rue **des** Palmiers.	*Sie kommen in die Palmenstraße.*

- Die Präposition **à** verschmilzt mit den bestimmten Artikeln **le** und **les**:
  à + le = **au**, z.B. **Il attend au café.** *Er wartet im Café.*
  à + les = **aux**, z.B. **Il habite aux États-Unis.** *Er wohnt in den Vereinigten Staaten.*
- Die Präposition **de** verschmilzt mit den bestimmten Artikeln **le** und **les**:
  de + le = **du**, z.B. **rue du Marché**
  de + les = **des**, z.B. **rue des Palmiers**.
- Mit den Artikeln **la** und **l'** werden **à** und **de** nicht zusammengezogen.

4

Savoir dire

Sich orientieren E 5

Nach dem Weg fragen

Pardon Monsieur / Madame, la rue / la place…, s'il vous plaît ?
Entschuldigen Sie bitte, die Straße / der Platz …?
Pardon Monsieur / Madame, je cherche la rue…
Entschuldigen Sie bitte, ich suche die … Straße.
Pour aller à Versailles / à la gare / au musée, s'il vous plaît ?
Wie komme ich nach Versailles / zum Bahnhof / zum Museum?

Den Weg beschreiben

C'est loin, prenez le métro.	*Das ist weit, nehmen Sie die U-Bahn.*
Ce n'est pas loin d'ici.	*Das ist nicht weit von hier.*
Vous allez tout droit.	*Sie gehen geradeaus.*
Vous prenez la rue…	*Sie nehmen die Straße …*
Vous tournez à droite / à gauche.	*Sie biegen rechts / links ab.*
C'est la première / la deuxième rue…	*Es ist die erste / zweite Straße …*
à droite / à gauche	*rechts / links*

Die Uhrzeit

Nach der Uhrzeit fragen

Excusez-moi, vous avez l'heure ?	*Entschuldigen Sie, wie spät ist es?*
Quelle heure est-il, s'il vous plaît ? /	*Wie viel Uhr ist es, bitte?*
Il est quelle l'heure ?	

Die Uhrzeit angeben

Il est huit heures (du matin).	*Es ist 8 Uhr (morgens).*
Il est vingt heures / huit heures (du soir).	*Es ist 8 Uhr (abends).*
Il est midi.	*Es ist Mittag.*
Il est minuit.	*Es ist Mitternacht.*
Il arrive à quelle heure ?	*Um wie viel Uhr kommt er an?*
dans un quart d'heure /	*in einer Viertelstunde /*
dans une demi-heure	*in einer halben Stunde*

Il est neuf heures cinq. (9 h 05)	*Es ist 5 nach 9.*
Il est neuf heures **et quart**. (9 h 15)	*Es ist **viertel nach** 9.*
Il est neuf heures vingt. (9 h 20)	*Es ist 20 nach 9.*
Il est neuf heures **et demie**. (9 h 30)	*Es ist **halb** 10.*
Il est dix heures **moins le quart**. (9 h 45)	*Es ist **viertel vor** 10.*
Il est onze heures **moins** cinq. (10 h 55)	*Es ist 5 **vor** elf.*

Wie im Deutschen wird im Französischen zwischen offizieller und umgangssprachlicher Zeitangabe unterschieden, z.B. **Il est onze heures cinquante** *Es ist 11 Uhr 50* oder **midi moins dix** *10 vor zwölf.*

Expressions utiles

Die Ordnungszahlen

Um die Ordnungszahl zu bilden, wird jeweils **-ième** (abgekürzt: ...x^e) an die Grundzahl angehängt.
Ausnahme: **le premier appartement** *die erste Wohnung*; **la première rue** *die erste Straße.*

1er premier, 1ère première	11e onzième	21e vingt et unième
2e deuxième	12e douzième	22e vingt-deuxième
3e troisième	13e treizième	60e soixantième
4e quatrième	14e quatorzième	70e soixante-dixième
5e cinquième	15e quinzième	71e soixante et onzième
6e sixième	16e seizième	80e quatre-vingtième
7e septième	17e dix-septième	81e quatre-vingt-unième
8e huitième	18e dix-huitième	90e quatre-vingt-dixième
9e neuvième	19e dix-neuvième	91e quatre-vingt-onzième
10e dixième	20e vingtième	100e centième usw.

i **Les transports en commun** *Die öffentlichen Verkehrsmittel*
   Eine Stadt erkundet man am besten zu Fuß, aber auch mit öffentlichen Verkehrsmitteln kann man interessante Erfahrungen sammeln. In Städten wie Paris, Lille, Marseille und Lyon gibt es die U-Bahn (**le métro**). Darüber hinaus verfügt jede größere Stadt über ein gut ausgebautes Busnetz. Paris hat auch eine S-Bahn (**le RER**), mit der man sehr schnell nicht nur von einem Ende der Stadt zum anderen gelangt, sondern auch viele Vororte erreichen kann. In manchen Städten wie Nantes, Montpellier und Strasbourg wurde sogar die Straßenbahn (**le tram**) wieder eingeführt. Für die meisten Verkehrsmittel gelten in der Regel Verbundtickets. Diese erhält man entweder in den U-Bahnstationen oder in den **bureaux de tabac** *(Tabakläden).* In den Bussen gibt es meistens nur Einzeltickets. Günstiger ist der Kauf sogenannter

carnets mit fünf oder, wie in Paris, mit zehn Fahrscheinen. Beim Kauf seines Tickets
sollte man sich immer erkundigen, ob man damit
umsteigen darf. Paris und einige andere Städte
bieten für Touristen auch Sondertarife an,
z.B. Tages- bzw. Zwei- und Dreitages-Tickets.
Bei mehrtägigem Aufenthalt in Paris sollten Sie
sich auch nach der **carte orang**e erkundigen.

Exercices

1   Setzen Sie jeweils die richtige Verbform ein.

1. Nous avons rendez-vous à 2 heures. Est-ce que vous ...*pouvez*............ (pouvoir)
être là à 13h 30 ?

2. Il travaille à Paris depuis cinq ans, il .... (connaître) bien la France.

3. Excusez-moi, je suis pressé, je .... (devoir) être à l'agence dans
dix minutes.

4. Vous .... (savoir) où est Sandrine ?

5. Tu .... (connaître) le nouvel appartement de Steve ?

6. Je .... (pouvoir) téléphoner à l'agence pour prendre rendez-vous.

7. Ils .... (devoir) donner une réponse avant cinq heures.

8. Tu .... (pouvoir) apporter un plan de l'appartement ?

2   Ergänzen Sie die Immobilienanzeige mit den passenden Adjektiven.

| deuxième   calme   bel   grandes   grande   petits   grand   immobilière   ancien |

..*Bel*.................... appartement............................... étage avec ascenseur, immeuble

.... dans quartier .... trois ....

pièces avec cuisine, ... séjour côté sud, deux chambres avec

.... balcons, ... salle de bains.

Agence .... Michaux, annonce n° 110.

3 Setzen Sie die feminine Form des jeweiligen Adjektivs ein.

1. un agent immobilier / une agence _immobilière_ ....

2. un bel appartement / une .... chambre

3. un ancien musée / une .... adresse

4. un bon étudiant / une .... étudiante

5. un nouveau rendez-vous / une .... partenaire

6. un vieux quartier / une .... rue

7. un gros problème / une .... bise

4 Was sagen Sie? Kreuzen Sie die richtige Antwort an.

1. *Sie wollen wissen, ob man die Wohnung besichtigen kann.*

    a. On peut visiter l'appartement ? ☒

    b. On doit visiter l'appartement ? ☐

2. *Sie fragen, ob es einen Aufzug gibt.*

    a. Est-ce qu'il y a un ascenseur ? ☐

    b. Est-ce qu'il y a un troisième étage ? ☐

3. *Sie erkundigen sich, wie viele Zimmer die Wohnung hat.*

    a. L'appartement a combien de chambres ? ☐

    b. L'appartement a combien de pièces ? ☐

4. *Sie finden die Wohnung schön.*

    a. C'est un bel appartement. ☐

    b. C'est un beau séjour. ☐

5. *Sie fragen, wie teuer die Wohnung ist.*

    a. Quel est le prix ? ☐

    b. Quelle est la station de métro ? ☐

6. *Sie finden die Wohnung teuer.*

    a. C'est clair ! ☐

    b. C'est cher ! ☐

7. *Sie müssen es sich noch überlegen.*

    a. Je dois encore réfléchir ! ☐

    b. Je dois encore rappeler l'agence ! ☐

4

5 Der Dialog ist durcheinander geraten. Bringen Sie die Sätze in die richtige Reihenfolge.

1. Oui, merci, au revoir Madame.
2. Pardon Madame, la rue Voltaire, s'il vous plaît ?
3. C'est dans quel quartier ?
4. Pardon Monsieur, je cherche la rue Voltaire.
5. Ce n'est pas ici, c'est loin, prenez le métro ! Vous avez un plan ?
6. Désolé, je ne sais pas, je ne connais pas le quartier.
7. La rue Voltaire ? Ce n'est pas dans le quartier !

..4.... ....

6 Geben Sie zunächst eine negative Antwort auf die Fragen, bevor Sie sie richtig beantworten.

1. ● Tu aimes le jazz ? (ne... pas / la musique classique)
   ● Non, _je n'aime pas le jazz, j'aime la musique classique_ ....

2. ● Vous prenez le bus ? (ne... pas / le métro)
   ● Non, ...

3. ● Vous invitez Léa ? (ne... pas / Morgane)
   ● Non, ...

4. ● Vous connaissez Sandrine ? (ne... pas / Romain)
   ● Non, ...

5. ● Vous avez rendez-vous à midi ? (ne... pas / 2 heures)
   ● Non, ...

6. ● Vous habitez rue de Rennes ? (ne... pas / rue Daguerre)
   ● Non, ...

7. ● Vous êtes italien ? (ne... pas / espagnol)
   ● Non, ...

In dieser Lektion lernen Sie:
▐ Informationen austauschen
▐ Meinung, Gefallen ausdrücken
▐ Monate, Jahreszeiten und Datum
▐ Die Farben
▐ **Verben auf -ir** und **-re** im **Präsens**
▐ Das unregelmäßige Verb **vouloir** im **Präsens**
▐ Die direkten **Objektpronomen** der 3. Person
▐ Die **Demonstrativbegleiter**

Leçon

En promotion

Cette semaine chez
ROCHOIS les convertibles :
À partir de **750 €**
Canapé-lit tissu   Canapé-lit cuir
Dimensions

3 places	L 210 cm	H 87	P 80
2 places	L 140 cm	H 87	P 80

le couchage :

3 places 118 x 198 cm		L : longueur
2 places 116 x 185 cm		H : hauteur
24 coloris		P : profondeur

750€

Im Angebot

Bei ROCHOIS diese
Woche die Schlafsofas:
Ab € 750
Schlafsofa mit Stoffbezug
Schlafsofa mit Lederbezug
Maße
Dreisitzer
Länge 210 cm
Höhe 87 cm
Tiefe 80 cm
Zweisitzer
Länge 140 cm
Höhe 87 cm
Tiefe 80 cm
Liegefläche:
Dreisitzer
118 x 198 cm
Zweisitzer
116 x 185 cm
24 Farbtöne

5

Quoi de neuf ?

Steve hat sich entschlossen, die besichtigte Wohnung zu nehmen. Nun muss er sie einrichten. Begleiten Sie ihn und seine Freundin Sandrine ins Möbelgeschäft! Eine gute Gelegenheit für Sie, den Wortschatz der Wohnungseinrichtung zu entdecken. Dabei geht es natürlich auch um Farben und Geschmack! Ferner werden Sie neue wichtige Verben, Objektpronomen und die Demonstrativbegleiter kennen lernen.

Die regelmäßigen Verben auf -ir im Präsens: *choisir*   E 1

choisir *aussuchen*	
je choisis	nous choisi**ssons**
tu choisis	vous choisi**ssez**
il / elle choisit	ils / elles choisi**ssent**

▌ Viele Verben auf -**ir** erweitern den Stamm im Plural, indem -**iss**- zwischen Stamm und Endung eingeschoben wird, z.B. **je choisis, nous choisissons**.
Ebenso: **finir** *enden, beenden*, **grossir** *zunehmen*, **réfléchir** *überlegen*, **remplir** *ausfüllen*

Das Verb *venir* im Präsens   E 1

venir *kommen*	
je **viens**	nous venons
tu **viens**	vous venez
il / elle **vient**	ils / elles **viennent**

Ebenso: **revenir** *wiederkommen*, **tenir** *halten*

Die Verben auf -re im Präsens: *attendre*   E 1

attendre *warten*	
j'attends	nous attend**ons**
tu attends	vous attend**ez**
il / elle attend	ils / elles attend**ent**

Ebenso: **entendre** *hören*, **vendre** *verkaufen*

Das unregelmäßige Verb *vouloir* im Präsens   E 1

vouloir
wollen

je veux	nous **voulons**
tu veux	vous **voulez**
il / elle veut	ils / elles veulent

Des goûts et des couleurs

Au rayon ameublement
Steve : Qu'est-ce que tu penses de cette table basse en verre pour le séjour ?
Sandrine : Je la trouve superbe. Une table ronde, c'est pratique. On la prend tout de suite ! Qu'est-ce qu'on fait maintenant ? On choisit le canapé ?
Steve : Si tu veux, aujourd'hui on a le temps.
La vendeuse : Bonjour, Messieurs Dames, je peux vous renseigner ?
Steve : Bonjour, on voudrait voir les canapés-lits en promotion.
La vendeuse : Qu'est-ce que vous cherchez ?
Steve : On cherche un deux places en cuir ou en tissu pour le séjour.
La vendeuse : Je vous conseille ce canapé noir en cuir, très confortable. C'est une forme classique, la qualité est excellente … Et il coûte seulement 750 €.
Steve : C'est vraiment un bon prix. Comment tu le trouves, Sandrine ?
Sandrine : Il n'est pas mal, il a l'air confortable, mais je n'aime pas cette couleur.
La vendeuse : Chacun son goût ! Nous l'avons aussi en marron, en beige ou en vert.
Steve : Et ce canapé orange en tissu, vous l'avez aussi en blanc ?
La vendeuse : Non, je regrette, c'est le dernier. Si vous préférez ce modèle, vous pouvez revenir la semaine prochaine, nous attendons une livraison.
Sandrine : Bonne idée, comme ça on a le temps de réfléchir. Merci beaucoup et à samedi prochain !
La vendeuse : Je vous en prie ! Bonne journée !

Vocabulaire

En promotion

en promotion [ɑ̃pʀɔmosjõ]	im Angebot
cette semaine [sɛtsəmɛn]	diese Woche
la semaine [s(ə)mɛn]	Woche
le convertible [kõvɛʀtibl]	Schlafsofa (Fachbezeichnung)
à partir de [apaʀtiʀdə]	ab
le canapé-lit [kanapeli]	Schlafsofa
le tissu [tisy]	Stoff
le cuir [kɥiʀ]	Leder
les dimensions f pl [dimɑ̃sjõ]	Maße
le couchage [kuʃaʒ]	Liegefläche
la longueur, abr L [lõgœʀ]	Länge
la hauteur, abr H [otœʀ]	Höhe
la profondeur, abr P [pʀɔfõdœʀ]	Tiefe
le trois places [tʀwaplas]	Dreisitzer
le deux places [døplas]	Zweisitzer
le coloris [kɔlɔʀi]	Farbton

Des goûts et des couleurs

des goûts et des couleurs [deguzedɛkulœʀ]	Geschmack und Farben; hier: Über Geschmack lässt sich streiten
le goût [gu]	Geschmack
la couleur [kulœʀ]	Farbe
le rayon [ʀɛjõ]	Abteilung
l'ameublement m [lamœbləmɑ̃]	Einrichtung
penser [pɑ̃se]	denken, halten
bas adj m [ba], basse adj f [bas]	niedrig

le verre [vɛʀ]	Glas
en verre [ɑ̃vɛʀ]	aus Glas
superbe adj [sypɛʀb]	wunderschön
rond(e) adj [ʀõ, ʀõd]	rund
pratique adj [pʀatik]	praktisch
tout de suite [tud(ə)sɥit]	gleich
choisir [ʃwaziʀ]	aussuchen, auswählen
le canapé [kanape]	Sofa
si [si]	wenn
tu veux [tyvø]	du willst
aujourd'hui [oʒuʀdɥi]	heute
le temps [tɑ̃]	Zeit
renseigner [ʀɑ̃seɲe]	eine Auskunft geben
on voudrait [õvudʀɛ]	wir würden gerne
voir [vwaʀ]	sehen, anschauen
conseiller [kõsɛje]	raten
confortable adj [kõfɔʀtabl]	bequem
la forme [fɔʀm]	Form
classique adj [klasik]	klassisch
la qualité [kalite]	Qualität
excellente adj f [ɛksɛlɑ̃t]	ausgezeichnet
mal adv [mal]	schlecht, übel
avoir l'air [avwaʀlɛʀ]	aussehen
chacun, chacune [ʃakɛ̃, ʃakyn]	jede(r,s)
marron adj inv [maʀõ]	braun
beige adj [bɛʒ]	beige
vert adj [vɛʀ]	grün
orange adj inv [ɔʀɑ̃ʒ]	orangefarben
blanc adj m [blɑ̃], blanche adj f [blɑ̃ʃ]	weiß
regretter [ʀəgʀete]	bedauern
dernier, dernière adj [dɛʀnje, dɛʀnjɛʀ]	letzt(e,er,es)
le modèle [mɔdɛl]	Modell
revenir [ʀəvəniʀ]	wiederkommen

attendre [atãdʀ]	*warten auf, erwarten*	**je vous en prie** *loc* [ʒ(ə)vuzãpʀi]	*bitte sehr, gern geschehen*
la livraison [livʀɛzõ]	*Lieferung*	**la journée** [ʒuʀne]	*Tag*

Grammaire

1. Die direkten Objektpronomen der 3. Person: *le, la, les*   E 2

Je cherche Romain.	Je **le** cherche.
Je cherche Sandrine.	Je **la** cherche.
On attend Sandrine et Romain.	On **les** attend.
Il aime Sandrine.	Il **l'**aime.
On prend la table ronde ?	Oui, on **la** prend tout de suite.
Comment tu trouves le canapé ?	Comment tu **le** trouves ?

▎Die direkten Objektpronomen der 3. Person **le**, **la**, **les** ersetzen direkte Objekte (Akkusativobjekte). Sie richten sich in Genus und Numerus nach dem Objekt, das sie vertreten. Vor Vokal oder stummem h werden **le** und **la** zu **l'** verkürzt.

2. Die Demonstrativbegleiter   E 3

Singular *maskulin*		*feminin*		Plural *maskulin und feminin*
ce canapé	*dieses Sofa*	**cette** table	*dieser Tisch*	**ces** canapés, **ces** tables
ce modèle	*dieses Modell*	**cette** forme	*diese Form*	**ces** modèles, **ces** formes
cet ami	*dieser Freund*	**cette** amie	*diese Freundin*	**ces** amis, **ces** amies
cet hôtel	*dieses Hotel*			
cet été	*dieser Sommer*			

▎Ce wird zu **cet** vor einem maskulinen Substantiv, das mit Vokal oder stummem h anfängt.

▎Ce, cet, cette, ces richten sich wie ein Adjektiv in Genus und Numerus nach dem Bezugswort.

5

Savoir dire

Monate und Jahreszeiten E 8

Les mois de l'année *Die Monate des Jahres*			
janvier	*Januar*	juillet	*Juli*
février	*Februar*	août	*August*
mars	*März*	septembre	*September*
avril	*April*	octobre	*Oktober*
mai	*Mai*	novembre	*November*
juin	*Juni*	décembre	*Dezember*

❚ Monatsnamen sind maskulin. Sie stehen oft in Verbindung mit **en** bzw. **au mois de**, z.B. **J'ai mon anniversaire en septembre / au mois de septembre.** *Ich habe im September Geburtstag.*

Les quatre saisons *Die vier Jahreszeiten*			
la saison *die Jahreszeit*	le printemps	au printemps	*im Frühling*
	l'été *m*	en été	*im Sommer*
	l'automne *m*	en automne	*im Herbst*
	l'hiver *m*	en hiver	*im Winter*

→ Die Wochentage finden Sie in Lektion 2.

Angabe des Datums

On est quel jour ?	*Welchen Tag haben wir heute?*
Quel jour sommes-nous ?	*Welchen Tag haben wir heute?*
Quel jour on est ?	*Welchen Tag haben wir heute?*
Quelle est la date aujourd'hui ?	*Welches Datum haben wir heute?*
On est vendredi / Nous sommes vendredi.	*Heute ist Freitag.*
On est le combien aujourd'hui ?	*Den Wievielten haben wir heute?*
Nous sommes **le 3** (trois) mars.	*Wir haben **den 3.** März.*
Le **premier** mai est un jour férié.	*Der 1. Mai ist ein Feiertag.*
aujourd'hui / demain	*heute / morgen*
après-demain	*übermorgen*
dans une semaine	*in einer Woche*
dans huit jours	*in acht Tagen*

- Bei Angabe des Datums wird im Gegensatz zum Deutschen die Grundzahl verwendet, **le 3 mars** *der 3. März.* Nach den Zahlen steht im Französischen kein Punkt!
- Beim ersten Tag des Monats wird wie im Deutschen die Ordnungszahl gebraucht, z.B. **le premier mai**, oder **le 1er mai** *der 1. Mai.*
- Bei Jahresangaben steht die Präposition **en**, z.B. **Il est né en 1988.** *Er wurde (im Jahr) 1988 geboren.*; **Elle est morte en 1970.** *Sie ist (im Jahr) 1970 gestorben.*

Die Farben

Les couleurs *Die Farben*		
Substantiv	Adjektiv maskulin, feminin	
le beige	beige	*beige*
le bleu	bleu, bleue	*blau*
le blanc	blanc, blanche	*weiß*
le jaune	jaune	*gelb*
le gris	gris, grise	*grau*
le marron	marron *inv*	*braun*
l'orange	orange *inv*	*orangefarben*
le rouge	rouge	*rot*
le vert	vert, verte	*grün*
le noir	noir, noire	*schwarz*

- Die feminine Form von **blanc** *weiß* ist unregelmäßig, z.B.
  un canapé blanc *ein weißes Sofa*; **une étagère blanche** *ein weißes Regal.*
- **Marron** *braun* und **orange** *orangefarben* sind unveränderlich, z.B. **un canapé marron**, **des canapés marron**, **une table marron**, **des tables marron**.
- Adjektive, die eine Farbe bezeichnen, stehen immer hinter dem Substantiv, z.B.
  un fauteuil bleu *ein blauer Sessel*; **une table bleue** *ein blauer Tisch*; **la couleur verte** *die grüne Farbe.*
- Substantive, die eine Farbe beschreiben sind alle maskulin, z.B. **J'aime le vert** *ich mag Grün* (als Farbe); **ce modèle en vert** *dieses Modell in Grün.*
- Adjektive, die in der maskulinen Form auf -e enden, erhalten in der femininen Form kein weiteres -e, z.B. **un canapé rouge**, **une étagère rouge**.

Expressions utiles

Die Wohnungseinrichtung   E 4

L'ameublement *Die Einrichtung*			
maskulin		**feminin**	
le meuble	*das Möbelstück*	la table	*der Tisch*
le lit	*das Bett*	la chaise	*der Stuhl*
le fauteuil	*der Armstuhl*	l'armoire	*der Schrank*
le tapis	*der Teppich*	la moquette	*der Teppichboden*
le placard	*der Wandschrank*	la lampe	*die Lampe*
le canapé	*das Sofa*	l'étagère	*das Regal*
le canapé-lit	*das Schlafsofa*		
le bureau	*der Schreibtisch*		

i **Les courses** *Einkaufen*

Der Euro macht es einfach, und (beinahe) alles, was Sie in Deutschland kaufen können, finden Sie auch in Frankreich. Doch zum Glück gibt es noch Unterschiede. Zum Beispiel haben in Frankreich die Geschäfte grundsätzlich länger geöffnet als in Deutschland. Besonders in Paris und anderen Großstädten – aber nicht nur dort – können Sie täglich bis mindestens 19.30 Uhr, nicht selten sogar bis 21 Uhr einkaufen. Darüber hinaus bieten große Kaufhäuser und Einkaufszentren ein- oder zweimal wöchentlich die Möglichkeit, bis 22 oder 23 Uhr abends einzukaufen. Man spricht dann von **nocturne**. Auch sonntags kann man bequem Lebensmittel einkaufen – im Supermarkt oder in kleinen Lebensmittelgeschäften und vielerorts auf dem Markt.

Paris hat nicht nur sonntags, sondern auch wochentags viele Märkte. Und wenn sich heute die Franzosen auch großenteils für den Supermarkt entschieden haben, gibt es den Tante-Emma-Laden immer noch. Allerdings hat sich sein Gesicht im Laufe der Zeit gewandelt, und meistens sind es Leute aus Nordafrika, die das Geschäft führen.

Nahezu überall kann man mit Kreditkarte bezahlen – auch kleinere Beträge. Und wenn man länger im Land bleibt, bieten viele große Kaufhäuser eine hauseigene Karte an, die sogenannte **carte fidélité** *(Kundenkarte)*, die Ermäßigungen oder ganz spezielle Sonderangebote gewährt.

Exercices

1 Ergänzen Sie die Sätze mit der richtigen Form des jeweiligen Verbs.

1. Qu'est-ce qu'on _choisit_ .... (choisir) ? Un canapé ou un canapé-lit ?

2. Ils .... (attendre) la semaine prochaine pour acheter un modèle en tissu.

3. Est-ce que tu .... (vendre) cette table pour 50 € ?

4. Vous .... (vouloir) faire un cadeau ?

5. Je .... (réfléchir) jusqu'à la semaine prochaine.

6. Elle .... (vouloir) acheter un canapé en cuir blanc.

7. Vous .... (choisir) une date pour la livraison.

8. Tu .... (venir) à quelle heure lundi ?

2 Welches Wort wird jeweils durch **le**, **la**, **l'** oder **les** ersetzt ? Kreuzen Sie es an.

1. Je **la** trouve superbe.

   a. ces canapés ☐ **b.** cette couleur ☒ **c.** ce tissu ☐

2. Tu **le** connais ?

   a. ce quartier ☐ **b.** cette rue ☐ **c.** cette agence immobilière ☐

3. Tu **les** trouves sympathiques ?

   a. cette vendeuse ☐ **b.** ce rendez-vous ☐ **c.** ces amis ☐

4. Elle **l'**organise samedi soir.

   a. les contacts ☐ **b.** la fête ☐ **c.** le temps ☐

5. Je voudrais vous **la** présenter.

   a. Romain ☐ **b.** Morgane et Léa ☐ **c.** Sandrine ☐

6. Je **les** achète samedi.

   a. le bureau ☐ **b.** les meubles ☐ **c.** la table ☐

7. On **le** prend tout de suite.

   a. la chaise ☐ **b.** les fleurs ☐ **c.** le fauteuil ☐

5

3 Ergänzen Sie die Sätze mit **ce, cet, cette** oder **ces**.

1. Tu la fais la semaine prochaine, __cette__ fête ?

2. On les choisit tout de suite, ... cadeaux ?

3. Tu le prends à deux places ou à trois places, ... canapé-lit ?

4. Tu l'aimes, ... apéritif ?

5. Tu la trouves pratique, ... table ?

6. Tu les connais, ... nouveaux modèles ?

4 Wie würden Sie die folgenden Zimmer einrichten? Sie haben die Wahl!

lit	table	canapé	étagère(s)	armoire	chaise(s)
placard	lampe(s)	tapis		fauteuil	bureau

	un	une	des
dans la cuisine	..placard................	....	....
	....	....	....
dans le séjour	....	....	....
	....	....	....
dans la chambre	....	....	....
	....	....	....

5 Der Dialog ist durcheinander geraten. Bringen Sie die Sätze in die richtige Reihenfolge, um ihn wieder herzustellen.

1. Je vous conseille ce canapé en cuir rouge.
2. 250 euros.
3. Il a une jolie forme, mais je n'aime pas cette couleur.
4. Je cherche un petit canapé classique.
5. Vous aimez le beige ? Je l'ai en beige.
6. Bonjour Madame, qu'est-ce que vous cherchez ?
7. Oui, c'est très joli comme coloris, il coûte combien ?
8. D'accord, je le prends.

Reihenfolge: __6__ ....

6 Was sagen Sie? Kreuzen Sie die richtige Antwort an.

1. *Sie suchen ein Schlafsofa für zwei Personen.*

   a. On cherche un deux places. ☒   **b.** On cherche un trois places. ☐

2. *Sie fragen, ob die Schlafsofas im Sonderangebot sind.*

   a. Les lits sont en promotion ? ☐   **b.** Les canapés-lits sont en promotion ? ☐

3. *Sie fragen nach dem Preis des roten Schlafsofas.*

   a. Le canapé-lit rouge coûte combien ? ☐   **b.** Il y a combien de canapés rouges ? ☐

4. *Sie fragen nach den Maßen.*

   a. Quelles sont les dimensions ? ☐   **b.** Quel est le modèle en promotion ? ☐

5. *Sie finden das Rot sehr schön.*

   a. C'est un beau rouge. ☐   **b.** C'est une belle couleur. ☐

6. *Sie nehmen das Schlafsofa mit Stoffbezug.*

   a. On prend le canapé-lit en tissu. ☐   **b.** On prend le canapé en cuir. ☐

7 Ein Wort passt jeweils nicht in die Reihe. Kreuzen Sie es an.

1.	☐ beige	☒ jeune	☐ rouge	☐ vert
2.	☐ bleu	☐ classique	☐ confortable	☐ pratique
3.	☐ janvier	☐ mars	☐ avril	☐ jaune
4.	☐ prix	☐ tissu	☐ verre	☐ cuir
5.	☐ attendre	☐ prononcer	☐ répéter	☐ parler
6.	☐ mois	☐ semaine	☐ couleur	☐ année
7.	☐ ces	☐ sais	☐ ce	☐ cette
8.	☐ couleur	☐ coloris	☐ saison	☐ blanc
9.	☐ printemps	☐ été	☐ hiver	☐ place
10.	☐ moi	☐ date	☐ jour	☐ mois

5

8 Wann haben Sie Geburtstag?

1. 30.5. (Jean)   *Le trente mai, c'est l'anniversaire de Jean.* ....

2. 13.3. (Francine)   ....

3. 1.11. (Mélanie)   ....

4. 10.9. (Romain)   ....

5. 15.8. (Morgane)   ....

6. 22.7. (Steve)   ....

7. 12.6. (Sandrine)   ....

8. 1.12. (Léa)   ....

9. 28.10. (Pierre)   ....

10. 21.2. (Louise)   ....

11. 1.1. (Sylvie)   ....

12. 2.4. (Jules)   ....

1 Benutzen Sie folgende Angaben, um Hélène vorzustellen.

> **1.** Hélène Gaillard
> **2.** 30 ans
> **3.** française
> **4.** architecte

a. ....

b. ....

c. ....

d. ....

Punkte

......**/4**

2 Ergänzen Sie die Sätze mit *un / une / des / le / la / les*.

1. Bonjour ! Vous êtes bien sur .... site Internet d'Annick et de Jean-Louis Beaussart.

2. Delphine est informaticienne, elle aime beaucoup .... musique techno.

3. Amélie cherche .... informations sur les stages de yoga cet été en Bretagne.

4. Pour moi .... sandwich au fromage, s'il vous plaît !

5. Tu ne connais pas *Take it easy* ? C'est .... nouvelle école de langue.

6. Elle préfère .... canapés en cuir.

Punkte

......**/6**

3 Setzen Sie Adjektive ein, die die passende Nationalität wiedergeben.

1. La quiche est une spécialité ....

2. Elle adore manger des sushis dans les restaurants ....

3. Jack Nicholson est un acteur ....

4. J'aime bien la tortilla, c'est une spécialité ....

5. Wagner est un musicien ....

6. Le roquefort est un fromage ....

Punkte

......**/6**

Test 1

4 Finden Sie die passenden Fragen.

1. Il est médecin.   **a.** .... ?

2. La gare de Lyon ? C'est   **b.** ....

   tout droit.   .... ?

3. Il est huit heures dix.   **c.** .... ?

4. Nous sommes le 8 février.   **d.** .... ?

5. Désolés, nous ne pouvons   **e.** ....

   pas venir samedi soir.   .... ?

6. Oui, il fait des études   **f.** ....

   d'architecture.   .... ?

Punkte
......**/6**

5 Ein Wort passt nicht in die Reihe. Kreuzen Sie es an.

1. ☐ place   ☐ avenue   ☐ rue   ☐ heure
2. ☐ étage   ☐ chambre   ☐ cuisine   ☐ séjour
3. ☐ août   ☐ mai   ☐ juin   ☐ mais
4. ☐ visite   ☐ vendredi   ☐ dimanche   ☐ jeudi
5. ☐ mail   ☐ bises   ☐ amitiés   ☐ baisers
6. ☐ profession   ☐ secrétaire   ☐ année   ☐ médecin

Punkte
......**/6**

6 Ergänzen Sie die folgenden Wörter mit *é* oder *e*.

1. madam...   ...*madame* ....

2. un th...   ....

3. le t...l...phon...   ....

4. une salad...   ....

5. un caf...   ....

6. sam...di   ....

Punkte
......**/6**

Gesamt
......**/34**

In dieser Lektion lernen Sie:
- Telefonische Reservierung im Restaurant
- Bestellen im Restaurant
- Besondere **Verben auf -er** im **Präsens:**
  manger, commencer, payer
- Das **unregelmäßige Verb**: **boire**
- Der **Teilungsartikel**
- **Mengenangaben**

Les bonnes adresses du *Petit Malin*

Suivez le guide ! Nous vous indiquons où boire et manger sans mauvaise surprise à partir de 25 Euros par personne à Paris. Cette semaine, nous commençons les visites par *Le Petit Mousse* : Situé dans un quartier branché,ce petit resto très fréquenté le week-end propose une cuisine française traditionnelle de qualité. Prix raisonnables. Spécialiste du poisson et des fruits de mer, le chef vous réserve un accueil chaleureux. À ne pas manquer : la lotte à l'armoricaine.

Attention :
vous devez payer en espèces, la maison n'accepte pas les chèques et les cartes de crédit.

Le Petit Mousse

Spécialités : fruits de mer poisson
Ouvert de 12h à 14h30 et de 19h à 23h.
Fermé le dimanche soir et le lundi

7, rue de la Bastille
Tél 01 42 72 87 82
Métro Bastille

Die guten Adressen aus *Le Petit Malin*

Folgen Sie diesem Restaurantführer. Wir sagen Ihnen, wo man in Paris ab 25 Euro pro Person essen und trinken kann ohne eine böse Überraschung erleben zu müssen. Wir beginnen diese Woche mit dem Besuch bei *Le Petit Mousse*:

»Le Petit Mousse«
Spezialitäten: Meeresfrüchte, Fisch
Geöffnet von 12 bis 14.30 und
19 bis 23 Uhr. Am Sonntagabend
und am Montag geschlossen
7, rue de la Bastille
Tel. 01 42 72 87 82   U-Bahn Bastille

In einem trendigen Viertel gelegen bietet dieses kleine Lokal, das am Wochenende sehr gut besucht ist, eine traditionelle, gutbürgerliche französische Küche. Angemessene Preise. Sie werden vom Chefkoch, Spezialist für Fischgerichte und Meeresfrüchte, herzlich empfangen. Geheimtipp: Seeteufel bretonische Art. Achtung: Sie müssen bar bezahlen, das Haus nimmt keine Schecks und keine Kreditkarten an.

Quoi de neuf ?

Léa arbeitet in der gleichen Immobilienagentur wie Romain. Sie benötigte dringend eine spanische Übersetzung für einen Kunden. Raquel hat den Text für sie übersetzt. Léa möchte sich revanchieren und lädt Raquel zum Essen ein. Bei dieser Gelegenheit entdecken wir ein paar neue Verben und den Teilungsartikel.

Besondere Verben auf -er im Präsens
manger, commencer, payer   E 1

manger *essen*	
je mange	nous mangeons
tu manges	vous mangez
il / elle mange	ils / elles mangent

▌ manger ▶ nous mangeons : wegen der Aussprache fügt man bei den Verben auf -ger ein -e vor dem o ein. Ebenso: voyager *reisen* nous voyageons *wir reisen*.

commencer *anfangen*	
je commence	nous commençons
tu commences	vous commencez
il / elle commence	ils / elles commencent

▌ commencer ▶ nous commençons : wegen der Aussprache fügt man bei den Verben auf -cer eine Cédille -ç vor dem o ein.

payer *zahlen*	
je paie / paye	nous **payons**
tu paies / payes	vous **payez**
il / elle paie / paye	ils / elles paient / payent

▌ payer ▶ vor einem stummen e kann man das y durch ein i ersetzen, also vor den Endungen -e, -es, -ent.

Das unregelmäßige Verb *boire* im Präsens

boire
trinken

je bois	nous **buvons**
tu bois	vous **buvez**
il / elle boit	ils / elles boivent

▮ boire ▶ nous **buvons**, vous **buvez** : die erste und die zweite Person Plural haben keine Ähnlichkeit mit dem Verbstamm.

Au restaurant

Réservation par téléphone
Serveur : Le Petit Mousse, bonsoir.
Léa : Je voudrais réserver une table pour deux personnes samedi soir.
Serveur : Ah désolé, pour samedi soir c'est complet. Le samedi, il faut toujours réserver à l'avance.
Léa : Dommage ! Est-ce que vous avez encore une table pour vendredi soir ?
Serveur : Attendez... vendredi, c'est possible.
Léa : Alors, une table pour vendredi soir 20 heures.
Serveur : À quel nom s'il vous plaît ?
Léa : Madame Léa Martial.
Serveur : Entendu ! C'est noté. À vendredi !

Vendredi soir au „Petit Mousse"
Léa : Raquel, encore merci pour la traduction. Tu me fais une facture ?
Raquel : Non, je ne veux pas d'argent pour une traduction de cinq lignes ! Par contre, tu peux me rendre un service ?
Léa : Volontiers, qu'est-ce que je peux faire pour toi ?
Raquel : Lire mon CV en français et le corriger.
Léa : Pas de problèmes ! J'ai très faim ! Qu'est-ce que tu as envie de manger ?
Raquel : Je voudrais du poisson, j'adore le poisson.
Léa : Ça tombe bien, ici, c'est la spécialité, il y a aussi des huîtres et des fruits de mer. Qu'est-ce que tu prends comme entrée ?

Raquel : Une assiette de fruits de mer et toi ?

Léa : Moi aussi.

Serveur : Bonsoir Mesdames, vous avez choisi ?

Léa : Oui, comme entrée deux assiettes de fruits de mer.

Serveur : Et ensuite ?

Léa : Une sole meunière avec pommes vapeur.

Serveur : Et pour vous, Madame ?

Raquel : Euh... j'hésite. La lotte à l'armoricaine, qu'est-ce que c'est ?

Serveur : C'est la spécialité de la maison, c'est une sauce classique avec des échalotes, des tomates, du cognac, de la crème fraîche, de l'huile d'olive, du vin blanc. C'est délicieux !

Raquel : Bon, alors une lotte pour moi.

Serveur : Qu'est-ce que vous buvez avec le poisson ? Du vin blanc ou du rosé ?

Léa : Une bouteille de Muscadet.

À la fin du repas

Serveur : Vous désirez un dessert ?

Raquel : Non merci, pas de dessert, deux cafés s'il vous plaît !

Un peu plus tard

Raquel : Monsieur, l'addition s'il vous plaît !

Léa : Non laisse, c'est moi qui paie, je t'invite !

Vocabulaire

Les bonnes adresses du *Petit Malin*

suivez...	*folgen Sie ...*
suivre	*folgen*
guide *m*	*Führer (Buch)*
indiquer	*angeben*
boire	*trinken*
manger	*essen*
sans	*ohne*
mauvais *adj*	*schlecht*
surprise *f*	*Überraschung*
par	*pro; mit*
fruits *m, pl* de mer	*Meeresfrüchte*
poisson *m*	*Fisch*
ouvert	*geöffnet*
ouvrir	*öffnen*
fermé	*geschlossen*
fermer	*schließen*
branché	*im Trend*
resto *m F*	*Restaurant*
fréquenté	*gut besucht*
week-end *m*	*Wochenende*
proposer	*anbieten*
cuisine *f*	*Küche, Kochkunst*
traditionnelle *adj f*	*gutbürgerlich*
de qualité *adj*	*qualitativ gut*
raisonnable *adj*	*angemessen*
chef *m*	*Chefkoch*
réserver	*bereiten*
accueil *m*	*Empfang*
chaleureux *adj m*	*herzlich*
à ne pas manquer	*hier: Geheimtipp*
manquer	*verpassen*
lotte *f*	*Seeteufel*
à l'armoricaine	*auf bretonische Art*
Attention !	*Achtung!*
payer	*bezahlen*
en espèces	*bar*
accepter	*annehmen*
chèque *m*	*Scheck*
carte *f* de crédit	*Kreditkarte*

Au restaurant

réservation *f*	*Reservierung*
par téléphone	*telefonisch*
je voudrais...	*ich möchte gerne ...*
complet	*voll (besetzt)*
dommage !	*schade!*
possible	*möglich*
Entendu !	*Einverstanden!*
noté	*eingetragen*
noter	*eintragen*
traduction *f*	*Übersetzung*
facture *f*	*Rechnung*
argent (l') *m*	*Geld*
ne... pas de *(+subst.)*	*keine(r,s)*
ligne *f*	*Zeile*
par contre	*jedoch*
rendre un service	*behilflich sein*
volontiers	*gern*
lire	*lesen*
CV (curriculum vitae) *m*	*Lebenslauf*
mon	*mein(e, er, es)*
corriger	*(Fehler) korrigieren*
avoir envie de	*Appetit, Lust auf etwas haben*
ça tombe bien	*das trifft sich gut*
entrée (l') *f*	*Vorspeise*
huître (l') *f*	*Auster*
assiette (l') *f*	*Teller; Platte*
choisi	*ausgesucht*
Mesdames *f, pl*	*Anrede: Meine Damen*
ensuite	*danach*
sole *f*	*Seezunge*
meunière *adj*	*nach Müllerin Art*
pommes vapeur *f, pl*	*Dampf- kartoffeln*

euh…	hm …	rosé *m*	Roséwein
hésiter	zögern	Muscadet *m*	trockener
maison *f*	hier: Firma		französischer
sauce *f*	Soße		Weißwein
échalote (l') *f*	Schalotte	**dessert** *m*	Nachspeise
tomate *f*	Tomate	un peu plus tard	etwas später
cognac *m*	Kognak	**tard**	spät
crème *f* fraîche	(dicker) Rahm	L'addition s'il	Bitte zahlen!
huile *f* **d'olive**	Olivenöl	vous plaît !	
olive (l') *f*	Olive	**addition** (l') *f*	Rechnung
vin *m* blanc	Weißwein	c'est moi qui paie	ich (betont)
vin *m*	Wein		bezahle
délicieux *adj m*	lecker	te	dich
vous buvez	Sie trinken		

Grammaire

1. Der Teilungsartikel *du, de la, de l'*   E 3

	Singular		vor Vokal / stummem h	
maskulin	**du**		**de l'**	
	du poisson	Fisch	de l'échalotte	Schalotte
	du cognac	Kognak	de l'argent	Geld
	du vin blanc	Weißwein	de l'humour	Humor
feminin	**de la**		**de l'**	
	de la crème fraîche	dicker Rahm	de l'eau	Wasser
	de la mayonnaise	Mayonnaise	de l'huile	Öl

▌ Im Französischen wird eine unbestimmte Menge, die nicht gezählt wird, mit dem Teilungsartikel **du / de la / de l'** angegeben, z.B. Il y a **du** vin blanc, **de la** crème fraîche, **de l'**huile d'olive dans la sauce. *In der Sauce ist Weißwein, dicker Rahm, Olivenöl.*
Elle a **de l'**argent en Suisse. *Sie hat Geld in der Schweiz.*
Im Deutschen steht in diesem Fall nur das Substantiv ohne Artikel.

▌ Die Pluralform **des** des unbestimmten Artikels **un / une** (siehe Lektion 2) steht bei zählbaren Dingen und drückt eine unbestimmte Menge aus, z.B.
Elle mange **des** fruits au petit déjeuner. *Zum Frühstück isst sie Obst.*
Pour faire de la mayonnaise il faut de l'huile, de la moutarde, **des** œufs.
Um Mayonnaise zu machen braucht man Öl, Senf und Eier.

2. Mengenangaben E 4

Unbestimmte Menge	Bestimmte Menge	Nullmenge
du vin *Wein*	une bouteille de vin *eine Flasche Wein*	pas de vin *kein Wein*
du café *Kaffee*	une tasse de café *eine Tasse Kaffee*	pas de café *kein Kaffee*
de l'eau *Wasser*	un litre d'eau *ein Liter Wasser*	pas d'eau *kein Wasser*
de la moutarde *Senf*	un pot de moutarde *ein Glas Senf*	pas de moutarde *kein Senf*
une pomme *ein Apfel*	un kilo de pommes *ein Kilo Äpfel*	pas de pommes *keine Äpfel*
des oranges *Orangen*	un kilo d'oranges *ein Kilo Orangen*	pas d'oranges *keine Orangen*
des œufs *Eier*	6 œufs *sechs Eier*	pas d'œufs *keine Eier*
de l'argent *Geld*	beaucoup d'argent *viel Geld*	pas d'argent *kein Geld*
de la chance *Glück*	peu de chance *wenig Glück*	pas de chance *kein Glück*

▌ Mit einem Substantiv (z.B. un litre *ein Liter*), einem Adverb (z.B. beaucoup *viel*), einem Zahlwort (z.B. six *sechs*) kann man eine Menge bestimmt ausdrücken. Es folgt dann immer die Präposition **de** bzw. **d'** vor einem Vokal oder stummem h, z.B. une liste d'hôtels *eine Liste der Hotels.*

▌ Eine Nullmenge drückt man mit **pas de** aus, z.B. Tu veux de l'eau ? Non merci, pas d'eau ! *Willst du Wasser? Nein danke, kein Wasser!*

▌ Die Verneinung wird sowohl beim Teilungsartikel als auch beim Plural des unbestimmten Artikels mit **ne… pas de** gebildet. Vergleichen Sie:
Il boit **du** café. Il **ne** boit **pas de** café.
Er trinkt Kaffee. Er trinkt keinen Kaffee.
Il mange **un** sandwich. Il **ne** mange **pas de** sandwich.
Er isst ein Sandwich. Er isst kein Sandwich.

Savoir dire

Wie bestellt man was?   E 5, 8

Egal, ob Sie zum **déjeuner** *m* (*Mittagessen*) oder **dîner** *m* (*Abendessen*) in ein
Restaurant gehen, es gilt meist die klassische Speisenfolge. Als Auftakt gibt es
hors-d'œuvre *m* bzw. **entrées** *f* (*Vorspeisen*). **Entrées** können auch warme
Vorspeisen sein, hors-d'œvre sind immer kalt.
Dann kommt **le plat principal** (*das Hauptgericht*), hierzu zwei Varianten:
les viandes (*Fleischgerichte*) und **les poissons** (*Fischgerichte*).
Zum Fleisch wird gewöhnlich nur eine **garniture** *f* (*Beilage*) serviert. Wenn Sie **un
steak** bestellen, sollten Sie drei wichtige Ausdrücke beherrschen: **bleu** (*sehr blutig,
„englisch"*) kaum angebraten, innen noch roh; **saignant** (*blutig*) nur sehr kurz angebraten; **à point** (*gerade richtig, „medium"*) innen rosa.
Danach ist **le fromage** (*der Käse*) und / oder **le dessert** (*die Nachspeise*) an der Reihe.
Sie finden in der nachfolgenden Übersicht ein paar Beispiele, damit Sie mit den
wichtigsten Gängen bekannt werden und Ihr Menü zusammenstellen können.

Expressions utiles

Une carte de restaurant

Les hors-d'œuvre / Les entrées	
Assiette de fruits de mer *f*	*Auswahl an Meeresfrüchten (für eine Person)*
Plateau de fruits de mer *m*	*Große Auswahl an Meeresfrüchten (für mehrere Personen)*
Hors-d'œuvre variés / Crudités	*Kleine kalte Speisen / oft Tomaten- oder Rohkostsalate*
Escargots de Bourgogne *m, pl*	*Schnecken auf Burgunder Art*
Chèvre chaud sur salade *m*	*Warmer Ziegenkäse auf Salat*
Quiche lorraine *f*	*Speckkuchen aus Lothringen*
Terrine de volaille *f*	*Geflügelpastete*
Potage *m* oder Soupe *f*	*Suppe*

Les viandes	
Poulet rôti *m*	*Brathuhn*
Pintade *f*	*Perlhuhn*
Gigot d'agneau *m*	*Lammkeule*
Magret de canard *m*	*Entenbrust*
Côte de bœuf *f*	*T-Bone-Steak*
Escalope de veau *f*	*Kalbsschnitzel*
Rôti de porc *m*	*Schweinebraten*

Les poissons

Saumon *m*	*Lachs*
Truite *f*	*Forelle*
Lotte *f*	*Seeteufel*
Sole *f*	*Seezunge*

Les fromages

Plateau de fromage *m*	*Auswahl von verschiedenen Käsesorten (man nimmt nur ein kleines Stück; nicht zu verwechseln mit der deutschen Käseplatte!)*

Les desserts

Crème caramel *f*	*feine Art Karamellpudding*
Tarte *f*	*Obstkuchen (meist aus Blätterteig oder Mürbteig)*
Glace *f*	*Eis*
Sorbet *m*	*Fruchteis*
Fruits de saison *m, pl*	*Obst (je nach Jahreszeit)*

6

ℹ Au restaurant

Wenn Sie in einem französischen Speiselokal **à la carte** essen, können Sie zwar Ihr Essen zusammenstellen, es wird jedoch erwartet, dass Sie wenigstens zwei Gänge bestellen. Sie sollten also nicht nur einen Salat bestellen und dazu einen Kaffee trinken!

Bei dem **menu à la carte** wird **le service** (*die Bedienung*) und manchmal **le couvert** (*das Gedeck*) extra berechnet; es ist also nicht die preiswertere Lösung, da in der Regel die Menüpreise Inklusivpreise sind. Wenn Sie sich für ein **menu** entscheiden, bestellen Sie gleich Vorspeise und Hauptgericht, die Nachspeise aber erst später. Meistens besteht ein **menu** aus drei Gängen, bei einem **menu gastronomique** können es vier oder fünf Gänge werden: dann gibt es zwei Vorspeisen, Käse und Nachspeise. Viele Restaurants bieten, meist mittags, **le plat du jour** (*das Tagesgericht*) an, oft preiswert und schnell serviert! Mit einer Nachspeise und einem Getränk inbegriffen wird der **plat du jour** als **formule** angeboten.

Exercices

1 Setzen Sie die passenden Verbformen ein.

1. Qu'est-ce qu'on ......*prend*...................... (*prendre*) ? Le menu à 25 € ou le menu à 35 € ?

2. Nous .... (*commencer*) par une terrine de volaille ?

3. Est-ce que vous .... (*boire*) du vin blanc ?

4. Nous ne .... (*manger*) pas d'escargots.

5. Moi, je .... (*boire*) une bière comme apéritif.

6. Elle .... (*manger*) beaucoup de fruits.

7. Je .... (*payer*) l'addition.

8. Tu .... (*connaître*) cette recette ?

6

2 Welche Ergänzung passt zu welchem Verb?

1. réserver		**a.** l'addition
2. commander		**b.** faim
3. avoir		**c.** des prix raisonnables
4. payer		**d.** service
5. manger		**e.** à la carte
6. rendre		**f.** du vin
7. boire		**g.** le CV
8. adorer		**h.** le poisson
9. traduire		**i.** une entrée
10. faire		**j.** une table

..1 j.. ....

3 Ergänzen Sie die Sätze mit **du, de la, de l'**.

1. Qu'est-ce qu'on commande, __du__ vin ou __de la__ bière ?
2. Tu prends .... viande ou .... poisson ?
3. Elle boit .... eau minérale gazeuse.
4. Nous avons .... chance, le restaurant n'est pas complet.
5. Pour cette sauce il faut .... huile et .... moutarde.
6. Qu'est-ce qu'il y a comme dessert ? .... crème caramel ?
7. Il boit .... café le matin.

4 Verneinen Sie die folgenden Sätze.

1. J'ai un problème. __Je n'ai pas de problème.__
2. Elle a de la chance. ....
3. Il boit de l'eau minérale gazeuse. ....
4. Elle mange de la viande. ....
5. J'ai un CV en anglais. ....

quatre-vingt-onze**91**

6

6. Il invite Raquel à déjeuner. ....

7. Je mange des fruits exotiques. ....

8. Nous avons de l'argent pour
   aller au restaurant. ....

9. Nous mangeons du poisson
   le vendredi. ....

5 Was sagen Sie? Kreuzen Sie die richtige Antwort an.

1. *Sie fragen, ob das Restaurant am Sonntagabend geöffnet hat:*

a. Vous êtes ouvert le
   dimanche soir ? ☒

b. Vous êtes fermé le
   dimanche soir ? ☐

2. *Sie bestellen einen Tisch für vier Personen:*

a. Je prends une table pour
   quatre personnes. ☐

b. Je voudrais réserver une table
   pour quatre personnes. ☐

3. *Sie verabreden sich mit Ihren Gästen im Restaurant „Le Petit Mousse" um 20 Uhr:*

a. Rendez-vous au *Petit Mousse*
   à huit heures. ☐

b. Rendez-vous à six heures. ☐

4. *Sie bestellen Schnecken als Vorspeise:*

a. Je prends des crudités
   comme entrée. ☐

b. Je prends des escargots
   comme entrée. ☐

5. *Sie haben Lust, Fisch zu essen:*

a. J'ai envie de manger du poisson. ☐

b. Je mange souvent du saumon. ☐

6. *Sie bestellen Seeteufel auf bretonische Art:*

a. Une sole à la sauce américaine ! ☐

b. Une lotte à la sauce armoricaine ! ☐

6 Der Dialog ist durcheinander geraten. Bringen Sie die Sätze in die richtige Reihenfolge.

1. Qu'est-ce que c'est une crème brûlée ?
2. On a un menu à 20 €, c'est fromage ou dessert !
3. Moi, je prends le fromage.
4. Tu prends du fromage et un dessert ?
5. Bon, alors une crème brûlée pour moi !
6. Je n'aime pas le fromage, je prends un dessert ! Je réfléchis...
7. C'est une variante de la crème caramel.
8. Et toi, qu'est-ce que tu prends?

..4... ....

7 Lesen oder hören Sie noch einmal den Dialog auf Seite 83. Sind die folgenden Aussagen richtig oder falsch? Kreuzen Sie **VRAI** (richtig) oder **FAUX** (falsch) an.

	VRAI	FAUX
1. Léa réserve une table pour deux personnes.	☒	☐
2. Léa fait une traduction pour Raquel.	☐	☐
3. Raquel veut faire un CV en français.	☐	☐
4. Léa mange de la lotte.	☐	☐
5. Raquel n'aime pas le poisson.	☐	☐
6. Il y a des tomates et du cognac dans la sauce à l'armoricaine.	☐	☐
7. Léa et Raquel prennent deux desserts.	☐	☐
8. Raquel paie l'addition.	☐	☐

8 Ein Wort passt nicht in die Reihe. Kreuzen Sie es an.

1.	☐ poisson	☐ lotte	☐ sole	☒ bœuf
2.	☐ entrée	☐ eau	☐ plat	☐ hors-d'œuvre
3.	☐ tomate	☐ échalote	☐ ananas	☐ salade
4.	☐ manger	☐ déjeuner	☐ travailler	☐ dîner
5.	☐ glace	☐ dessert	☐ tarte	☐ fromage
6.	☐ bon	☐ excellent	☐ mauvais	☐ délicieux
7.	☐ vin	☐ bière	☐ huile	☐ boisson
8.	☐ bouteille	☐ kilo	☐ litre	☐ ligne
9.	☐ soupe	☐ jambon	☐ terrine	☐ pâté
10.	☐ œuf	☐ payer	☐ addition	☐ chèque

Ihre Lernziele in dieser Lektion sind:
■ Sich vorstellen / Bewerbungsgespräch
■ Ein offizielles Telefongespräch
■ Ein Lebenslauf
■ Das **passé composé** mit **avoir**
■ Das unregelmäßige Verb **dire**
■ Die **Possessivbegleiter**

Changement professionnel

CFECI
Service Formation continue
Madame Chantal DAURÉ
10, boulevard du Président Roosevelt
75015 PARIS

Mademoiselle Raquel MUNOZ
10, rue des Vertus
75003 PARIS
Tél / Fax : 01 34 32 54 98

Objet : demande de poste

Paris, le 10 avril 200...

Madame,
J'ai fini un stage de formation de français des affaires et je recherche un poste fixe.
Je suis très intéressée par votre offre du 3 avril dans les annonces du *Figaro*.
Je pose ma candidature pour le poste de professeur d'espagnol. J'aimerais beaucoup travailler dans un organisme officiel comme la Chambre de Commerce franco-espagnol.

J'ai déjà travaillé comme professeur de langues dans des écoles de langue privées à Paris et à Madrid. J'ai le sens du contact, je suis dynamique et j'aime beaucoup enseigner.
Je suis à votre disposition pour un entretien.

Veuillez agréer, Madame, mes salutations distinguées.

Raquel Munoz

P.J. : C.V. en français / références employeurs / diplômes

Berufliche Veränderung

CFECI Abteilung Weiterbildung
Madame Chantal Dauré
10, boulevard du Président Roosevelt
75015 Paris

Betreff: Bewerbung

Sehr geehrte Frau Dauré,
ich habe ein Praktikum in Französisch als Wirtschaftssprache absolviert und suche eine feste Arbeitsstelle. Ich bin sehr interessiert an Ihrem Stellenangebot vom 3. April im Anzeigenteil des *Figaro*. Hiermit bewerbe ich mich um die Stelle einer Spanischlehrerin. Ich möchte sehr gerne für eine offizielle Institution wie die französisch-spanische Handelskammer tätig sein.

Ich habe schon als Sprachlehrerin in privaten Sprachenschulen in Paris und Madrid gearbeitet. Ich bin kontaktfreudig, dynamisch und unterrichte sehr gerne.
Für ein Gespräch stehe ich gerne zur Verfügung.

Mit freundlichen Grüßen,
Raquel Munoz

Anlage: Lebenslauf auf Französisch / Zeugnisse meiner Arbeitgeber / Diplome

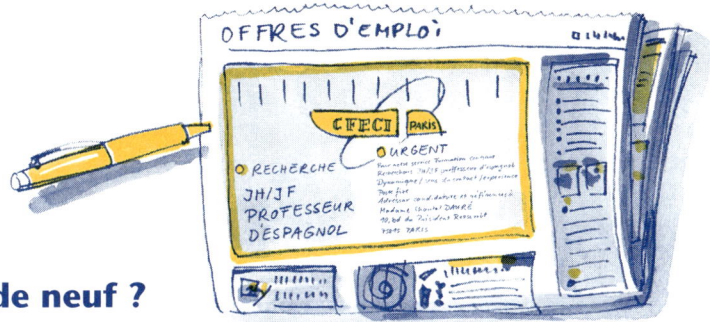

Quoi de neuf ?

Raquel möchte sich beruflich verändern. Sie bewirbt sich um eine Stelle als Sprach-lehrerin. Sie schickt ein Bewerbungsschreiben und erhält nach einem Telefonanruf bei der zuständigen Person einen Vorstellungstermin. Will man über Berufserfah-rungen reden, so braucht man das **passé composé** (*Perfekt*).

Das **passé composé** (*Perfekt*) ist eine Zeit der Vergangenheit, die mit dem Präsens des Hilfsverbs **avoir** und dem **participe passé** (*Partizip Perfekt*) des Vollverbs gebil-det wird.
Einige Verben bilden das **passé composé** mit **être**, siehe Lektion 9.

Das *passé composé* mit *avoir*

travailler avoir + participe passé	*arbeiten* *haben + Partizip Perfekt*
j'ai travaillé	*ich habe gearbeitet*
tu as travaillé	*du hast gearbeitet*
il / elle a travaillé	*er / sie hat gearbeitet*
nous avons travaillé	*wir haben gearbeitet*
vous avez travaillé	*Sie haben / ihr habt gearbeitet*
ils / elles ont travaillé	*sie haben gearbeitet*

Bildung des Partizip Perfekt   E 2

Regelmäßige Formen	Infinitivform des Verbs	Partizip Perfekt
J'ai travaillé.	-er	-é
Tu as fini.	-ir	-i
Elle a attendu.	-re	-u

❙ Das Partizip wird bei regelmäßigen Verben vom Infinitiv abgeleitet.

Unregelmäßige Formen	Infinitivform des Verbs	Partizip Perfekt
J'ai eu une invitation.	avoir	**eu**
Il a bu de la bière.	boire	**bu**
Tu as connu Pierre ?	connaître	**connu**
J'ai dû attendre.	devoir	**dû**
Tu as été stagiaire.	être	**été**
Elle a fait un bon CV.	faire	**fait**
Nous avons ouvert un café.	ouvrir	**ouvert**
Ils ont pu faire un chèque.	pouvoir	**pu**
Vous avez pris le métro.	prendre	**pris**
Ils ont su choisir le resto.	savoir	**su**
J'ai voulu réserver une table.	vouloir	**voulu**

C'est de la part de qui ?

Standardiste : Chambre de commerce franco-espagnole, bonjour !

Raquel : Bonjour Madame. Est-ce que je pourrais parler à Madame Chantal Dauré s'il vous plaît ?

Standardiste : C'est de la part de qui ?

Raquel : De Mademoiselle Raquel Munoz, Madame Dauré m'a laissé un message et m'a demandé de rappeler.

Standardiste : Un instant s'il vous plaît, je vous passe le service de la formation, ne quittez pas...

Mme Dauré : Allô, Mademoiselle Munoz ? Bonjour ! Merci de rappeler, j'ai été très impressionnée par votre C.V. J'aimerais vous rencontrer pour un entretien personnel.

Raquel : Avec plaisir.

Mme Dauré : Attendez, je consulte mon agenda... Cette semaine, vendredi après-midi à 4 heures ?

Raquel : Je regrette, j'ai cours dans une entreprise, ce n'est pas possible.

Mme Dauré : Bien, alors la semaine prochaine, disons mardi matin à 9 heures ?

Raquel : C'est parfait, je ne travaille pas le mardi matin.

Mme Dauré : Eh bien à mardi ! Au revoir, Mademoiselle.

CIFECII

Vocabulaire

Changement professionnel

changement *m*	*Veränderung*
professionnel(le) *adj*	*beruflich*
CFECI =	*Abk. für*
Chambre franco-	*Französisch-*
espagnole de	*Spanische*
commerce et	*Industrie- und*
d'industrie	*Handelskammer*
service *m*	*Abteilung*
formation *f* continue	*Weiterbildung*
objet *m*	*Betreff*
demande *f*	*Anfrage*
demander	*fragen, anfragen*
poste *m*	*Stelle*
finir	*absolvieren, beenden*
stage *m* de formation	*Praktikum*
français *m* des affaires	*Wirtschafts-französisch*
affaires *f pl*	*Geschäfte*
rechercher	*suchen*
être intéressé(e) par	*sich für etwas interessieren*
votre	*Ihr(er,e,es)*
offre *f*	*Stellenangebot*
poser sa candidature	*sich bewerben*
candidature *f*	*Bewerbung*
organisme *m*	*Institution*
officiel(le) *adj*	*offiziell*
chambre *f* de **commerce**	*Handels-kammer*
franco-espagnol(e) *adj*	*französisch-spanisch*
privé(e) *adj*	*privat*
avoir le sens du contact	*kontaktfreudig sein*
dynamique	*dynamisch*

enseigner	*unterrichten*
entretien *m*	*Gespräch*
Veuillez agréer mes salutations distinguées.	*Briefschluss: Mit freundlichen Grüßen*
P.J. *abr* pièces jointes *f, pl*	*Anlage*
C.V. *abr* curriculum vitae *m*	*Lebenslauf*
références *f, pl*	*Zeugnisse*
employeur *m*	*Arbeitgeber*
diplôme *m*	*Diplom*

C'est de la part de qui ?

qui	*wer*
standardiste *f*	*Telefonistin*
laisser	*hinterlassen*
message *m*	*Nachricht*
demander de (+ *inf.*)	*bitten etwas zu tun*
Un instant s'il vous plaît !	*Einen Moment, bitte!*
passer	*verbinden*
Ne quittez pas.	*Bleiben Sie am Apparat.*
très	*sehr*
être impressionné(e) par	*beeindruckt sein von*
j'aimerais...	*ich würde gern ...*
rencontrer	*treffen*
agenda *m*	*Terminkalender*
disons...	*sagen wir ...*
dire	*sagen*
avoir cours	*unterrichten*
personnel(le) *adj*	*persönlich*
parfait(e) *adj*	*perfekt*

Grammaire

1. Das unregelmäßige Verb *dire*

présent Präsens		passé composé Perfekt	
dire sagen			
je dis	nous **disons**	j'ai **dit**	nous avons dit
tu dis	vous **dites**	tu as dit	vous avez dit
il / elle dit	ils / elles disent	il / elle a dit	ils / elles ont dit

2. Die Possessivbegleiter   *E 1*

Singular maskulin	feminin	feminin vor Vokal / stummem h
mon poste	**ma** formation	**mon** adresse
ton poste	**ta** formation	**ton** adresse
son poste	**sa** formation	**son** adresse
notre poste	**notre** formation	**notre** adresse
votre poste	**votre** formation	**votre** adresse
leur poste	**leur** formation	**leur** adresse

Plural maskulin	feminin
mes postes	**mes** formations
tes postes	**tes** formations
ses postes	**ses** formations
nos postes	**nos** formations
vos postes	**vos** formations
leurs postes	**leurs** formations

▌ Aus phonetischen Gründen wird vor einem Vokal oder einem stummen h **ma, ta, sa** zu **mon, ton, son**. Vergleiche:
Cette offre intéresse **mon** amie Léa. *Dieses Angebot interessiert **meine** Freundin Léa.*
10, rue Pierre Leroux, c'est **ton** adresse ? *10, rue Pierre Leroux, ist das **deine** Adresse?*

▌ Vor Vokal und stummem h muss die Bindung bei **mes, tes, ses, nos, vos, leurs** hörbar sein, z.B. vos͜amis, leurs͜adresses.

▎Im Gegensatz zum Deutschen stimmen die Possessivbegleiter in Genus und Zahl mit dem Substantiv überein, auf das sie sich beziehen. Das Geschlecht des „Besitzers" spielt also keine Rolle, z.B.

Il a **un** ami, Paul.	Paul, c'est **son** ami.	*Paul, das ist **sein** Freund.*
Elle a **un** ami, Pierre.	Pierre, c'est **son** ami.	*Pierre, das ist **ihr** Freund.*
Il a **une** adresse à Paris.	C'est **son** adresse à Paris.	*Das ist **seine** Adresse in Paris.*
Elle a **une** adresse à Paris.	C'est **son** adresse à Paris.	*Das ist **ihre** Adresse in Paris.*

▎Da **vous** zugleich *Sie* (*Höflichkeitsform*) und *ihr* (2. Person Plural) bedeutet, bedeutet **votre** *Ihr(e) bzw. euer(e)* und **vos** *Ihre bzw. eure*, z.B.

C'est **votre** employeur ?	*Ist es **Ihr** Arbeitgeber?*
Où est **votre** amie ?	*Wo ist **eure** Freundin?*
Vous avez une traduction de **vos** diplômes ?	*Haben Sie eine Übersetzung **Ihrer** Diplome?*
Où sont **vos** amis ?	*Wo sind **eure** Freunde?*

Savoir dire

Ein offizielles Telefongespräch   E 5

Wie melden Sie sich am Telefon?

Allô, ici… *(Ihr Vorname + Familienname)* de la société… *(Sie nennen Ihre Firma)*.
Je voudrais parler à Monsieur / Madame...
Oder:
Allô ?… Bonjour Madame / Monsieur... *(Ihr Vorname + Familienname)* de la société…
(Sie nennen Ihre Firma).

▎Zuerst melden Sie sich mit **allô** und dann stellen Sie sich mit Vornamen und Familiennamen vor. Dann sagen Sie, für welche Firma Sie arbeiten **(de la société...)**. Zusätzlich können Sie auch Ihre Funktion innerhalb der Firma angeben, z.B. **responsable de la formation** (*Referent[in] für Weiterbildung*) oder nur Ihre Abteilung, z.B. **service export** (*Exportabteilung*).

Wie stellt sich Ihr(e) Gesprächpartner(in) vor?

Allô, bonjour, ici la Chambre franco-espagnole de commerce et d'industrie.
oder:
Chambre franco-espagnole de commerce et d'industrie, bonjour !
oder:
Bonjour Madame / Monsieur, que puis-je faire pour vous ? *Was kann ich für Sie tun?*
Bonjour Madame / Monsieur, c'est à quel sujet ? *Worum handelt es sich?*

Die Person, die Sie sprechen wollen, ist nicht da:

Monsieur / Madame X… est absent(e). *Herr / Frau X ist nicht da.*
Monsieur / Madame X… est en voyage d'affaires. *Herr / Frau X ist auf Geschäftsreise.*
Monsieur / Madame X… est en réunion. *Herr / Frau X ist in einer Sitzung.*

Sie werden mit der Person verbunden:

Un instant s'il vous plaît ! Je vous passe Monsieur / Madame X… .
Einen Moment, bitte! Ich verbinde mit Herrn/Frau X!
Ne quittez pas ! *Bleiben Sie am Apparat!*

Sie werden vertröstet:

Vous pouvez le / la joindre à 5 heures. *Sie können ihn / sie um 5 Uhr erreichen.*
Vous pouvez / voulez rappeler ? *Können / Möchten Sie zurückrufen?*
Vous désirez laisser un message ? *Möchten Sie eine Nachricht hinterlassen?*

Expressions utiles

Ein Lebenslauf   E 4

Hinweis: Der Lebenslauf wird immer zusammen mit einem Bewerbungsschreiben versandt. Als Muster können Sie den Text auf Seite 94 nehmen.

Rubriques du C.V.	Rubriken des Lebenslaufs
État civil	**Persönliche Daten**
Prénom + Nom	Vorname + Familienname
Adresse	Anschrift
Téléphone	Telefonnummer
Mobile	Handy
Âge	Alter
Célibataire / Marié(e) /	Ledig / Verheiratet /
Divorcé(e)	Geschieden
Formation	**Ausbildung**
Études secondaire	Sekundarstufe
Lycée X…	Gymnasium X
Bac	Abitur
Études universitaires	Uni-Studium
IUT	Fachhochschule
Université de X…	Uni von X
Études spécialisées	Fachstudium
École d'hôtellerie	Hotelfachschule
École de journalisme	Journalistenschule

Langues	Fremdsprachen
Anglais : bonne maîtrise écrit /oral	*Englisch: in Wort und Schrift gut*
Espagnol : langue maternelle	*Spanisch: Muttersprache*
Français : bonnes notions oral	*Französisch: gute mündliche Kenntnisse*

Expériences professionnelles	Berufserfahrungen
Stage	*Praktikum*
Emploi / Poste	*Beschäftigung / Stelle*
Société / Entreprise X...	*Firma / Unternehmen X*

Activités extra-professionnelles	Hobbys
Sports	*Sportarten*
etc.	*usw.*

i Das französische Schulsystem

Die Sekundarstufe beträgt insgesamt nur sieben Jahre und teilt sich in: vier Jahre im **collège** – von der **sixième** (etwa der fünften /sechsten Klasse) bis zur **troisième** (etwa der neunten / zehnten Klasse) – und drei Jahre im **lycée** – von der **seconde** bis zur **classe terminale** (Abiturklasse), in der das Abitur geschrieben wird (**le baccalauréat**, Kurzform: **le bac**). In der Berufsschule, **lycée d'enseigne-ment professionnel** (L.E.P.), lernt man vier Jahre und absolviert dann den C.A.P. (**Certificat d'aptitude professionnelle**). Man kann dort aber auch weiter studieren und den B.P. (**Brevet professionnel**) oder ein Fachabitur, den **Baccalauréat profes-sionnel** (Kurzform: **bac pro**) erwerben. Für ein Hochschulstudium geht man auf die Universität (**université**) oder Fachhochschule, die I.U.T. (**Institut universitaire de technologie**), oder man besucht Elitehochschulen – die sogenannten **Grandes écoles** –, zu denen die Studenten nach einem strengen Auswahlverfahren, den

„concours" (besonders schwere Aufnahmeprüfungen) zugelassen werden. Die zwei-jährige Vorbereitung auf diese **concours** erfolgt in den **classes préparatoires** (Kurz-form: prépa), die manchen Gymnasien angegliedert sind.

Zum Schluss noch ein paar Zahlen:

▌ Etwa 70 % der jungen Franzosen bestehen das Abitur (einschließlich Fachabitur).

▌ Das Durchschnittsalter der Abiturienten liegt bei 18 Jahren.

▌ 38 % der Abiturienten absolvieren ein Hochschulstudium.

▌ Französische Arbeitnehmer, die ein Universitätsstudium absolviert haben, ver-dienen 57 % mehr als diejenigen, die gleich nach dem Abitur in einen Beruf eingestiegen sind.

▌ Für 1,1 Millionen Franzosen ist das Französische nicht die Muttersprache.

Exercices

1 Setzen Sie die passenden Possessivbegleiter ein.

1. Est-ce qu'elle a fini ...*son*....... stage ?

2. Il a fait .... études aux États-Unis.

3. Ils ont acheté .... meubles en promotion.

4. Est-ce que vous avez posé .... candidature ?

5. Qu'est-ce que tu as eu comme cadeau pour .... anniversaire ?

6. Nous avons ouvert .... école de langues en 2001.

7. Elles ont trouvé .... appartement dans les petites annonces.

8. J'ai fait .... CV en anglais et en français.

9. Tu as invité .... amis à quelle heure samedi ?

2 Setzen Sie die Perfektformen ein.

1. Elle travaille vendredi jusqu'à 6 heures. *Elle a travaillé vendredi jusqu'à 6 heures.*

2. Nous invitons Léa à Nice. ....

3. Tu connais son ami Pierre ? .... ?

4. Elle est stagiaire dans une agence. ....

5. Tu téléphones à Sandrine ? .... ?

6. Elles ont un restaurant à Lyon. ....

7. Est-ce que vous laissez un message ? .... ?

8.	On attend Romain au café.	....
9.	Vous prenez le bus ou le métro ?	.... ?
10.	Qu'est-ce que tu choisis	....
	comme cadeau ?	.... ?

3 Lesen oder hören Sie noch einmal den Dialog auf Seite 96. Sind die folgenden Aussagen richtig oder falsch? Kreuzen Sie **VRAI** (richtig) oder **FAUX** (falsch) an.

		VRAI	FAUX
1.	Raquel téléphone à une société espagnole.	☐	☒
2.	Raquel veut parler à Madame Chantal Dauré.	☐	☐
3.	Madame Dauré travaille comme standardiste.	☐	☐
4.	Raquel désire un entretien.	☐	☐
5.	Madame Dauré est d'accord pour un rendez-vous.	☐	☐
6.	Madame Dauré consulte son agenda.	☐	☐
7.	Raquel ne travaille pas le vendredi.	☐	☐
8.	Raquel doit rappeler pour confirmer le rendez-vous.	☐	☐

4 In welche Rubriken würden Sie die folgenden Daten für einen Lebenslauf einordnen?

☐ 33, rue des Archives 7503 Paris ☐ Pauline Duval ☐ allemand ☐ 23 ans
☐ stage 6 mois Hôtel Westminster Glasgow ☐ bac professionnel
☐ lycée Voltaire Paris ☐ tennis ☐ école d'hôtellerie Grenoble ☐ golf
☐ stage 3 mois Hôtel Vier Jahreszeiten Munich ☐ anglais ☐ mariée

État civil ....*Pauline Duval*...................................

....

....

Formation ....

....

....

Langues ....

....

....

7

Expériences professionnelles ....

....

....

Activités extra-professionnelles ....

....

....

5 Was sagen Sie, wenn …? Kreuzen Sie die richtige Antwort an.

1. ... *Sie sich für eine Stelle bewerben?*

a. Je pose ma candidature. ☒   **b.** Je cherche une candidature. ☐

2. ... *Sie anrufen und Frau Dauré sprechen möchten?*

a. Je voudrais Madame Dauré. ☐   **b.** Je voudrais parler à Madame Dauré. ☐

3. ... *Frau Dauré auf Geschäftsreise ist?*

a. Madame Dauré est absente. ☐   **b.** Madame Dauré est en voyage d'affaires. ☐

4. ... *Sie fragen wollen, ob Sie nächste Woche zurückrufen können?*

a. Je peux rappeler la semaine prochaine ? ☐   **b.** Je peux rappeler lundi ? ☐

5. ... *Sie fragen wollen, ob Sie eine Nachricht hinterlassen können?*

a. Je laisse un message ? ☐   **b.** Je peux laisser un message ? ☐

6. ... *Sie einen Fremden nach seiner Telefonnummer fragen wollen?*

a. Quel est ton numéro de téléphone ? ☐   **b.** Quel est votre numéro de téléphone ? ☐

6 Das Bewerbungsschreiben ist durcheinander gekommen. Ordnen Sie die Sätze in der richtigen Reihenfolge.

1. Je suis à votre disposition pour un entretien.
2. Veuillez agréer, Monsieur, mes salutations distinguées.
3. J'ai fini ma formation d'agent immobilier.
4. Je suis très intéressé par votre offre dans les annonces du Figaro.
5. Je pose ma candidature pour le poste à Nice.
6. J'ai déjà travaillé dans trois agences immobilières à Paris et à Madrid.
7. Monsieur,

..7... ....

7 Welche Ergänzung passt zu welchem Verb? Verbinden Sie.

1. avoir
2. rechercher
3. être
4. travailler
5. parler
6. faire
7. laisser
8. être intéressé
9. demander
10. consulter

a. anglais
b. un bon CV
c. un message
d. de rappeler
e. dans une école
f. le sens du contact
g. son agenda
h. un poste fixe
i. dynamique
j. par une offre

..1f... ....

8 Ein Wort passt nicht in die Reihe. Kreuzen Sie es an.

1. ☒ personne ☐ stage ☐ profession ☐ poste
2. ☐ disent ☐ dix ☐ dis ☐ dit
3. ☐ son ☐ ses ☐ sont ☐ sa
4. ☐ entretien ☐ rendez-vous ☐ chance ☐ rencontre
5. ☐ téléphoner ☐ consulter ☐ rappeler ☐ parler
6. ☐ ascenseur ☐ société ☐ service ☐ entreprise
7. ☐ diplôme ☐ agenda ☐ référence ☐ CV
8. ☐ salutations ☐ amitiés ☐ objet ☐ bises
9. ☐ commencé ☐ avons ☐ fini ☐ attendu
10. ☐ été ☐ bu ☐ eu ☐ travaillé

Nach dieser Lektion können Sie:
▌ Ein privates Telefongespräch führen
▌ Argumentieren
▌ Eine Schlussfolgerung ausdrücken
▌ Über das Wetter reden
▌ Das **passé récent** / das **futur proche**
▌ Weitere **Verben auf -ir: sortir, partir**
▌ Die **direkten und indirekten Objekt-pronomen**
▌ Die **Stellung der Objektpronomen**

Un message sur le répondeur

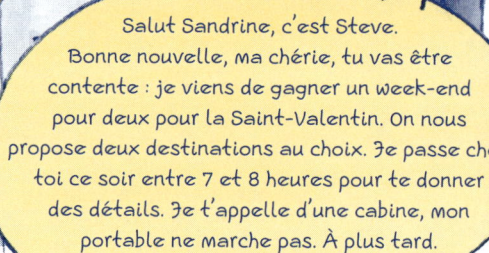

Bonjour, vous êtes bien chez Sandrine Sanceau. Je ne suis pas là en ce moment, mais vous pouvez me laisser votre message après le signal sonore. Merci de votre appel.

Salut Sandrine, c'est Steve. Bonne nouvelle, ma chérie, tu vas être contente : je viens de gagner un week-end pour deux pour la Saint-Valentin. On nous propose deux destinations au choix. Je passe chez toi ce soir entre 7 et 8 heures pour te donner des détails. Je t'appelle d'une cabine, mon portable ne marche pas. À plus tard. Je t'embrasse.

Eine Nachricht auf dem Anrufbeantworter

▌ Guten Tag, Sie sind bei Sandrine Sanceau. Ich bin momentan nicht zu Hause, aber Sie können mir nach dem Signalton eine Nachricht hinterlassen. Vielen Dank für Ihren Anruf.

▌ Hallo Sandrine, hier spricht Steve. Gute Nachrichten, mein Schatz, du wirst dich freuen: ich habe gerade eine Wochenendreise für zwei Personen zum Valentinstag gewonnen. Man bietet uns zwei Reiseziele zur Auswahl. Ich komme heute Abend zwischen 7 und 8 bei dir vorbei, um dir Genaueres zu erzählen. Ich rufe dich von einer Telefonzelle aus an, mein Handy funktioniert nicht. Bis später. Ich küsse dich.

Quoi de neuf ?

Steve meldet sich bei Sandrine. Er hat gerade eine
Wochenendreise für zwei Personen gewonnen und
möchte mit Sandrine zum Valentinstag wegfahren.
Beide müssen sich noch über das Reiseziel einig
werden. Alles liegt in der nahen Zukunft und in der
nahen Vergangenheit, deshalb brauchen wir neue Zeiten:
das **passé récent** (*unmittelbare Vergangenheit*) und das
futur proche (*nahe Zukunft*).

passé récent   E 2

venir de + infinitif

Je **viens de gagner** un voyage.	*Ich habe gerade eine Reise gewonnen.*
Tu **viens de** visiter un appartement.	*Du hast gerade eine Wohnung besichtigt.*
Il / Elle **vient de** téléphoner à l'agence.	*Er / sie hat gerade die Agentur angerufen.*
Nous **venons de** faire un cours d'anglais.	*Wir haben gerade einen Englischkurs gemacht (besucht).*
Vous **venez de** commander un canapé.	*Sie haben gerade ein Sofa bestellt.*
Ils / Elles **viennent de** partir pour Madrid.	*Sie sind gerade nach Madrid weggefahren.*

❙ Mit dem **passé récent** drückt man aus, dass eine Handlung in der unmittelbaren
Vergangenheit liegt. Das **passé récent** wird mit der Präsensform von **venir** und
dem Infinitiv des betreffenden Verbs gebildet. Auf Deutsch wird das **passé récent**
mit einer einfachen Perfektform und dem Wörtchen *gerade* wiedergegeben.

❙ Mit den Verneinungspartikeln **ne** und **pas** schließt man nur die konjugierte Form
von **venir** ein, z.B. Je **ne** viens **pas** de téléphoner. *Ich habe nicht gerade angerufen.*

futur proche   E 5

aller + infinitif

Je **vais** réserver une table pour jeudi.	*Ich reserviere gleich einen Tisch für Donnerstag.*
Tu **vas** déménager en mai ?	*Wirst du im Mai umziehen?*
Il / Elle **va** poser sa candidadure.	*Er / sie wird sich bewerben.*
Nous **allons** faire un cours d'anglais.	*Wir werden einen Englischkurs machen.*
Vous **allez** acheter un appartement ?	*Werden Sie eine Wohnung kaufen?*
Ils / Elles **vont** faire une grande fête le 7.	*Am 7. werden sie eine große Feier machen.*

■ Mit dem **futur proche** drückt man aus, dass eine Handlung in der nahen Zukunft liegt. Mit dieser Zeit wird ein unmittelbar bevorstehendes Geschehen beschrieben. Das **futur proche** wird mit der Präsensform von **aller** und dem Infinitiv des betreffenden Verbs gebildet. Auf Deutsch wird das **futur proche** mit einer einfachen Zukunftform oder mit einer Präsensform und dem Wörtchen *gleich* wiedergegeben.

■ Mit den Verneinungsartikeln **ne** und **pas** schließt man nur die konjugierte Form von **aller** ein, z.B. Je **ne** vais **pas** partir à Venise en février. *Ich werde im Februar nicht nach Venedig fahren.*

Nice ou Venise ?

Sandrine : Tiens, c'est toi ? Déjà là ? Quelle surprise !

Steve : Bonsoir, Sandrine ! Ça va ? Tu n'as pas écouté mon message ?

Sandrine : Pas encore, je viens de rentrer et ce soir je sors avec Léa ! Tu as l'air tout excité ! Qu'est-ce qu'il y a ?

Steve : On part en week-end pour la Saint-Valentin !

Sandrine : Doucement ! Ce n'est pas réaliste. En ce moment, je suis complètement fauchée !

Steve : Attends ! Je te demande de partir avec moi parce que j'ai gagné un voyage pour deux personnes.

Sandrine : Ça alors ! Comment tu as fait ?

Steve : J'ai participé à un jeu-concours sur Internet et j'ai gagné un week-end pour deux pour la Saint-Valentin avec la personne de mon choix évidemment !

Sandrine : C'est génial ! Alors, c'est d'accord ! Qu'est-ce qu'on va visiter ?

Steve :   C'est Nice ou Venise au choix. Qu'est-ce tu préfères ?

Sandrine : Pourquoi pas Nice ? Il fait beau en février, les mimosas sont en fleurs. Et puis, c'est une occasion d'aller voir Nicole ! De plus, à cette époque il pleut à Venise, il fait encore froid.

Steve :   Nicole, Nicole, toujours Nicole ! Tu lui téléphones trois fois par semaine ! Et puis, en juin elle va venir faire un stage de formation à Paris. Moi, je suis pour un voyage romantique à Venise en amoureux tous les deux ! Et l'hôtel, c'est un quatre étoiles superbe près de la place San Marco, la classe !

Sandrine : Écoute, on va réfléchir tranquillement. Quand est-ce que tu dois donner une réponse définitive ?

Steve :   Dans trois jours !

Vocabulaire

Un message sur le répondeur	
répondeur *m*	Anrufbeant- worter
en ce moment	momentan
signal *m* sonore	Signalton
appel (l') *m*	Anruf
nouvelle *f*	Nachricht
ma chérie	mein Schatz; Liebling
content(e) *adj*	zufrieden
gagner	gewinnen
la Saint-Valentin	Valentinstag
destination *f*	Reiseziel
choix *m*	Auswahl
au choix	zur Auswahl
entre	zwischen
détail *m*	Einzelheit
cabine *f*	Telefonzelle
marcher	funktionieren
à plus tard	bis später
embrasser	küssen

Nice ou Venise ?	
je sors	ich gehe aus
sortir	ausgehen
écouter	abhören

Je viens de rentrer.	Ich bin gerade nach Hause gekommen.
rentrer	nach Hause kommen
ce soir	heute Abend
excité(e) *adj*	aufgeregt
Qu'est-ce qu'il y a ?	Was ist los?
doucement	langsam, sachte
réaliste *adj*	realistisch
complètement	völlig
fauché(e) F *adj*	blank
parce que	weil
voyage *m*	Reise
Ça alors !	Na so was!
comment	wie
participer à	teilnehmen
jeu-concours *m*	Preisaus- schreiben
évidemment	natürlich
qu'est-ce que...	was
pourquoi pas ?	warum nicht ?
il fait beau	es ist schönes Wetter
mimosas *m, pl*	Mimosen
être en fleurs	blühen

c'est une occasion de... (+inf.)	das ist die Gelegenheit (... etwas zu tun)	romantique *adj*	*romantisch*
		en amoureux	*als Liebespaar*
		les amoureux	*die Verliebten,*
		tous les deux	*(wir) beide*
occasion *f*	*Gelegenheit*	hôtel (l') *m*	*Hotel*
aller voir	*besuchen*	quatre étoiles *m*	*Viersternehotel*
de plus	*außerdem*	étoile (l') *f*	*Stern*
à cette époque	*um diese Jahreszeit*	La classe !	*Spitze!, Super!*
		écouter	*zuhören*
il pleut	*es regnet*	tranquillement	*ganz in Ruhe*
pleuvoir	*regnen*	**quand**	*wann*
il fait froid	*es ist kalt*	définitive *adj f*	*endgültig*
froid(e) *adj*	*kalt*	dans trois jours	*in drei Tagen*

Grammaire

1. Weitere Verben auf *-ir* : *sortir, partir*

partir *wegfahren*	
je pars	nous partons
tu pars	vous partez
il / elle part	ils / elles partent

sortir *ausgehen*	
je sors	nous sortons
tu sors	vous sortez
il / elle sort	ils / elles sortent

▌ Bei diesen Verben auf **-ir** fällt bei den Singularformen der letzte Konsonant des Infinitivstamms **(t)** weg. Bei den Pluralformen hingegen ist dieser Konsonant vorhanden.

2. Die indirekten Objektpronomen der 3. Person: *lui, leur* E 6

Singular	Elle téléphone **à un ami**.	Elle **lui** téléphone.
	Il téléphone **à une amie**.	Il **lui** téléphone.
Plural	Ils téléphonent **à des amis**.	Ils **leur** téléphonent.

▌ Die indirekten Objektpronomen der 3. Person **lui, leur** ersetzen ein indirektes Objekt. Indirekte Objektpronomen stehen in einem Satz nach Verben, die mit der Präposition **à** verwendet werden. **Lui** verweist auf ein maskulines oder feminines Substantiv im *Singular*, **leur** auf ein Substantiv im *Plural*.

▌ Nicht verwechseln! Das indirekte Objektpronomen **leur** ist unveränderlich, die Possessivbegleiter **leur, leurs** hingegen stimmen in Genus und Zahl mit dem Substantiv überein (siehe Lektion 7). Vergleichen Sie:

Elle **leur** dit bonjour.	*Sie sagt ihnen Guten Tag.*	**leur** = unveränderlich
Tu as **leur** adresse ?	*Du hast ihre Adresse?*	**leur** = veränderlich
Je rencontre **leurs** amis.	*Ich treffe ihre Freunde.*	**leur** = veränderlich

→ die direkten Objektpronomen der 3. Person, siehe Lektion 5.

3. Die direkten und indirekten Objektpronomen der 1. und 2. Person E 7

Die Objektpronomen der 1. und der 2. Person **me, te, nous, vous** können direktes und indirektes Objekt sein.

Direktes Objekt			
Romain	**me**	trouve sympathique.	*Romain findet mich sympathisch.*
	te		*dich*
	nous		*uns*
	vous		*euch / Sie*

Indirektes Objekt			
Romain	**me**	parle au téléphone.	*Romain spricht mit mir am Telefon.*
	te		*mit dir*
	nous		*mit uns*
	vous		*mit euch / Ihnen*

▮ Vor Verben, die mit Vokal oder stummem h beginnen, werden **me** und **te** zu **m'** und **t'**, z.B. Elle **t'**aime. *Sie liebt dich.* **Nous** und **vous** werden in der Aussprache gebunden, z.B. Elle **vous**_aime. *Sie liebt euch (oder Sie).*

▮ Einige Verben, die im Deutschen ein direktes Objekt haben, haben im Französischen ein indirektes und umgekehrt. Vergleiche:
téléphoner **à** quelqu'un *jemanden anrufen* und aider quelqu'un *jemandem helfen.*

4. Stellung der direkten und indirekten Objektpronomen mit Verben im Präsens E 6, 7

Die direkten und indirekten Objektpronomen stehen unmittelbar vor dem konjugierten Verb im Präsens, z.B.

Il **te** trouve sympathique.	*Er findet dich sympathisch.*
Je **lui** téléphone à 6 heures.	*Ich rufe sie um 6 Uhr an.*

In einem verneinten Satz im Präsens schließt man die Objektpronomen mit den Verneinungspartikeln **ne** und **pas** ein, z.B.

Il **ne te** trouve **pas** sympathique.	*Er findet dich nicht sympathisch.*
Je **ne lui** téléphone **pas** à 6 heures.	*Ich rufe sie nicht um 6 Uhr an.*

Savoir dire

Eine Schlussfolgerung ausdrücken

Il est tombé malade à Venise. **Alors**, ils sont rentrés tout de suite à Paris.
*Er ist in Venedig krank geworden. **Da** sind sie sofort nach Paris zurückgefahren.*

Elle veut faire carrière. **C'est pourquoi** elle a posé sa candidature à ce poste.
*Sie will Karriere machen. **Deshalb** hat sie sich um diese Stelle beworben.*

Mon portable ne marche plus. **C'est pour ça que** je te téléphone d'une cabine.
*Mein Handy funktioniert nicht mehr. **Aus diesem Grund** rufe ich dich von der Telefonzelle an.*

Il y a beaucoup de neige et de circulation sur la route, **par conséquent** il faut être très prudent au volant.
*Es liegt viel Schnee und es gibt viel Verkehr auf der Straße, **infolgedessen** muss man sehr vorsichtig sein am Steuer.*

Expression utiles

Wie ist das Wetter?

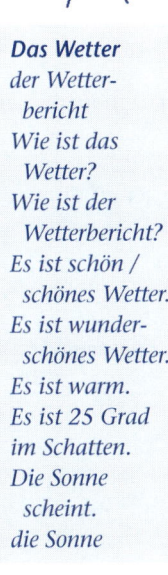

Le temps	Das Wetter
la météo *F*	*der Wetter-bericht*
Quel temps fait-il ?	*Wie ist das Wetter?*
Comment est la météo ?	*Wie ist der Wetterbericht?*
Il fait beau (temps).	*Es ist schön / schönes Wetter.*
Il fait un temps splendide / superbe.	*Es ist wunder-schönes Wetter.*
Il fait chaud.	*Es ist warm.*
Il fait 25 degrés à l'ombre.	*Es ist 25 Grad im Schatten.*
Il fait soleil. / Le soleil brille.	*Die Sonne scheint.*
le soleil	*die Sonne*

Il fait mauvais (temps).	*Es ist schlech-tes Wetter.*
Il fait froid.	*Es ist kalt.*
Il fait moins quatre.	*Es ist vier Grad unter Null.*
Il neige.	*Es schneit.*
la neige	*der Schnee*
Il fait frais.	*Es ist frisch.*
Il pleut.	*Es regnet.*
la pluie	*der Regen*
Il y a du vent.	*Es ist windig.*
le vent	*der Wind*
Il y a du brouillard.	*Es ist neblig.*
le brouillard	*der Nebel*
Il y a des nuages.	*Es gibt Wolken.*
le nuage	*die Wolke*
le temps est nuageux.	*Es ist bewölkt.*

i **Französische Umgangssprache**

Das gesprochene Französisch unterscheidet sich oft deutlich vom geschrie-benen Französisch. Die französische Umgangssprache, **le langage familier**, (in diesem Kurs mit der Abkürzung F gekennzeichnet), hat viele eigene Wörter. Der **argot** ist eine besondere Variante des gesprochenen Französisch. Ursprünglich war es eine Art Umgangs- und Geheimsprache der Ganoven. Heute haben viele Gruppen ihren eigenen **argot**, z.B. die Schüler, bestimmte Berufe. Der Übergang zur Umgangsspra-che ist oft fließend. Typisch für Umgangssprache und **argot** ist, dass es für manche Begriffe mehrere Umschreibungen gibt, z.B. für *Geld*: F **le fric**, **argot: le pognon**. Redet man über die eigene Finanzlage, gibt es viele Wendungen, z.B. *Ich bin blank*. F **Je suis fauché**, **argot: Je suis raide**. Es ist zwar immer nützlich, Argot-Wörter zu erkennen, Nicht-Franzosen sollten sie aber vorsichtig verwenden!

Exercices

1 Setzen Sie die passenden Verbformen ein.

1. Est-ce qu'elle ...*part*............................. (*partir*) en Espagne cet été ?

2. Le dimanche, ils (*sortir*) .... avec Sandrine et Léa.

3. Vous (*partir*) .... à quelle heure pour Madrid ?

4. Est-ce qu'on (*partir*) .... en week-end avec Raquel ?

5. Tu (*sortir*) .... avec moi ce soir ?

6. Nous (*partir*) .... à Nice samedi matin.

7. Nicole est là, c'est l'occasion, on (*sortir*) ....

8. Je (*partir*) .... à sept heures du matin, j'arrive à 10 heures.

2 Setzen Sie das **passé récent** ein.

1. Elle a gagné un voyage. ..*Elle vient de gagner un voyage.*...............

2. Nous avons acheté un répondeur. ....

3. J'ai téléphoné à Léa. ....

4. Elle a laissé un message pour toi. ....

5. Ils ont fait un voyage d'affaires à Berlin. ....

6. Il a réservé une table pour ce soir. ....

7. On a pris l'apéritif au café. ....

8. Nous avons commandé une
   bouteille de rosé. ....

9. J'ai mangé un sandwich. ....

10. Elle a fini ses études. ....

3 Lesen oder hören Sie noch einmal den Dialog auf Seite 108. Sind die folgenden Aussagen richtig oder falsch? Kreuzen Sie **VRAI** (richtig) oder **FAUX** (falsch) an.

	VRAI	FAUX
1. Steve a rendez-vous avec Sandrine au café.	☐	☒
2. Sandrine n'a pas écouté le message de Steve.	☐	☐

3. Steve a gagné un week-end à Berlin pour deux personnes. ☐ ☐
4. Sandrine a une amie à Nice. ☐ ☐
5. Steve préfère partir à Nice. ☐ ☐
6. À Nice en février les mimosas sont en fleurs. ☐ ☐
7. À Venise l'hôtel, c'est un quatre étoiles. ☐ ☐
8. Sandrine préfère partir à Venise. ☐ ☐

4 Welche Ergänzung passt zu welchem Verb? Verbinden Sie.

1. laisser
2. avoir l'air
3. aller
4. donner
5. gagner
6. participer à
7. passer
8. être

a. excité
b. un voyage
c. un message
d. une réponse
e. chez Nicole
f. en fleurs
g. un jeu-concours
h. voir Nicole

..1c... ....

5 Setzen Sie das **futur proche** ein.

1. Elle part à Rio en septembre.
   ...*Elle va partir à Rio en septembre.*...........

2. Tu réserves un hôtel quatre étoiles à Nice ?
   .... ?

3. J'habite rue des Rosiers à Paris.
   ....

4. Elle fait une grande fête dimanche.
   ....

5. Est-ce qu'on part en juillet ou en août ? .... ?

6. Léa et Raquel visitent Rome et Venise avec nous.
   ....

7. Nous partons tous les deux pour la Saint-Valentin.
   ....

8. Samedi, je sors avec Romain.
   ....

9. Vous rentrez à quelle heure ce soir ?
   .... ?

10. Il fait beau.
    ....

8

6 Ergänzen Sie die Sätze mit **lui** oder **leur**.

1. Il laisse un message à Léa.   *Il lui laisse un message.*
2. Je donne la liste à Pierre.   ....
3. Elle demande un entretien à Sandrine.   ....
4. Ils disent bonjour à Raquel
   en espagnol.   ....
5. Nous souhaitons la bienvenue
   à Louise et à Paul.   ....
6. Ils font un cadeau à Morgane
   pour son anniversaire.   ....
7. Je téléphone à Sandrine et à
   Steve pour la Saint-Valentin.   ....

7 Verneinen Sie folgende Aussagen.

1. Il te trouve sympathique.   *Il ne te trouve pas sympathique.*
2. Il nous invite au restaurant.   ....
3. Il me trouve réaliste.   ....
4. Il vous parle en anglais.   ....
5. Je te donne ma recette pour les crêpes.   ....
6. Elle nous aime beaucoup.   ....
7. Je te contacte à Lyon.   ....

8 Ein Wort passt nicht in die Reihe. Kreuzen Sie es an.

1.	☐ pluie	☐ vent	☐ neige	☒ place
2.	☐ contact	☐ téléphone	☐ message	☐ répondeur
3.	☐ me	☐ leur	☐ lui	☐ leurs
4.	☐ aller	☐ venir	☐ être	☐ partir
5.	☐ amour	☐ choix	☐ ami	☐ amoureux
6.	☐ donner	☐ demander	☐ proposer	☐ sortir
7.	☐ appeler	☐ participer	☐ téléphoner	☐ rappeler
8.	☐ vent	☐ soleil	☐ pluie	☐ neige
9.	☐ salutations	☐ baisers	☐ embrasser	☐ bises
10.	☐ content	☐ joyeux	☐ désolé	☐ splendide

Ihre Lernziele in dieser Lektion:
- Von einer Reise erzählen
- Eine Person beschreiben
- Eine Postkarte schreiben
- In der Vergangenheit erzählen
- Besondere Verben: **écrire, offrir, découvrir, recevoir**
- Das **passé composé** mit **être**

Bons baisers de Venise

Chère Léa,
Je t'écris cette petite carte pour te donner des nouvelles. Finalement, Steve a gagné : nous sommes venus passer un week-end à Venise et non pas à Nice ! Nous sommes arrivés hier matin et nous repartons demain soir. Hier, on a d'abord marché pendant des heures pour découvrir les vieux quartiers. Ensuite, Steve m'a offert une promenade traditionnelle en gondole. Ce matin, nous avons déjà visité deux musées. L'après-midi, nous sommes allés à un concert de musique baroque dans une église. Ce soir, nous allons au théâtre. Demain, nous partons en bateau à Murano. Nous avons eu beaucoup de chance avec le temps. Il a fait très beau. À bientôt !
Bons baisers

Sandrine

Léa Giroud
2. rue Daguerre

75014 Paris

Herzliche Grüße aus Venedig

Liebe Lea,
Ich schreibe dir diese kleine Postkarte, um dir Neuigkeiten zu erzählen. Steve hat gewonnen: Wir sind schließlich übers Wochenende nach Venedig gefahren und nicht nach Nizza! Wir sind gestern früh angekommen und fahren morgen Abend wieder zurück. Gestern sind wir stundenlang zu Fuß unterwegs gewesen, um die alten Stadtviertel zu entdecken. Dann hat mich Steve zu einer klassischen Gondelfahrt eingeladen. Heute Vormittag haben wir schon zwei Museen besichtigt. Nachmittags sind wir zu einem Konzert mit Barockmusik in einer Kirche gegangen. Heute Abend gehen wir ins Theater. Morgen fahren wir mit dem Boot nach Murano. Wir haben viel Glück mit dem Wetter gehabt. Das Wetter war sehr schön. Bis bald!
Herzliche Grüße,
Sandrine

Quoi de neuf ?

Gute Nachrichten aus Venedig! Sandrine erzählt uns von ihrem Wochenende mit Steve. Wir entdecken dabei neue Verben und das **passé composé** (Perfekt) mit **être**. Wie man einen schönen und netten Mann genau beschreibt, erfahren wir auch.

Besondere Verben auf *-re* und *-ir* : *écrire, offrir, découvrir, ouvrir*   E 2

écrire
schreiben

présent

j'écris	nous **écrivons**
tu écris	vous **écrivez**
il / elle écrit	ils / elles **écrivent**

passé composé

J'ai **écrit** à Léa.	*Ich habe Lea geschrieben.*
tu as écrit... etc.	*du hast ... geschrieben usw.*

offrir
schenken

présent

j'offre	nous offrons
tu off**res**	vous offrez
il / elle offre	ils / elles offrent

passé composé

J'ai **offert** des fleurs à Sandrine.	*Ich habe Sandrine Blumen geschenkt.*
tu as offert... etc.	*du hast ... geschenkt usw.*

Ebenso:

découvrir
entdecken

présent

je découvre	nous découvrons
tu découv**res**	vous découvrez
il / elle découvre	ils / elles découvrent

passé composé

J'ai **découvert** Venise avec Steve.	*Ich habe Venedig mit Steve entdeckt.*
tu as découvert... etc.	*du hast ... entdeckt usw.*

ouvrir *aufmachen, öffnen*	
présent	
j'ouv**re**	nous ouvrons
tu ouv**res**	vous ouvrez
il / elle ouv**re**	ils / elles ouvrent
passé composé	
J'ai **ouvert** une école de langues.	*Ich habe eine Sprachenschule aufgemacht.*
tu as ouvert… etc.	*du hast .. aufgemacht usw.*

Comment vont les amours ?

Léa : Allô Sandrine ? Ça va ? Vous êtes bien rentrés ?
Sandrine : Oui, depuis une semaine déjà. Tu as reçu ma carte de Venise ?
Léa : Oui merci, elle est arrivée hier. Alors, c'est le grand amour avec Steve ?
Sandrine : Je le connais depuis trois ans déjà et je suis tombée vraiment amoureuse il y a six mois. Il a beaucoup de qualités. Il est gentil, intelligent, dynamique, généreux, il a le sens de l'humour.
Léa : Oui, c'est vrai mais il est aussi beau gosse, grand, mince, blond, sportif, des yeux bleus magnifiques, le vrai nordique quoi !
Sandrine : Arrête! C'est moi qui suis amoureuse ! Je vais finir par être jalouse !
Léa : Mais non, je suis contente pour toi. Je t'envie un peu aussi car moi, depuis ma rupture avec Pedro l'année dernière, je cherche un copain.
Sandrine : Tu vas trouver ! Tu es peut-être trop difficile. Et puis, de toute façon, tu ne sors pas assez, tu passes tous tes week-ends chez ta mère !
Léa : Oui mais, avec mon boulot à l'agence immobilière je n'ai pas beaucoup de temps libre, et puis je suis devenue une femme prudente.
Sandrine : Trop prudente ! Écoute, j'ai une idée ! On a un nouvel élève très doué à l'école, un bel Argentin, c'est tout à fait ton type ! Un brun avec des yeux noirs, un nez superbe, une bouche sensuelle, très drôle. Sinon, il aime la peinture, le cinéma, le théâtre.
Léa : Eh bien, je vais organiser une soirée chez moi et je vous invite avec lui.
Sandrine : D'accord, quand tu veux ! À bientôt !

9

Vocabulaire

Bons baisers de Venise

je t'écris	ich schreibe dir
écrire à	schreiben (an)
carte f (postale)	Postkarte
pour... (+inf.)	um ... zu
donner des nouvelles à	von sich hören lassen
finalement	schließlich
nous sommes venus	wir sind gekommen
venir	kommen
passer	verbringen
et non pas	und nicht
nous sommes arrivés	wir sind angekommen
hier matin	gestern Vormittag
hier	gestern
nous repartons	wir fahren zurück
repartir	zurückfahren
demain soir	morgen Abend
demain	morgen
d'abord	zuerst
on a marché	wir sind zu Fuß gegangen
marcher	zu Fuß gehen
pendant des heures	stundenlang
pendant	während
découvrir	entdecken
il m'a offert...	er hat mir ... geschenkt
offrir	schenken
promenade f	Fahrt
traditionnel(le) adj	klassisch, üblich
gondole f	Gondel
matin m	Vormittag
ce matin	heute Vormittag
musée m	Museum

cet après-midi	heute Nachmittag
après-midi (l') m	Nachmittag
baroque adj	barock
église (l') f	Kirche
ce soir	heute Abend
théâtre m	Theater
en bateau	mit dem Boot
bateau m, pl bateaux	Boot

Comment vont les amours ?

amour (l') m	Liebe
les amours f, pl	poetisch: Liebschaften
reçu	bekommen (Partizip Perfekt)
recevoir	bekommen, erhalten
tomber amoureux, amoureuse	sich verlieben
qualité f	(gute) Eigenschaft
gentil(le) adj m,	nett
intelligent(e) adj	klug
généreux adj m, généreuse adj f	großzügig
avoir le sens de l'humour	Humor haben
homme m	Mann
sérieux adj m, sérieuse adj f	seriös
il est beau gosse F	er sieht verdammt gut aus
mince adj	schlank
blond(e) adj	blond
sportif adj m, sportive adj f	sportlich
des yeux bleus	blaue Augen
œil m, pl yeux	Auge

magnifique *adj*	wunderschön	mère *f*	Mutter
vrai(e) *adj*	echt	boulot *m* F	Job
nordique *m*	nordländischer Typ	et puis	und dann
		de toute façon	auf jeden Fall; außerdem
quoi !	na (so was)!		
arrête !	hör auf!	je suis devenue….	ich bin … geworden.
arrêter	aufhören		
je vais finir par être…	ich werde gleich …	prudent(e) *adj*	vorsichtig
		écouter	zuhören
jaloux *adj m*,	eifersüchtig	élève *m, f*	Schüler(in)
jalouse *adj f*		argentin(e) *adj*	aus Argentinien
être content(e) pour quelqu'un	sich für jemanden freuen	doué(e) *adj*	begabt
		C'est tout à fait ton type !	Er ist genau dein Typ!
envier	beneiden	brun *m*	Dunkelhaariger
car	denn	nez *m*	Nase
rupture *f*	Schluss (einer Beziehung)	bouche *f*	Mund
		sensuel(le) *adj m*,	sinnlich
copain *m*, copine *f* F	Freund(in)	drôle *adj*	witzig
peut-être	vielleicht	sinon	sonst
difficile *adj*	wählerisch		
tous les week-ends	jedes Wochenende		

Grammaire

1. Das Verb *recevoir*

recevoir	
erhalten, bekommen	
présent	
je reçois	nous **recevons**
tu reçois	vous **recevez**
il / elle reçoit	ils / elles **reçoivent**
passé composé + avoir	**participe passé : reçu**
J'ai **reçu** une carte de Sandrine.	*Ich habe eine Postkarte von Sandrine bekommen.*
tu as reçu… *etc.*	*du hast … bekommen usw.*

2. Das *passé composé* mit *être*   E 1, 2

Einige Verben bilden das **passé composé** nicht mit **avoir** (siehe Lektion 7), sondern mit dem Hilfsverb **être**.
Hier eine kurze Übersicht der Verben, die das **passé composé** mit **être** bilden:

> **aller** (*gehen, hingehen*), **arriver** (*ankommen*), **devenir** (*werden*), **entrer** (*hineingehen*), **partir** (*wegfahren, weggehen*), **rentrer** (*heimgehen*), **rester** (*bleiben*), **revenir** (*wieder-kommen*), **sortir** (*hinausgehen, ausgehen*), **tomber** (*fallen*), **venir** (*kommen*)

Die Veränderlichkeit des *participe passé*

> aller ▸ allé / arriver ▸ arrivé / devenir ▸ devenu / entrer ▸ entré / partir ▸ parti / rentrer ▸ rentré / rester ▸ resté / revenir ▸ revenu / sortir ▸ sorti / tomber ▸ tombé / venir ▸ venu

Bei Verben, die das **passé composé** mit **être** bilden, richtet sich das Partizip in Genus und Zahl nach dem Subjekt des Satzes. Das Partizip Perfekt verhält sich in diesem Fall wie ein Adjektiv und wird dem Subjekt angeglichen.

aller *fahren*	
passé composé + être	
Je suis allé(e) à Venise.	*Ich bin nach Venedig gefahren.*
Tu es allé(e) à Venise.	*Du bist nach Venedig gefahren.*
Il est allé à Venise.	*Er ist nach Venedig gefahren.*
Elle est allée à Venise	*Sie ist nach Venedig gefahren.*
On est allé(e)s à Nice.	*Wir sind nach Nizza gefahren.*
Nous sommes allé(e)s à Nice.	*Wir sind nach Nizza gefahren.*
Vous êtes allé(e)s à Nice.	*Sie sind / ihr seid nach Nizza gefahren.*
Ils sont allés à Nice.	*Sie sind nach Nizza gefahren.*
Elles sont allées à Nice.	*Sie sind nach Nizza gefahren.*

▎ Bei **on** und **vous** richtet sich das Partizip Perfekt nach den Personen, die bezeich- net werden, z.B. Steve et moi (= Sandrine), on est all**és** à Venise. Sandrine et moi (= Léa), on est all**ées** à Nice. Madame Sanceau, vous êtes arrivé**e** lundi ? Sandrine et Léa, vous êtes arrivé**es** hier ?

▎ Im Unterschied zum Deutschen wird das **passé composé** des Verbs **être** mit **avoir** gebildet: Elle **a été** trois jours à Venise. *Sie **ist** drei Tage in Venedig **gewesen**.*

Savoir dire

Eine Person beschreiben E 6

Aspect physique / La taille *Aussehen / Körpergröße*	La couleur des cheveux / des yeux *Haarfarbe / Augenfarbe*
Il / Elle est **petit(e)** / **grand(e)**. *Er / Sie ist klein / groß.* Il / Elle fait 1,70 m (un mètre soixante-dix). *Er / Sie ist 1,70 m groß.* Il / Elle est **gros(se)**. *Er / Sie ist dick.* Il / Elle est **mince**. *Er / Sie ist schlank.* Il est **beau**. *Er sieht gut aus.* C'est un **bel** homme. *Das ist ein schöner Mann.* Elle est **belle**. *Sie ist schön.* C'est une belle femme. *Das ist eine schöne Frau.*	Il / Elle est **blond(e)** / **brun(e)**. *Er / Sie ist blond / dunkelhaarig.* Elle a **les cheveux longs** / **courts**. *Sie hat langes / kurzes Haar.* Il a **les yeux bleus**. *Er hat blaue Augen.* Elle a les yeux **marron** / **noirs**. *Sie hat braune / schwarze Augen.*

L'âge *Alter*	Qualités *Eigenschaften*
Il / Elle a 30 ans. *Er / Sie ist 30 Jahre alt.* Il / Elle est **jeune**. *Er / Sie ist jung.* Il / Elle est **vieux** / **vieille**. *Er / Sie ist alt.* Il / Elle **fait jeune**. *Er / Sie sieht jung aus.*	Il / Elle est **intelligent(e)**. *Er / Sie ist klug.* Il / Elle est **gentil(le)**. *Er / Sie ist nett.* Il / Elle est **généreux** / **généreuse**. *Er / Sie ist großzügig.* Il / Elle est **drôle**. *Er / Sie ist witzig.* Il / Elle a **le sens de l'humour**. *Er / Sie hat Humor.* Il / Elle est **sportif** / **sportive**. *Er / Sie ist sportlich.* Il / Elle est **sensuel(le)**. *Er / Sie ist sinnlich.*

9

Expressions utiles

Eine Postkarte schreiben   E 7

Anrede	Cher Pierre,	Lieber Pierre,
	Mon cher Pierre,	
	Chère Léa,	Liebe Lea,
	Ma chère Léa,	
	Chers amis,	Liebe Freunde,
	Chers tous,	Ihr Lieben,
Schlussformel	Bons baisers	Herzliche Grüße
	Grosses bises	
	Nous vous embrassons affectueusement	
	Bien affectueusement	
	Amitiés	Mit freundlichen Grüßen
	Toutes nos amitiés	

i **Fêtes en France** *Französische Feiertage*
   Es gibt in Frankreich außer dem Sonntag elf
offizielle Feiertage im Jahr. Manche sind festgelegt,
andere sind *bewegliche Feiertage* (**fêtes mobiles***).*
Hier eine Übersicht:
le 1er janvier (le jour de l'an), *der 1. Januar,*
Neujahr,
*l*e **lundi de Pâques (mobile),** *Ostermontag,*
ein beweglicher Feiertag; Karfreitag ist
übrigens in Frankreich kein offizieller Feiertag,
le 1er mai (la fête du travail), *der 1. Mai,*
le 8 mai, victoire de 1945, *der 8. Mai,*

ein Tag zum Gedenken an das Ende des Zweiten Weltkrieges,
l'Ascension (mobile), *Christi Himmelfahrt,* ein beweglicher Feiertag,
le lundi de Pentecôte (mobile), *Pfingstmontag,* ein beweglicher Feiertag,
le 14 juillet fête nationale, *der 14. Juli, Nationalfeiertag,*
le 15 août, l'Assomption, *der 15. August, Mariä Himmelfahrt,*
le 1er novembre, la Toussaint, *der 1. November, Allerheiligen,*
le 11 novembre armistice de 1918, *der 11. November,* ein Tag zum
Gedenken an das Ende des Ersten Weltkrieges,
le 25 décembre, Noël, *der 25. Dezember, Weihnachten,* der zweite
Weihnachtstag ist kein offizieller Feiertag in Frankreich.
Die Franzosen **font le pont**, d.h. sie machen oft einen Kurzurlaub, indem
sie ein Wochenende mit einem so genannten Brückentag verlängern.
Fällt zum Beispiel ein Feiertag auf einen Donnerstag, so kann der Freitag als
Brückentag gelten, um vier Tage hintereinander frei zu haben.

Exercices

1 Setzen Sie die Perfektform mit **être** ein.

1. Est-ce qu'elle _est allée_ .... (*aller*) à Madrid ?

2. Il .... (*rester*) trois ans aux États-Unis.

3. Ils .... (*venir*) à Paris pour visiter le musée Picasso.

4. Est-ce que vous .... (*tomber amoureuse*) de Pierre ?

5. Dimanche, elle .... (*sortir*) avec ses amies.

6. Elles .... (*rentrer*) très tard.

7. Il .... (*devenir*) prudent.

8. Ils .... (*arriver*) en France en 2001.

9. Elle .... (*partir*) à Nice pour le week-end.

10. Sandrine et Léa .... (*revenir*) samedi d'Amsterdam.

2 Erzählen Sie das Wochenende von Léa in Nizza. Benützen Sie die Perfektformen mit **avoir** oder mit **être** nach folgendem Muster.

1. Romain reçoit une carte postale.   _Romain a reçu une carte postale._ ....

2. Sandrine découvre Nice.   ....

3. Elle habite chez la mère de Nicole.   ....

4. Il fait beau.   ....

5. Elles vont à un concert de jazz
samedi soir.   ....

6. Nicole ouvre une école de langue
en mai.   ....

7. J'offre des mimosas à Nicole.   ....

8. On boit du champagne.   ....

9. Je passe le 1er mai à Nice.   ....

10. Je rentre lundi matin à Paris.   ....

9

3 Welche Ergänzung passt zu welchem Verb? Verbinden Sie.

1. écrire		**a.**	un musée
2. partir		**b.**	le sens de l'humour
3. devenir		**c.**	amoureux
4. avoir		**d.**	des nouvelles à un ami
5. être		**e.**	beau
6. ouvrir		**f.**	prudente
7. donner		**g.**	content pour quelqu'un
8. faire		**h.**	une carte à quelqu'un
9. visiter		**i.**	un restaurant
10. tomber		**j.**	en bateau

..1h.. ....

4 Was sagen Sie? Kreuzen Sie die richtige Antwort an.

1. *Sie fragen eine Freundin, ob sie sich verliebt hat.*

a. Tu es tombée amoureuse ? ☒   **b.** Tu es amoureuse ? ☐

2. *Sie freuen sich für sie.*

a. Je suis désolée pour toi. ☐   **b.** Je suis contente pour toi. ☐

3. *Sie suchen einen neuen Freund.*

a. Je cherche un nouveau boulot. ☐   **b.** Je cherche un nouveau copain. ☐

4. *Sie sind vorsichtig geworden.*

a. Je suis devenue difficile. ☐   **b.** Je suis devenue prudente. ☐

5. *Sie suchen einen klugen Mann.*

a. Je cherche un homme sensuel. ☐   **b.** Je cherche un homme intelligent. ☐

6. *Sie haben eine Vorliebe für schwarzhaarige Männer.*

a. Je préfère les blonds. ☐   **b.** Je préfère les bruns. ☐

5 Lesen oder hören Sie noch einmal den Dialog Seite 119. Sind die folgenden
Behauptungen richtig oder falsch? Kreuzen Sie **VRAI** (richtig) oder **FAUX** (falsch) an.

		VRAI	FAUX
1.	Sandrine écrit une carte à son amie, Léa.	☒	☐
2.	Sandrine est d'abord allée voir Nicole à Nice.	☐	☐
3.	Steve et Sandrine ont découvert Venise.	☐	☐
4.	Sandrine connaît Steve depuis six mois.	☐	☐
5.	Steve est amoureux de Sandrine.	☐	☐
6.	Steve est petit, gros et brun.	☐	☐
7.	Sandrine a un nouvel élève, il est argentin.	☐	☐
8.	Léa cherche un nouveau copain.	☐	☐

6 Beschreiben Sie Amélie. Ergänzen Sie den Text mit den Wörtern im Kasten.

> belle   courts   sportive   bleus   nordique   blonde   l'humour   grande

1. Amélie fait 1 m 75, elle est __*grande.*__ . C'est une __*belle*__ femme.

2. Elle fait du tennis, elle est ....

3. Elle a le type .... , elle est ....

4. Elle a les yeux ....

5. Elle a les cheveux ....

6. Elle a le sens de ....

7 Der Text dieser Postkarte ist durcheinander gekommen. Ordnen Sie die Sätze in der
richtigen Reihenfolge.

1. Nous rentrons dimanche soir à Paris.
2. Nous sommes allées à un concert de jazz vendredi soir.
3. Cher Romain,
4. Nous sommes arrivées vendredi après-midi.
5. Morgane et Léa
6. Samedi nous avons fait une promenade en bateau.
7. Nous sommes venues passer un week-end chez Nicole.
8. Grosses bises

..3.. ....

8 Ein Wort passt nicht in die Reihe. Kreuzen Sie es an.

1. ☐ petite ☒ grand ☐ grosse ☐ sportive
2. ☐ taille ☐ nez ☐ yeux ☐ bouche
3. ☐ amour ☐ aimer ☐ amoureuse ☐ contente
4. ☐ bleu ☐ marron ☐ baroque ☐ noir
5. ☐ rupture ☐ arriver ☐ rentrer ☐ partir
6. ☐ eu ☐ été ☐ reçu ☐ découvrir
7. ☐ difficile ☐ doué ☐ intelligent ☐ déjà
8. ☐ bateau ☐ église ☐ ville ☐ musée
9. ☐ matin ☐ après-midi ☐ soir ☐ hier

In dieser Lektion lernen Sie:
▌ Über die Arbeit reden
▌ Über Geld reden
▌ Die **unregelmäßigen Verben:**
mettre, lire, voir
▌ Der Begleiter **tout**
▌ Die **reflexiven Verben**

Leçon

10

Les jobs d'étudiants

Selon une étude de l'INSEE, en France un étudiant sur trois a déjà travaillé soit dans le cadre de sa formation, soit pour arrondir ses fins de mois.

Il s'agit de jobs d'été en juillet et en août, ou d'une activité régulière toute l'année, en temps partiel ou le week-end.

Pour trouver du travail les étudiants lisent les petites annonces dans les journaux, ils mettent aussi eux-mêmes une annonce dans un quotidien ou dans une revue spécialisée. Depuis quelques années, ils s'adressent de plus en plus à des agences d'intérim pour trouver un job d'étudiant. Les entreprises sont satisfaites car les étudiants sont disponibles à des heures ou les salariés veulent rentrer chez eux. Ce job d'été est pour beaucoup le premier emploi. Le patron se transforme à cette occasion souvent en formateur.

Studentenjobs

Nach einer Studie des französischen Bundesamtes für Statistik INSEE hat jeder dritte Student in Frankreich schon gearbeitet, entweder im Rahmen seiner Ausbildung oder um jeweils bis zum Monatsende über die Runden zu kommen.

Es handelt sich um Sommerjobs im Juli und im August oder um eine regelmäßige Tätigkeit während des ganzen Jahres, in Teilzeit oder am Wochenende.

Um Arbeit zu finden, lesen die Studenten die Kleinanzeigen in den Zeitungen. Sie setzen auch selbst eine Anzeige in eine Tageszeitung oder in eine Fachzeitschrift. Seit ein paar Jahren wenden sie sich immer mehr an Zeitarbeitsfirmen, um einen Studentenjob zu finden. Die Unternehmen sind zufrieden, denn die Studenten sind zu Zeiten verfügbar, wo die Angestellten nach Hause gehen möchten. Dieser Sommerjob ist für viele die erste Arbeitsstelle. Oft wird bei dieser Gelegenheit der Arbeitgeber zum Ausbilder.

10

Quoi de neuf ?

Wie viele französische Studenten arbeitet Morgane in den Ferien, um ihr Studium zu finanzieren. Wir entdecken in dieser Lektion neue, wichtige unregelmäßige Verben und die reflexiven Verben.

Die unregelmäßigen Verben *mettre, lire, voir*   E 1

mettre *(hin)stellen, -legen*	
présent	
je mets	nous mettons
tu mets	vous mettez
il / elle met	ils / elles mettent
passé composé + avoir	**participe passé : mis**
j'ai mis	nous avons mis
tu as mis	vous avez mis
il / elle a mis	ils / elles ont mis

lire *lesen*	
présent	
je lis	nous **lisons**
tu lis	vous **lisez**
il / elle lit	ils / elles **lisent**
passé composé mit avoir	**participe passé : lu**
j'ai lu	nous avons lu
tu as lu	vous avez lu
il / elle a lu	ils / elles ont lu

voir *sehen*	
présent	
je vois	nous **voyons**
tu vois	vous **voyez**
il / elle voit	ils / elles voient
passé composé mit avoir	**participe passé : vu**
j'ai vu	nous avons vu
tu as vu	vous avez vu
il / elle a vu	ils / elles ont vu

Interview 🔘

Jeune enquêteur :	Bonjour Mademoiselle, je fais une enquête pour le magazine *Emplois*. Vous pouvez m'accorder dix minutes ?
Morgane :	Oui, mais pas plus, je suis déjà en retard. C'est à quel sujet ?
Jeune enquêteur :	Il s'agit d'une enquête sur le travail des jeunes.
Morgane :	Je vois, vous savez, je ne m'intéresse pas particulièrement à ce type de revue. Enfin, je vous écoute.
Jeune enquêteur :	Vous êtes lycéenne ou étudiante ?
Morgane :	Je fais des études de médecine.
Jeune enquêteur :	Est-ce que vous vous travaillez en même temps ?
Morgane :	Oui, mais je ne travaille pas toute l'année. Je travaille seulement pendant deux mois, en juillet et en août.
Jeune enquêteur :	Excusez-moi mais je vais vous poser une question indiscrète : qu'est-ce que vous faites de tout cet argent ?
Morgane :	D'abord, je finance une partie de mes études. Ensuite, je paie mon club de gym et mes sorties. Et puis, je mets de l'argent de côté, et, de temps en temps, je m'offre des vacances.
Jeune enquêteur :	Vous vous souvenez de votre premier job ?
Morgane :	Bien sûr ! J'ai fait la même chose que vous, des enquêtes sur l'utilisation du Minitel toute la journée ! Vous avez encore des questions ? Je suis pressée !
Jeune enquêteur :	Je sais, je me dépêche, une dernière question : est-ce que vous avez encore du temps pour vos loisirs ?
Morgane :	Oui, je m'intéresse à la peinture, je fais de l'aquarelle et, j'aime bien sortir avec des copains. Je lis beaucoup de romans policiers. J'aime bien m'amuser, vous savez je ne m'ennuie jamais !
Jeune enquêteur :	Je vous remercie beaucoup pour vos réponses. Au revoir et bonne journée !

10

Vocabulaire

Les jobs d'étudiants

job *m* F	Job
selon	nach
étude *f*	Studie
l'INSEE *m abr*	INSEE (ent-
Institut National de la	spricht dem
Statistique et des	dt. Bundesamt
Études Économiques	für Statistik)
un étudiant sur trois	jeder dritte
	Student
dans le cadre de	im Rahmen von
cadre *m*	Rahmen
soit... soit	entweder ... oder
arrondir ses fins	etwas dazu-
de mois	verdienen
activité *f*	Tätigkeit
régulier *adj m*,	regelmäßig
régulière *adj f*	
toute l'année	das ganze Jahr
	(Zeitangabe)
temps *m* **partiel**	Teilzeitbe-
	schäftigung
travail *m*	Arbeit
lire	lesen
journal *m*,	Zeitung
pl **journaux**	
mettre une annonce	eine Anzeige
	aufgeben
eux-mêmes	selbst
quotidien *m*	Tageszeitung
revue *f* spécialisée	Fachzeitschrift
quelque	einige
s'adresser à	sich wenden an
de plus en plus	immer mehr
agence *f* **d'interim**	Zeitarbeitsfirma
satisfait(e) *adj*	zufrieden
disponible *adj*	verfügbar
salarié(e) *m (f)*	Angestellter
emploi (l') *m*	Arbeitsstelle
patron *m*	Chef

se transformer en	sich verwan-
	deln in
formateur *m*	Ausbilder

Interview

interview (l') *f*	Interview
enquêteur (l') *m*	Interviewer
faire une enquête	eine Umfrage
	machen
enquête (l') *f*	Umfrage
magazine *m*	Magazin,
	Zeitschrift
accorder	gewähren
jeunes (les) *m, pl*	junge Leute
jeune *adj*	jung
je vois (voir)	ich sehe
C'est à quel sujet ?	Worum geht es?
sujet *m*	Thema
il s'agit de... (s'agir de)	es handelt sich
	um ...
revue *f*	Überblick,
	Rückschau
enfin	na gut
lycéen *m*, lycéenne *f*	Gymnasiast(in)
faire des études	studieren
année (l') *f*	Schuljahr (für
universitaire	Studenten)
vacances (les) *f, pl*	Ferien, Urlaub
excusez-moi (s'excuser)	Entschuldigung
poser une question	eine Frage
	stellen
indiscret *adj m*,	indiskret
indiscrète *adj f*	
club *m*	Club
gym *f* F (*Kurzform*	Gymnastik
für **gymnastique** *f*)	
sortie *f*	(Geldaus-
	gabe fürs)
	Ausgehen
de temps en temps	von Zeit zu
	Zeit

s'offrir	sich leisten	loisirs (les) *m, pl*	*Freizeitbe-*
se souvenir de	sich erinnern		*schäftigungen,*
la même chose	das Gleiche wie		*Hobbys*
que vous	Sie	s'intéresser à	*sich interessie-*
Bien sûr !	Natürlich! Selbst-		*ren für*
	verständlich!	roman policier *m*	*Krimi*
la même chose	das Gleiche	s'amuser	*Spaß haben,*
utilisation *f*	Verwendung,		*sich amüsieren*
	Gebrauch	ne… jamais	*nie*
se dépêcher	sich beeilen	s'ennuyer	*sich langweilen*

Grammaire

1. Die reflexiven Verben *E 2, 7*

se dépêcher	
sich beeilen	
présent	
je **me** dépêche	nous **nous** dépêchons
tu **te** dépêches	vous **vous** dépêchez
il / elle **se** dépêche	ils / elles **se** dépêchent
passé composé + être	**participe passé : dépêché**
je me suis dépêché(e)	nous nous sommes dépêché(e)s
tu t'es dépêché(e)	vous vous êtes dépêché(e) / dépêché(e)s
il / elle s'est dépêché(e)	ils se sont dépêchés / elles se sont dépêchées

s'ennuyer
sich langweilen

présent

je **m'**ennuie	nous **nous ennuyons**
tu **t'**ennuies	vous **vous ennuyez**
il / elle **s'**ennuie	ils / elles **s'**ennuient

passé composé + être

participe passé : ennuyé

je me suis ennuyé(e)	nous nous sommes ennuyé(e)s
tu t'es ennuyé(e)	vous vous êtes ennuyé(e) / ennuy(e)s
il / elle s'est ennuyé(e)	ils se sont ennuyés / elles se sont ennuyées

se souvenir
sich erinnern

présent

je **me** souviens	nous **nous souvenons**
tu **te** souviens	vous **vous souvenez**
il / elle **se** souvient	ils / elles **se souviennent**

passé composé + être

participe passé : souvenu

je me suis souvenu(e)	nous nous sommes souvenu(e)s
tu t'es souvenu(e)	vous vous êtes souvenu(e) / souvenu(e)s
il / elle s'est souvenu(e)	ils se sont souvenus / elles se sont souvenuées

▌Alle reflexiven Verben bilden das **passé composé** mit **être**.

▌Manche Verben sind im Deutschen nicht reflexiv, wohl aber im Französischen –
und umgekehrt, z.B. **se lever** *aufstehen* / **se promener** *spazieren gehen* / **se marier**
heiraten aber: **divorcer** *sich scheiden lassen*

▌Die Pronomen **me, te, se, nous, vous, se** beziehen sich hier immer auf das Subjekt.

▌Vor Vokal und stummem h werden **me, te, se** zu **m', t', s'**.

▌Die Reflexivpronomen stehen vor dem konjugierten Verb. In einem verneinten
Satz werden die Reflexivpronomen durch **ne** und **pas** eingeschlossen, z.B.
Il **ne** s'intéresse **pas** à la politique. *Er interessiert sich nicht für Politik.*
Beim **passé récent** und **futur proche** (siehe Lektion 8) stehen die Reflexivpronomen
vor dem Infinitiv, z.B. Je viens de **m'**excuser. *Ich habe mich gerade entschuldigt.*
Je vais **m'**adresser à une agence d'interim. *Ich werde mich an eine Zeitarbeitsfirma
wenden.*

2. Der Begleiter *tout*   E 6

tout	
Il travaille **tout** le temps. *(m)*	*Er arbeitet die ganze Zeit.*
Je ne suis pas chez moi **toute** la journée. *(f)*	*Ich bin nicht den ganzen Tag zu Hause.*
Elle lit le journal **tous les jours**. *(m/pl)*	*Sie liest die Zeitung jeden Tag.*
Je dépense **tout mon** argent. *(m)*	*Ich gebe mein ganzes Geld aus.*
J'ai invité **toute ma** famille. *(f)*	*Ich habe meine ganze Familie eingeladen.*
Tous tes amis sont sympathiques ! *(m/pl)*	*Alle deine Freunde sind sympathisch!*
Toutes les places sont occupées. *(f/pl)*	*Alle Plätze sind besetzt.*
Qu'est-ce que tu fais de **tout cet** argent ? *(m)*	*Was machst du mit dem ganzen Geld?*

▌Als Begleiter vor einem Substantiv richtet sich **tout** in Genus und Zahl nach diesem Substantiv.

▌**tout** steht auch vor einem Demonstrativbegleiter, z.B. **tous ces** étudiants, *alle diese Studenten*, oder vor einem Possessivbegleiter, z.B. **tout mon temps**, *meine ganze Zeit.*

Savoir dire

Wendungen mit *mettre*

mettre ist auch ein sehr geläufiges Verb mit vielen verschiedenen Bedeutungen. Hierzu eine kurze Übersicht:

J'ai mis les clés sur la table.	*Ich habe die Schlüssel auf dem Tisch gelegt.*
J'ai mis ta lettre à la poste.	*Ich habe deinen Brief zur Post gebracht.*
Tu mets la table s'il te plaît ?	*Deckst du bitte den Tisch?*
Je mets ton nom sur la liste.	*Ich schreibe deinen Namen auf die Liste.*
Elle a mis une heure.	*Sie hat eine Stunde gebraucht.*
Elle met de l'argent de côté.	*Sie legt Geld zur Seite. (= Sie spart.)*
Je mets mon vieux pull.	*Ich ziehe meinen alten Pulli an.*
Je mets un CD.	*Ich lege eine CD auf.*

10

Wendungen mit *faire*

faire zusammen mit **de** *bzw.* **du** usw. wird bei Sportarten und anderen Hobbys verwendet und hat jeweils unterschiedliche Übersetzungen. Auch wenn es ums Studieren geht, verwendet man **faire**.

Tu fais du sport ?	*Treibst du Sport?*
Je fais du foot.	*Ich spiele Fußball.*
Elle fait de l'équitation.	*Sie reitet.*
Il fait de la marche.	*Er wandert.*
Je fais du ski.	*Ich fahre Ski.*
Elle fait du tennis.	*Sie spielt Tennis.*
Tu fais de la peinture ?	*Malst du?*
Oui, je fais de l'aquarelle.	*Ich male Aquarelle.*
Il a fait des études.	*Er hat studiert.*
J'ai fait des études de médecine.	*Ich habe Medizin studiert.*

i **Le minitel**

Le minitel gibt es seit 1982. Es ist ein Bildschirmtextgerät der **France Télécom** mit niedriger Grundgebühr, das in Frankreich in vielen Haushalten zu finden ist. Der **minitel** dient vor allem dazu, Telefonnummern elektronisch abzurufen und schafft Zugang zu vielen anderen Diensten, z.B. zu Kino- und Fernsehprogrammen, Fahrplanauskünften und Zugreservierungen usw. Abfragen und Nachrichten werden über eine Tastatur eingegeben. In den Informationsdatenbanken kann man sich von einem Hauptmenü zu zahlreichen Untermenüs durchfragen. Damit hatte das Minitelsystem bereits viele Funktionen des Internets vorweggenommen.

Exercices

1 Setzen Sie die Verben **mettre**, **lire** *oder* **voir** im Präsens ein.

1. Les étudiants de médecine __*lisent*__ déjà les revues spécialisées.

2. Elle .... souvent un quart d'heure pour faire une interview.

3. Est-ce que vous .... Pierre aujourd'hui ?

4. Je .... de l'argent de côté pour partir à Venise.

5. Est-ce que tu .... des romans policiers ?

6. Romain .... Raquel samedi prochain.

7. Vous .... un journal tous les jours ?

8. Il .... les petites annonces du Figaro.

9. On mange dans dix minutes, tu .... la table s'il te plaît ?

10. Qu'est-ce que vous .... dans la sauce armoricaine ?

2 Setzen Sie die Verbformen ins Präsens.

1. Il (*s'intéresser*) à la politique. __*Il s'intéresse à la politique.*__

2. Tu (*se souvenir*) de mon
   premier copain ? .... ?

3. On (*se dépêcher*), il est déjà 7 heures,
   le magasin va fermer. ....

4. Cette année nous (*s'offrir*) des
   vacances en Islande. ....

5. Vous (*s'intéresser*) à cette revue
   littéraire ? .... ?

6. Ils (*se marier*) le mois prochain. ....

7. Elle (*s'ennuyer*) chez sa mère. ....

8. Tu (*s'adresser*) à la Chambre de
   commerce pour cette formation ? .... ?

10

3 Welche Ergänzung passt zu welchem Verb? Verbinden Sie.

1.	faire	a.	une annonce dans le journal
2.	mettre	b.	une interview à quelqu'un
3.	avoir	c.	une enquête pour un journal
4.	s'offrir	d.	ses fins de mois
5.	être	e.	une question
6.	s'adresser	f.	pressé
7.	arrondir	g.	des vacances
8.	s'intéresser	h.	du temps pour ses loisirs
9.	poser	i.	à une agence d'interim
10.	accorder	j.	à la peinture

..1c.. ....

4 Was sagen Sie, wenn … Kreuzen Sie die richtige Antwort an.

1. *… Sie jemanden um fünf Minuten Zeit bitten?*

a. Vous pouvez m'accorder ☒   b. Vous avez du temps pour moi ? ☐
cinq minutes ?

2. *… Sie es eilig haben?*

a. Je suis en retard. ☐   b. Je suis pressé. ☐

3. *… Sie jemandem eine Frage stellen möchten?*

a. J'aimerais vous poser une ☐   b. J'aimerais avoir votre réponse. ☐
question.

4. *… Sie sich an Ihren ersten Freund erinnern?*

a. Je me souviens de mon ☐   b. Je me souviens de mon ☐
premier guide. premier copain.

5. *… Sie während Ihres Studiums nie gearbeitet haben?*

a. Je n'ai jamais travaillé ☐   b. Je n'ai jamais travaillé pour ☐
pendant mes études. mes études.

6. *… Sie sparen, um in Urlaub zu fahren?*

a. Je mets de l'argent de côté ☐   b. Je mets de l'argent de côté ☐
pour partir en vacances. pour toi.

5 Lesen oder hören Sie noch einmal den Dialog Seite 131. Sind die folgenden Behauptungen richtig oder falsch? Kreuzen Sie **VRAI** (richtig) oder **FAUX** (falsch) an.

		VRAI	FAUX
1.	Morgane rencontre un jeune enquêteur dans la rue.	☒	☐
2.	Il fait une enquête pour la radio.	☐	☐
3.	Il s'agit du travail des jeunes.	☐	☐
4.	Morgane est lycéenne.	☐	☐
5.	Elle travaille toute l'année pour un journal.	☐	☐
6.	Elle s'intéresse à la peinture.	☐	☐
7.	Morgane ne sort pas souvent.	☐	☐
8.	Elle ne s'ennuie jamais.	☐	☐

6 Setzen Sie die jeweils passende Form von **tout** ein.

1. Il rencontre Sandrine ...*tous*... les dimanches.

2. Samedi, je travaille .... la journée.

3. On a invité .... nos copains en Bretagne.

4. Ils partent en vacances .... les ans au Brésil.

5. Tu as mangé .... la quiche ?

6. J'ai déjà dépensé .... mon argent pour le mois de mai.

7. .... ses amies sont sympathiques.

8. Il a fait .... ses études avec moi.

9. Vous posez .... le temps les mêmes questions ?

10. Je n'ai pas le temps de sortir .... les soirs avec toi !

7 Setzen Sie die folgenden Sätze ins **passé composé**.

1. Je fais une enquête pour un journal.   *J'ai fait une enquête pour un journal.*

2. Sandrine met de l'argent de côté.   ....

3. Elle s'amuse beaucoup avec ses copines.   ....

4. Vous financez une partie de vos études ?   .... ?

5. Il se souvient de ce voyage à Nice.   ....

6. Je mets une heure pour venir.   ....

7. Tu offres le champagne ?   .... ?

8. Elles s'ennuient sans leurs copains.   ....

8 Ein Wort passt nicht in die Reihe. Kreuzen Sie es an.

1. ☐ journal	☒ réponse	☐ revue	☐ magazine
2. ☐ me	☐ te	☐ vos	☐ se
3. ☐ occasion	☐ travail	☐ emploi	☐ job
4. ☐ copain	☐ ami	☐ patron	☐ copine
5. ☐ peinture	☐ tennis	☐ foot	☐ gym
6. ☐ travaillé	☐ remercié	☐ écouté	☐ mis
7. ☐ sur	☐ tout	☐ pour	☐ avec
8. ☐ satisfait	☐ souvent	☐ beaucoup	☐ bien

1 Lesen Sie die folgenden Kurzartikel und entscheiden Sie, ob die Aussagen stimmen oder nicht. Kreuzen Sie unten die richtige Antwort an.

2. La lotte à l'armoricaine
La lotte est un poisson très apprécié par les gourmets. Dans la sauce à l'armoricaine il y a des échalotes, des tomates, du vin blanc, du cognac, de la crème fraîche.

1. Le menu au restaurant
On peut manger à la carte ou choisir un menu avec ou sans plat du jour.

3. Le C.V.
Les informations sur l'état civil, la formation, les langues, les expériences professionnelles, les activités extra-professionnelles d'une personne sont les rubriques d'un C.V. (curriculum vitae).

4. Demande de poste
Dans votre lettre officielle de candidature vous ne précisez pas le type de poste proposé dans les petites annonces du journal

	1.	2.	3.	4.
VRAI	☐	☐	☐	☐
FAUX	☐	☐	☐	☐

Punkte ....../4

2 Welches Verb gehört zu welchem Substantiv?

1. le travail
2. la découverte
3. la visite
4. l'indication
5. l'organisation
6. le voyage

a. découvrir
b. voyager
c. organiser
d. travailler
e. indiquer
f. visiter

....

Punkte ....../6

3 Setzen Sie die richtigen Endungen in den Sätzen: **-er**, **-ez** oder **-é**?

1. Nous avons beaucoup laiss.............. un message sur le répondeur.

2. Tu as envie de mang.............. du poisson aujourd'hui ?

3. Est-ce que vous voul.............. rencontrer Monsieur Beaussart ?

4. J'aimerais invit.............. Léa à déjeuner.

5. Est-ce que vous avez pos.............. votre candidature ?

6. Vous déménag.............. au mois de mai ?

Punkte ....../6

4 Was sagen Sie in folgenden Situationen? Kreuzen Sie an.

1. *Sie suchen eine Praktikumstelle in Tunesien:*
a. Je cherche un stage en Tunisie. ☐
b. J'ai cherché un job à Tunis. ☐

2. *Sie werden selbst eine Anzeige in eine Zeitung setzen:*
a. Je vais mettre une annonce dans le journal. ☐
b. Je viens de lire une annonce dans le journal. ☐

3. *Sie möchten in einem großen Hotel arbeiten:*
a. J'aimerais travailler dans un grand hôtel. ☐
b. J'aimerais travailler dans un hôpital. ☐

4. *Sie sind sehr kontaktfreudig:*
a. J'ai le sens de l'humour. ☐
b. J'ai le sens du contact. ☐

5. *Sie sprechen sehr gut englisch:*
a. Je parle un peu anglais. ☐
b. Je parle très bien anglais. ☐

6. *Sie haben schon als Touristenführer gearbeitet:*
a. J'ai déjà travaillé comme standardiste dans un hôtel. ☐
b. J'ai déjà travaillé comme guide. ☐

Punkte
....../6

5 Ergänzen Sie dieses Stellenangebot mit den passenden Ziffern.

CFECI Paris

....
Pour notre .... Formation continue
recherchons JH / .... professeur d'espagnol
dynamique / sens du contact / expérience. Poste ....
.... candidature et .... à
Madame Claire DARC
10, bd du Président Roosevelt, 75015 PARIS

1. adresser
2. JF
3. fixe
4. références
5. service
6. urgent

Punkte
....../6

6 Ergänzen Sie den Text mit *il* oder *on*.

1. Léa et moi, ... va à Madrid.

Punkte
....../6

2. Au bureau .... parle français, anglais et espagnol.

3. Steve et moi, ... cherche un appartement.

4. .... est professeur d'anglais.

Gesamt
....../34

5. Qu'est-ce qu'............ fait samedi soir ?

6. .... travaille surtout avec des clients espagnols.

Ihre Lernziele in dieser Lektion:
▌ Sich informieren
▌ Sich beraten lassen
▌ Eine technische Funktion erklären
▌ Ein Handy beschreiben
▌ **Adverbien**
▌ Das **Relativpronomen qui** als Subjekt

Bon à savoir !

La liberté, c'est d'être joignable à tout moment sans dépendre d'un poste fixe, en France et dans plus de 100 pays ! Première constatation à la lecture de ce livre : votre portable va vous rendre des services qui vont bien au-delà de la simple communication téléphonique !

▶ Texto va vous permettre de communiquer facilement par écrit. Petits ou grands messages de rendez-vous, mots doux, félicitations, invitations etc. Texto permet de recevoir ou d'envoyer des messages écrits.

▶ Comment écrire un Texto : Pour rédiger rapidement vos Textos il faut utiliser des abréviations, par exemple :
BJR (bonjour) / PR (pour) /
RDV (rendez-vous) /
A+ (à plus tard) /
BIZ (bises).

▶ Comment lire un Texto : Lorsque vous recevez un message votre portable vous prévient avec un bip sonore. Le symbole ⊠ apparaît sur l'écran et vous indique le nombre de messages reçus.

Gut zu wissen!

Die Freiheit, das bedeutet jederzeit erreichbar zu sein, in Frankreich und in mehr als 100 Ländern! Die erste Feststellung beim Lesen dieser Anleitung: Ihr Handy bietet Ihnen Leistungen, die weit über das einfache Telefonieren hinausgehen.

▶ Mit Texto können Sie schriftlich kommunizieren. Kurze oder lange Verabredungen, Liebesbotschaften, Gratulationen, Einladungen usw. Mit Texto können Sie schriftliche Nachrichten empfangen oder schicken.

▶ Wie schreibt man eine Textonachricht? Um Ihre Textonachrichten schneller zu verfassen, benützen Sie Abkürzungen, wie zum Beispiel: BJR (Hallo) / PR (zu / für) / RDV (Termin) / A+ (bis später) / BIZ (Küsschen).

▶ Wie liest man eine Textonachricht? Wenn Sie eine Nachricht empfangen, erhalten Sie von Ihrem Handy einen Signalton. Das Symbol ⊠ erscheint auf dem Bildschirm und zeigt die Anzahl der empfangenen Nachrichten.

11

Quoi de neuf ?

Sie werden zwar nicht jede Gebrauchsanweisung auf Französisch verstehen müssen, aber Sie werden erleichtert sein, wenn Sie in der Lage sind, praktische Einzelheiten zur Funktion eines Gerätes zu verstehen und Fragen dazu zu stellen. Dazu sind Adverbien und einfache Relativsätze mit **qui** sehr nützlich!

Die Adverbien

Problematisch sind Adverbien für Deutsche, weil Adjektiv und Adverb im Deutschen oft gleich sind. Dagegen sind sie im Französischen nicht identisch, z.B.
C'est une question **facile**. *Das ist eine leichte Frage.*
Ça marche **facilement**. *Das geht leicht.*

Während Adjektive sich in einem Satz auf Substantive beziehen, können Adverbien je nach Bedeutung:

▎ sich auf ein Verb beziehen, z.B. Les messages sont sauvegardés **automatiquement**.
Die SMS werden automatisch gespeichert.
▎ ein Adjektiv ergänzen, z.B. Ce n'est pas **vraiment** pratique. *Das ist nicht wirklich praktisch.*
▎ einen Satz näher bestimmen, z.B. **Normalement**, il n'y pas de problèmes avec cette fonction. *Normalerweise gibt es mit dieser Funktion keine Probleme.*

Es gibt zwei Arten von Adverbien: die einfachen, z.B.: *alors, déjà* usw. und die von Adjektiven abgeleiteten Adverbien, die auf **-ment** enden, z.B.
automatique (*adj*) ▶ automatique**ment**.
Viele dieser Adverbien werden von der femininen Form des Adjektivs abgeleitet, z.B.
habituelle (*adj*) habituelle**ment**. Weitere Formen und Erklärungen dazu auf Seite 148.

Die Adverbien sind unveränderlich. Sie haben eine vielseitige Verwendung, z.B.

▎ Ortsangaben wie **ici** (*hier*), **là** *dort*,
▎ Zeitangaben wie **aujourd'hui** *heute*, **demain** *morgen*, **hier** *gestern*, **maintenant** *jetzt*, **ensuite** *dann*, **souvent** *oft*, **longtemps** *lange*, **toujours** *immer*,
▎ Mengenangaben wie **beaucoup** *viel*, **très** *sehr*, **peu** *wenig*,
▎ Angaben der Art und Weise wie **bien** *gut*, **mal** *schlecht*, **plutôt** *eher*, **sûrement** *sicherlich*, **tranquillement** *ruhig*, **vraiment** *wirklich* usw.

Bien choisir ⊙

Dans un magasin spécialisé

Le vendeur : Bonjour, Mademoiselle, qu'est-ce que je peux faire pour vous ?

Raquel : Je voudrais m'acheter un portable.

Le vendeur : Oui, vous avez une préférence pour une marque précise ?

Raquel : Pas vraiment, la marque, ça m'est égal. Je voudrais un portable normal, facile à utiliser.

Le vendeur : Bien, je vais vous montrer quelques modèles. En fait, aujourd'hui tous les portables qui sont sur le marché ont des fonctions standard faciles à utiliser.

Raquel : Qu'est-ce que vous me conseillez comme formule ? Un portable avec une carte prépayée ou avec un abonnement ? Vous savez, habituelle-ment je me sers plutôt de mon téléphone fixe, mais ce n'est pas vraiment pratique pour moi. J'ai vraiment besoin d'un portable pour être joignable à tout moment.

Le vendeur : Les deux formules carte ou abonnement ont leurs avantages et leurs inconvénients. Si vous n'utilisez pas souvent votre portable, je vous conseille la solution carte prépayée. Par contre, si vous téléphonez souvent et parfois longtemps, le forfait par abonnement est plus économique. Vous avez plusieurs types de forfait qui varient selon la fréquence de vos appels.

Raquel :	Dans ce cas, pas d'hésitation, je préfère choisir le forfait.
Le vendeur :	Bon et pour l'écran, vous avez une préférence ?
Raquel :	Je voudrais pouvoir écrire et lire facilement des messages sans lunettes !
Le vendeur :	Alors je vous conseille ce modèle qui a un écran large. Autres avantages : il est très léger, il a un joli design et les touches sont confortables.
Raquel :	Il n'est pas mal du tout ! Et pour la fonction répondeur, vous pouvez m'expliquer comment ça marche ?
Le vendeur :	Normalement, c'est une fonction très utile qui enregistre jusqu'à quinze messages d'une durée maximale de trois minutes chacun. Vous disposez de dix jours pour écouter vos nouveaux messages et les messages déjà écoutés sont sauvegardés automatiquement pendant 24 heures.
Raquel :	Parfait ! Une dernière question : le guide de l'utilisateur est vraiment bien fait ?
Le vendeur :	Personnellement, en comparaison avec d'autres marques, je le trouve clair et simple. Vous allez trouver facilement les réponses à vos questions.
Raquel :	Eh bien d'accord pour ce modèle, je le prends avec un forfait. On fait le contrat pour l'abonnement.
Le vendeur :	D'accord, nous allons remplir ensemble le formulaire.

Vocabulaire

Bon à savoir !	
liberté *f*	*Freiheit*
joignable *adj*	*erreichbar*
à tout moment	*jederzeit*
dépendre de	*abhängig sein*
poste *m* fixe	*Festanschluss*
fixe *adj*	*fest*
constatation *f*	*Feststellung*
lecture *f*	*das Lesen*
livre *m*	*Buch*
portable *m*	*Handy*
rendre des services	*Nutzen bringen*
bien	*hier: weit*
au-delà	*hinaus*
simple *adj*	*einfach*
communication téléphonique *f*	*Telefonanruf*
permettre	*ermöglichen, erlauben*
facilement	*leicht*

par écrit	*schriftlich*
message *m*	*Nachricht*
mot *m* doux	*Liebesbotschaft*
doux *adj m,* douce *adj f*	*sanft*
félicitations (les) *f, pl*	*Glückwünsche; das Gratulieren*
écrire	*schreiben*
envoyer	*senden*
il faut *(+inf.)*	*man muss, es ist erforderlich*
utiliser	*benutzen*
rédiger	*formulieren*
rapidement	*schnell*
abréviation (l') *f*	*Abkürzung*
par exemple	*zum Beispiel*
exemple (l') *m*	*Beispiel*
à plus tard, F à plus	*bis später*
prévenir	*benachrichtigen*
bip *m* sonore	*Signalton*

symbole *m*	Symbol
apparaître	erscheinen
écran (l') *m*	Display
nombre *m*	Anzahl
Bien choisir	
préférence *f*	Vorliebe
marque *f*	Marke
précis(e) *adj*	hier: bestimmt
ça m'est égal	das ist mir egal
normal(e) *adj*	normal
facile *adj*	leicht
montrer	zeigen
en fait	eigentlich
marché *m*	Markt
fonction *f*	Funktion
standard *adj*	Standard
formule *f*	Formel
carte *f* prépayée	Prepaid-Karte
abonnement *m*	Abonnement
habituellement	gewöhnlich
se servir de	benutzen
plutôt	eher
pratique *adj*	praktisch
avantage (l') *m*	Vorteil
inconvénient (l') *m*	Nachteil
si	wenn
parfois	manchmal
solution *f*	Lösung
par contre	hingegen
forfait *m*	Pauschale
plus économique	günstiger
économique *adj*	günstig
plusieurs *adj pl*	mehrere
varier	variieren
fréquence *f*	Frequenz

hésitation (l') *f*	das Zögern
large *adj*	breit
lunettes (les) *f, pl*	Brille
léger *adj m,*	leicht
légère *adj f*	
joli(e) *adj*	schön
design *m*	Design
touche *f*	Taste
pas mal du tout	gar nicht schlecht
mal	schlecht
fonction *f* répondeur	Mailboxfunktion
expliquer à	erklären
marcher	funktionieren
enregistrer	aufnehmen; speichern
durée *f*	Dauer
durer	dauern
chacun(e)	jede (-r,-s)
maximal(e) *adj*	maximal
disposer de	zur Verfügung haben
sauvegarder	sichern
automatiquement	automatisch
guide *m* de l'utilisateur	Handbuch
utilisateur (l') *m,* utilisatrice (l') *f*	Benutzer(in)
personnellement	persönlich
en comparaison avec	im Vergleich zu
comparaison *f*	Vergleich
clair(e) *adj*	klar
remplir	ausfüllen
formulaire *m*	Formular

11

Grammaire

1. Formen und Stellung der Adverbien E 1, 2

Wie schon gesagt, gibt es zwei Arten von Adverbien: die einfachen und die von Adjektiven abgeleiteten Adverbien, die auf **-ment** enden.

▍ Viele dieser Adverbien werden von der femininen Form des Adjektivs abgeleitet, z.B. habituelle (*adj*) ▶ habituelle**ment**.

▍ Die meisten Adjektive auf [ā] bilden das Adverb auf **-amment** [amã], z.B. élég**ant** (*adj*) ▶ élég**amment**

▍ Einige Adverbien enden auf **-ément** [emã], z.B. intense (*adj*) ▶ intens**ément**

Adjektiv maskulin	feminin	Adverb	
clair	claire	clair**ment**	*klar*
complet	complète	complète**ment**	*völlig*
confortable	confortable	confortable**ment**	*bequem*
cordial	cordiale	cordiale**ment**	*herzlich*
facile	facile	facile**ment**	*leicht*
pratique	pratique	pratique**ment**	*praktisch*
automatique	automatique	automatique**ment**	*automatisch*
rapide	rapide	rapide**ment**	*schnell*
simple	simple	simple**ment**	*einfach*
sûr	sûre	sûre**ment**	*sicher*
tranquille	tranquille	tranquille**ment**	*ruhig*
habituel	habituelle	habituelle**ment**	*gewöhnlich*
chaleureux	chaleureuse	chaleureuse**ment**	*herzlich*
sérieux	sérieuse	sérieuse**ment**	*ernst*
élégant	élégante	élég**amment**	*elegant*
prudent	prudente	prud**emment**	*vorsichtig*
intense	intense	intens**ément**	*intensiv*

Sonderformen E 2

Adjektiv maskulin	feminin	Adverb	
bon	bonne	**bien**	*gut*
mauvais	mauvaise	**mal**	*schlecht*
gentil	gentille	**gentiment**	*nett*

Stellung der Adverbien

Die Adverbien können im Französischen verschiedene Stellungen haben.
Die Stellung hängt davon ab, welche Elemente näher bestimmt werden. Hierzu
folgende einfache Grundregeln:

▌ Das Adverb steht <u>vor</u> einem Adjektiv oder <u>vor</u> einem anderen Adverb, z.B.
C'est une fonction **très** pratique. *Das ist eine sehr praktische Funktion.*
C'est **vraiment très bien**. *Das ist wirklich sehr gut.*

▌ Das Adverb steht in der Regel <u>nach</u> dem konjugierten Verb, z.B. Il travaille **bien**.
Er arbeitet gut. Bei zusammengesetzen Verbformen stehen kurze Adverbien <u>vor</u>
dem Partizip Perfekt, z.B. Il a **bien** travaillé. Längere Adverbien stehen meist <u>nach</u>
dem Partizip Perfekt, z.B. Le portable n'a pas fonctionné **normalement**.

▌ Das Adverb kann in einem Satz am Anfang, in der Mitte oder am Ende stehen, z.B.
Normalement, je ne travaille pas le samedi. / Je ne travaille **normalement** pas le
samedi. / Je ne travaille pas le samedi **normalement**.

2. Das Relativpronomen *qui* als Subjekt   E 6

Das Relativpronomen **qui** ist das Subjekt des Relativsatzes.
Es entspricht den deutschen Relativpronomen *der, die, das.*

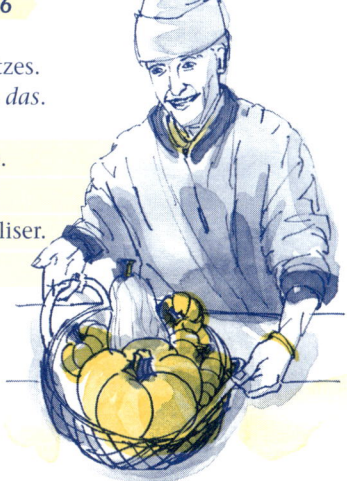

Elle a trouvé un vendeur	**qui**	est sympathique.
Il lui conseille une formule	**qui**	est pratique.
Le portable a des fonctions	**qui**	sont faciles à utiliser.
Il y a des abréviations	**qui**	sont très utiles.

▌ Das Relativpronomen **qui** bezieht sich auf Personen
und Sachen.

▌ Im Unterschied zu den Relativpronomen im
Deutschen bleibt **qui** in Genus und Zahl
unveränderlich.

▌ Im Französischen steht das Verb in einem Nebensatz, im folgenden Relativsatz
direkt <u>hinter</u> dem Subjekt und nicht am Satzende wie im Deutschen, z.B.
J'ai envoyé un message à Romain **qui est** à Nice. *... der in Nizza ist.*

Savoir dire

Wie funktioniert das Handy?   E 3

afficher	*anzeigen*	raccrocher	*auflegen*
allumer	*einschalten*	réécouter	*noch einmal*
appuyer	*drucken*		*abhören*
bloquer	*sperren*	répertoire *m*	*Namens-*
composer le code PIN	*die Pin-Num-*		*register / Tele-*
	mer eingeben		*fonbuch*
décrocher	*annehmen*	répondeur *m*	*Mailbox*
effacer	*löschen*	réseau *m, pl* réseaux	*Netz*
éteindre	*ausschalten*	saisir un numéro	*eine Nummer*
indicatif (l') *m*	*Vorwahl*		*eingeben*
joindre	*erreichen*	taper un message	*eine Nachricht*
menu *m*	*Menu*		*schreiben*
message *m* vocal	*(gesprochene)*	touche *f* de correction	*Korrekturtaste*
	Nachricht	touche *f* décrocher	*Taste Ab-*
message *m* écrit	*Kurznachricht*		*nehmen*
mettre en service	*in Betrieb*	transfert *m* d'appel	*Rufumleitung*
	nehmen,	valider	*bestätigen*
	einschalten		
mode veille	*Ruhezustand*		
numéro *m* d'appel	*Rufnummer*		
prendre l'appel	*den Anruf*		
	annehmen		

i **Französiche Rufnummern**

Seit 1996 haben die französischen Rufnummern zehn Ziffern. Die zwei ersten Ziffern geben eine der fünf Telefonzonen an. Diese sechs Zonen haben folgende Vorwahlnummern:

- **01 : Paris / Ile de France** (Paris / Großraum – Paris),
- **02 : Nord-Ouest** (Nordwesten),
- **03 : Nord-Est** (Nordosten),
- **04 : Sud-Est et Corse** (Südosten und Korsika),
- **05 : Sud-Ouest** (Südwesten).

▌06 : **alle Mobile-Nummern** (unabhängig von den Anbietern)

Vorwahlnummern der DOM (Départements d'outre-mer)
▌590 : Guadelpoue   ▌269 : Mayotte
▌594 : Guyane   ▌508 : St Pierre et Miquelon
▌596 : Martinique   ▌262 : Réunion

Vorwahlnummern der TOM (Territoires d'outre-mer)
▌687 : Nouvelle Calédonie
▌689 : Polynésie française
▌681 : Wallis et Futura

Rufen Sie von Deutschland aus an, so müssen Sie die Null weglassen. Dies gilt übrigens auch für alle französischen Handynummern.
Möchten Sie zum Beispiel von Deutschland aus eine Nummer in Straßburg wählen, so wählen Sie die 00 33 3 88 23 26 27.
Sind Sie in Frankreich und rufen die gleiche Nummer an, so wählen Sie die 03 88 23 26 27.

Expressions utiles

Um Hilfe bitten

Vous pourriez me rendre un service ?	*Könnten Sir mir behilflich sein?*
Tu peux / pourrais me rendre un service ?	*Kannst/Könntest du mir behilflich sein?*
Pourriez-vous m'aider ?	*Könnten Sie mir helfen?*
Je pourrais avoir un renseignement, s'il vous plaît ?	*Könnte ich bitte eine Auskunft haben?*
Vous pourriez me renseigner, s'il vous plaît ?	*Könnten Sir mit bitte eine Auskunft erteilen?*
Tu peux passer me chercher, s'il te plaît ?	*Kannst du mich bitte abholen?*

▌ Wenn Sie eine sehr höfliche Bitte um Hilfe formulieren, vergessen Sie nicht, **s'il vous plaît** bzw. **s'il te plaît** an das Ende des Satzes zu stellen.

Exercices

1 Setzen Sie das passende, von dem Adjektiv abgeleitete Adverb ein.

1. J'ai appris ..*facilement*.............. (*facile*) le français.

2. Il m'a expliqué .... (*clair*) la fonction répondeur.

3. Elle m'a invité .... (*gentil*) pour son anniversaire.

4. Tu reçois .... (*automatique*) le catalogue.

5. À partir de quelle date êtes-vous .... (*pratique*) disponible ?

6. Ils nous ont proposé tout .... (*simple*) de partir un week-end.

7. Je lis .... (*tranquille*) mon journal au café.

8. Il rédige .... (*rapide*) ses messages sur le portable.

9. Elle réserve .... (*habituel*) une table dans ce restaurant italien.

10. Il écoute .... (*sérieux*) les conseils du vendeur.

2 Ergänzen Sie die Tabelle. Tragen Sie die feminine und maskuline Form des jeweiligen Adjektivs ein.

Adverbien	Adjektive feminin	maskulin
1. prudemment	*prudente*	*prudent*
2. sûrement		
3. chaleureusement		
4. confortablement		
5. amoureusement		
6. élégamment		
7. bien		
8. mal		
9. doucement		
10. intensément		

3 Welche Ergänzung passt zu welchem Verb? Verbinden Sie.

1. conseiller
2. avoir
3. se servir
4. être (2x)
5. taper
6. composer
7. rédiger
8. effacer
9. afficher (1x)

a. facile à utiliser
b. un message (3x)
c. un numéro d'appel
d. sur l'écran
e. comme formule
f. joignable
g. d'un portable
h. une préférence
i. le nombre de messages

..1e.. ....

4 Was sagen Sie, wenn ...? Kreuzen Sie die richtige Antwort an.

1. *... Sie jederzeit erreichbar sein möchten?*

a. Je voudrais être joignable ☒
   à tout moment.

b. Je vais être joignable à ☐
   tout moment.

2. *... Sie keinen festen Anschluss mehr haben?*

a. Je n'ai plus de téléphone. ☐

b. Je n'ai plus de poste fixe. ☐

3. *... Sie den Verkäufer um einen Rat bitten?*

a. Vous pouvez me conseiller ? ☐

b. Vous pouvez m'expliquer cette ☐
   fonction ?

4. *... Sie fragen möchten, wie man das Handy ausschaltet?*

a. Qu'est-ce qu'il faut faire ☐
   pour éteindre le portable ?

b. Qu'est-ce qu'il faut faire pour ☐
   allumer le portable ?

5. *... Sie ein großes Display haben möchten?*

a. Je voudrais un petit écran. ☐

b. Je voudrais un écran large. ☐

6. *... Sie das Formular ausfüllen?*

a. Je remplis le formulaire. ☐

b. Je remplis le formulaire pour ☐
   l'enquête.

5 Lesen oder hören Sie noch einmal den Dialog Seite 145. Kreuzen Sie die folgenden Behauptungen an und entscheiden Sie, ob sie richtig (**VRAI**) oder falsch (**FAUX**) sind.

	VRAI	FAUX
1. Raquel voudrait s'acheter un portable.	☒	☐
2. Elle a une préférence pour une marque précise.	☐	☐
3. Elle voudrait un modèle simple.	☐	☐
4. Aujourd'hui tous les modèles standard sont faciles à utiliser.	☐	☐
5. Le vendeur lui conseille la formule carte prépayée.	☐	☐
6. Le vendeur explique à Raquel comment utiliser le répondeur.	☐	☐
7. Le guide de l'utilisateur est mal fait.	☐	☐
8. Raquel achète le portable et choisit un forfait.	☐	☐

6 Ergänzen Sie den Text mit dem passenden Substantiv.

> les fonctions   un homme   des chaises   le vendeur
> une rue   le message   une formule   des copains

1. Elle a rencontré ...*un homme*................ qui est très gentil.

2. Il a .... qui sont confortables.

3. On a invité en Bretagne .... qui sont très sympathiques.

4. Ils habitent dans .... qui est dans mon quartier.

5. Le guide explique .... qui sont disponibles.

6. Je préfère .... qui est économique.

7. Vous pouvez écouter .... qui est sur le répondeur.

8. C'est .... qui remplit le formulaire pour le contrat.

7 Ein Wort passt nicht in die Reihe. Kreuzen Sie es an.

1. ☐ touche	☐ écran	☒ durée	☐ portable
2. ☐ saisir	☐ sauvegarder	☐ envoyer	☐ varier
3. ☐ bien	☐ normal	☐ simple	☐ facile
4. ☐ rédiger	☐ lire	☐ écrire	☐ joindre
5. ☐ nombre	☐ messages	☐ félicitations	☐ invitations
6. ☐ type	☐ appel	☐ solution	☐ formule
7. ☐ plutôt	☐ très	☐ peu	☐ beaucoup
8. ☐ souvent	☐ ici	☐ longtemps	☐ toujours

Ihre Lernziele in dieser Lektion:
- Über Stimmungen berichten
- Über die Gesundheit reden
- Der **Imperativ**
- Die **Stellung der Objektpronomen**
  beim Imperativ

Limitez les effets du blues saisonnier

Quand les journées deviennent plus courtes que les nuits, le moral a parfois tendance à baisser ! Alors apprenez à conserver gaieté et bonne humeur jusqu'au printemps !
▶ Profitez au maximum de la lumière, elle stimule le système nerveux qui joue un rôle essentiel dans la régulation des rythmes biologiques du corps.
▶ Faites une razzia sur la vitamine C. Intégrez dans vos menus fruits et légumes de saison : raisin, pommes, oranges, épinards. Ne buvez pas d'alcool mais buvez beaucoup d'eau minérale.
▶ Entretenez vos muscles ! Si vous n'êtes pas sportif, sortez donc faire un petit tour à l'heure du déjeuner. Ne restez pas enfermé toute la journée !
▶ N'hibernez pas !
La courte durée des journées n'est pas une raison pour vous isoler. Invitez souvent des amis ou acceptez les invitations. Découvrez une nouvelle activité (cours de danse, de langue, de peinture etc.) pour activer votre vie sociale. Offrez-vous une semaine aux Canaries, le temps de faire une cure de soleil !

Stoppen Sie die Winterdepression

Wenn die Tage kürzer werden als die Nächte, sinkt manchmal die Stimmung. Lernen Sie daher, Ihre Fröhlichkeit und Ihre gute Laune bis zum Frühling zu bewahren.
▶ Tanken Sie so viel Licht wie möglich, es regt das Nervensystem an, das eine wesentliche Rolle bei der Regulierung des Biorhythmus im Körper spielt.
▶ Nehmen Sie so viel Vitamin C zu sich wie möglich. Setzen Sie Früchte und Gemüse der Saison auf Ihren Speiseplan: Trauben, Äpfel, Orangen, Spinat. Trinken Sie keinen Alkohol, sondern viel Mineralwasser!
▶ Trainieren Sie Ihre Muskeln. Wenn Sie nicht sportlich sind, machen Sie doch zur Mittagszeit einen kleinen Spaziergang. Bleiben Sie nicht den ganzen Tag drinnen!
▶ Halten Sie keinen Winterschlaf!
Die kurzen Tage sind kein Grund sich zurückzuziehen. Laden Sie öfter Freunde ein oder nehmen Sie Einladungen an! Suchen Sie sich ein neues Hobby (Tanz-, Sprach- oder Malkurs usw.), um Ihr gesellschaftliches Leben zu aktivieren. Gönnen Sie sich eine Woche auf den Kanarischen Inseln, gerade genug für eine Sonnenkur.

12

Quoi de neuf?

▌ Der Imperativ: wann und wozu? Der Imperativ drückt einen Befehl, einen Rat, eine Empfehlung, eine Anweisung aus und fordert zum Handeln auf. Deshalb finden Sie ihn häufig in Werbetexten, Kochrezepten, Ratgebern jeder Art (Gesundheit, Schönheit usw.). Nach einer höflichen Aufforderung fügen Sie immer **s'il vous plaît** bzw. **s'il te plaît** an.

Die bejahende Form des Imperativs   *E 1, 4, 7*

Alle Formen werden vom Indikativ Präsens abgeleitet, ohne persönliche Fürwörter. Der Imperativ der Verbgruppe auf **-er** und der Verben **offrir** *schenken*, **ouvrir** *öffnen* und **souffrir** *leiden* hat in der 2. Person Singular die Endung -e, das **s** fällt weg. Der Imperativ aller anderen Verbgruppen (auf **-ir,-re,-oir**) endet in der 2. Person Singular auf **-s**. Der Imperativ in der 1. Person Plural, z.B. **Restons !** *Bleiben wir!* wird nicht so oft verwendet wie die beiden Formen der 2. Person Singular: **Reste !** *Bleibe!* und der 2. Person Plural: **Restez !** *Bleiben Sie! bzw. Bleibt!*

Indikativ Präsens	Imperativ
Tu invit**es** aussi Pauline ?	Invite aussi Pauline !
Tu choi**sis** un sport ?	Choisis un sport !
Tu **fais** un cours d'anglais ?	Fais un cours d'anglais !
Vous faites du sport ?	Faites du sport !

▌ Im Gegensatz zum Deutschen wird im Französischen beim Imperativ die angesprochene Person nie durch ein Subjektpronomen bezeichnet.

▌ **Vorsicht bei den reflexiven Verben!**   *E 2*
Bei den reflexiven Verben steht das Pronomen im Imperativ bei der bejahenden Form hinter dem Verb; dabei wird **te** durch **toi** ersetzt.

Indikativ Präsens	Imperativ
Vous vous informez ?	Informez-vous !
Tu t'informes ?	Informe-**toi** !

▌ Zwischen Reflexivpronomen und Verb steht bei der bejahenden Form ein Bindestrich.

▎Vorsicht bei folgenden fünf unregelmäßigen Verben!

Infinitiv	Indikativ Präsens	Bejahender Imperativ
être	Tu **es** prudent ? Vous êtes prudent ?	**Sois** prudent ! **Soyez** prudent !
avoir	Tu **as** confiance ? Vous avez confiance ?	**Aie** confiance ! **Ayez** confiance !
aller	Tu **vas** à Lyon ? Vous allez à Lyon ?	**Va** à Lyon ! Allez à Lyon !
savoir	Tu **sais** patienter ? Vous savez patienter ?	**Sache** patienter ! **Sachez** patienter !
vouloir	Tu **veux** attendre ? Vous voulez attendre ?	– **Veuillez** attendre !

▎Um jemanden anzuspornen sagt man: Vas-y ! *Mach schon! Auf geht's!*

Le blues saisonnier

Léa :   Alors Pauline, comment ça va ? Depuis que tu as changé de quartier on ne se voit plus !

Pauline :   Ne m'en parle pas, je ne me sens pas bien. J'ai le moral à zéro, je ne sors plus et je suis toujours crevée. Tous les ans en hiver, c'est pareil !

Léa :   Ne t'inquiète pas ! C'est pas grave, c'est le blues saisonnier, je viens de lire un article là-dessus dans *Top santé.*

Pauline :   Le blues saisonnier ? Connais pas, explique-moi !

Léa :   C'est une dépression passagère causée par le manque de lumière. Les journées sont courtes, il y a moins de soleil ou pas de soleil du tout. Notre rythme biologique réagit, le moral baisse. On se laisse aller à la mauvaise humeur, on manque d'énergie et on n'a pas envie de sortir mais plutôt d'hiberner.

12

Pauline : C'est tout à fait ça, je n'ai envie de voir personne, je ne fais plus mon jogging car il fait trop froid. C'est simple : quand je sors du boulot, il fait déjà nuit. Je prends le métro et quand j'arrive chez moi, je me mets devant la télé et je zappe. Quelle vie !

Léa : Écoute Pauline, réagis ! Tu travailles à côté d'un parc, à midi, ne reste donc pas toujours enfermée, sors ! Va te promener 20 minutes, ça entretient aussi les muscles !

Pauline : C'est vrai. Mais pour le moral, qu'est-ce que tu me conseilles ?

Léa : Commence par faire une bonne cure de vitamine C. Ça dope le moral, mange plus de fruits et de légumes. Jene sais pas, moi… du raisin, des pommes, des oranges, des épinards !

Pauline : D'accord pour la razzia sur les vitamines, c'est pas compliqué. Mais comment rencontrer des gens ? Tu as une idée ? Depuis que j'ai changé de quartier, je me sens seule.

Léa : Eh bien je t'invite ! C'est bientôt ton anniversaire, je fais une fête chez moi ! Invite tes copains ! De plus, si tu veux rencontrer des gens gais et sympas, viens avec moi le vendredi à mon cours d'espagnol. Pour Noël, on part en groupe une semaine aux Canaries, ça te dit de partir avec nous ?

Pauline : Pourquoi pas ? Des vacances au soleil, c'est une bonne idée, mais...

Léa : Écoute ! Inscris-toi tout de suite au cours d'espagnol ! Et puis, offre-toi une semaine aux Canaries ! Viens donc avec nous !

Pauline : Bon d'accord ! Alors on se voit vendredi !

Vocabulaire

Limitez les effets du blues saisonnier	
limiter	*begrenzen*
effet (l') *m*	*Wirkung*
blues *m* F	*Depression*
saisonnier *adj m*, saisonnière *adj f*	*saison-*
nuit *f*	*Nacht*
moral *m*	*Stimmung*
avoir tendance à	*neigen*
baisser	*sinken*
gaité *f*	*Fröhlichkeit*
humeur (l') *f*	*Laune*
printemps *m*	*Frühling*
conserver	*bewahren*
profiter de	*tanken*

lumière *f*	*Licht*
au maximum	*maximal*
stimuler	*anregen*
système *m* nerveux	*Nervensystem*
jouer	*spielen*
rôle *m*	*Rolle*
essentiel *adj m*, essentielle *adj f*	*wesentlich*
régulation *f*	*Regulierung*
rythme *m* biologique	*Biorhythmus*
traitement *m*	*Therapie*
luminothérapie *f*	*Lichttherapie*
s'exposer à	*sich aussetzen*
rayons ultraviolets (les) *m, pl*	*ultraviolette Strahlen*

lampe f spéciale	Speziallampe
lumineux adj m, lumineuse adj f	mit Leuchtkraft
éclairage (l') m	Beleuchtung
faire une razzia sur F	sich stürzen auf, hier: zu sich nehmen
vitamine C f	Vitamin C
fruit m	Frucht
légume m	Gemüse
raisin m	Traube
épinards m, pl	Spinat
hiberner	Winterschlaf halten
raison f	Grund
s'isoler	sich zurück- ziehen
cours m de danse	Tanzkurs
danse f	Tanz
activer	aktivieren
Canaries (les) f, pl	die Kanari- schen Inseln
cure f de soleil	Sonnenkur
cure f	Kur
Le blues saisonnier	
depuis que	seitdem
changer de	wechseln
parler de	reden
Ne m'en parle pas !	Reden wir nicht drüber!
se sentir	sich fühlen
avoir le moral à zéro F	auf dem Tiefpunkt sein
crevé(e) adj F	kaputt
c'est pareil	es ist das Gleiche

s'inquiéter	sich Sorgen machen
grave adj	schlimm
article (l') m	Zeitungsartikel
dépression f	Depression
passager adj m, **passagère** adj f	vorübergehend
manque m (de)	das Fehlen (an)
causé par	verursacht
se laisser aller à	sich hingeben
réagir	reagieren
énergie (l') f	Energie
hiberner	überwintern
personne	niemand
simple adj	einfach
se mettre	sich hinstellen
devant	vor
télé f F (**télévision** f)	Fernsehen
zapper	zappen
Quelle vie !	Was für ein Leben!
vie f	Leben
à côté de	neben
parc m	Park
entretenir	trainieren
muscle m	Muskel
C'est vrai.	Das stimmt.
conseiller à	raten
gens (les) m, pl	Leute
seul(e) adj	einsam
gai(e) adj	lustig
groupe m	Gruppe
Ça te dit ?	Hast du Lust dazu?
s'inscrire à	sich ein- schreiben

Grammaire

1. Die verneinte Form des Imperativs E 9

Die Negationspartikel **ne... pas / ne... plus / ne... jamais** schließen das Verb ein wie im normalen Aussagesatz.

Bejahende Form	Verneinte Form
Prenez ce menu !	**Ne** prenez **pas** ce menu !
Fais un régime !	**Ne** fais **plus** de régime !
Partez en groupe !	**Ne** partez **jamais** en groupe !

▌ **Vorsicht bei den reflexiven Verben!**
  Die Negationspartikel schließen das Objektpronomen
  und die Imperativform ein, z.B.

Ne te dispute **pas** avec lui !
Ne vous trompez **pas** d'adresse !
Ne vous énervez **plus** !

Vergleichen Sie beide Formen bei den reflexiven Verben:

Bejahende Form	Verneinte Form
Informez-vous !	Ne vous informez pas !
Abonne-toi à cette revue !	Ne t'abonne pas à cette revue !

2. Die Stellung der Objektpronomen beim Imperativ

Bejahende Form
▌ Die Objektpronomen stehen grundsätzlich **nach** dem Imperativ.

Vergleichen Sie:

Indikativ Präsens	Bejahende Form
Ce régime, tu **le** fais ?	Fais-**le** !
La cure, tu **la** fais ?	Fais-**la** !
Les Martin, tu **les** invites ?	Invite-**les** !
Marie, tu **lui** téléphones ?	Téléphone-**lui** !
Jacques, vous **lui** téléphonez ?	Téléphonez-**lui** !
Et les amis, tu **leur** demandes ?	Demande-**leur** !

▌Bei den Verben auf **-er** in Verbindung mit **en** wird die 2. Person Singular des Imperativs mit **-s** geschrieben, z.B. **Achètes-en** !

▌Bei der bejahenden Form des Imperativs lautet das Objektpronomen der 1. Person Singular **moi**.

Vergleichen Sie:

Indikativ Präsens	Imperativ
Tu m'écoutes ?	Écoute-**moi** !
Vous m'invitez ?	Invitez-**moi** !

Verneinte Form

Bei der verneinten Form des Imperativs stehen die Objektpronomen **vor** dem Imperativ wie im Indikativ Präsens, z.B.

Ne **m'invite** pas toute seule !

Ne **l'**écoute plus !

Ne **les** achetez plus !

Ne **lui** offre pas toujours du chocolat !

Ne **leur** téléphone pas maintenant !

3. Zusammenfassung zum Imperativ   *E 9*

Bejahende Form	Verneinte Form
Offre-**moi** un parfum !	Ne **m'**offre pas de parfum !
Téléphonez-**lui** demain !	Ne **lui** téléphonez pas demain !
Demande-**leur** de venir !	Ne **leur** demande pas de venir !
Achète-**les** !	Ne **les** achète pas !

Savoir dire

Sport und Gesundheit

Substantiv	Adjektiv	Verb
la fatigue	fatigué(e)	être fatigué / se fatiguer
le sport	sportif / sportive	faire du sport
le muscle	musclé(e)	muscler / se muscler
l'activité	actif / active	activer / s'activer
la stimulation	stimulé(e)	stimuler
le nerf	nerveux / nerveuse	s'énerver
la solitude	seul(e)	s'isoler

Expressions utiles

Über Stimmungen reden *E 6, 8*

Positive Stimmung Standardsprache	Positive Stimmung F (Umgangssprache)	Negative Stimmung Standardsprache	Negative Stimmung F (Umgangssprache)
avoir le moral	avoir la pêche	ne pas avoir le moral	avoir le moral à zéro
le moral est bon	avoir la frite	le moral est en baisse	avoir le blues
avoir la forme		ne pas avoir la forme	avoir le cafard
être en forme		ne pas être en forme	
être frais		être fatigué	être crevé
être reposé			être claqué
			être flapi
être gai		être triste	
être de bonne humeur	être bien luné	être de mauvaise humeur	être mal luné

> **i** **Ausgehen und Sport treiben**
> **Pariscope** und **l'Officiel des spectacles** sind unentbehrliche kleine Programmhefte, die man an jedem Pariser Zeitungskiosk kaufen kann. Sie informieren ausführlich über die Kulturszene und über Veranstaltungen jeder Art: Theater, Kino, Konzert, Ausstellungen usw. Sie enthalten Adressen, Vorstellungszeiten, U-Bahn-

verbindungen, Listen von Restaurants und Cafés. Sportliche Aktivitäten werden in zahlreichen Vereinen oder Fitnessclubs angeboten.

Paris hat jedes Jahr seinen **marathon populaire** *(Volkslauf)* sowie das **marathon des garçons de café** *(eine Art sportlicher Wettbewerb der Kellner)*, wo die Kellner akrobatisches Geschick beweisen müssen, indem sie mit beladenen Tabletts an dem Rennen teilnehmen. Passive Sportler ziehen das Boulespiel oder das Angeln vor.

Exercices

1 Im folgenden Kasten finden Sie alle Imperativformen aus dem Text von Seite 155. Ordnen Sie diese den Infinitivformen zu.

offrez-vous   apprenez   faites   profitez   intégrez   n'hibernez pas   entretenez
invitez   sortez   découvrez   limitez   exposez-vous   ne restez pas

Infinitiv	Imperativ
1. apprendre	*apprenez*
2. entretenir	
3. faire	
4. hiberner	
5. intégrer	
6. inviter	
7. limiter	
8. profiter	
9. rester	
10. s'exposer	
11. s'offrir	
12. sortir	

12

2   Bilden Sie den Imperativ der folgenden reflexiven Verben.

1. Vous vous informez ?   _Informez-vous !_ ....

2. Tu t'amuses bien au club ?   ....

3. Vous vous abonnez à cette revue ? ....

4. Tu t'inscris à un cours de langue ? ....

5. Vous vous offrez une semaine   ....
    aux Canaries ?   ....

6. Tu t'exposes au soleil ?   ....

7. Vous vous relaxez au sauna ?   ....

3   Ordnen Sie die Sätze mit gleicher Bedeutung einander zu.

1. En ce moment elle n'a pas
    le moral.
2. C'est une personne dynamique.
3. Respectez votre biorythme !
4. Je suis en pleine forme !
5. Faites d'abord un bilan de santé !
6. Comment tu fais pour garder
    la ligne ?
7. Je sors faire un petit tour.
8. Bon, détendez-vous !

a. Qu'est-ce que tu fais pour rester
    mince ?
b. Suivez votre rythme biologique !
c. Pour l'instant elle est déprimée.
d. Commencez par faire un check-up !
e. C'est quelqu'un de très actif.
f. Je vais me promener un petit peu.
g. Eh bien, relaxez-vous !
h. Je me sens très en forme !

_1c_ ....

4   Ein Freund / eine Freundin fragt Sie, wie er / sie fünf Kilo abnehmen kann.
        Beraten Sie ihn / sie.

1. _Rentre au bureau à pied !_ .... (rentrer du bureau à pied)

2. .... (faire du sport le week-end avec vous)

3. .... (limiter les calories)

4. .... (manger beaucoup de fruits)

5. .... (boire deux litres d'eau par jour)

5 Lesen oder hören Sie noch einmal den Dialog auf Seite 157. Sind die folgenden Aussagen richtig oder falsch? Kreuzen Sie **VRAI** (richtig) oder **FAUX** (falsch) an.

	VRAI	FAUX
1. Pauline est très déprimée.	☒	☐
2. Léa a le moral.	☐	☐
3. Notre rythme biologique réagit en hiver au manque de lumière.	☐	☐
4. Le blues saisonnier est une forme d'allergie.	☐	☐
5. Pour rester en forme faites une promenade de 20 minutes par jour.	☐	☐
6. Une baisse de moral correspond souvent à la mauvaise humeur.	☐	☐
7. Il y a beaucoup de vitamines dans les frites.	☐	☐
8. Léa dit à Pauline de s'inscrire tout de suite à un cours de langue.	☐	☐
9. C'est bientôt l'anniversaire de Pauline.	☐	☐
10. Pour Noël Léa et Pauline partent une semaine au soleil à Cuba.	☐	☐

6 Ordnen Sie die gegenteiligen Aussagen einander zu.

1. Elle est toujours de bonne humeur.
2. Il a le moral.
3. Elle a une vie sociale très active.
4. Elle manque vraiment d'énergie.
5. Je le trouve très stressé.
6. Elle reste toujours calme.
7. Il est très mince.
8. Elle dort bien.

a. Elle souffre d'insomnie.
b. Il est trop gros.
c. Elle est toujours de mauvaise humeur.
d. Il est très relax.
e. Elle s'énerve facilement.
f. Il est souvent déprimé.
g. Elle s'isole.
h. Elle est très dynamique.

1c ....

7 Setzen Sie jeweils den Indikativ Präsens und die Infinitivform ein.

Imperativ	Indikativ Präsens	Infinitiv
1. Faites du jogging !	*Vous faites du jogging ?*	*faire*
2. Venez chez nous dimanche !	.... ?	....
3. Prenez des vitamines !	.... ?	....
4. Limitez les calories !	.... ?	....
5. Sortez plus souvent !	.... ?	....
6. Allez aux Canaries !	.... ?	....
7. Choisissez votre menu minceur !	.... ?	....

8 Bilden Sie die verneinte Form des Imperativs.

1. Téléphonez-lui aujourd'hui ! *Ne lui téléphonez pas aujourd'hui !*

2. Demande-leur de venir au club ! .... !

3. Inscris-toi à ce cours ! .... !

4. Achetez-vous ce livre ! .... !

5. Invite-les samedi ! .... !

6. Abonne-moi à cette revue ! .... !

9 Finden Sie den passenden Ausdruck mit gleicher Bedeutung und setzen Sie ihn in der rechten Spalte ein.

avoir une alimentation équilibrée   manquer de vitamines
rester de bonne humeur   avoir la forme   aller faire un tour
faire du jogging   adorer le soleil

1. aimer beaucoup le soleil *adorer le soleil* ....

2. avoir une carence de vitamines ....

3. avoir une alimentation variée ....

4. conserver sa bonne humeur ....

5. se sentir en forme ....

6. faire du sport ....

7. aller se promener ....

10 Ein Wort passt nicht in die Reihe. Kreuzen Sie es an.

1.	☐ le raisin	☐ la banane	☒ les épinards	☐ l'orange
2.	☐ la gym	☐ le club	☐ le golf	☐ le jogging
3.	☐ activer	☐ stimuler	☐ doper	☐ déprimer
4.	☐ la nuit	☐ la lumière	☐ la lampe	☐ le soleil
5.	☐ le printemps	☐ l'automne	☐ l'année	☐ l'hiver
6.	☐ les Canaries	☐ la Corse	☐ le Portugal	☐ la Crète
7.	☐ triste	☐ déprimé	☐ sportif	☐ pessimiste
8.	☐ la dépression	☐ l'optimisme	☐ le moral	☐ la gaieté

In dieser Lektion lernen Sie:
- Über Erinnerungen sprechen
- Über die Familie reden
- Einen Termin absagen
- Das **imparfait**
- Gebrauch von **passé composé** und **imparfait**
- **Verben mit Infinitivergänzung**

Hier et aujourd'hui

Moi, quand j'avais 20 ans il n'y avait pas d'ordinateurs, pas d'Internet. Ma première voiture ? Regardez la photo : j'avais 21 ans. C'était une 2CV (deux chevaux), une *deuche*. Mon fils Romain, lui, a une *Twingo*.

Moi, quand j'avais 20 ans, je n'étais pas majeur. Quand la majorité est passée à 18 ans, c'était trop tard pour moi, j'avais déjà 48 ans.

Ma première rencontre avec le *Mac* ? C'était pour mes 50 ans. Mon premier *Mac* avait un petit écran, à l'époque les ordinateurs étaient très lents. Aujourd'hui, j'ai le dernier modèle avec un écran plat, j'adore surfer sur Internet. J'envoie des mails tous les jours à mon petit-fils au Canada.

J'ai voté pour la dernière fois en 1981. J'avais 33 ans. J'ai voté pour le changement, pour *François Mitterand*. Ma femme, elle a voté pour *Valéry Giscard d'Estaing*. Aujourd'hui, je suis divorcé. Avant, j'aimais bien les débats politiques. Aujourd'hui, je ne m'intéresse plus à la politique. Ma fille vote pour les écolos.

Gestern und heute

Als ich 20 war, gab es keinen Computer, kein Internet. Mein erstes Auto? Schauen Sie das Bild an: ich war 21. Das war ein *2CV*, eine *Ente*. Mein Sohn Romain hat einen *Twingo*.

Als ich 20 war, war ich nicht volljährig. Als die Volljährigkeit auf 18 Jahre herabgesetzt wurde, war es zu spät für mich, ich war schon 48.

Mein erster Kontakt mit einem *Macintosh*? Das war an meinem fünfzigsten Geburtstag. Mein erster *Macintosh* hatte einen kleinen Bildschirm, zu dieser Zeit waren alle Computer langsam. Heute habe ich das neueste Modell mit einem flachen Bildschirm, ich surfe liebend gern im Internet. Ich schicke jeden Tag E-Mails an meinen Enkel in Kanada.

Ich habe 1981 zum letzten Mal gewählt. Ich war 33. Ich habe die Veränderung gewählt, für *François Mitterand*. Meine Frau, sie hat *Valery Giscard d'Estaing* gewählt. Heute bin ich geschieden. Früher mochte ich politische Diskussionen. Heute interessiere ich mich nicht mehr für Politik. Meine Tochter wählt die Grünen.

Quoi de neuf ?

Sie werden eine neue Zeit der Vergangenheit entdecken, die Sie brauchen, um über Ihre Erinnerungen und Erlebnisse berichten zu können, das **imparfait** (*Imperfekt*). Mit dem **imparfait** kann man Personen und Zustände beschreiben, Gewohnheiten schildern.

imparfait   *E 1, 2*

Die Bildung des **imparfait** ist sehr einfach. Beginnen wir mit **avoir** und **être** und mit den regelmäßigen Verben auf **-er**.

avoir *haben*	
présent	**Stamm**
nous av**ons**	av-
imparfait	
j'av**ais**	nous av**ions**
tu av**ais**	vous av**iez**
il / elle av**ait**	ils / elles av**aient**

être *sein*	
imparfait	
j'ét**ais**	nous ét**ions**
tu ét**ais**	vous ét**iez**
il / elle ét**ait**	ils / elles ét**aient**

aimer *mögen, lieben*	
présent	**Stamm**
nous aim**ons**	aim-
imparfait	
j'aim**ais**	nous aim**ions**
tu aim**ais**	vous aim**iez**
il / elle aim**ait**	ils / elles aim**aient**

▌ Zur Bildung des **imparfait** werden an den Stamm der 1. Person Plural Präsens (**présent**) folgende Endungen angehängt: **-ais, -ais, -ait, -ions, -iez, -aient**.

▌Als einzige Ausnahme bildet **être** das **imparfait** nicht nach dieser Regel.

▌Die Verben auf **-cer**, z.B. commen**c**er *anfangen* und **-ger**, z.B. man**g**er *essen* behalten in allen Formen das Lautbild des Stammes. Vor Endungen, die mit **-a** beginnen, steht **ç** statt **c**, z.B.: je commen**ç**ais *ich fing an*, aber nous commen**c**ions, ils commen**ç**aient, und **ge** statt **g**, z.B.: je man**ge**ais *ich aß*, aber nous man**g**ions, ils man**ge**aient.

Changement de programme

Morgane : Salut Romain ! Ce n'est pas la peine de te dépêcher, il n'y a plus de places.
Romain : Dommage ! Je voulais absolument voir ce film en version originale.
Morgane : On avait rendez-vous ici devant le cinéma à 7 heures, il est 7 heures et demie. Tu étais où ?
Romain : Désolé, je viens de rencontrer une copine dans le métro. Tu te souviens de Sylvie ?
Morgane : Sylvie Gaumet , mon ancienne voisine ? Elle habitait au premier dans mon immeuble.
Romain : Non, Sylvie Mornand. Elle travaillait dans la librairie à côté de l'agence quand on était rue du Marché dans le 6ème.
Morgane : Ah, je me souviens, c'était une petite blonde avec des cheveux longs et des lunettes ? Elle faisait du théâtre ?
Romain : Oui, c'est ça. Elle organisait des soirées littéraires dans la librairie. On déjeunait souvent ensemble au restaurant du coin. On discutait de cinéma et de théâtre.
Morgane : Comment va-t-elle ? Elle a changé ?
Romain : Pas vraiment, toujours aussi bavarde ! Elle était avec son mari, ils allaient dans une boîte argentine super, *les Trottoirs de Buenos Aires*. Ce n'est pas loin d'ici. Si tu veux, on y va !
Morgane : Bonne idée ! Dépêchons-nous !

13

Vocabulaire

Hier et aujourd'hui	
quand	*als*
ordinateur (l') m	*Computer*
Internet *m*	*Internet*
(l'Internet)	
voiture *f*	*Auto*
regarder	*anschauen*
photo *f*	*Bild*
2CV *f* (deux chevaux)	*2CV*
deuche *f* F (= 2CV)	*Ente*
fils *m*	*Sohn*
majeur(e) *adj*	*volljährig*
majorité *f*	*Volljährigkeit*
passer à	*hier: herab-*
	gesetzt werden
rencontre *f*	*hier: Kontakt*
à l'époque	*zu dieser Zeit*
lent(e) *adj*	*langsam*
écran *m* **plat**	*flacher*
	Bildschirm
plat(e) *adj*	*flach*
surfer sur	*surfen*
petit-fils *m*,	*Enkel(in)*
petite-fille *f*	
femme *f*	*(Ehe)Frau*
voter	*wählen*
changement *m*	*Änderung*
être divorcé(e)	*geschieden sein*
divorcer	*sich scheiden*
	lassen
avant	*früher, damals*

débat *m*	*Diskussion*
fille *f*	*Tochter*
écolos (les) *m, pl* F	*die Grünen*
(les écologistes)	

Changement de programme	
programme *m*	*Programm*
ce n'est pas la peine	*du usw.*
de + *inf.*	*brauchst dich*
	nicht zu ...
Dommage !	*Schade!*
film *m*	*Film*
version *f* originale	*Originalfassung*
ancien *adj m*,	*ehemalig(e),*
ancienne *adj f*	*Ex-*
voisin(e) *m(f)*	*Nachbar(in)*
librairie *f*	*Buchhandlung*
le 6ème (= 6ème	*sechster Bezirk*
arrondissement *m*)	*(in Paris)*
faire du théâtre	*Theater spielen*
soirée *f*	*Abend, hier:*
	Lesung
littéraire	*Literatur-;*
	literarisch
du coin	*um die Ecke*
coin *m*	*Ecke*
discuter de	*sprechen über*
bavard(e) *adj*	*gesprächig*
mari *m*	*Ehemann*
boîte *f*	*Disco*

Grammaire

1. Gebrauch des *imparfait*   E 6

Das Wort **imparfait** bedeutet „nicht abgeschlossen", diese Zeit kommt immer bei
Erzählungen vor, wenn Vorgänge geschildert werden, die zu einem bestimmten
Zeitpunkt angefangen haben und immer noch nicht abgeschlossen sind, z.B.
Quand je suis arrivé à Oslo, **il faisait** froid (*es war schon kalt vor meiner Ankunft und
blieb auch kalt*).
In einer Erzählung wird die Situation, die den <u>Hintergrund</u> der Erzählung bildet, im
imparfait wiedergegeben. Folgende Übersicht verdeutlicht die Anwendung:

Funktionen des *imparfait* in einer Erzählung		
Beschreibung von Personen	Il était grand, brun, il avait 20 ans. Elle était bavarde. Il était jaloux.	*Er war groß, dunkelhaarig, er war 20. Sie war sehr gesprächig. Er war eifersüchtig.*
Beschreibung von Zuständen	C'était en hiver. C'était en 1970. Il faisait chaud. Il y avait du vent.	*Es war im Winter. Das war im Jahre 1970. Es war heiß. Es war windig.*
Erklärungen, Kommentare zu den Ereignissen	J'étais très déprimée à cause de mon patron à l'époque.	*Ich war wegen meines Chefs sehr deprimiert zu dieser Zeit.*
Schilderung von Gewohnheiten	Avant, je prenais le métro tous les jours. Quand j'étais jeune, je faisais beaucoup de sport.	*Früher bin ich jeden Tag mit der U-Bahn gefahren. Als ich jung war, habe ich viel Sport getrieben.*

2. Das *imparfait* und das *passé composé*   E 7

▎Im **passé composé** stehen die Ereignisse, die den <u>Vordergrund</u> der Erzählung, die
eigentliche Handlungskette bilden. Diese Ereignisse sind abgeschlossen und zeitlich begrenzt, z.B.
Ma voisine **travaillait** dans une
petite librairie.
Les affaires ne **marchaient** pas bien.
Elle a **perdu** son emploi.

*Meine Nachbarin arbeitete in einer
kleiner Buchhandlung.
Die Geschäfte gingen nicht gut.
Sie verlor ihren Arbeitsplatz.*

▌ Die Handlungkette der Erzählung wird durch viele Signalwörter klarer, z.B.
d'abord *zuerst,* **après** *danach,* **ensuite** oder **puis** *dann,* **l'année dernière** *voriges Jahr* usw.

▌ Der Gebrauch des **imparfait** (*Imperfekt*) und des **passé composé** (*Perfekt*) ist im Französischen und im Deutschen verschieden. Deshalb ist es wichtig, den Vordergrund und den Hintergrund einer Erzählung festzulegen und nicht einfach die deutschen Zeiten zurückzuübersetzen.

3. Verben mit Infinitivergänzung

Verb	+ Infinitiv	
Alle Modalverben		
devoir	Il doit partir ce soir.	*Er muss/soll heute Abend fahren.*
pouvoir	Elle peut venir samedi.	*Sie kann/darf am Samstag kommen.*
savoir	Je sais surfer sur Internet.	*Ich kann im Internet surfen.*
vouloir	On veut acheter une voiure.	*Wir wollen ein Auto kaufen.*
unpersönliches Verb		
il faut…	Il faut s'adresser à l'agence.	*Man muss sich an das Reisebüro wenden.*

Verb	+ Präposition + Infinitiv	
	à (faire quelque chose)	
apprendre	à surfer sur Internet	*lernen, im Internet zu surfen*
chercher	à rester en France	*versuchen, in Frankreich zu bleiben*
commencer	à travailler	*anfangen zu arbeiten*
hésiter	à partir	*zögern wegzufahren*

Verb	+ Präposition + Infinitiv	
	de (faire quelque chose)	
arrêter	de fumer	*aufhören zu rauchen*
avoir besoin	de travailler	*arbeiten müssen*
permettre	de gagner du temps	*ermöglichen, Zeit zu sparen*
unpersönliches Verb		
Il s'agit	Il s'agit d'être joignable.	*Es geht darum, erreichbar zu sein.*

Savoir dire *E 5*

Über die Familie reden

beau-frère *m*	Schwager
beau-père *m*	Schwiegervater
belle-mère *f*	Schwieger-mutter
beaux-parents *m, pl*	Schwieger-eltern
belle-sœur *f*	Schwägerin
célibataire *adj*	ledig
cousin *m*, cousine *f*	Cousin(e)
l'enfant *m*	Kind
être parent avec	verwandt sein mit
fête *f* de famille	Familienfest
filleul(e) *m(f)*	Patenkind
frère *m*	Bruder
grand-mère *f*	Großmutter
les grand-parents *m, pl*	Großeltern
grand-père *m*	Großvater
mari *m*	Ehemann
mariage *m*	Heirat, Ehe
marié(e) *adj*	verheiratet
marier (se)	heiraten
marraine *f*	Patin

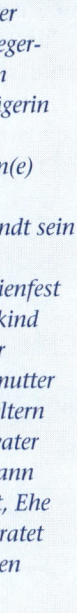

membre *m* de la famille	Familien-mitglied
mère *f*	Mutter
mort *f*	Tod
mourir	sterben
naissance *f*	Geburt
naître (être né en+*Jahreszahl*)	geboren werden (geboren sein)
nièce *f*	Nichte
neveu *m, pl* neveux	Neffe
l'oncle (l') *m*	Onkel
parent(e) *m(f)*	Verwandte
parents (les) *m, pl*	Eltern
parrain *m*	Pate
père *m*	Vater
les petits-enfants *m, pl*	Enkelkinder
sœur *f*	Schwester
tante *f*	Tante
vie *f* de famille	Familienleben

Expressions utiles

Einen Termin absagen

Je suis désolé(e), mais je ne pourrai pas venir aujord'hui.	Es tut mir sehr Leid, aber ich werde heute nicht kommen können.
Je regrette, mais je dois reporter notre rendez-vous.	Es tut mir Leid, aber ich muss unseren Termin verschieben.
Je m'excuse pour hier soir, je n'ai vraiment pas pu venir.	Ich entschuldige mich für gestern Abend, aber ich konnte wirklich nicht kommen.
La réunion de vendredi est annulée.	Die Sitzung am Freitag ist abgesagt.
Excusez-moi, mais j'ai eu un empêchement de derniére minute.	Entschuldigen Sie, aber ich war in der letzten Minute verhindert.

13

La 2CV, la deuche *Die Ente*

1948 wurden die ersten *Enten* mit einem Zweizylinder Boxermotor von **Citroën** vom Band geliefert. Der Erfinder, **Pierre Jules Boulanger**, hatte das erste robuste, aber spartanische Modell für die Landwirte entworfen. Von diesem *Entlein* behaupteten böse Zungen, das sei eigentlich kein Auto, sondern **4 roues et un parapluie** (*vier Räder und ein Regenschirm*).

Im Laufe der Jahre erhielt das Auto Türschlösser, ein Zündschloss, Blinker, Aschenbecher und schließlich auch Sicherheitsgurte. In den 60er und 70er Jahren entwickelte sich die Ente zum Studentenauto. Die Produktion wurde 1988 endgültig eingestellt. Heute ist sie ein **voiture-culte** (*Kultauto*) wie der Käfer.

Exercices

1 Lesen Sie die Verben im **imparfait** und notieren Sie die entsprechenden Infinitivformen.

imparfait	infinitif
1. nous allions	*aller*
2. je commençais	
3. tu écrivais	
4. vous faisiez	
5. nous lisions	
6. je mangeais	
7. il finissait	
8. on partait	
9. j'étais	
10. tu avais	
11. vous pouviez	
12. je savais	
13. on devait	
14. tu voulais	
15. nous prenions	

2 Welche Ergänzung passt zu welchem Verb?

1. voter
2. surfer
3. discuter
4. envoyer
5. arrêter de
6. avoir besoin

a. sur Internet
b. des mails
c. d'un ordinateur
d. de politique
e. pour quelqu'un
f. fumer

..1e.. ....

3 Lesen oder hören Sie noch einmal den Dialog auf Seite 169. Sind die folgenden Aussagen richtig oder falsch? Kreuzen Sie **VRAI** (richtig) oder **FAUX** (falsch) an.

	VRAI	FAUX
1. Romain est en retard.	☒	☐
2. Romain l'attend devant le cinéma.	☐	☐
3. Romain veut voir un film en français.	☐	☐
4. Sylvie Gaumet est une ancienne voisine de Morgane.	☐	☐
5. Romain a rencontré Sylvie Mornand.	☐	☐
6. Morgane ne connaît pas Sylvie Mornand.	☐	☐

4 Qui est-ce ? Wer ist das? Finden Sie die richtigen Bezeichnungen für die Familienmitglieder.

la tante	le beau-frère	la cousine	l'oncle
le grand-père	la belle-soeur	la grand-mère	le cousin

1. le père de la mère   a. ..le grand-père.....................................

2. le frère de la mère   b. ....

3. la sœur de la mère   c. ....

4. le fils du frère du père   d. ....

5. la fille du frère du père   e. ....

6. la sœur du mari   f. ....

7. le frère du mari   g. ....

8. la mère de la mère   h. ....

13

5 Setzen Sie die Verben im **imparfait** ein.

1. Avant, je (*faire*) ..faisais........................... beaucoup de sport, maintenant je n'ai plus le temps.

2. Quand il (*avoir*) .... 20 ans, il (*être*) .... très amoureux d'Ariane.

3. À l'époque, les ordinateurs (*être*) .... très chers.

4. Quand elles (*être*) .... jeunes, elles (*faire*) .... du théâtre.

5. Nous (*aller*) .... toujours en vacances chez nos grand-parents.

6. Mon grand-père (*adorer*) .... faire la cuisine.

7. Ma grand-mère (*raconter*) .... des histoires à ses petits-enfants.

8. Avant, je (*rencontrer*) .... toujours Romain dans le même café.

6 Setzen Sie das **imparfait** bzw. das **passé composé** ein.

1. Hier, je (*aller*) ..suis allé(e).............. déjeuner avec Léa à midi dans un petit resto, ensuite nous (*téléphoner*) .... à Romain, mais il (*ne plus être*) .... chez lui. Nous (*laisser*) .... un message sur son répondeur.

2. Ma première voiture ? Je (*avoir*) .... 18 ans. Je (*partir*) .... en vacances en Bretagne avec mon frère chez nos grands-parents. Ils (*être*) .... encore en forme. Ma grand-mère (*avoir*) .... 70 ans et mon grand-père (*avoir*) .... 80 ans.

3. Quand je (*travailler*) .... dans une librairie, je (*lirer*)

.... toutes les revues littéraires. Après, je (*changer*)

.... , je (*travailler*) .... cinq ans

dans une agence immobilière. Depuis l'année dernière je (*commencer*)

.... à écrire des romans policiers.

4. Avant, je (*ne pas aimer*) .... le jazz. En fait, je (*découvrir*)

.... cette musique avec mon mari. L'année dernière nous

(*aller*) .... au Festival d'Antibes.

5. Le père de ma mère (*s'appeler*) .... Pablo, il (*être*)

.... espagnol. Il (*venir*) .... d'Anda-

lousie. Il (*arriver*) .... en France en 1936, il (*ne pas parler*)

.... français. Il (*rencontrer*) .... sa

femme en janvier1938 et ils (*se marier*) .... en juin1938.

---

7 Ein Wort passt nicht in die Reihe. Kreuzen Sie es an.

1. ☐ ordinateur	☐ informatique	☒ film	☐ Internet
2. ☐ gentille	☐ majeure	☐ petite	☐ prudente
3. ☐ après-midi	☐ époque	☐ journée	☐ soirée
4. ☐ nouvelle	☐ mail	☐ roman	☐ message
5. ☐ dommage	☐ enchanté	☐ désolé	☐ déjà
6. ☐ ami	☐ mère	☐ fille	☐ fils
7. ☐ oncle	☐ tante	☐ cousin	☐ voisin
8. ☐ marié	☐ jeune	☐ divorcé	☐ célibataire

In dieser Lektion lernen Sie:
- Über Kleidung und Mode sprechen
- Einen Vergleich formulieren
- Der **Komparativ des Adjektivs** und des **Adverbs**

Minijupe – maxisuccès !

On croyait qu'elle était complètement démodée, mais c'est faux. Résultat : cette année la minijupe fête son retour. Il faut rappeler qu'en 1964 la styliste *Mary Quant* a inventé la minijupe. Dans les années 70, le couturier français *André Courrèges* reprend l'idée de *Mary Quant* et crée une ligne encore plus courte dans un style plus futuriste. Toutes les jeunes filles portaient alors ce petit bout de tissu qui dévoilait une partie des cuisses et des jambes avec, très souvent, un manteau qui arrivait aux chevilles. Aujourd'hui, les femmes s'habillent comme elles veulent. C'est à nouveau le temps des minis audacieuses qui sont souvent plus courtes que les premières minijupes. Quant au choix des tissus, la tendance est au velours plus doux et plus sensuel que le coton. On porte les minis avec ou sans ceinture, avec un top coton dos-nu ou un chemisier transparent en mousseline de soie.

Minirock – Riesenerfolg!

Man dachte, er sei gänzlich aus der Mode geraten, aber das stimmt nicht. Und der Minirock feiert dieses Jahr sein Come-back. Man muss daran erinnern, dass die Stilistin *Mary Quant* 1964 den Minirock erfunden hat. In den 70er Jahren greift der Modeschöpfer *André Courrèges* das Konzept von *Marie Quant* wieder auf und entwirft ein noch kürzeres Modell in einem noch futuristischeren Stil. Alle jungen Frauen trugen damals dieses Stück Stoff, das einen Teil von Schenkel und Bein enthüllte und meist mit einem knöchellangen Mantel getragen wurde. Heute kleiden sich die Frauen, wie sie wollen. Jetzt ist wieder die Zeit der gewagten Minis, die oft kürzer sind als die ersten Miniröcke. Was den Stoff betrifft, geht der Trend zum Samt, der sich geschmeidiger und sinnlicher als Baumwolle anfühlt. Miniröcke werden mit oder ohne Gürtel getragen, dazu ein rückenfreies Top aus Baumwolle oder eine durchsichtige Bluse aus Musselinseide.

Quoi de neuf ?

Sie werden den Komparativ des Adjektivs und des Adverbs kennen lernen, den Sie brauchen, um Ihre Vorstellungen und Wünsche, z.B. beim Kleiderkauf, zu beschreiben.

Der Komparativ des Adjektivs *E 1, 2*

Der Komparativ des Adjektivs wird gebildet aus:

plus + Adjektiv (Nebensatz + **que**)	**moins** + Adjektiv (Nebensatz + **que**)
La soie est **plus** transparente **que** le coton. *Seide ist durchsichtiger als Baumwolle.*	Le coton est **moins** transparent **que** la soie. *Baumwolle ist weniger durchsichtig als Seide.*

▌ Der Komparativ ist die Steigerungsform des Adjektivs und drückt einen Vergleich aus. Nach **plus** + Adjektiv bzw. **moins** + Adjektiv wird das Bezugswort des Vergleichs durch **que** angeschlossen. Ist der Vergleich nicht vollständig dargestellt, so fehlt das Bezugswort, z.B. Cette marque de vêtement est **plus** connue. *Diese Kleidungsmarke ist bekannter.*

▌ Der Komparativ gleichen Grades wird mit **aussi** + Adjektiv + **que** gebildet, z.B. Léa est **aussi** sportive **que** Pauline. *Léa ist genauso sportlich wie Pauline.*

14 Soldes d'été 🔘

Dans un magasin

Pauline : Regarde cette minijupe en velours vert amande. Elle est superbe ! Elle coûte seulement 29,90 € !

Léa : Elle est vraiment jolie et pas chère. Viens, on entre !

Pauline : Bonjour Mademoiselle, j'aimerais voir la minijupe verte à 29,90 € qui est en vitrine.

Vendeuse : Bien sûr.

Pauline : Vous l'avez en quelle taille ?

Vendeuse : Je l'ai encore en 36 et en 38. Quelle taille faites-vous ?

Pauline : Ça dépend de la coupe. En général du 38.

Vendeuse : Eh bien, la voilà en 38. Prenez aussi le 36 pour essayer. Les cabines sont au fond du magasin, à droite.

Un peu plus tard

Léa : Impeccable ! Elle te va parfaitement.

Pauline : Tu trouves ? Je ne sais pas mais moi je trouve qu'elle est un peu large.

Léa : Tu peux la mettre avec une ceinture ou bien tu fais faire une retouche.

Pauline : Je n'aime pas beaucoup les ceintures. Les retouches à ce prix, ça ne vaut pas la peine. Non, je vais essayer le 36...Voilà. Qu'est-ce que tu en penses ?

Léa : Pas mal du tout. Elle est plus serrée et surtout elle est plus courte !

Pauline : Tu trouves que le 38 me va mieux ?

Léa : Les deux te vont bien.

Pauline : Eh bien, je la prends en 36.

Vocabulaire

Minijupe – maxisuccès !

minijupe *f*	Minirock
succès *m*	Erfolg
maxi...	Riesen.../Maxi...
croire	glauben
que	dass (+ Nebensatz)
démodé(e) *adj*	aus der Mode
résultat *m*	Ergebnis
faux *adj m*, **fausse** *adj f*	falsch
retour *m*	Rückkehr, hier: Come-back
rappeler	in Erinnerung bringen
styliste *m, f*	Modedesigner(in)
inventer	erfinden
devenir	werden
les années 70	Die Siebziger- jahre
couturier *m*	Modeschöpfer
reprendre	wieder aufgreifen
créer	kreieren
ligne *f*	Linie
court(e) *adj*	kurz
style *m*	Stil
futuriste *adj*	futuristisch
jeune fille *f*	junge(s) Frau / Mädchen
porter	tragen
bout *m*	Stück
dévoiler	enthüllen
jambe *f*	Bein
se mettre avec	getragen werden mit
manteau *m*, *pl* **manteaux**	Mantel
arriver à...	bis an ... reichen
cheville *f*	Knöchel
mini F *f*	Minirock, -kleid
audacieux *adj m*, audacieuse *adj f*	kühn

quant à...	was ... betrifft
tendance *f*	Trend
velours *m*	Samt
coton *m*	Baumwolle
ceinture *f*	Gürtel
top *m*	Top
dos *m*	Rücken
dos nu	rückenfrei
chemisier *m*	Bluse
transparent(e) *adj*	durchsichtig
mousseline *f*	Musselin
soie *f*	Seide

Soldes d'été

soldes *f, pl*	Schlussverkauf
vert amande *adj inv*	zartgrün
coûter	kosten
vitrine *f*	Schaufenster
pas cher *adj m*, pas chère *adj f*	billig
entrer	hineingehen
Quelle taille faites-vous ?	Welche Größe haben Sie?
taille *f*	Kleidergröße
coupe *f*	Schnitt
en général	normalerweise
essayer	anprobieren
cabine *f* (d'essayage)	Umkleidekabine
magasin *m*	Laden
au fond du magasin	hinten im Laden
impeccable *adj*	ausgezeichnet
aller à	passen
large *adj*	weit
mettre avec	dazu tragen
faire faire	machen lassen
retouche *f*	Änderung
ça ne vaut pas la peine	das lohnt sich nicht
valoir la peine	sich lohnen
serré(e) *adj*	eng
mieux *adv*	besser

Grammaire

1. Unregelmäßige Formen des Komparativs

Adjektiv	Komparativ (positiv)	Komparativ (negativ)
bon / bonne *gut*	**meilleur / meilleure** *besser*	moins bon / bonne *weniger gut*
mauvais(e) *schlecht*	**plus mauvais(e)** *schlechter* **pire** *schlimmer*	moins mauvais / mauvaise *weniger schlecht*

2. Komparativ des Adverbs

Für den Komparativ des Adverbs gelten die gleichen Regeln wie für den Komparativ des Adjektivs.

plus + Adverb (Nebensatz + **que**)	**moins** + Adverb (Nebensatz + **que**)	**aussi** + Adverb (Nebensatz + **que**)
Elle travaille plus longtemps que moi. *Sie arbeitet länger als ich.*	Il marche moins vite que moi. *Er geht langsamer als ich.*	Il va aussi souvent que moi au cinéma. *Er geht genauso oft ins Kino wie ich.*

▌Sonderform

Adverb	Komparativ (positiv)	Komparativ (negativ)
bien	**mieux**	**moins bien**
Le rouge te va bien. *Rot steht dir gut.*	Le vert te va mieux. *Grün steht dir besser.*	Le bleu te va moins bien. *Blau steht dir nicht so gut.*
Il parle bien anglais.	Elle parle mieux russe.	Il parle moins bien espagnol.
Er spricht gut Englisch.	*Sie spricht besser Russisch.*	*Er spricht nicht so gut Spanisch.*

3. Zusammenfassung des Komparativs

Im Gegensatz zum Deutschen wird im Französischen der Vergleich „nach unten" häufig verwendet, mit dem Adjektiv oder mit dem Adverb, z.B. C'est moins cher. *Das / Es ist billiger.* Il parle moins vite. *Er spricht langsamer.*

Savoir dire

Über Kleidung reden   E 5

caleçon *m*	Leggings; Unterhose
ceinture *f*	Gürtel
chaussette *f*	Socke
chaussures *f, pl*	Schuhe
chemise *f*	Hemd
chemisier *m*	Hemdbluse
collant *m*	Strumpfhose
confection *f*	Konfektion
costume *m*	Anzug
court(e) *adj*	kurz
écharpe *f*	Schal
être à la mode	(in) Mode sein
être démodé	aus der Mode, altmodisch sein
faire du 36	Kleidergröße 36 haben
être en solde F	im Sonderangebot sein
gant *m*	Handschuh
imperméable *m*	Regenmantel
jupe f	Rock
large *adj*	weit
long *adj m*, longue *adj f*	lang
manteau *m*, manteaux *pl*	Mantel
mettre	anziehen
mode *f*	Mode
pantalon *m*	Hose
pointure *f*	Schuhgröße

porter	tragen
pull *m*	Pulli
robe *f*	Kleid
sac *m*	Handtasche
serré *adj*	eng
s'habiller	sich anziehen
short *m*	Short
slip *m*	Slip
soldes *f, pl*	Schlussverkauf
sous-vêtements *m, pl*	Unterwäsche
soutien-gorge *m*	BH
sweat-shirt *m*	Sweatshirt
taille *f*	Kleidergröße
tailleur *m*	Damenkostüm
tee-shirt *m*	T-Shirt
veste *f*	Jacke; Sakko
vêtement *m*	Kleidungsstück

i **Mode in Frankreich**

Frankreich ist bekannt für seine weltberühmten Modeschöpfer **Christian Dior, Coco Chanel, Yves Saint-Laurent, Jean-Paul Gaultier, Christian Lacroix** usw., deren **prêt-à-porter-Kollektionen** *(Modellkollektionen)* heute in großen Kaufhäusern angeboten werden. Viele Modeschöpfer haben Parfum und Accessoires kreiert, die als Exportartikel weltweit vertrieben sind.
Bei Damenbekleidung ist der Unterschied zwischen deutschen und französischen Kleidergrößen zu beachten: 36 in Deutschland entspricht 38 in Frankreich.

14

Exercices

1 Lesen Sie den Text und kreuzen Sie die richtige Antwort an.

Pauline a 21 ans, elle a un nouveau copain Pedro. Pedro a 21 ans, il est plus grand que Pauline. Pauline est très amoureuse de Pedro qui est aussi très amoureux de Pauline. Pauline lui téléphone tous les jours, Pedro envoie des fleurs à Pauline tous les jours. Pedro est espagnol. Pauline parle un peu espagnol.

1. **a.** Pauline est plus grande que Pedro. ☐
   b. Pauline est moins grande que Pedro. ☒
   c. Pauline est aussi grande que Pedro. ☐

2. **a.** Pauline est plus amoureuse que Pedro. ☐
   b. Pauline est moins amoureuse que Pedro. ☐
   c. Pauline est aussi amoureuse que Pedro. ☐

3. **a.** Pauline est plus romantique que Pedro. ☐
   b. Pauline est moins romantique que Pedro. ☐
   c. Pauline est aussi romantique que Pedro. ☐

4. **a.** Pauline est aussi bonne en espagnol que Pedro. ☐
   b. Pauline est moins bonne en espagnol que Pedro. ☐
   c. Pauline est meilleure en espagnol que Pedro. ☐

2 Vergleichen Sie Léa und Pauline. Bilden Sie Sätze mit den Wörtern im Kasten nach folgendem Muster.

sportive	disponible	jeune	grosse	bavarde	difficile	grande

1. Léa fait 1m 75. Pauline fait 1m 60.

   Léa est plus grande que Pauline. Pauline est moins grande que Léa.

2. Léa a 25 ans. Pauline a 21 ans.

   ....

3. Pauline fait 46 kilos. Léa fait 52 kilos.

   ....

4. Léa fait de la gym, du tennis, du golf, du jogging. Pauline fait de la danse.

   ....

5. Pauline va à toutes les fêtes, elle a beaucoup d'amis. Léa n'accepte pas toutes les invitations, elle n'a pas beaucoup d'amis.

....

6. Pauline adore parler des heures au téléphone. Léa limite ses communications à 5 minutes.

....

7. Pauline est encore étudiante. Elle sort beaucoup et part souvent en week-end. Léa travaille dans une agence, elle est souvent en voyage d'affaires.

....

3 Welche Ergänzung passt zu welchem Verb?

1. reprendre
2. être
3. essayer
4. faire
5. fêter
6. avoir
7. arriver

a. en 36
b. son retour
c. un pantalon
d. à la mode
e. aux chevilles
f. du 40
g. une idée

..1g.. ....

4 Lesen oder hören Sie noch einmal den Dialog auf Seite 180. Sind die folgenden Aussagen richtig oder falsch? Kreuzen Sie die richtige Antwort an.

	VRAI	FAUX
1. Léa et Pauline font les soldes d'été.	☒	☐
2. Pauline fait du 40.	☐	☐
3. La minijupe coûte 22,90 €.	☐	☐
4. La minijupe est bleue.	☐	☐
5. Léa conseille à Pauline de mettre une ceinture avec la minijupe.	☐	☐
6. Pauline fait faire une retouche.	☐	☐
7. Pauline prend la minijupe en 36.	☐	☐
8. Léa achète une minijupe.	☐	☐

5 Was tragen Männer oder / und Frauen? Kreuzen Sie den unbestimmten Artikel und die richtige Zuordnung an.

Vêtements	un	une	des	femme	homme
1. collant	✗			✗	
2. pantalon					
3. jupe					
4. pull					
5. chaussures					
6. soutien-gorge					
7. chaussettes					
8. manteau					
9. slip					
10. chemise					
11. chemisier					
12. caleçon					

6 Ein Wort passt nicht in die Reihe. Kreuzen Sie es an.

1.	☐ style	☐ ligne	☒ soldes	☐ tendance
2.	☐ court	☐ démodé	☐ large	☐ long
3.	☐ dévoiler	☐ mettre	☐ porter	☐ avoir
4.	☐ ceinture	☐ taille	☐ foulard	☐ chaussures
5.	☐ joli	☐ beau	☐ transparent	☐ superbe
6.	☐ verre	☐ velours	☐ soie	☐ coton

Ihre Lernziele in dieser Lektion sind:
- Am Flughafen
- Einen Flug buchen
- Auskünfte einholen
- Pläne machen
- Einen Computer benutzen
- Das **futur**

Infos pratiques pour voyager en avion

Praktische Hinweise für Flugreisen

 Vous trouverez les numéros de téléphone des compagnies aériennes dans la brochure à votre disposition au bureau d'informations dans le hall des départs.

 Diverses publications vous procureront également des informations plus détaillées sur l'aéroport et ses boutiques. Sur demande, nous vous enverrons ces informations.

 Pour vos réservations contactez directement la compagnie aérienne de votre choix ou votre agence de voyage. Vous pouvez aussi effectuer une réservation au guichet des compagnies aériennes dans le hall de départ.

 Les comptoirs d'enregistrement se trouvent au niveau des départs.
Consultez les grands panneaux pour localiser le numéro du comptoir d'enregistrement. Votre carte d'embarquement est la preuve de votre destination. Si vous faites des achats dans une boutique hors taxe, on vous la demandera à la caisse des boutiques de l'aéroport.

▌ Die Telefonnummern der Fluggesellschaften finden Sie in der Broschüre, die am Informationsbüro in der Abflughalle ausliegt.

▌ Verschiedene Prospekte werden Ihnen auch ausführlichere Auskünfte über den Flughafen und seine Läden geben. Auf Anfrage schicken wir Ihnen diese Informationen.

▌ Für Buchungen setzen Sie sich direkt mit der Fluggesellschaft Ihrer Wahl oder mit Ihrem Reisebüro in Verbindung. Sie können Ihren Flug auch am Schalter der Fluggesellschaften in der Abflughalle buchen.

▌ Die Schalter zum Einchecken befinden sich auf gleicher Ebene wie die Abflughalle. Lesen Sie die großen Anzeigetafeln, um die Nummer des Eincheckschalters herauszufinden. Ihre Bordkarte dient als Bestätigung Ihres Reisezieles. Sie wird an der Kasse verlangt, wenn Sie in einem Duty-free-Shop einkaufen.

Quoi de neuf ?

In dieser Lektion erhalten Sie praktische Informationen über Flugziel und Flugreise. Dabei werden Sie eine neue Zeit entdecken: le **futur** (*das Futur*). Damit können Sie feste Absichten äußern sowie Pläne und Vorgänge in ferner Zukunft ausdrücken!

Das *futur*   E 1, 2

Verben auf -er

trouver *finden*	
je trouve**rai**	nous trouve**rons**
tu trouve**ras**	vous trouve**rez**
il / elle trouve**ra**	ils / elles trouve**ront**

▌ Bei den Verben auf **-er** werden die **futur**-Endungen **-rai, -ras, -ra, -rons, -rez, -ront** an die 1. Person Singular Präsens des betreffenden Verbs angehängt.

Verben auf -ir

choisir *aussuchen*	
je choisi**rai**	nous choisi**rons**
tu choisi**ras**	vous choisi**rez**
il / elle choisi**ra**	ils / elles choisi**ront**

Verben auf -re

attendre *warten*	
j'attend**rai**	nous attend**rons**
tu attend**ras**	vous attend**rez**
il / elle attend**ra**	ils / elles attend**ront**

▌ Bei den Verben auf **-ir**, und **-re** sowie bei den meisten unregelmäßigen Verben werden die **futur**-Endungen an den Stamm des Infinitivs angehängt.

A l'agence de voyage

Employée : Bonjour Madame, qu'est-ce que je peux faire pour vous ?

Raquel : C'est pour un billet d'avion. Je voudrais partir à Barcelone début octobre.

Employée : Oui, à quelle date ?

Raquel : Attendez, je vais vérifier dans mon agenda. Voilà, le 2 je serai en vacances. Vous pensez qu'il y a encore des places ?

Employée : Je vais regarder. C'est pour combien de personnes ?

Raquel : Une.

Employée : Vous pensez rentrer quand ?

Raquel : À la fin du mois, le 30 ou le 31.

Employée : J'ai un vol charter, départ le 4 octobre, retour le 4 novembre. Dates impératives.

Raquel : Ah, ce n'est pas pratique. J'aimerais rentrer le 31 octobre au plus tard.

Employée : Alors, j'ai un vol régulier un peu plus cher à 325 euros, plus les taxes d'aéroport. Départ le 2, retour le 31 octobre. Mais il faut vous décider vite, c'est presque complet, il ne reste que deux places à l'aller.

Raquel : C'est quelle compagnie ?

Employée : Air 7.

Raquel : Bon alors, je réserve tout de suite.

15

Vocabulaire

Infos pratiques pour voyager en avion

voyager	*reisen*
avion *m*	*Flugzeug*
en avion	*mit dem Flugzeug*
info *f* F	*Info*
information *f*	*Auskunft*
numéro *m* de téléphone	*Telefonnummer*
compagnie *f* **aérienne**	*Fluggesellschaft*
brochure *f*	*Heft*
brochure *f* d'informations	*Informations-heft*
bureau *m* d'informations	*Infoschalter*
hall *m* de départ	*Abflughalle*
départ *m*	*Abflug*
divers(e) *adj*	*verschiedene(r)*
publication *f*	*Prospekt*
procurer	*beschaffen*
détaillé(e) *adj*	*detailliert*
aéroport *m*	*Flughafen*
boutique *f*	*Laden*
sur demande	*auf Anfrage*
agence *f* **de voyage**	*Reisebüro*
voyage *m*	*Reise*
effectuer	*vornehmen*
guichet *m*	*Schalter*
comptoir *m* d'enregistrement	*Schalter (zum Einchecken)*
enregistrement *m*	*Einchecken*
se trouver	*sich befinden*
au niveau des départs	*auf der Ebene der Abflüge (Abflughalle)*
niveau *m, pl* niveaux	*Ebene*
panneau *m*, *pl* panneaux **d'affichage**	*Anzeigetafel*
se rendre	*sich begeben*
carte *f* **d'embarquement**	*Bordkarte*
embarquement *m*	*An-Bord-Gehen; Einsteigen*
preuve *f*	*Beweis*
faire des achats	*einkaufen*
boutique *f* hors taxe	*Duty-free-Shop*
demander	*verlangen*
caisse *f*	*Kasse*

À l'agence de voyage

billet *m* **d'avion**	*Flugticket*
partir à	*fahren nach*
début *m*	*Anfang*
aller voir	*nachschauen*
fin *f*	*Ende*
vol *m*	*Flug*
vol *m* **charter**	*Charterflug*
retour *m*	*Rückflug*
impératif *adj m*, impérative *adj f*	*bindend*
au plus tard	*spätestens*
vol *m* **régulier**	*Linienflug*
taxes *f, pl* d'aéroport	*Flughafen-gebühren*
se décider	*sich entscheiden*
vite	*schnell*
complet	*ausgebucht*
rester	*übrig sein*
aller *m*	*Hinflug*

Grammaire

1. Sonderformen des *futur*   E 1

Bei den Verben, die auf **-oyer**, **-ayer**, **-uyer** enden, wird **y** zu **i**:

employer *benutzen*	
j'emploierai	nous emploierons
tu emploieras	vous emploierez
il / elle emploiera	ils / elles emploieront

payer *zahlen*	
je paierai	nous paierons
tu paieras	vous paierez
il / elle paiera	ils / elles paieront

s'ennuyer *sich langweilen*	
je m'ennuierai	nous nous ennuierons
tu t'ennuieras	vous vous ennuierez
il / elle s'ennuiera	ils / elles s'ennuieront

2. Unregelmäßige Formen des *futur*   E 1, 2

Infinitiv	futur
aller *gehen*	j'irai tu iras il / elle ira nous irons vous irez ils / elles iront
avoir *haben*	j'aurai tu auras il / elle aura nous aurons vous aurez ils / elles auront
devoir *müssen*	je devrai tu devras il / elle devra nous devrons vous devrez ils / elles devront
envoyer *schicken*	j'enverrai tu enverras il / elle enverra nous enverrons vous enverrez ils / elles enverront
être *sein*	je serai tu seras il / elle sera nous serons vous serez ils / elles seront
faire *machen*	je ferai tu feras il / elle fera nous ferons vous ferez ils / elle feront

falloir *erforderlich sein*	il faudra
pleuvoir *regnen*	il pleuvra
pouvoir *können*	je pourrai tu pourras il / elle pourra nous pourrons vous pourrez ils / elles pourront
savoir *wissen*	je saurai tu sauras il / elle saura nous saurons vous saurez ils / elles sauront
venir *kommen*	je viendrai tu viendras il / elle viendra nous viendrons vous viendrez ils / elles viendront
voir *sehen*	je verrai tu verras il / elle verra nous verrons vous verrez ils / elles verront
vouloir *wollen*	je voudrai tu voudras il / elle voudra nous voudrons vous voudrez ils / elles voudront

3. Gebrauch des *futur*

❚ Das **futur** beschreibt Vorgänge, die in ferner Zukunft liegen oder eine Prognose darstellen, z.B.
Demain, il pleuvra. *Morgen wird es regnen.*
Mit dem **futur** werden auch feste Absichten ausgedrückt, z.B.
L'année prochaine, j'arrêterai de fumer. *Nächstes Jahr werde ich mit dem Rauchen aufhören.*

❚ Es gibt im Französischen zwei Zukunftsformen, das **futur** und das **futur immédiat** bzw. **futur proche** (s. Lektion 8). Sie sind in der Praxis oft austauschbar und kommen sowohl in der gesprochenen als auch in der geschriebenen Sprache vor. Das **futur** überwiegt jedoch in der geschriebenen Sprache.

❚ Im Deutschen wird das französische **futur** oft mit der Präsensform und nicht mit dem Futur wiedergegeben, z.B. **J'appelerai plus tard.** *Ich rufe später an.*

Savoir dire E 6

Am Flughafen À l'aéroport

aérogare f	Terminal
accès m	Zufahrt
aller m	Hinflug
arrivée f	Ankunft
bagages m, pl	Gepäck
bagages m, pl à main	Handgepäck
bagages perdus	Fundstelle
bus m	Bus
change m	Geldwechsel
changement m de réservation	Umbuchung (Flug)
chariot m	Gepäckwagen
consigne f automatique	Schließfach
contrôle m des passeports	Passkontrolle
départ m	Abflug
distributeur m automatique de billets	Geldautomat
documents m, pl de voyage	Reiseunterlagen
douane f	Zoll
escalier m roulant	Rolltreppe
faire enregistrer ses bagages	sein Gepäck einchecken
heure f d'arrivée	Ankunftszeit
heure f de départ	Abfahrtszeit
liaison f	Flugverbindung
location f de voiture	Autovermietung
navette f	Zubringerbus; Pendelbus
parking m	Parkplatz
passager m, passagère f	Fluggast

point m de rencontre	Meetingpoint, Treffpunkt
point m de vue	Ausblick
porte f d'embarquement	Flugsteig
R.E.R. m (réseau express régional in Paris und Umgebung)	S-Bahn
récupération f des bagages	Gepäckrückgabe
retour m	Rückflug
sac m de voyage	Reisetasche
sécurité f	Sicherheit
sortie f	Ausgang
supplément m	Zuschlag
tapis m roulant	Gepäckband
taxi m	Taxi
transit m	Transit
valise f	Koffer
venir chercher quelqu'un	jemanden abholen
voie f d'accès	Zufahrt
vol m dernière minute	Last-Minute-Flug
vol m domestique	Binnenflug
vol m international	internationaler Flug
vol m régulier	Linienflug
voyagiste m	Touroperator
W.C. m, pl	Toiletten
zone f de transit	Transitzone

Expressions utiles

Einen Computer benutzen

allumer / mettre en route l'ordinateur	*den Computer einschalten*
éteindre l'ordinateur	*den Computer ausschalten*
ouvrir un fichier, un document	*eine Datei, ein Dokument öffnen*
cliquer deux fois	*zweimal anklicken*
fermer un fichier	*eine Datei schließen*
envoyer un document en annexe	*ein Dokument als Anhang schicken*
envoyer / mettre un document à la poubelle	*ein Dokument in den Papierkorb schieben*
copier / enregistrer sur une disquette	*auf eine Diskette kopieren / speichern*
quitter	*beenden*
sauvegarder des données	*Daten sichern*
télécharger un fichier	*eine Datei herunterladen*
se connecter / se brancher sur Internet / sur le net	*ins Internet gehen*

i **Offres de voyages sur Internet** *Reiseangebote im Internet*
Eine Reise via Internet buchen, ohne in die Falle zu gehen!
Eine Woche in Hrughada / Ägypten, in einem Fünfsternehotel, ab 35 €. Oder: *Ein Flug nach London hin- und zurück, nur 45 € …* Reiseangebote im Internet sind besonders attraktiv. Doch wenn der Internetkunde nicht enttäuscht werden will, muss er wachsam sein.

Der Verbraucher tendiert logischerweise dazu, sich für das billigste Angebot zu entscheiden. Aber zahlreiche Angebote im Internet werben mit Lockvogelpreisen, die mit dem Endpreis, den der Kunde tatsächlich zahlen muss, nichts zu tun haben. Wenn es ans Zahlen geht, stellt der Internetkunde fest, dass die Flughafengebühr nicht inbegriffen ist, die bei manchen Reisezielen, den USA zum Beispiel, zwischen 20 % und 24 % des Flugpreises ausmachen kann. Eine andere böse Überraschung: der Kunde erfährt des öfteren, dass das tolle Angebot, das immer noch annonciert ist, gar nicht mehr verfügbar ist.

Exercices

1 Setzen Sie das **futur** ein.

1. Cette année, la minijupe __sera_____ (*être*) toujours à la mode.

2. On .... (*porter*) les minis avec ou sans ceinture.

3. Vous .... (*trouver*) sur Internet les offres spéciales des voyagistes.

4. Cet été, nous .... (*faire*) un grand voyage en Asie.

5. Je t'..................... (*envoyer*) la nouvelle adresse de Steve.

6. Tu .... (*pouvoir*) venir nous voir en Bretagne à partir du 3 août.

2 Setzen Sie das **futur** nach folgendem Muster ein.

1. Elle va partir à Rio en septembre. ...*Elle partira à Rio en septembre.*...........

2. Je vais réserver une table au restaurant pour samedi prochain. ....

3. Elle va participer à un grand jeu concours pour gagner un portable. ....

4. Nous allons rencontrer les parents de Steve à Grenoble. ....

5. Ils vont rentrer de vacances la semaine prochaine. ....

6. Il va y avoir une liaison aérienne directe Munich-Narbonne. ....

3 Welche Ergänzung passt zu welchem Verb?

1. effectuer
2. voyager
3. donner
4. se trouver
5. être
6. faire
7. contacter
8. réserver

a. en vacances
b. une réservation
c. des achats
d. en avion
e. des informations
f. dans le hall départ
g. une compagnie aérienne
h. un vol charter

...1b... ....

15

4 Lesen oder hören Sie noch einmal den Dialog Seite 189 an und kreuzen Sie die richtige Antwort an.

	VRAI	FAUX
1. Raquel voudrait partir à Barcelone en avion.	☒	☐
2. Elle voyage avec Léa.	☐	☐
3. Raquel sera en vacances le 3 octobre.	☐	☐
4. Il n'y a plus de vol charter pour Barcelone.	☐	☐
5. Un vol régulier coûte 400 euros.	☐	☐
6. Raquel se décide pour un vol régulier.	☐	☐

5 Ergänzen Sie den Text mit den folgenden Begriffen.

carte	hall	réservations	informations
enregistrement	compagnies		guichet

Vous trouverez les numéros de téléphone des __compagnies__ aériennes

dans la brochure à votre disposition au bureau d'informations dans le

.... des départs. Diverses publications vous procureront

également des .... plus détaillées sur l'aéroport et ses

boutiques. Pour vos ...., contactez votre agence de voyage.

Vous pouvez aussi effectuer une réservation au ....

dans le hall de départ. Les comptoirs d'.. se trouvent au

niveau des départs. Votre .... d'embarquement est la preuve de

votre destination.

6 Ein Wort passt nicht in die Reihe. Kreuzen Sie es an.

1.	☐ aller	☐ vol	☒ bagages	☐ retour
2.	☐ comptoir	☐ brochure	☐ bureau	☐ guichet
3.	☐ sac	☐ bagages	☐ passeport	☐ valise
4.	☐ arrivée	☐ liaison	☐ douane	☐ destination
5.	☐ supplément	☐ contrôle	☐ transit	☐ embarquement
6.	☐ navette	☐ chariot	☐ RER	☐ bus

1   Lesen Sie den Text und entscheiden Sie, ob die folgenden Aussagen zutreffend sind oder nicht.

Mon premier ordinateur

Je m'appelle Gérard Cruchet, j'habite seul dans une petite maison en Bretagne à Quimper. Je viens d'avoir 68 ans. Pour mon anniversaire, le 25 juin, mes enfants et mes petit-enfants m'ont fait une suprise : ils m'ont offert un superbe ordinateur à écran plat. Je me suis toujours intéressé à Internet mais avant, quand je travaillais comme cuisinier dans un grand restaurant gastronomique, je n'avais pas le temps de faire un cours. Pendant les vacances j'ai déjà appris les notions de base sur l'ordinateur de mon petit-fils. Maintenant je vais pouvoir envoyer des mails à la famille, aux amis, c'est plus pratique et plus rapide que d'écrire une lettre et c'est moins cher que le téléphone.

		VRAI	FAUX
1.	Monsieur Cruchet habite chez ses enfants à Paris.	☐	☐
2.	Il vient de s'acheter un ordinateur.	☐	☐
3.	Il a déjà utilisé un ordinateur.	☐	☐
4.	C'est moins rapide d'envoyer un mail que d'écrire une lettre.	☐	☐

Punkte

......./4

2   Bilden Sie Wortfamilien: Ergänzen Sie die Tabelle.

	Substantiv	Adjektiv	Verb
1.	la	déprimé(e)	déprimer
2.	le sport	sportif / sportive	....
3.	l'activité	.... /	activer / s'activer
4.	la	stimulé(e)	stimuler
5.	l'invitation	invité(e)	....
6.	la communication	.... /	communiquer

Punkte

......./6

3   Ordnen Sie die gegenteiligen Aussagen einander zu.

1. Il est souvent déprimé.
2. Elle est très mince.
3. Il s'énerve facilement.
4. Elle hésite à rester.
5. Il vient de rencontrer une copine.
6. Elle va plus souvent au cinéma.

a. Elle est décidée à rester.
b. Elle va moins souvent au cinéma.
c. Il va rencontrer une copine.
d. Il a toujours le moral.
e. Il reste toujours calme.
f. Elle est trop grosse.

....

Punkte

......./6

Test 3

4 Finden Sie das fehlende Element, um einen sinnvollen Satz zu bilden.

1. C'est le copain d'Amélie .... est journaliste.

2. Désolée, je ne sais pas .... fonctionne ce portable.

3. Quand j'avais 16 .... je voulais devenir reporter.

4. C'est le copain de Romain .... habite à Barcelone.

5. Bravo, tu parles très .... anglais

6. Vous trouverez .... les informations dans la brochure.

Punkte

....../6

5 Bilden Sie aus den folgenden Silben sechs Bezeichnungen für Kleidungsstücke.

man	pan	pe	lant	ro	che	teau	ta
mise	ju	lon	col	be			

1. .... 2. ....

3. .... 4. ....

5. .... 6. ....

Punkte

....../6

6 Setzen Sie die richtige Zeitform *passé composé* oder *imparfait* ein.

1. En 1998, nous .... (*habiter*)
un petit appartement rue de Rennes.

2. L'année dernière nous .... (*aller*)
en vacances avec des amis en Irlande.

3. Il .... (*envoyer*) un mail hier matin.

4. Avant, qu'est-ce que vous .... (*faire*)
comme travail ?

5. Elle .... (*apprendre*)
très vite à surfer sur Internet.

6. Mon premier voyage ? C' .... (*être*)
à Amsterdam.

Punkte

....../6

Gesamt

....../34

198   cent quatre-vingt-dix-huit

In dieser Lektion erfahren Sie etwas über:
▌ Ratschläge erteilen
▌ Gefallen, Missfallen äußern
▌ Formen beschreiben
▌ Das **conditionnel**
▌ Die **Demonstrativpronomen**

Leçon

16

Quelques conseils pour bien choisir vos lunettes

▶ **Déterminez la forme dominante de votre visage !**
Visage rond : vous devriez accentuer votre type avec des formes rondes. Visage ovale : vous pouvez vous permettre tous les styles de lunettes. Visage carré : vous pourriez accentuer votre personnalité avec des formes géométriques.
▶ **Harmonisez votre monture avec la couleur de vos yeux !**
Vous avez les yeux bleus : une monture bleutée, argentée ou transparente mettrait vos yeux en valeur.

Vous avez les yeux verts : vous devriez opter pour une monture grise ou rouge foncé. Vous avez les yeux marron ou noirs : une paire de lunettes en écaille et toutes les nuances de beige vous iraient très bien.
▶ **Harmonisez votre monture avec la couleur de vos cheveux !**
Vous avez les cheveux blonds, roux ou bruns : vous devriez privilégier tous les tons chauds. Vous avez les cheveux blonds ou gris : il faudrait choisir des tons froids. Vous avez les cheveux noirs : tout est possible.

Welcher Brillentyp sind Sie?

▶ **Ermitteln Sie die vorherrschende Form Ihres Gesichts!**
Rundes Gesicht: Sie sollten mit einer runden Brille Ihren Typ betonen. Ovales Gesicht: Sie können sich jeden Stil erlauben. Eckiges Gesicht: Sie könnten Ihre Persönlichkeit mit geometrischen Formen untermalen oder eine ovale Form bevorzugen.
▶ **Stimmen Sie die Farbe der Brille auf Ihre Augenfarbe ab!**

Sie haben blaue Augen: ein Gestell in den Blautönen würde Ihre Augen zur Geltung bringen. Sie haben grüne Augen: Sie sollten sich für ein graues oder dunkelrotes Gestell entscheiden. Sie haben braune oder schwarze Augen: das Beige in allen Nuancen und Hornbrillen müssten Ihnen gut stehen.
▶ **Stimmen Sie die Farbe des Brillengestells auf Ihre Haarfarbe ab!**
Sind Ihre Haare blond, rot oder braun, dann sollten Sie warme Farben vorziehen. Sind Ihre Haare blond oder grau, sollten Sie kalte Farbtöne wählen. Sie haben schwarzes Haar: Alles ist möglich.

16

Quoi de neuf ?

In dieser Lektion lernen Sie, wie Sie Formen beschreiben und differenzieren können; was Ihnen gefällt oder nicht gefällt. Mit dem **conditionnel** (*Konditional*) können Sie Ratschläge und Wünsche ausdrücken.

Das *conditionnel* E 1

Verben auf *-er*

aimer *mögen*	
j'aime**rais**	nous aime**rions**
tu aime**rais**	vous aime**riez**
il / elle aime**rait**	ils / elles aime**raient**

▮ Bei den Verben auf **-er** werden die **conditionnel**-Endungen -**rais**, -**rais**, -**rait**, -**rions**, -**riez**, -**raient** an die 1. Person Singular Präsens des betreffenden Verbs angehängt.

Verben auf *-ir*

finir *beenden*	
je fini**rais**	nous fini**rions**
tu fini**rais**	vous fini**riez**
il / elle fini**rait**	ils / elles fini**raient**

Verben auf *-re*

répondre *antworten*	
je répond**rais**	nous répond**rions**
tu répond**rais**	vous répond**riez**
il / elle répond**rait**	ils / elles répond**raient**

▮ Bei den Verben auf **-ir**, und **-re** sowie bei den meisten unregelmäßigen Verben werden die **conditionnel**-Endungen an den Stamm des Infinitivs angehängt.

Tu devrais changer de lunettes

Sandrine : J'ai mal aux yeux. J'ai de plus en plus de mal à travailler sur l'ordinateur.

Steve : Moi, je pense que tu devrais changer de lunettes.

Sandrine : Tu as raison. J'aimerais que tu me conseilles pour le choix d'une monture.

Steve : Quand tu veux, ma chérie !

Le lendemain chez l'opticien

Sandrine : Bonjour Monsieur, je voudrais choisir une monture pour des lunettes de vue. Voilà l'ordonnance de mon ophtalmo.

vendeur : Je vous laisse choisir ?

Sandrine : Oui, merci. Steve, qu'est-ce que tu penses de ce modèle en écaille ? C'est joli avec mes cheveux roux.

Steve : C'est une question de goût. Moi, je pense que ça fait très strict ! Tes anciennes lunettes étaient déjà en écaille. Tu devrais changer de style. À ta place, je prendrais un modèle bleuté qui irait très bien avec la couleur de tes yeux ou celui-ci, entièrement transparent.

Sandrine : La monture métallique bleutée est pas mal, mais je préférerais quelque chose de plus discret.

Steve : Dans ce cas, essaye celle qui est transparente, c'est très à la mode.

Sandrine : Effectivement, ça me va. C'est très léger et très agréable à porter mais ça a l'air fragile.

Steve : En tout cas, c'est tout à fait ton style... Monsieur, monsieur, s'il vous plaît , un petit renseignement !

vendeur : Bien sûr, qu'est-ce que vous voulez savoir ?

Steve : Est-ce que ce modèle transparent est solide ? Quel est le métal employé pour la monture ?

vendeur : C'est une monture en titane, très robuste. C'est une excellente qualité, vous avez une garantie de deux ans.

Sandrine : Parfait ! Je la prends !

Vocabulaire

Quelques conseils pour bien choisir vos lunettes	
conseil *m*	*Ratschlag*
bien *adv*	*gut, hier: richtig*
lunettes *f, pl*	*Brille*
déterminer	*ermitteln, ausfindig machen*
dominant(e) *adj*	*vorherrschend*
visage *m*	*Gesicht*
accentuer	*betonen*
ovale *adj*	*oval*
carré(e) *adj*	*viereckig*
personnalité *f*	*hier: Typ*
géometrique *adj*	*geometrisch*
monture *f*	*Brillengestell*
bleuté(e) *adj*	*bläulich*
argenté(e) *adj*	*silbrig*
transparent(e) *adj*	*durchsichtig*
mettre en valeur	*zur Geltung bringen*
opter pour	*sich entscheiden für*
foncé(e) *adj*	*dunkel*
paire *f* **de lunettes en écaille**	*Hornbrille*
nuance *f*	*Abstufung*
ton *m*	*Farbton*
privilégier	*vorziehen*

chaud(e) *adj*	*warm*
froid(e) *adj*	*kalt*
Tu devrais changer de lunettes	
j'ai mal aux yeux	*meine Augen tun mir weh*
avoir mal à (+ *Organ*)	*...schmerzen haben*
de plus en plus	*immer mehr*
avoir raison	*Recht haben*
opticien *m*, opticienne *f*	*Optiker(in)*
lunettes *f, pl* de vue	*Sehbrille*
ophtalmologue *m*, F ophtalmo	*Augenarzt*
ordonnance *f*	*Rezept*
strict(e) *adj*	*streng*
roux *adj m*, **rousse** *adj f*	*rot (Haar)*
discret *adj m*, discrète *adj f*	*dezent*
cas *m*	*Fall*
effectivement	*tatsächlich*
agréable *adj*	*angenehm*
fragile *adj*	*zerbrechlich*
renseignement *m*	*Auskunft*
métal *m*	*Metall*
solide *adj*	*stabil*
titane *m*	*Titan*
robuste *adj*	*robust*

Grammatik

1. Sonderformen des *conditionnel* E 1

Bei den Verben, die auf **-oyer**, **-ayer**, **-uyer** enden, wird **y** zu **i**:

employer *benutzen*	
j'emploierais	nous emploierions
tu emploierais	vous emploieriez
il / elle emploierait	ils / elles emploieraient

payer
zahlen

je paierais	nous paierions
tu paierais	vous paieriez
il / elles paierait	ils / elles paieraient

s'ennuyer
sich langweilen

je m'ennuierais	nous nous ennuierions
tu t'ennuierais	vous vous ennuieriez
il / elle s'ennuierait	ils / elles s'ennuieraient

2. Unregelmäßige Formen des *conditionnel*   E 1

Infinitiv	conditionnel
aller	j'irais tu irais il / elle irait
gehen	nous irions vous iriez ils / elles iraient
avoir	j'aurais tu aurais il / elle aurait
haben	nous aurions vous auriez ils / elles auraient
devoir	je devrais tu devrais il / elle devrait
müssen	nous devrions vous devriez ils / elles devraient
être	je serais tu serais il / elle serait
sein	nous serions vous seriez ils / elles seraient
faire	je ferais tu ferais il / elle ferait
machen	nous ferions vous feriez ils / elles feraient
falloir	il faudrait
müssen	
pouvoir	je pourrais tu pourrais il / elle pourrait
können	nous pourrions vous pourriez ils / elles pourraient
savoir	je saurais tu saurais il / elle saurait
wissen	nous saurions vous sauriez ils / elles sauraient
venir	je viendrais tu viendrais il / elle viendrait
kommen	nous viendrions vous viendriez ils / elles viendraient
voir	je verrais tu verrais il / elle verrait
sehen	nous verrions vous verriez ils / elles verraient
vouloir	je voudrais tu voudrais il / elle voudrait
wollen	nous voudrions vous voudriez ils / elles voudraient

3. Gebrauch des *conditionnel*

Das **conditionnel** wird gebraucht für:

▌ Wünsche und Vorschläge, z.B.
J'aimerais bien vivre en Australie. *Ich würde gerne in Australien leben.*
Tu devrais changer de lunettes. *Du solltest deine Brille wechseln.*

▌ höfliche Bitten und Vorwürfe z.B.
Vous pourriez parler plus lentement, s'il vous plaît ?
Könnten Sie bitte etwas langsamer sprechen?
Tu devrais être plus aimable avec tes amis !
Du könntest etwas freundlicher zu deinen Freunden sein!

▌ Wiedergabe einer nicht bestätigten Pressemeldung, z.B.
Le livre préféré des Français serait *Le Petit Prince* d'Antoine de Saint-Exupéry.
*Das Lieblingsbuch der Franzosen soll „Der kleine Prinz" von Antoine de Saint-Exupéry
sein.*

4. Die Demonstrativpronomen   E 2

Singular	Einfache Formen	Zusammengesetzte Formen
Maskulin	celui	celui-ci / celui-là
Feminin	celle	celle-ci / celle-là
Plural		
Maskulin	ceux	ceux-ci / ceux-là
Feminin	celles	celles-ci / celles-là

▌ Das Demonstrativpronomen dient dazu, auf eine Person oder auf eine Sache
hinzuweisen.

▌ Das Demonstrativpronomen stimmt in Genus und Zahl mit dem Substantiv
überein, an dessen Stelle es steht, z.B.
Comment tu trouves ces lunettes rondes ? Essaye plutôt **celles** qui sont ovales.
Was hältst du von dieser runden Brille? Probiere lieber die, die oval sind.

▌ Das Demonstrativpronomen kann durch die Adverbien **-ci** und **-là** verstärkt
werden, z.B.
Vous voulez ce modèle ? Non, je préférerais **celui-ci / celui-là**.
Möchten Sie dieses Modell ? Nein, ich würde lieber dieses hier / dieses dort haben.

Savoir dire

Formen beschreiben

boule *f*	*Kugel*	hexagone *m*;	*Sechseck*
carré(e) *adj*	*quadratisch*	**l'Hexagone** *m*	*Frankreich*
carré *m*	*Quadrat*	losange *m*	*Raute*
cubique *adj*	*würfelförmig,*	en forme de losange	*rautenförmig*
	kubisch	ovale *adj*	*oval*
cube *m*	*Würfel*	ovale *m*	*Oval*
cylindrique *adj*	*zylinderförmig*	pyramide *f*	*Pyramide*
cylindre *m*	*Zylinder*	rectangulaire *adj*	*rechteckig*
rond(e) *adj*	*rund*	rectangle *m*	*Rechteck*
cercle *m*	*Kreis*	sphérique *adj*	*kugelförmig*
étoile *f*	*Stern*	sphère *f*	*Kugel (in der*
en forme d'étoile	*sternförmig*		*Geometrie)*
hexagonal(e) *adj*	*sechseckförmig*	triangulaire *adj*	*dreieckig*
		triangle *m*	*Dreieck*

Expressions utiles

Gefallen / Missfallen äußern

Ça vous / te plaît ?	*Gefällt es Ihnen / dir?*
Qu'est-ce que tu préféres ?	*Was gefällt dir am besten?*
Qu'est-ce que tu en penses /	*Wie findest du / finden Sie das?*
vous en pensez ?	
Je trouve que c'est très bien. /	*Ich finde, dass es sehr gut ist. /*
Je trouve ça très bien.	*Ich finde es sehr gut.*
C'est vraiment génial !	*Es ist wirklich super!*
Je trouve ça nul.	*Ich finde es ganz schlecht.*
Quelle horreur !	*Wie abscheulich!*

ℹ️ L'Hexagone / Frankreich

Frankreich beschreibt ein Sechseck. Kein Ort im Land liegt weiter als 500 Kilometer vom Meer und kein Ort ist weiter als 1000 Kilometer vom anderen Ort entfernt. Ob von Norden nach Süden oder von Osten nach Westen, man kann mit dem Auto oder mit dem Zug von einem Ende zum anderen fahren; Frankreich ist das einzige Land in Europa, das zugleich einen Zugang zur Nordsee, zum Ärmelkanal, zum Atlantik und zum Mittelmeer hat.

Steckbrief
Form: sechseckig
Fläche: 550 000 km²
Einwohnerzahl: 60 Millionen
Hauptstadt: Paris
Klima: gemäßigt
Fahne: die Trikolore (blau/weiß/rot)
Hymne: die Marseillaise
Wahrzeichen: der gallische Hahn, Marianne

Exercices

1 Setzen Sie das **conditionnel** ein.

1. Tu ..*pourrais*.......................... (*pouvoir*) venir me chercher à l'aéroport ?

2. On .... (*devoir*) téléphoner à Romain demain matin.

3. Vous .... (*aimer*) partir en vacances avec nous ?

4. Des lunettes en écaille, ça t'...................................... (*aller*) très bien.

5. Il .... (*falloir*) envoyer toutes les invitations cette semaine.

6. Tu .... (*être*) plus élégante dans cette robe noire.

2 Setzen Sie das passende Demonstrativpronomen ein.

1. Vous voulez essayer ce pull rouge ? Non, pas ..*celui-là*,...... je voudrais

   essayer ..*celui*...... qui est en vitrine.

2. Tu as déjà rencontré mes amis de Nice ? Non, pas .... ,

   je connais seulement .... qui habitent en Bretagne.

3. Pour l'aéroport s'il vous plaît, c'est le bus numéro 38 ? Non, pas du tout, le 38

   c'est .... qui va à la gare de l'Est. Prenez .... , il va direc-

   tement à l'aéroport.

4. Cette adresse, c'est votre adresse ? Non, c'est .... de mes parents.

   Tenez, voilà ma carte, ... , c'est ma nouvelle adresse.

3 Welche Ergänzung passt zu welchem Verb?

1. aller voir	**a.** choisir
2. changer	**b.** d'excellente qualité
3. accentuer	**c.** une monture transparente
4. essayer	**d.** son type
5. être	**e.** un ophtalmo
6. laisser	**f.** de style

..*1e*.. ....

4 Lesen oder hören Sie noch einmal den Dialog Seite 201 an und kreuzen Sie die richtige Antwort an.

	VRAI	FAUX
1. Sandrine a mal aux yeux.	☒	☐
2. Elle va avec Steve chez un ophtalmo.	☐	☐
3. Sandrine voudrait une monture discrète.	☐	☐
4. Steve lui conseille un modèle en écaille.	☐	☐
5. Les montures transparentes sont très à la mode.	☐	☐
6. Les lunettes sont garanties six mois.	☐	☐
7. Steve achète aussi des lunettes.	☐	☐

5 Ordnen Sie folgenden Gegenständen bzw. Körperteilen den entsprechenden Artikel und die passende Form zu.

ronde   carrée   rectangulaire   ovales   rond   carré   ronds   ovale

	un	une	des
1. tapis	✗		*rectangulaire*
2. table			
3. boule			
4. lunettes			
5. panneau			
6. visage			
7. yeux			
8. croissant			

6 Ein Wort passt nicht in die Reihe. Kreuzen Sie es an.

1. ☐ rond	☒ transparent	☐ carré	☐ ovale
2. ☐ visage	☐ monture	☐ nez	☐ yeux
3. ☐ cercle	☐ losange	☐ triangle	☐ boule
4. ☐ cubique	☐ cylindrique	☐ fragile	☐ sphérique
5. ☐ essayer	☐ porter	☐ conseiller	☐ mettre
6. ☐ robuste	☐ beige	☐ gris	☐ bleu

Ihre Lernziele in dieser Lektion sind:
▌ Ein Arbeitstreffen vorbereiten
▌ Einen Ausflug organisieren
▌ Einen Vorgang beschreiben
▌ Zeitangaben
▌ Der **Bedingungssatz**
▌ Die **Pronomen en** und **y**

Leçon

17

Visite des caves de champagne Du Barry à Reims

Les cuves pleines de jus de raisin se trouvent dans la salle de fermentation. Il faut compter 10 à 20 jours avant de mettre le vin en bouteilles. Après un deuxième processus de fermentation le vin deviendra du champagne. Ensuite, le champagne va vieillir en cave, il y restera entre trois et quinze ans. Avant la commercialisation, chaque bouteille de champagne passe de la position horizontale à la position verticale pendant plusieurs semaines. Enfin, avant de partir, si vous le désirez, vous pourrez goûter notre champagne. Si vous voulez en acheter nous avons plusieurs types de conditionnement : la bouteille classique et le magnum, une bouteille d'un litre et demi.

Besichtigung der Champagnerkeller Du Barry in Reims

Die mit Traubensaft gefüllten Gärbehälter befinden sich im Gärungsraum. Man muss mit 10 bis 20 Tagen rechnen, bevor der Wein in Flaschen abgefüllt werden kann. Nach einer zweiten Gärung wird aus dem Wein Champagner. Anschließend reift der Champagner im Keller; dort lagert er zwischen drei und fünfzehn Jahren.
Vor dem Verkauf muss jede bis dahin liegende Champagnerflasche aufgestellt werden und in dieser neuen Lage mehrere Wochen bleiben.
Wenn Sie es wünschen, können Sie zum Schluss unseren Champagner probieren. Wenn Sie etwas davon kaufen wollen, haben wir verschiedene Packungsgrößen: die normale Flasche oder die Magnumflasche, eine Eineinhalbliterflasche.

17

Quoi de neuf ?

In dieser Lektion werden Sie das Programm für ein Arbeitstreffen mitgestalten; dabei werden Sie die Pronomen **en** und **y** sowie den Bedingungssatz mit **si** entdecken.

Das Pronomen *en*   E 2

Das kleine Wort **en** erfüllt viele Funktionen.

▌ **en** steht für eine Mengenangabe. In diesem Fall kann **en** Sachen und Personen ersetzen. Je nach Kontext wird **en** ins Deutsche unterschiedlich übersetzt.

Mengenangabe (+ un / une / des / du / de l'/ de la / beaucoup *usw.*)		
Tu as bu **du** champagne ?	Oui, j'**en** ai bu un verre.	*Ja, ich habe ein Glas (davon) getrunken.*
Tu as **de l'**argent ?	Oui, j'**en** ai assez.	*Ja, ich habe genug (Geld).*
Tu achètes **des** sandwichs ?	Oui, tu **en** veux combien ?	*Ja, wie viele willst du?*
Tu prends **un** café ?	Non merci, j'**en** ai déjà pris deux.	*Nein, danke, ich habe schon zwei getrunken.*
Tu as invité **beaucoup** de personnes?	Oui, j'**en** ai invité trente.	*Ja, ich habe dreißig eingeladen.*

▌ **en** steht für indirekte Objekte, die mit **de** an das Verb angeschlossen werden. In diesem Fall kann **en** nur Sachen ersetzen.

avoir besoin **de** *brauchen*	Tu as besoin de ma voiture ? Oui, j'**en** ai besoin.	*Brauchst du mein Auto? Ja, ich brauche es.*
s'occuper **de** *sich kümmern um*	Tu t'occupes de notre voyage ? Oui, je m'**en** occupe.	*Kümmerst du dich um unsere Reise? Ja, ich kümmere mich darum.*
parler **de** *sprechen über*	Tu parles de politique avec Léa ? Non, on n'**en** parle jamais.	*Sprichst du über Politik mit Léa? Nein, wir sprechen nie darüber.*

▌ **en** vertritt Ortsangaben mit **de**, z.B.
Tu es parti **de** Nice à quelle heure ? J'**en** suis parti à 8 heures. *Wann bist du von Nizza losgefahren? Ich bin dort um 8 losgefahren.*

Excursion à Reims ⊙

Romain :   Nos partenaires espagnols viennent au Salon de l'Immobilier dans quinze jours. Est-ce que tu as déjà prévu un programme pour eux ?

Léa :   Non pas encore, l'année dernière nous sommes allés le week-end à Honfleur. Il y a deux ans, nous avons fait les châteaux de la Loire... Ils arriveront quand ?

Romain :   Cette année, ils seront déjà là le jeudi à midi. J'irai les chercher en taxi à l'aéroport. Après, nous passerons déposer les bagages à l'hôtel et ensuite nous irons directement au Salon.

Léa :   Tu a planifié la réunion de travail pour quel jour ?

Romain :   Comme d'habitude le jeudi soir de 18 à 21 heures.

Léa :   Si on changeait le programme ? Tous les ans, on fait la même chose. Je préférerais par exemple placer la réunion de travail le vendredi. Je trouve que c'est très fatigant de devoir encore se concentrer après toute une journée au Salon.

Romain :   Tu as une autre proposition ?

Léa :   On pourrait soit faire deux réunions de travail d'une heure et demie le jeudi ou le vendredi, soit en faire une seule de trois heures le vendredi. Qu'est-ce que tu en penses ?

Romain :   Je préfère une longue réunion le vendredi. Et sinon pour le programme d'excursion, qu'est-ce que tu proposes ?

Léa :   Si on louait un monospace, on pourrait les emmener à Reims. Nous pourrions y organiser un déjeuner d'affaires avec réunion de travail vendredi midi. L'après-midi serait libre et le soir on pourrait les inviter au festival de musique baroque de Reims.

Romain : C'est une bonne idée et qu'est-ce qu'on pourrait faire le samedi ?

Léa : Le samedi matin, on pourrait faire une visite guidée du vieux Reims. L'après-midi, nous pourrions visiter les caves de champagne Du Barry et aller dîner le soir dans un excellent restaurant. Le dimanche, nous pourrions rentrer à Paris dans la matinée.

Romain : Eh bien, d'accord. C'est un programme sympathique. Tu fais les réservations pour Reims ?

Léa : Oui, je vais m'en occuper tout de suite.

Romain : Et moi, je vais téléphoner à l'agence de location de voiture Europauto pour réserver un véhicule.

Vocabulaire

**Visite des caves de champagne
Du Barry à Reims**

visite *f*	*Besichtigung*
cave *f*	*Weinkeller*
plein(e) de... *adj*	*gefüllt mit*
jus *m* de raisin	*Traubensaft*
champagne *m*	*Champagner*
cuve *f*	*Gärbehälter, Bottich*
salle *f* de fermentation	*Gärungsraum*
compter	*rechnen*
avant de *(+ inf.)*	*bevor*
mettre en bouteilles	*in Flaschen abfüllen*
vieillir	*hier: reifen*
commercialisation *f*	*Vermarktung*
position *f* horizontale	*das Liegen*
position *f* verticale	*hier: das Aufstellen (der Flaschen)*
passer (d'une position à une autre)	*die Lage wechseln*
goûter	*kosten, probieren*

Excursion à Reims

Salon *m* de l'Immobilier	*Immobilienmesse*
prévoir	*planen, vorsehen*
l'année dernière	*voriges Jahr*

il y a *(+ Zeitangabe)*	*vor*
les châteaux de la Loire	*Loireschlösser*
château *m, pl* châteaux	*Schloss*
aller chercher	*abholen*
déposer	*abstellen*
planifier	*planen*
réunion *f* de travail	*Arbeitssitzung*
fatigant(e) *adj*	*anstrengend*
se concentrer	*sich konzentrieren*
proposition *f*	*Vorschlag*
seul(e) *adj*	*einzig*
monospace *m*	*Minivan*
emmener	*mitnehmen*
déjeuner *m* **d'affaires**	*Arbeitsessen*
festival *m* de musique	*Musiktage*
visite *f* **guidée**	*Stadtführung*
matinée *f*	*Vormittag*
s'occuper de	*sich kümmern um*
location *f* de **voiture**	*Autovermietung*
véhicule *m*	*Fahrzeug*

Grammaire

1. Das Pronomen *y*　E 1, 2

▌ **y** steht für Ortsangaben, die mit **à**, **chez**, **dans**, **en**, **sur**, **sous** usw. eingeleitet werden, z.B.
Ils vont **à** Reims vendredi. Ils **y** vont vendredi. *Sie fahren am Freitag hin. (y = à Reims)*
Ils sont allés **à** Reims vendredi. Ils **y** sont allés vendredi. *Sie sind am Freitag hingefahren.*
Ils veulent aller **à** Reims vendredi. Ils veulent **y** aller vendredi. *Sie wollen am Freitag hin fahren.*

▌ **y** steht für indirekte Objekte, die mit **à** an das Verb angeschlossen werden. In diesem Fall kann **y** nur Sachen ersetzen.
Léa renonce **à** son voyage. Elle **y** renonce. *Sie verzichtet darauf. (y = à son voyage)*
Léa a renoncé **à** son voyage. Elle **y** a renoncé. *Sie hat darauf verzichtet.*
Léa veut renoncer **à** son voyage. Elle veut **y** renoncer. *Sie will darauf verzichten.*

2. Der Bedingungssatz　E 5

Der Bedingungssatz besteht aus einem mit **si** eingeleiteten Satz, der die Bedingung enthält, und einem Hauptsatz, in dem die Möglichkeiten bei Erfüllung der Bedingung dargestellt werden. Der **si**-Satz kann vor oder nach dem Hauptsatz stehen.

si + **imparfait**	Satz + **conditionnel**

Si on **louait** une voiture, on **pourrait** emmener nos partenaires à Reims.
Wenn wir ein Auto mieten würden, könnten wir unsere Partner nach Reims fahren.

▌ Im Unterschied zum Deutschen steht das Verb in dem mit **si** (*wenn*) eingeleiteten Satz im Indikativ (**imparfait**) und nicht im Konditional (**conditionnel**). Im Hauptsatz steht das Verb im **conditionnel** wie im Deutschen.

▌ Steht das Verb hingegen in einem **si**-Satz im Präsens, dann steht das Verb im Hauptsatz ebenfalls im Präsens oder im Futur.

Si tu me **téléphones** à 7 heures du soir, tu **peux** me joindre à la maison.
Wenn du mich um 7 Uhr abends anrufst, kannst du mich zu Hause erreichen.

Si vous le **désirez**, vous **pourrez** goûter notre champagne.
Wenn Sie es wünschen, werden Sie unsere Champagner probieren können.

Hier gilt die Erfüllung der Bedingung als wahrscheinlich, nicht als hypothetisch.

Savoir dire

Zeitangaben

à	à huit heures	um acht Uhr
à partir de	à partir de huit heures	ab acht Uhr
après	après deux heures	nach zwei Uhr
avant	avant quatre heures	vor vier Uhr
au début de	au début de l'après-midi	am frühen Nachmittag
après	après la réunion	nach der Sitzung
avant (+ subst.)	avant ton départ	vor deiner Abreise
avant de (+ inf.)	Téléphone-moi avant de partir.	Ruf mich an bevor du wegfährst.
dans	Rendez-vous dans une heure.	Treffen in einer Stunde.
en	Il était là en cinq minutes.	Er war innerhalb von fünf Minuten da.
entre	entre cinq et dix ans	zwischen fünf und zehn Jahren
jusqu'à	La réunion dure jusqu' à 20 h.	Die Sitzung dauert bis 20 Uhr.
depuis	Il est là depuis deux jours.	Er ist seit zwei Tagen da.
pendant	Il fume pendant la réunion.	Er raucht während der Sitzung.
	Il a été professeur d'anglais pendant cinq ans.	Er war fünf Jahre lang Englischlehrer.
il y a	Il y a deux ans, nous avons visité...	Vor zwei Jahren haben wir ... besichtigt.
il y a... (que)	Il y a deux ans qu'il veut venir.	Er will seit zwei Jahren kommen.
ça fait... (que)	Ça fait une heure que tu téléphones !	Du bist seit einer Stunde am Telefon!
depuis... que	Depuis que j'ai arrêté de travailler...	Seitdem ich nicht mehr arbeite ...

i **Was Sie über Weine wissen müssen**

Folgende Abkürzungen sind wichtig, um die Herkunft und Qualität des Weins einzuordnen:

VDQS: vin délimité de qualité supérieure, es handelt sich um Wein, der in genau festgelegten, anerkannten Gegenden produziert wird und von sehr guter Qualität ist.

AOC: appellation d'origine contrôlée bezeichnet Qualitätsprodukte, deren Herkunft garantiert wird (Weine, aber auch Käsesorten, Butter usw.)

Landwein: vin de pays kann sowohl eine gute als auch eine böse Überraschung werden; er kann ausgezeichnet schmecken oder mittelmäßig sein.
Rotwein trinkt man bei Zimmertemperatur. Weißwein, Rosé und Champagner müssen sehr kühl serviert werden. Rotwein trinkt man zu Fleischgerichten und Käse, Weißwein zu Fisch und Meeresfrüchten, aber auch zu anderen mit Weißwein zubereiteten Gerichten. Roséweine, die fast zu jedem Gericht passen, werden im Sommer sehr geschätzt.
Die Gewohnheiten der Franzosen ändern sich. Der durchschnittliche Weinkonsum pro Einwohner sinkt ständig.

Exercices

1 Lesen Sie den Terminplan von Léa und beantworten Sie die Fragen mit **y**.

jeudi	vendredi	samedi	dimanche
Salon de l'Immobilier	départ pour Reims	visite du vieux Reims	retour Paris
	soir Festival de musique baroque	après-midi visite des caves de champagne	14h aéroport

1. Quand est-ce que Léa va au Salon de l'Immobilier ?

   Elle y va jeudi. ....

   ....

2. Quand est-ce que Léa va à Reims ? ....

3. Est-ce qu'elle va au Festival de musique baroque l'après-midi ? ....

   ....

4. Est-ce qu'elle va visiter les caves de champagne sans Romain ? ....

   ....

5. Est-ce qu'elle retourne à Paris samedi soir ? ....

   ....

6. À quelle heure est-ce qu'elle va à l'aéroport dimanche ? ....

   ....

2 Beantworten Sie die Fragen mit **y** oder **en** nach folgendem Muster.

1. Est-ce que tu t'occupes du programme
   d'excursion ?   *...Oui, je m'en occupe.*...............................

2. Est-ce que tu vas au Salon de
   l'immobilier jeudi ?   ....

3. Est-ce que tu as besoin de la voiture
   aujourd'hui ?   ....

4. Est-ce qu'on va au Festival de musique
   baroque ?   ....

5. Est-ce que tu veux acheter du
   champagne ?   ....

6. Est-ce qu'on reste deux jours à Reims ? ....

3 Welche Ergänzung passt zu welchem Verb?

1. aller   a. de programme
2. changer   b. déposer les bagages
3. faire   c. un véhicule
4. louer   d. une visite guidée
5. vieillir   e. visiter les caves
6. passer   f. en cave

..1e.. ....

4 Lesen oder hören Sie noch einmal den Dialog Seite 211 an und kreuzen Sie die
richtige Antwort an.

	VRAI	FAUX
1. Dans quinze jours, c'est le Salon de l'Immobilier.	☒	☐
2. Léa et Romain organisent une excursion à Reims.	☐	☐
3. Romain préfère planifier deux réunions de travail.	☐	☐
4. Léa propose de louer un monospace.	☐	☐
5. La visite des caves de champagne est prévue pour dimanche.	☐	☐
6. Il y a un Festival de musique baroque à Reims.	☐	☐

5 Bilden Sie **si**-Sätze nach dem folgenden Modell.

1. Si on *louait* une voiture, on *pourrait* aller à Honfleur ce week-end.

2. Si on .... (*faire*) la réunion de travail vendredi, nous .... (*avoir*) toute la journée de samedi le temps de faire les excursions.

3. Si on .... (*acheter*) une caisse de champagne, ce .... (*être*) plus pratique pour le transport.

4. Si tu .... (*inviter*) Raquel à Reims le week-end, elle .... (*venir*) avec plaisir.

5. Si vous .... (*changer*) de programme, vous .... (*devoir*) nous contacter tout de suite.

6. Si je .... (*travailler*) en Espagne, je .... (*préférer*) vivre à Barcelone.

7. Si tes parents nous .... (*inviter*) en Bretagne cet été, moi, je .... (*pouvoir*) seulement y aller une semaine.

8. Si je .... (*être*) jeune, je .... (*faire*) des études de médecine.

9. Si vous .... (*parler*) espagnol, vous .... (*pouvoir*) travailler pour nous.

10. Si tu .... (*changer*) de lunettes, tu .... (*lire*) mieux le journal.

6 Ein Wort passt nicht in die Reihe. Kreuzen Sie es an.

1. ☐ matin	☐ soir	☐ après-midi	☒ année
2. ☐ chaise	☐ véhicule	☐ monospace	☐ voiture
3. ☐ bon	☐ délicieux	☐ fatigant	☐ excellent
4. ☐ rencontre	☐ transport	☐ rendez-vous	☐ réunion
5. ☐ raisin	☐ visite	☐ guide	☐ excursion
6. ☐ magnum	☐ litre	☐ cave	☐ bouteille

Leçon

18

In dieser Lektion lernen Sie:
❚ Ein Auto mieten
❚ Verhandeln können
❚ Sich beschweren
❚ Ein Auto beschreiben
❚ Der **Superlativ** des **Adjektivs** und des **Adverbs**

EUROPAUTO

Europauto, leader de la location à bas prix

Depuis plus de 20 ans nous proposons à nos clients les tarifs les mieux adaptés à leurs besoins. Nous incluons dans nos tarifs le kilométrage illimité et les assurances. C'est pourquoi nous pratiquons les offres les plus intéressantes du marché de la location de voiture.

Si vous réservez votre véhicule à l'avance dans l'une de nos 450 agences, vous bénéficierez systématiquement d'une réduction de 5 à 10 % sur tous nos tarifs du moment. Pour les réservations immédiates nous vous conseillons d'opter pour une réservation en ligne.

Les entreprises disposent d'un tarif *spécial affaires* particulièrement avantageux. Vous pouvez effectuer votre réservation par téléphone, faites le 0892 892 898 (0,34 € la minute) ou réservez en ligne en France ou en Europe à partir d'une gare ou d'un aéroport.

Europauto, die Nr. 1 der billigen Autovermieter

Seit über 20 Jahren bieten wir unseren Kunden Preise an, die ihren Bedürfnissen am besten entsprechen. Unsere Preise beinhalten eine unbegrenzte Kilometerzahl und die Versicherungen. Deshalb machen wir auf dem Markt der Autovermietung die günstigsten Angebote.
Wenn Sie Ihr Fahrzeug in einer unserer 450 Mietstationen im Voraus reservieren, erhalten Sie systematisch einen Rabatt von 5 bis 10 % auf alle momentan gültigen Mietpreise.

Für sofortige Reservierungen raten wir Ihnen eine Online-Rerservierung zu machen.
Für Firmen gibt es einen besonders günstigen *Spezialbusiness-Sonderpreis*. Sie können auch telefonisch reservieren, rufen Sie die 0892 892 898 an (0,34 € pro Minute) oder buchen Sie online in Frankreich oder in ganz Europa von einem Bahnhof oder von einem Flughafen aus.

Reservieren

Quoi de neuf ?

In dieser Lektion erfahren Sie, was Sie beim Anmieten eines Autos wissen sollten. Dabei werden Sie den Superlativ des Adjektivs und des Adverbs entdecken.

1. Der Superlativ des Adjektivs   *E 1, 2*

Der Superlativ des Adjektivs wird gebildet aus:

le / la / les + **plus** + Adjektiv	**le / la / les** + **moins** + Adjektiv
C'est le véhicule **le plus** confortable. *Das ist das bequemste Fahrzeug.*	C'est le véhicule **le moins** demandé. *Das ist das Fahrzeug, das am wenigsten verlangt wird.*
C'est **la plus** grosse voiture. *Das ist das größte Auto.*	C'est la voiture **la moins** chère. *Das ist das billigste Auto.*
Voilà les offres **les plus** intéressantes. *Hier sind die günstigsten Angebote.*	Voilà les tarifs **les moins** chers. *Hier sind die billigsten Preise.*

▌ Im Gegensatz zum Deutschen kann man im Französischen immer ››nach oben‹‹ (**le / la / les plus**...) oder ››nach unten‹‹ (**le / la / les / moins**...) steigern.

2. Stellung des Superlativs   *E 1, 2*

Für den Superlativ gelten die Stellungsregeln des Adjektives, (siehe Lektion 4).
Kurze und häufig gebrauchte Adjektive, **petit** *(klein)*, **grand** *(groß)*, **gros** *(dick)*, **beau** *(schön)*, **joli** *(hübsch)*, **nouveau** *(neu)*, **jeune** *(jung)*, stehen im Allgemeinen vor dem Substantiv, z.B. **le plus jeune frère** *der jüngste Bruder.*
Mehrsilbige Adjektive stehen in der Regel nach dem Substantiv, z.B. **l'offre la plus intéressante** *das günstigte Angebot.*

18

Location de voiture Europauto

Employé : Europauto, bonjour !

Romain : Bonjour, Monsieur. C'est Monsieur Giroud de l'agence immobilière IBERPROMO. Je voudrais réserver une voiture pour cinq personnes le week-end prochain.

Employé : Vous désirez quel type de véhicule ?

Romain : Un monospace si possible. La dernière fois, j'avais loué une voiture et nous étions trop serrés.

Employé : Nous en avons un de disponible pour le week-end prochain. C'est un Renox, très confortable et très robuste. Nous le louons souvent à des sociétés qui organisent des excursions pour leurs clients.

Romain : Bon. Quels sont vos tarifs ?

Employé : En ce moment, nous offrons un tarif spécial affaires très intéressant : 250 euros pour trois jours ou 400 pour une semaine, kilométrage illimité.

Romain : Vos prix sont hors taxes ou TTC ?

Employé : Non, TTC. C'est vraiment une promotion intéressante !

Romain : Bien, d'accord pour le Renox.

Employé : Vous passerez le chercher quand ?

Romain : Vendredi matin vers 10 heures.

Employé : Entendu, je note la réservation. Vous devez restituer le véhicule dans nos bureaux dimanche à 19 heures.

Romain : Pas de problèmes !

Vocabulaire

Europauto, leader de la location à bas prix	
tarif *m*	*Preis*
adapté(e) *adj*	*angepasst*
adapter	*anpassen*
besoins *m, pl*	*Bedürfnisse*
inclure	*einbeziehen, einschließen*
kilomètrage *m*	*Kilometerzahl*
illimité(e) *adj*	*unbegrenzt*
assurance *f*	*Versicherung*
c'est pourquoi	*deshalb*
pratiquer	*machen*
intéressant(e) *adj*	*günstig, preiswert*
location *f*	*Vermietung*
voiture *f*	*Auto*
bénéficier	*profitieren, in Anspruch nehmen*

systématiquement *adv*	*systematisch*
réduction *f*	*Rabatt*
immédiat(e) *adj*	*sofortige(r)*
avantageux *adj m*, **avantageuse** *adj f*	*günstig*
Location de voitures Europauto	
la dernière fois	*letztes Mal*
louer	*vermieten, mieten*
serré(e) *adj*	*dicht gedrängt*
disponible *adj*	*frei, verfügbar*
confortable *adj*	*bequem*
société *f*	*Firma*
hors taxes (*abr.* HT)	*ohne MwSt.*
toutes taxes comprises (*abr.* TTC)	*mit MwSt.*
passer chercher	*abholen*
restituer	*zurückbringen*
bureau *m, pl* **bureaux**	*Büro(räume)*

Grammaire

1. Der Superlativ des Adverbs

Der Superlativ des Adverbs wird gebildet aus:

Superlativ (positiv) le plus ... + Adverb	Superlativ (negativ) le moins ... + Adverb
le plus longtemps *am längsten* Je suis restée le plus longtemps possible. *Ich bin so lange wie möglich geblieben.*	le moins longtemps *am kürzesten* Il est resté le moins longtemps possible. *Er ist so kurz wie möglich geblieben.*
le plus vite *am schnellsten* C'est lui qui parle le plus vite. *Er ist derjenige, der am schnellsten spricht.*	le moins vite *am langsamsten* C'est elle qui parle le moins vite. *Sie ist diejenige, die am langsamsten spricht.*

▌ Im Gegensatz zum Deutschen kann man im Französischen immer »nach oben« (le / la / les plus ...) oder »nach unten« (le / la / les moins...) steigern.

▌Sonderform bien

Adverb	Komparativ	Superlativ
bien	mieux	le mieux
Le rouge te va bien. *Rot steht dir gut.*	Le vert te va **mieux**. *Grün steht dir besser.*	C'est le vert qui te va **le mieux**. *Grün steht dir am besten.*
	moins bien	le moins bien
	Le bleu te va **moins bien**. *Blau steht dir nicht so gut.*	C'est le bleu qui te va **le moins bien**. *Blau steht dir am wenigsten (gut).*

2. Unregelmäßige Formen des Superlativs des Adjektivs

Adjektiv	Superlativ (positiv)	Superlativ (negativ)
bon / bonne gut	le **meilleur** / la **meilleure** les **meilleurs** / les **meilleures**	le moins bon / la moins bonne les moins bons / les moins bonnes
mauvais(e) schlecht	le plus mauvais / la plus mauvaise les plus mauvais / les plus mauvaises	le moins mauvais / la moins mauvaise les moins mauvais / les moins mauvaises
mauvais(e) schlimm	le **pire** / la **pire** les **pires**	

▌Für **mauvais** gibt es zwei Superlativformen mit unterschiedlicher Bedeutung:
C'est le plus mauvais client de l'agence. *Das ist der schlechteste Kunde der Agentur.*
C'est la pire solution. *Das ist die schlimmste Lösung.*

Savoir dire

Sich beschweren

Tu ne devrais pas rouler aussi vite !	*Du sollst nicht so schnell fahren!*
Tu pourrais / vous pourriez faire attention !	*Du könntest / Sie könnten aufpassen!*
Tu as encore oublié de mettre ta ceinture !	*Du hast wieder vergessen, dich anzuschnallen!*
Tu n'as pas / vous n'avez pas vu le panneau limitation de vitesse ?	*Hast du / Haben Sie denn das Schild Tempolimit nicht gesehen?*
Et la priorité ? Tu es aveugle ou quoi ?	*Was ist mit der Vorfahrt? Bist du blind oder was?*

Expressions utiles E 6

Das Auto

accélérateur m	Gaspedal 1
aile f	Kotflügel 2
autoroute f	Autobahn
capot m	Motorhaube 3
ceinture f de sécurité	Sicherheitsgurt 4
changer de vitesse	einen anderen Gang einschalten
clignotant m	Blinker 5
coffre m	Kofferraum
compteur m	Tachometer 6
conducteur m, conductrice f	Autofahrer(in)
conduire	Auto fahren
démarrer	starten
embrayage m	Kupplung 7
enjoliveur m	Radkappe 8
frein m à main	Handbremse 9
freins m, pl	Bremse 10

freiner	bremsen
kilomètre m	Kilometer
levier m de changement de vitesses	Schalthebel
limitation f de vitesse	Geschwindigkeitsbegrenzung
pare-chocs m	Stoßstange 11
péage m	Zahlstelle (der Autobahn)
permis m de conduire	Führerschein
phare m	Scheinwerfer 12
pneu m	Reifen 13
portière f	Autotür 14
rétroviseur m (extérieur) / (intérieur)	Außenspiegel / Rückspiegel 15
rouler vite	schnell fahren
siège m	Sitz 16
toit m	Dach 17
volant m	Lenkrad 18

18

ℹ **Les autoroutes en France** *Autobahnen in Frankreich*
In Frankreich sind die meisten Autobahnen privat **(autouroutes privées)**
und es wird eine Benutzungsgebühr **(le péage)** erhoben. Nur in den Einzugsgebieten
der Städte, z. B. Paris oder Lyon, sind die Autobahnen gebührenfrei. Im Lauf einer
Reise muss daher manchmal mehrfach bezahlt werden. Wer die Autobahngebühren
nicht zahlen möchte, kann eine **route nationale** (entspricht der Bundesstraße)
benutzen. Vorsicht: Es gibt in Frankreich ein Tempolimit,
nämlich auf den **autoroutes** 130 km, bei
Regenwetter 110 km, auf den **routes
nationales** 90 km, bei Regenwetter 70 km.

Exercices

1 Lesen Sie den Text und kreuzen Sie dann die richtige Antwort an.

Pauline a 21 ans, elle a un nouveau copain Pedro. Pedro a 21 ans, il est plus grand
que Pauline. Le frère de Pedro a 25 ans, il s'appelle Paulo, il est plus grand que
Pedro. Pauline a une *Clio*. Pedro a une *Mégane*. Paulo a une *BMW*. Pedro est espagnol, il parle un peu anglais et il parle bien français. Pauline est française, elle parle
un peu anglais et bien espagnol.
Paulo est espagnol, il parle bien français et très bien anglais. Pauline fait de la danse.
Pedro fait du jogging, du ski, du tennis. Paulo fait un peu de jogging.

1. a. Pauline est la plus âgée. ☐ **3. a.** Pauline est la plus sportive. ☐
   b. Pedro est le plus jeune. ☐   **b.** Pedro est le moins sportif. ☐
   c. Paulo est le plus âgé. ☒   **c.** Paulo est le moins sportif. ☐

2. a. Pauline a la plus grosse voiture. ☐ **4. a.** Pauline parle le mieux espagnol. ☐
   b. Pedro a la plus petite voiture. ☐   **b.** Paulo parle le mieux anglais. ☐
   c. Paulo a la plus grosse voiture. ☐   **c.** Pedro parle le mieux français. ☐

2 Vergleichen Sie Romain, Pedro und Paulo. Bilden Sie Sätze mit den Adjektiven im Kasten nach folgendem Muster.

généreux	stressé	prudent	bavard	élégant

1. Pedro fait 1m 80. Paulo fait 1m 75. ....*Romain est le moins grand.*....

Romain fait 1m 70. ....*Pedro est le plus grand.*.... .

2. Romain s'habille sport. Paulo met ....

parfois un costume. Pedro met ....

toujours un costume et une cravate. ....

3. Romain ne parle pas beaucoup. Paulo ....

aime parfois discuter de sport. Pedro ....

parle beaucoup. ....

4. Romain fait des cadeaux une fois par ....

an. Paulo ne fait pas de cadeaux. Pedro ....

fait des cadeaux à tous ses amis. ....

5. Romain roule lentement en voiture. ....

Paulo conduit normalement. Pedro ....

adore rouler très vite. ....

6. Romain travaille 40 heures par ....

semaine. Paulo travaille 35 heures ....

par semaine. Pedro travaille 45 heures ....

par semaine. ....

3 Welche Ergänzung passt zu welchem Verb?

1. réserver   **a.** vitesse
2. offrir   **b.** un tarif spécial
3. mettre   **c.** le permis de conduire
4. changer de   **d.** vite
5. avoir   **e.** la ceinture de sécurité
6. rouler   **f.** à l'avance

..1f.. ....

4 Lesen oder hören Sie noch einmal den Dialog Seite 220 und kreuzen Sie die richtige Antwort an.

	VRAI	FAUX
1. Romain voudrait réserver un monospace.	☒	☐
2. L'agence de location de voitures n'a pas de monospace.	☐	☐
3. L'agence Europauto offre un tarif spécial affaires.	☐	☐
4. Romain voudrait louer le véhicule pour une semaine.	☐	☐
5. Il faut restituer le véhicule à l'aéroport.	☐	☐
6. Les prix sont des prix TTC.	☐	☐

5 Der Dialog ist durcheinander gekommen. Bringen Sie Sätze in die richtige Reihenfolge.

1. Alors, je la prends, je peux passer vendredi matin à 8 heures ?
2. Bonjour Monsieur, je voudrais louer une Clio vendredi prochain. C'est possible ?
3. Tous nos tarifs sont TTC.
4. Vous la voulez pour le week-end ou pour une semaine ?
5. Vos prix sont hors taxes ou TTC ?
6. J'en ai besoin pour le week-end.
7. Europauto, bonjour !
8. Attendez, je vais voir… Oui, pour vendredi prochain nous avons encore une Clio de libre.
9. Pas de problèmes, nous sommes ouverts à partir de 7 heures.

..7.... ....

6 Ein Wort passt nicht in die Reihe. Kreuzen Sie es an.

1.	☐ volant	☐ capot	☒ autoroute	☐ aile
2.	☐ véhicule	☐ toit	☐ voiture	☐ monospace
3.	☐ conducteur	☐ conductrice	☐ chauffeur	☐ client
4.	☐ freins	☐ siège	☐ embrayage	☐ accélérateur
5.	☐ péage	☐ société	☐ entreprise	☐ firme
6.	☐ ville	☐ aéroport	☐ cour	☐ gare
7.	☐ clignotant	☐ pare-chocs	☐ portière	☐ tarif
8.	☐ agence	☐ bureau	☐ réduction	☐ entreprise

19

In dieser Lektion erfahren Sie etwas über:
- Umwelt und Lebensqualität
- Jemanden einschätzen
- Hilfe anbieten
- Der **subjonctif présent** (Teil 1)
- Das **plus-que-parfait**

Fête de quartier

Il y a quelques années la journée des fêtes de quartier avait été un franc succès. Depuis deux ans, faute de moyens, il n'y a plus eu de fête dans notre quartier. Cette année, *Urbanisme et qualité de vie* est chargé de l'organisation. Notre association, *Urbanisme et qualité de vie* a des objectifs précis : préservation de l'environnement, amélioration des conditions de vie dans notre quartier. Nous cherchons des bénévole pour préparer le grand pique-nique qui aura lie le dernier samedi du mois de juin. Nous organisons un concours d'idées pour le nouvel aménagement de la *place Brancusi*. Cette fois le traditionnel marché aux puces *rue Ledion* aura lieu à partir de 10 heures. Nous souhaitons qu'il y ait cette année assez de place pour tous les participants. C'est pourquoi nous vous demandons de passer vous inscrire dans nos bureaux une semaine à l'avance.
À la tombée de la nuit, musiciens et conteurs animeront la soirée. Il est important que jeunes et moins jeunes habitants de la *place Brancusi* fassent connaissance lors de cette fête.

Les amis du XIVe
et l'association
Urbanisme et qualité de vie
vous invitent le samedi 28 août
à la
Fête de quartier
Place Brancusi /rue Ledion
Marché aux puces
Grand pique-nique
Concours d'idées
Musiciens et conteurs

Stadtviertelfest

Vor einigen Jahren war der Tag der Stadtviertelfeste ein echter Erfolg. Seit zwei Jahren hat es in unserem Viertel aus Geldmangel kein Fest mehr gegeben. Dieses Jahr ist *Urbanisme et qualité de vie* (Stadtplanung und Lebensqualität) mit der Organisation beauftragt. Unser Verein *Urbanisme et qualité de vie* hat bestimmte Ziele: Umweltschutz, Verbesserung der Lebensbedingungen in unserem Viertel. Wir suchen Freiwillige, um das große Picknick, das am letzten Samstag im Juni stattfinden wird, vorzubereiten. Wir veranstalten einen Ideenwettbewerb für die Neugestaltung der *place Brancusi* (Brancusiplatz). Der traditionelle Flohmarkt in der *rue Ledion* wird dieses Jahr ab 10 Uhr stattfinden. Wir wünschen uns, dass es dieses Jahr genügend Platz für alle Teilnehmer gibt. Deshalb bitten wir Sie, eine Woche vorher in unseren Büroräumen vorbeizukommen und die Anmeldung vorzunehmen. Bei Einbruch der Dunkelheit werden Musiker und Geschichtenerzähler den Abend gestalten. Es ist wichtig, dass die jüngeren und älteren Anwohner der *place Brancusi* sich bei diesem Fest kennen lernen.

Quoi de neuf ?

In dieser Lektion werden Sie die Vorbereitung eines Stadtviertelfestes miterleben. Dabei werden Sie eine Erzählzeit der Vergangenheit, das **plus-que-parfait** *(das Plusquamperfekt)* und einen wichtigen Modus, den **subjonctif** entdecken. Dieser Modus hat keine Gemeinsamkeit mit dem deutschen Konjunktiv!

Das *plus-que-parfait*   `E 5`

Das **plus-que parfait** wird mit den Imperfektformen der Hilfsverben **avoir** und **être** und dem **participe passé** *(Partizip Perfekt)* des zu konjugierenden Verbs gebildet. Zur Bildung des participe passé, s. Lektion 7 und Lektion 9.
Das **plus-que-parfait** beschreibt einen Vorgang in der Vergangenheit, der zeitlich vor einem anderen vergangenen Vorgang liegt, z.B.
Les voisins qui étaient partis en vacances avant nous, sont rentrés après nous.
Die Nachbarn, die vor uns in Urlaub gefahren waren, sind nach uns zurückgekommen.

Formen des *plus-que-parfait*

	participe passé	plus-que-parfait	
avoir	**eu**	j'avais eu tu avais eu il / elle avait eu	nous avions eu vous aviez eu ils / elles avaient eu
être	**été**	j'avais été tu avais été il / elle avait été	nous avions été vous aviez été ils / elles avaient été
Verben auf **-er**	**-é**	j'avais cherché *usw.*	nous avions cherché *usw.*
Verben auf **-ir**	**-i**	j'avais choisi *usw.*	nous avions choisi *usw.*
Verben auf **-re**	**-u**	j'avais attendu *usw.*	nous avions attendu *usw.*

Stand commun 🔘

Dans l'escalier

Morgane : Bonsoir René, bonsoir Amélie ! Vous avez aussi reçu la lettre
d'Urbanisme et qualité de vie ?

Amélie : Oui, on a lu qu'il y avait un marché aux puces le samedi matin
dans notre rue. On a très envie d'y participer, et vous ?

Morgane : Moi aussi. Ça tombe bien, il faut que je vide mon grenier. Je n'ai
pas le courage de faire un stand toute seule.

René : Vous aimeriez mieux qu'on fasse un stand commun ? Ce serait
plus drôle !

Morgane : Excellente idée ! Moi, j'ai surtout des vieux bouquins et quelques
bricoles à vendre.

Amélie : Et moi, j'aimerais me débarrasser des affaires des enfants qui sont
grands maintenant. Nous avons des jouets et des vêtements dans
des caisses au grenier. Vous pourriez m'aider à faire le tri ?

Morgane : Pourquoi pas ? Je veux bien vous donner un coup de main.

René : Et moi, je voudrais vendre ma collection de briquets.
Il faut qu'on s'inscrive demain au plus tard pour le
marché aux puces. Si vous voulez, je m'en occupe.

Morgane : D'accord ! Ça vous dirait
de venir prendre
l'apéritif chez moi ?

Amélie : Avec plaisir.

19

Vocabulaire

Fête de quartier
quartier *m*	Stadtviertel
fête de quartier	Stadtviertelfest
franc *adj m*, franche *adj f*	echte(r, s)
faute de (+ *subst.*)	mangels
moyens *m, pl*	Mittel, Geld
être chargé(e) de	beauftragt sein
organisation *f*	Organisation
association *f*	Verein
objectif *m*	Ziel
préservation *f* de	Umweltschutz
l'environnement	
environnement *m*	Umwelt
amélioration *f*	Verbesserung
conditions *f, pl* **de vie**	Lebensbedin-
	gungen
bénévole *m (f)*	Freiwillige(r)
préparer	vorbereiten
pique-nique *m*	Picknick
avoir lieu	stattfinden
concours *m*	Wettbewerb
aménagement *m*	Gestaltung
traditionnel(le) *adj m (f)*	traditionell
marché *m* aux puces	Flohmarkt
souhaiter que...	sich wünschen,
(+ *subj.*)	dass ...
place *f*	Platz, Raum
participant(e) *m (f)*	Teilnehmer(in)
s'inscrire	sich anmelden
à l'avance	im Voraus,
	vorher
à la tombée de la nuit	bei Einbruch der
	Dunkelheit
musicien(ne) *m (f)*	Musiker(in)
animer	gestalten

il est important que...	es ist wichtig,
(+ *subj.*)	dass ...
habitant *m*	Anwohner
lors de	bei

Stand commun
commun(e) *adj*	gemeinsam
stand *m*	Stand
vider	leer machen
grenier *m*	Speicher
avoir le courage de	den Mut haben,
(+ *inf.*)	etwas zu tun
vous aimeriez mieux	wäre es Ihnen
que (+ *subj.*)	lieber, wenn ...
drôle *adj*	lustig
bouquin F *m*	Buch
bricole *f*	Kleinigkeit
vendre	verkaufen
se débarrasser (de qc)	(etwas)
	loswerden
affaires *f, pl*	Sachen
enfant *m*	Kind
grand(e) *adj*	erwachsen
jouet *m*	Spielzeug
caisse *f*	Kiste
aider	behilflich sein
faire le tri	aussortieren
donner un coup	mit Hand
de main	anlegen
collection *f*	Sammlung
briquet *m*	Feuerzeug
ça vous dirait de...	hätten Sie Lust,
(+ *inf.*)	... (etwas zu
	tun)

Grammaire

Der *subjonctif présent* $\boxed{E\ 1,\ 2}$

1. Formen

Der **subjonctif présent** wird gebildet, indem man an den Stamm der 3. Person Plural
Präsens des Indikativs folgende Endungen anhängt: **-e, -es,-e, -ions, -iez, -ent.**

Verben auf **-er**

aimer *mögen*	
que j'aime	que nous aim**ions**
que tu aimes	que vous aim**iez**
qu'il / qu'elle aime	qu'ils / qu'elles aiment

Sonderformen auf **-er**

acheter *kaufen*	que j'achète *usw.*	que nous achet**ions** que vous achet**iez** *usw.*
employer *benutzen*	que j'emploie *usw.*	que nous employ**ions** que vous employ**iez** *usw.*
essayer *probieren*	que j'essaie *od.* essaye *usw.*	que nous essay**ions** que vous essay**iez** *usw.*

❚ Diese Verben zeigen im **subjonctif présent** die gleichen orthographischen
Besonderheiten wie im Indikativ Präsens (siehe Lektion 6).

Verben auf **-ir**

finir *beenden*	
que je finisse	que nous fini**ss**ions
que tu finisses	que vous fini**ss**iez
qu'il / elle fin**isse**	qu'ils / qu'elles finissent

Verben auf **-re**

répondre *antworten*	
que je réponde	que nous répond**ions**
que tu répondes	que vous répond**iez**
qu'il / qu'elle réponde	qu'ils / qu'elles répondent

Unregelmäßige Verben

avoir *haben*	que j'aie	que nous ayons
	que tu aies	que vous ayez
	qu'il / qu'elle ait	qu'ils / qu'elles aient
être *sein*	que je sois	que nous soyons
	que tu sois	que vous soyez
	qu'il / qu'elle soit	qu'ils / qu'elles soient
aller *gehen*	que j'aille	que nous allions
	que tu ailles	que vous alliez
	qu'il / qu'elle aille	qu'ils / qu'elles aillent
faire *machen*	que je fasse	que nous fassions
	que tu fasses	que vous fassiez
	qu'il / qu'elle fasse	qu'ils / qu'elles fassent
pouvoir *können*	que je puisse	que nous puissions
	que tu puisses	que vous puissiez
	qu'il / qu'elle puisse	qu'ils / qu'elles puissent
savoir *wissen*	que je sache	que nous sachions
	que tu saches	que vous sachiez
	qu'il / qu'elle sache	qu'ils / qu'elles sachent
vouloir *wollen*	que je veuille	que nous voulions
	que tu veuilles	que vous vouliez
	qu'il / qu'elle veuille	qu'ils / qu'elles veuillent

→ Andere Formen finden Sie im Anhang, Verbtabelle ab Seite 294.

2. Gebrauch

❚ Der französische **subjonctif** darf nicht mit dem deutschen Konjunktiv verwechselt werden, z.B. *Er sagt, er sei krank.* Il dit qu'il **est** malade.
Der **subjonctif présent** ist sowohl in der gesprochenen Sprache wie in der

geschriebenen Sprache sehr geläufig, z.B. die Konstruktion mit **Il faut que**...
Il faut que tu **ailles** chez le dentiste avant ton départ. *Vor deiner Abreise musst du zum Zahnarzt.*

▌ Während der Indikativ eine Tatsache oder einen Vorgang objektiv darstellt, z.B.
il est malade *er ist krank*, stellt der **subjonctif** einen Vorgang unter dem subjektiven Gesichtspunkt des Sprechers dar, z.B.
Je ne pense pas qu'il **soit** malade. *Ich denke nicht, dass er krank ist.*

▌ Der **subjonctif** steht automatisch nach den so genannten „Auslösern". Diese Auslöser sind Elemente wie Verben, Ausdrücke, Konjunktionen, die den **subjonctif** im Nebensatz verlangen (speziell zu den Konjunktionen, siehe Lektion 20).

Beispiele für **subjonctif**-Auslöser

Verben, die einen **Wunsch** ausdrücken	souhaiter que.... demander que...	*wünschen* *verlangen, fragen*
Verben, die ein **Bedauern** oder ein **Empfinden** ausdrücken	regretter que... aimer que... craindre que...	*bedauern* *mögen* *befürchten*
Verben, die einen **Willen** ausdrücken	exiger que... refuser que... vouloir que...	*fordern* *ablehnen* *wollen*
Verben, die ein **Verbot** ausdrücken	interdire que...	*verbieten*
Verben, die einen **Zweifel** ausdrücken	douter que...	*bezweifeln*
Unpersönliche Verben, Ausdrücke, die ein Urteil, eine Wertung enthalten	Il est normal que... Il est logique que... Il est temps que... Il est souhaitable que... Il faut que... Il faudrait que... être content que... être surpris que...	*Es ist normal, dass ...* *Es ist logisch, dass ...* *Es ist Zeit, dass ...* *Es ist wünschenswert, dass ...* *Man muss ...* *Man müsste ...* *sich freuen, dass ...* *überrascht sein, dass ...*

▌ Diese Liste ist nicht vollständig. Wann Sie den **subjonctif** nach einem Verb oder nach einem Ausdruck einsetzen müssen, sollten Sie in einem Wörterbuch überprüfen.

▌ Der **subjonctif** steht fast immer in Nebensätzen, die mit **que** eingeleitet werden. Umgekehrt aber lösen nicht alle Sätze mit **que** den **subjonctif** aus!

Savoir dire E 6

Schützt die Umwelt!

bouteille *f* en plastique	*Plastikflasche*	ordures *f, pl* ménagères	*Abfall*
brique *f*	*Tetra-Pack*	pollution *f*	*Umweltver-*
collecte *f* des vieux	*Altpapier-*		*schmutzung*
papiers	*sammlung*	poubelle *f*	*Mülltonne*
collecter	*sammeln*	préserver	*schützen*
container *m* pour verre	*Altglascontainer*	recyclable *adj*	*wieder verwert-*
container *m* pour vieux	*Altpapier-*		*bar*
papiers	*container*	recyclage *m*	*Recycling,*
déchets *m, pl*	*Müll*		*Wieder-*
déchetterie *f*	*Müllsamme*		*verwertung*
	stelle	recycler	*wieder*
emballage *m*	*Verpackung*		*verwerten*
	(-smaterial)	tri *m* des déchets	*Mülltrennung*
environnement *m*	*Umwelt*	trier	*aussortieren*
jeter	*wegwerfen*		

Expression utiles

Jemanden einschätzen

Je le / la trouve sympathique.	*Ich finde ihn / sie sympathisch.*
J'ai beaucoup d'amiration pour lui / elle.	*Ich bewundere ihn / sie sehr.*
Je l'adore.	*Ich mag sie / ihn sehr.*
Il / Elle est très compréhensif / -ive, serviable.	*Er / Sie ist sehr verständnisvoll, hilfsbereit.*
Il / Elle a une forte personnalité.	*Er / Sie ist eine starke Persönlichkeit.*
Il / Elle a du goût.	*Er / Sie hat einen guten Geschmack.*
Il / Elle est très compétent(e).	*Er / Sie ist sehr kompetent.*

Les marchés aux puces *Flohmärkte*
In **Montreuil** und in **Saint-Ouen** sind am Wochenende bekannte Pariser Flohmärkte. Die Flohmärkte haben in **Montreuil** am Samstag- und Sonntagmorgen geöffnet, in **Saint-Ouen** samstags, sonntags und montags. Sie sind leicht mit der **métro** zu erreichen: **Saint-Ouen, métro Porte de Clignancourt** Endstation, **Montreuil**, métro Mairie de Montreuil.

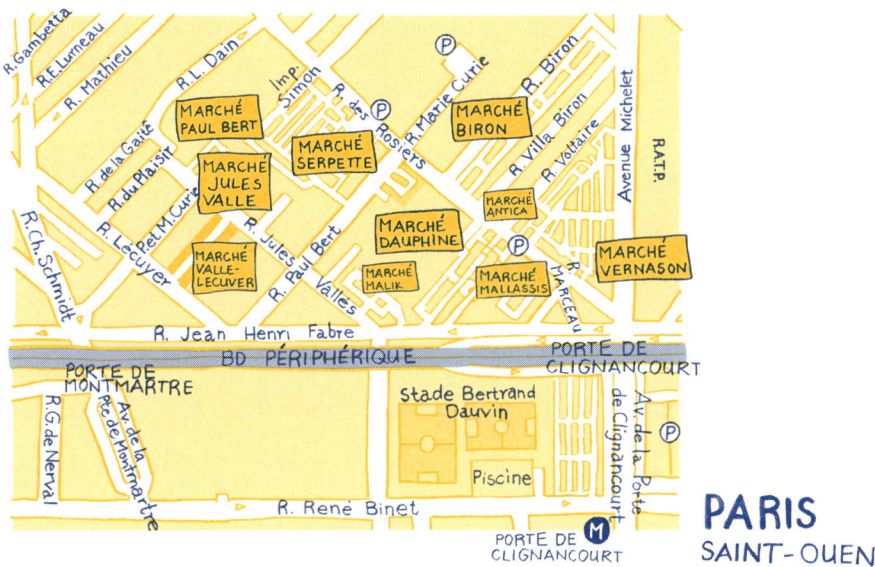

Exercices

1 Formulieren Sie folgende Ratschläge um. Setzen Sie den **subjonctif** nach folgendem Muster ein.

1. Faites du sport plus souvent.

   Il faut que vous fassiez du sport plus souvent.

2. Téléphonez au chef du personnel demain matin !

3. Partez en vacances avec des amis !

4. Choisissez une destination exotique !

5. Soyez prudent en voiture !

6. Inscrivez-vous à un cours de gym !

7. Invitez tous vos voisins pour votre ....
   anniversaire ! ....

8. Mettez une annonce dans le journal ....
   pour trouver un copain ! ....

9. Sortez plus souvent le week-end ! ....

10. Triez vos déchets pour préserver ....
    l'environnement ! ....

2 Setzen Sie den **subjonctif** ein.

1. Je suis content que vous _répondiez_ .... (*répondre*) à ma lettre.

2. Il est possible que nous .... (*aller voir*) Raquel à Madrid cet été.

3. Il exige que son fils .... (*faire*) des études de médecine.

4. Je regrette que vous .... (*ne pas pouvoir*) venir à ma fête.

5. Elle aimerait mieux que tu .... (*venir*) samedi prochain.

6. Nous souhaitons que vous .... (*avoir*) beaucoup d'enfants !

7. Il faut que tu .... (*choisir*) une nouvelle voiture.

8. Je suis très surprise qu'il .... (*avoir*) du succès.

9. Elle veut que nous .... (*participer*) au marché aux puces.

10. Il est temps que vous .... (*changer*) de voiture.

3 Welche Ergänzung passt zu welchem Verb?

1. préserver   a. connaissance
2. faire   b. de l'organisation
3. animer   c. un coup de main
4. donner   d. lieu
5. avoir   e. l'environnement
6. être chargé   f. la soirée

  _1e_ ....

4 Lesen oder hören Sie den Dialog auf Seite 229 noch einmal und kreuzen Sie die richtige Antwort an.

	VRAI	FAUX
1. Morgane rencontre ses voisins dans l'escalier.	☒	☐
2. Amélie ne veut pas participer au marché aux puces.	☐	☐
3. Morgane veut se débarrasser de vieux meubles.	☐	☐
4. René a une collection de briquets à vendre.	☐	☐
5. René va s'occuper de l'inscription.	☐	☐
6. Le marché aux puces aura lieu le samedi matin.	☐	☐
7. Amélie invite ses invités à l'apéritif.	☐	☐
8. Les voisins n'acceptent pas l'invitation d'Amélie.	☐	☐

5 Setzen Sie das **plus-que-parfait** in dem Text ein.

Mon grand-père qui s'appelait Pablo et était espagnol. Il *avait passé* ....

(*passer*) son enfance en Andalousie. Il .... (*venir*) en

France à 18 ans en 1935 pour chercher du travail. Pablo ....

(*rencontrer*) Marie, ma grand-mère dans un petit hôtel du pays basque où il

travaillait. Ils .... (*tomber amoureux*) tout de suite et ils

.... (*se marier*) en 1936. Ils ont eu cinq enfants.

6 Ein Wort passt nicht in die Reihe. Kreuzen Sie es an.

1.	☐ quartier	☐ place	☐ rue	☒ concours
2.	☐ association	☐ participation	☐ participer	☐ participant
3.	☐ déjeuner	☐ dîner	☐ objectif	☐ pique-nique
4.	☐ planifier	☐ organiser	☐ préparer	☐ vendre
5.	☐ poubelle	☐ bricoles	☐ ordures	☐ déchets
6.	☐ message	☐ lettre	☐ jouet	☐ mail

Ihre Lernziele in dieser Lektion sind:
- Über das Privatleben reden
- Gefühle ausdrücken
- Auf eine Bitte / Nachricht reagieren
- Veränderlichkeit des **participe passé**
- Der **subjonctif présent** (Teil 2)
- Zusammenfassung **Relativpronomen**

Êtes-vous prêt(e) pour le mariage ?

Amoureux / amoureuse, vous l'êtes !
Vous vivez même avec lui / elle !
Avez-vous une idée du mariage ?
Un test que vous devriez faire avant
de vous décider.

1 Il / Elle vous fait sa demande en
mariage, vous pensez :

a. ☐ Pas la peine de se marier pour être
heureux / heureuse.
b. ☐ C'est quand même un peu tôt !
c. ☐ Enfin, il / elle s'est décidé(e) !

2 Le mot que vous associez spontanément
avec mariage c'est :

a. ☐ passion
b. ☐ raison
c. ☐ prison

3 Un couple qui vit maritalement,
vous trouvez que c'est :

a. ☐ normal
b. ☐ moderne
c. ☐ immoral

4 Ce qui est le plus important dans
le mariage, c'est :

a. ☐ le voyage de noces
b. ☐ la sécurité
c. ☐ le contrat

Sind Sie schon reif für die Ehe?

Sie sind verliebt!
Sie leben sogar mit ihm / ihr!
Haben Sie aber eine Vorstellung davon,
was Ehe bedeutet? Hier ein Test, den Sie
machen sollten, bevor Sie sich entscheiden.

1 Er / sie macht Ihnen einen Heiratsantrag,
Sie denken:

a. ☐ Man muss ja nicht heiraten, um
glücklich zu sein.
b. ☐ Das ist doch etwas verfrüht!
c. ☐ Endlich hat er/sie sich entschieden!

2 Das Wort, das Sie spontan mit Ehe
verbinden, ist:

a. ☐ Leidenschaft
b. ☐ Vernunft
c. ☐ Gefängnis

3 Ein Paar, das in wilder Ehe lebt, finden
Sie:

a. ☐ normal
b. ☐ modern
c. ☐ unmoralisch

4 Das Wichtigste in der Ehe ist:
a. ☐ die Hochzeitsreise
b. ☐ die Sicherheit
c. ☐ der Ehevertrag

5 Votre meilleur(e) ami(e) vous annonce son mariage :

a. ☐ Vous pensez : catastrophe !
Il / elle a fait le mauvais choix.

b. ☐ Vous aimeriez être à sa place.

c. ☐ Vous êtes ému(e) et content(e) pour elle / lui.

6 Votre compagnon / compagne refuse le mariage :

a. ☐ Ça tombe bien, vous êtes aussi contre.

b. ☐ Vous essayer de le / la faire changer d'avis.

c. ☐ Vous le / la quittez.

5 Ihr bester Freund / Ihre beste Freundin kündigt seine / ihre Heirat an:

a. ☐ Sie denken: Eine Katastrophe!
Er / sie hat die falsche Wahl getroffen.

b. ☐ Sie möchten an seiner / ihrer Stelle sein.

c. ☐ Sie sind gerührt und freuen sich für ihn / sie.

6 Ihr Partner / Ihre Partnerin weigert sich zu heiraten:

a. ☐ Das trifft sich gut, denn Sie sind auch dagegen.

b. ☐ Sie versuchen ihn / sie umzustimmen.

c. ☐ Sie verlassen ihn / sie.

Résultats

Vous avez dans vos réponses un maximum de a. : Profil nº 1
Le mariage et vous, ça fait deux. Pour vous, on peut très bien vivre ensemble sans passer devant monsieur le maire. Très sûr(e) de vous, vous ne demandez plus à votre compagnon / compagne ce qu'il / elle en pense !
Notre conseil : Réfléchissez bien avant qu'il / qu'elle ne choisisse quelqu'un d'autre !

Vous avez dans vos réponses un maximum de b. : Profil nº 2
Le mariage vous tente mais vous hésitez encore. Bien que le mariage ne soit pas pour vous une preuve d'amour, vous trouvez qu'il peut apporter quelque chose que vous ne voudriez pas rater. Notre conseil : Attendez un peu ! Vous n'êtes tout simplement pas prêt(e) !

Vous avez dans vos réponses un maximum de c. : Profil nº 3
Vous venez de vous marier ou vous allez vous marier très bientôt ! Pour vous, le mariage est le symbole romantique d'un engagement pour la vie, pour le meilleur et pour le pire.
Notre conseil : Ne restez pas trop longtemps sur votre nuage !

Auswertung

Sie haben die meisten Fragen mit a. beantwortet: Typ 1
Sie sind für die Ehe nicht geschaffen. Sie sind der Ansicht, man kann sehr gut zusammenleben ohne den Gang aufs Standesamt. Sehr selbstsicher fragen Sie gar nicht mehr nach seiner/ihrer Meinung!
Unser Rat: Überlegen Sie gut, bevor er/sie sich eine(n) andere(n) Partner(in) sucht!

Sie haben die meisten Fragen mit b. beantwortet: Typ 2
Sie sind in der Versuchung, eine Ehe einzugehen, aber Sie zögern noch. Obwohl die Ehe für Sie kein Beweis für Liebe ist, sind Sie der Meinung, dass sie Ihnen etwas bringen kann, das Sie nicht versäumen möchten.
Unser Rat: Warten Sie noch ein bisschen ab! Sie sind einfach noch nicht so weit!

Sie haben die meisten Fragen mit c. beantwortet: Typ 3
Sie haben eben geheiratet oder Sie werden es sehr bald tun! Für Sie ist die Heirat das romantische Symbol einer lebenslangen Bindung, auf Gedeih und Verderb.
Unser Rat: Kommen Sie bald von Ihrer Wolke herunter!

Quoi de neuf ?

In dieser letzten Lektion werden Sie die strapaziösen Vorbereitungen auf eine Hochzeit miterleben. Dabei erhalten Sie eine Zusammenfassung über den **Subjonctif** nach Konjunktionen und die **Relativpronomen**. Die Angleichung des **participe passé**, die wir schon angesprochen haben (siehe Lektion 9), wird jetzt systematisch dargestellt und abgeschlossen.

Der *subjonctif présent* nach Konjunktionen   *E 1, 7*

❚ Lesen Sie nochmals die Hinweise zur Bildung der Formen durch, (siehe Lektion 19).

❚ Der **subjonctif** steht automatisch nach so genannten „Auslösern". Dies sind Verben, Ausdrücke (siehe Lektion 19) oder wie hier Konjunktionen.

subjonctif-Auslöser Konjunktionen	Beispiele	
afin que *damit*	... afin que je **puisse** venir.	*... damit ich kommen kann.*
pour que *damit*	... pour que je **puisse** accepter.	*... damit ich annehmen kann.*
bien que *obwohl*	... bien qu'il **soit** amoureux.	*... obwohl er verliebt ist.*
à condition que *unter der Voraussetzung, dass*	... à condition qu'il **vienne**.	*... unter der Voraussetzung, dass er kommt.*
avant que *bevor*	... avant qu'il **pleuve**.	*... bevor es regnet.*
jusqu'à ce que *bis*	... jusqu'à ce que nous nous **décidions**.	*... bis wir uns entscheiden.*

❚ Diese Liste ist nicht vollständig. Wann Sie den **subjonctif** nach einer Konjunktion einsetzen müssen, sollten Sie in einem Wörterbuch überprüfen.

❚ Zur Erinnerung: Der **subjonctif** steht fast immer in Nebensätzen mit **que**; daher wird er durch ein vorausgehendes **que** gekennzeichnet.

❚ Umgekehrt aber lösen nicht alle Sätze mit **que** den **subjonctif** aus!

Vive les mariés !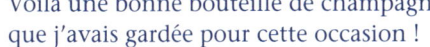

Chez Steve, à l'heure de l'apéritif un samedi soir

Sandrine : Chers amis, nous avons une grande nouvelle à vous annoncer !

Romain : Ah bon, de quoi s'agit-il ? Vous avez l'air bien mystérieux tous les deux ?

Steve : Eh bien, c'est une grande suprise, voilà on s'est décidé ! Nous allons nous marier !

Romain : Ça alors ! Je suis très heureux pour vous. Léa, tu étais au courant ?

Léa : Non, mais je m'en doutais un peu ! Toutes mes félicitations !

Sandrine : Merci, merci, je me sens toute émue ! Nous avons quelque chose à vous demander ! Steve, mon chéri, continue !

Steve : C'est quelque chose qui nous ferait très plaisir. Si vous êtes d'accord, nous aimerions beaucoup que vous soyez tous les deux nos témoins de mariage !

Romain : J'accepte tout de suite ! C'est un grand honneur que tu nous fais. Qu'en penses-tu, Léa ?

Léa : Je suis d'accord, à condition que cela ne corresponde pas avec mon voyage au Vietnam ! Quelle est la date que vous avez choisie ?

Steve : Pour que toute ma famille et mes copains puissent venir, nous avons choisi le dernier week-end du mois d'août.

Léa : C'est parfait ! C'est une date qui te convient aussi, Romain ?

Romain : Tout à fait ! Vous avez déjà réfléchi aux préparatifs ?

Sandrine : Nous avons commencé, mais nous sommes un débordés. Léa, si tu pouvais par exemple t'occuper des réservations d'hôtel, ce serait super.

Léa : Avec le plus grand plaisir !

Romain : Et moi, je pourrais m'occuper de l'organisation de la fête !

Steve : Merci beaucoup ! Le reste Sandrine et moi, on s'en occupe. On aimerait bien vous montrer ce soir la liste des invités !

Sandrine : Moi, j'aimerais aussi que vous jetiez un œil sur le faire-part qu'on a déjà préparé.

Steve : On va d'abord commencer par arroser ça ! Voilà une bonne bouteille de champagne que j'avais gardée pour cette occasion !

Vocabulaire

Êtes-vous prêt(e) pour le mariage ?

être prêt(e)	*hier: reif sein*
mariage *m*	*Ehe;*
	das Heiraten;
	Hochzeit
vivre	*leben*
demande *f* en mariage	*Heiratsantrag*
Pas la peine de...	*Man muss*
	nicht ...
se marier (avec qn)	*(jn) heiraten*
heureux *adj m,*	*glücklich*
heureuse *adj f*	
tôt	*verfrüht*
mot *m*	*Wort*
associer	*verbinden*
spontanément	*spontan*
passion *f*	*Leidenschaft*
raison *f*	*Vernunft*
prison *f*	*Gefängnis*
maritalement	*in wilder Ehe*
immoral(e) *adj*	*unmoralisch*
voyage *m* de noces	*Hochzeitsreise*
sécurité *f*	*Sicherheit*
contrat *m* (de mariage)	*(Ehe-)Vertrag*
annoncer	*ankündigen*
catastrophe *f*	*Katastrophe*
ému(e) *adj*	*gerührt*
compagne *f*	*(Lebens-)Part-*
	nerin
compagnon *m*	*(Lebens-)Partner*
refuser	*ablehnen*
contre	*dagegen*
essayer de (+ inf.)	*versuchen*
faire changer d'avis	*umstimmen*
avis *m*	*Meinung*
quitter	*verlassen*
ça fait deux *loc*	*das sind zwei*
	Paar Stiefel

passer devant	*den Gang aufs*
monsieur le maire	*Standesamt*
	machen
maire *m*	*Bürgermeister*
sûr(e) de vous *adj*	*selbstsicher*
preuve *f* d'amour	*Liebesbeweis*
apporter	*bringen*
rater	*versäumen*
engagement *m*	*Bindung*
pour la vie *loc*	*lebenslang*
pour le meilleur	*auf Gedeih und*
et pour le pire *loc*	*Verderb*
nuage *m*	*Wolke*

Vive les mariés ! *loc*

Vive ... !	*Hoch lebe ...!*
les mariés	*Brautpaar*
mystérieux *adj m,*	*geheimnisvoll*
mystérieuse *adj f*	
être au courant	*Bescheid wissen*
se douter de qc	*etwas ahnen*
continuer	*weitermachen*
témoin *m* de mariage	*Trauzeuge*
honneur *m*	*Ehre*
correspondre à	*zusammenfallen*
	mit
le Vietnam	*Vietnam*
convenir	*passen*
préparatifs *m,pl*	*Vorbereitungen*
débordé(e) *adj*	*überlastet*
jeter	*werfen*
jeter un œil sur	*einen Blick auf*
	etwas werfen
préparer	*hier: entwerfen*
faire-part *m*	*Anzeige*
arroser qc	*ein Glas auf*
	etwas trinken
garder	*aufbewahren*

Grammaire

1. Die Veränderlichkeit des *participe passé* E 4, 6

a. Die Veränderlichkeit des **participe passé** mit être (siehe Lektion 9)

Il est allé au mariage.	*Er ist zu der Hochzeit gegangen.*
Elle est allée au mariage.	*Sie ist zu der Hochzeit gegangen.*
Ils sont allés au mariage.	*Sie sind zu der Hochzeit gegangen.*
Elles sont allées au mariage.	*Sie sind zu der Hochzeit gegangen.*

Bei Verben, die das **passé composé** mit **être** bilden, richtet sich das Partizip in Genus und Zahl nach dem Subjekt des Satzes. Anders formuliert: das Partizip Perfekt verhält sich in diesem Fall wie ein Adjektiv und wird dem Subjekt angeglichen.

b. Die Veränderlichkeit des **participe passé** mit **avoir**

Das **participe passé** mit **avoir** ist unveränderlich, wenn das direkte Objekt **nach** dem Verb steht, z.B.	
Tu as envoyé **les invitations** ?	(*les invitations* = hier direktes Objekt)
Steht das direkte Objekt **vor** dem Verb, so wird das **participe passé** diesem Objekt angeglichen, z.B.	
Les invitations, tu **les** as envoyées ?	(*les* = hier direktes Objekt)

▌ Diese Regel gilt beim Personalpronomen, z.B.
 Ma condition / cette condition, je l'ai posée. *Diese Bedingung, die habe ich gestellt.*
▌ beim Relativpronomen, z.B.
 Voilà **la** liste de cadeaux **que** j'ai faite. *Hier ist die Geschenkliste, die ich aufgestellt habe.*
▌ und beim Fragesatz, z.B.
 Quelle liste as-tu faite ? *Welche Liste hast du aufgestellt?*

c. Die Veränderlichkeit des **participe passé** bei den **reflexiven Verben**
 Die reflexiven Verben bilden das **passé composé** mit **être** (siehe Lektion 12). Hier gelten die gleichen Regeln für die Angleichung des **participe passé** wie bei **être**, z.B.

Je me suis lavé.	*Ich habe mich gewaschen.*	(Angleichung nach dem Subjekt: hier maskulin Singular)
Je me suis lavée.	*Ich habe mich gewaschen.*	(Angleichung nach dem Subjekt: hier feminin Singular)
Je me suis lavé la figure.	*Ich habe mir das Gesicht gewaschen.*	(**keine** Angleichung, da direktes Objekt nach dem Verb)

2. Zusammenfassung Relativpronomen   `E 3`

Relativpronomen	Beispiele	Bezugselement / Funktion im Relativsatz
qui (siehe auch Lektion 11)	La jeune femme **qui** est à droite de ma mère sur la photo, c'est ma sœur. *Die junge Frau, die rechts von meiner Mutter steht, das ist meine Schwester.*	Personen / Dinge im Singular / im Plural
	Nous demandons **aux** personnes **qui** sont invitées de répondre avant le 15. *Wir bitten die Leute, die eingeladen sind, vor dem 15. zu antworten.*	**Subjekt** im Relativsatz
	Un dictionnaire ? C'est **un** cadeau **qui** est très utile. *Ein Wörterbuch? Das ist ein Geschenk, das sehr nützlich ist.*	
	Il m'a donné **des** informations **qui** ne sont plus actuelles. *Er hat mir Informationen gegeben, die nicht mehr aktuell sind.*	
que (vor stummem h **qu'**)	Le jeune homme **que** tu vois à gauche de ma mère sur la photo, c'est mon frère. *Der junge Mann, den du links von meiner Mutter auf dem Bild siehst, das ist mein Bruder.*	Personen / Dinge im Singular / im Plural
	Les personnes **que** tu as invitées n'ont pas encore répondu. *Die Leute, die du eingeladen hast, haben immer noch nicht geantwortet.*	**Direktes Objekt** im Relativsatz
	Voilà **le** dictionnaire **que** je leur ai offert. *Hier ist das Wörterbuch, das ich ihnen geschenkt habe.* Il m'a donné **des** informations **que** je n'avais pas encore. *Er hat mir Informationen gegeben, die ich noch nicht hatte.*	
ce qui	Elle fait toujours **ce qui** lui plaît. *Sie tut immer, was ihr gefällt.*	**Subjekt** im Relativsatz
ce que	Tu ne sais pas vraiment **ce que** tu veux. *Du weißt nicht, was du willst.*	**Objekt** im Relativsatz

| où | Le Canada, c'est **un pays où** on parle français.
Kanada, das ist ein Land, wo Französisch gesprochen wird.

2004 ? C'est **l'année où** ils se sont mariés.
2004? Das ist das Jahr, in dem sie geheiratet haben. | Ortsbestimmung / Zeitbestimmung |

Savoir dire

1. Gefühle ausdrücken

joie *Freude*	Je suis très heureux / heureuse pour toi / vous. Je me réjouis de votre bonheur. Quel bonheur ! C'est chouette / génial / super !	*Ich freue mich für dich / euch.* *Es freut mich, dass ihr glücklich seid.* *Wie schön! Welch eine Freude!* *Das ist prima / genial / super!*
peine / tristesse *Schmerz/* *Traurigkeit*	J'ai de la peine. / Je suis peiné(e). Je suis désolé(e). Ça me fait de la peine. Je suis malheureux / malheureuse. Quel malheur ! Je suis triste / inconsolable. C'est malheureux / désolant !	*Ich habe Kummer.* *Es tut mir Leid.* *Das bereitet mir Kummer.* *Ich bin unglücklich.* *Was für ein Unglück!* *Ich bin traurig / untröstlich.* *Das ist bedauerlich!*

2. Auf eine Bitte / Nachricht reagieren

accepter *annehmen*	volontiers / avec plaisir Je m'en occupe.	*gerne / mit Vergnügen* *Ich kümmere mich darum.*
hésiter *zögern*	Je vais voir ce que je peux faire. Je ne peux rien te promettre. Je ne te promets rien.	*Ich sehe, was ich machen kann.* *Ich kann dir nichts versprechen.* *Ich verspreche dir nichts.*
refuser *ablehnen*	Désolé(e) ! / Je regrette ! Je ne peux pas accepter. Ça va être difficile / compliqué.	*Tut mir leid!* *Ich kann nicht annehmen.* *Das wird schwierig / kompliziert sein.*

3. Familienanzeigen

Mariage

Monsieur et Madame Jean-Yves Sanceau ont le plaisir de vous faire part du mariage de leur fille Sandrine avec Monsieur Steve Milne et vous invitent le samedi 28 août 2004 au repas de noces qui aura lieu à La Grande Marée, 3, rue du Port, 29003 Loctudy.
R.S.V.P. au 02.98.06.87.78 ou 06.74.04.39.46
avant le 2 / 08

Noces d'or

2 fois 25 ans après...
Jacqueline et Jean vous invitent le samedi 14 septembre 2004 à leur anniversaire de mariage.

Dès 15 heures
– Réception au 19, rue de la Loge à Montceau

En soirée
– Dîner, salle de l'Harmonie de Sanvignes

R.S.V.P. au 03.85.57.25.84
ou 06.13.17.02.16
avant le 7 / 09

Expressions utiles

Rund ums Heiraten

anniversaire *m* de mariage	*Hochzeitstag*
cadeau *m* de mariage	*Hochzeitsgeschenk*
célibataire *adj*	*ledig*
cérémonie *f* civile	*standesamtliche Trauung*
cérémonie *f* religieuse	*kirchliche Trauung*
demande *f* en mariage	*Heiratsantrag*
divorce *m*	*Scheidung*
divorcé(e) *adj*	*geschieden*
divorcer	*sich scheiden lassen*
femme *f*	*Ehefrau*
fiancé(e) *adj*	*verlobt*
fiancé(e) *m (f)*	*Verlobter, Verlobte*

liste *m* de mariage	*Wunschliste für Hochzeitsgeschenke*
lune *f* de miel	*Flitterwochen, Honeymoon*
mairie *f*	*Rathaus*
mari *m*	*Ehemann*
marié(e) *adj*	*verheiratet*
marié *m*	*Bräutigam*
mariée *f*	*Braut*
mariés *m, pl*	*Brautpaar*
noces *f, pl*	*Hochzeit; Hochzeitsfeier*
noces *f, pl* d'argent	*silberne Hochzeit*
noces *f, pl* d'or	*goldene Hochzeit*
repas *m* de mariage	*Hochzeitsessen*
robe *f* de mariée	*Brautkleid*
R.S.V.P. *abr*	*u.A.w.g.*

i **Vive les mariés !** *Ein Hoch auf das Brautpaar!*
Auch in Frankreich verläuft die Hochzeit noch meistens traditionell und die Braut trägt sehr oft ein langes weißes Brautkleid. Hochzeiten finden vorzugsweise samstags statt, damit Verwandte und Freunde mitfeiern können. Nach alter Tradition, bevor sie sich das Jawort gegeben haben, wird die Braut von ihrem Vater und der Bräutigam von seiner Mutter begleitet. Nach der Zeremonie am Standesamt oder vor der Kirche wird Reis auf das Brautpaar geworfen, was Ihnen Glück und Wohlstand bringen soll. Alle Gäste folgen dann in mit Blumen und bunten Bändern dekorierten Autos und es wird bis zum Ort der Feierlichkeiten kräftig gehupt. Das Festmahl endet zwangsläufig mit dem traditionellen **dessert** : **une pièce montée**, einem hohen, pyramidenförmigen, aus **choux à la crème** *(Windbeuteln)* bestehenden Kuchen. Die Brautleute schenken ihren Gästen die in hübschen Tüten oder Schachteln gepackten **dragées** *(mit Zucker überzogene Mandeln)*. Aber vor allem für die Verwandten und Freunde ist es die Gelegenheit, dem Brautpaar Geschenke zu machen. Um ihnen bei der Wahl des passenden Geschenks zu helfen, hinterlegen die zukünftigen Eheleute in einem oder in mehreren Geschäften eine **liste de mariage** *(Wunschliste für Hochzeitsgeschenke)*.

Exercices

1 Setzen Sie den **subjonctif** nach folgendem Muster ein.

1. Est-ce que tu as téléphoné à Romain **pour que...** (*il / aller*) chercher John à l'aéroport dimanche à 9 heures ?

Est-ce que tu as téléphoné à Romain pour qu'il aille chercher John à l'aéroport

dimanche à 9 heures ?

2. Est-ce que tu as fait toutes les réservations **avant que...** (*ils / venir*) au congrès la semaine prochaine ?

....

3. Non, désolée, je ne peux pas attendre **jusqu'à ce que...** (*vous / me / rappeler*).

....

4. Vous pouvez avoir un vol charter pour Madrid **à condition que...** (*vous / se décider*) tout de suite.

....

5. Ils ont choisi une date au mois d'août **afin que...** (*toute la famille / pouvoir*) venir au mariage.

....

6. J'ai envoyé une invitation à Morgane **bien que...** (*je / ne pas savoir*) si elle est déjà rentrée de vacances.

....

2 Welche Ergänzung passt zu welchem Verb?

1. envoyer   **a.** pour une occasion
2. vivre   **b.** sur son nuage
3. annoncer   **c.** une demande en mariage
4. garder   **d.** un faire-part
5. rester   **e.** maritalement
6. faire   **f.** une grande nouvelle

1d ....

3 Setzen Sie das jeweils passende Relativpronomen nach folgendem Muster ein.

1. C'est un appartement superbe ...*qui*.... n'est pas trop cher et ...*que*.... nous aimerions acheter.

2. C'est une femme .... a beaucoup de qualités et .... j'ai rencontrée l'année dernière au Salon de l'Immobilier.

3. Choisissez plutôt le Petit Mousse, c'est vraiment un restaurant .... nous connaissons très bien et .... on mange très bien !

4. J'ai trouvé sur Internet une offre de week-end à Amsterdam .... je trouve très intéressante et .... pourrait te plaire. Dis-moi .... tu en penses ?

5. C'est une robe de mariée .... te va très bien et .... tu pourras aussi porter plus tard.

6. Comment s'appelle cet ami de Steve .... vit à Marseille et .... Morgane a invité pour la fête ?

4 Gleichen Sie das **participe passé** nach folgendem Muster an.

1. Tu as envoyé <u>les invitations</u> ?　　　　<u>Les invitations, tu les as envoyées</u> ?

2. Vous avez noté <u>son numéro de téléphone</u> ? .... ?

3. Ils ont choisi <u>leurs témoins de mariage</u> ? .... ?

4. Tu as fait <u>la liste des invités</u> ? .... ?

5. Vous avez reçu <u>mes dernières propositions</u> ? ....
.... ?

6. Tu as envoyé <u>notre cadeau</u> ? .... ?

5 Ein Wort passt nicht in die Reihe. Kreuzen Sie es an.

1. ☐ fiancé　　☐ marié　　☒ célibataire　　☐ divorcé
2. ☐ amour　　☐ passion　　☐ sentiment　　☐ sécurité
3. ☐ repas　　☐ honneur　　☐ réception　　☐ dîner
4. ☐ peiné　　☐ inconsolable　　☐ débordé　　☐ désolé
5. ☐ compagne　　☐ copain　　☐ parent　　☐ compagnon
6. ☐ satisfait　　☐ triste　　☐ heureux　　☐ content

6 Schreiben Sie die Sätze um, setzen Sie das **passé composé** ein. Achten Sie dabei auf eine eventuelle Angleichung des **participe passé**.

1. Ils vont rester à Paris après leur mariage.

   Ils sont restés à Paris après leur mariage. ....

2. Ils vont acheter une nouvelle voiture pour partir en voyage de noces.

   ....

3. Ils vont se décider très vite pour changer d'appartement.

   ....

4. Ils vont se marier fin août et faire une grande fête.

   ....

5. Les mariés vont partir en voyage de noces en Italie début septembre.

   ....

7 Setzen Sie den **subjonctif** im folgenden Brief ein.

Chers amis,

Nous aimerions beaucoup que vous **veniez** (venir) à notre mariage au mois de

juin à Concarneau chez mes parents. Bien que nous .... (vivre) ensemble depuis trois

ans, nous n'avions pas encore pensé à nous marier. Nous avons changé d'avis pour que

notre futur enfant .... (avoir) le même nom de famille que son père. Il est très

possible que nous .... (devoir) partir au Canada l'année prochaine pour des raisons

professionnelles. Nous serions donc très heureux que vous .... (rester) quelques

jours chez nous après le mariage afin que nous .... (pouvoir) vous faire découvrir

notre région.

Répondez-nous bientôt pour que nous .... (réserver) des places pour cette excursion

en bateau aux îles Glénans que nous voulions faire l'année dernière !

Amitiés

Amélie

1 Ordnen Sie die folgenden Überschriften den Kurztexten zu.

A	Bienvenue en Bourgogne !	**C**	Horoscope
B	Attention aux kilos !	**D**	Le Club rencontre

☐ Vous étiez fumeur et vous venez d'arrêtez la cigarette. Bravo ! Mais attention, vous risquez de prendre des kilos en trop. Limitez votre consommation d'alcool, mangez des fruits, vous avez besoin d'une bonne dose de vitamines et surtout faites du sport régulièrement !

☐ Printemps sur toute la ligne : aujourd'hui bonne humeur toute la journée. Vous ferez enfin une rencontre intéressante dans le métro. Prenez le temps de flirter et acceptez les invitations ! Vous ne le regretterez pas !

☐ Employé de banque. Grand, mince, sportif, blond, yeux bleus, romantique, amateur de cuisine exotique et de jazz. Désire rencontrer J.F. séduisante, gaie, optimiste pour relation durable

☐ Pour le mois d'octobre nous vous proposons un forfait pour deux personnes dans le cadre de notre programme *Découverte d'une région* Il s'agit cette année d'un séjour d'une semaine avec visites d'églises romanes, repas gastronomiques et dégustation des célèbres vins.

Punkte ....../4

2 Welches Substantiv passt zu welchem Verb?

1. la location	**4.** le recyclage	**a.** conseiller	**d.** choisir
2. le mariage	**5.** le conseil	**b.** offrir	**e.** se marier
3. le choix	**6.** l'offre	**c.** louer	**f.** recycler

....

Punkte ....../6

3 Bilden Sie Bedingungssätze.

1. Si je .... (*gagner*) au loto, je .... (*faire*) un grand voyage.

2. Si vous .... (*téléphoner*) à Léa pour son anniversaire, elle .... (*être*) très heureuse.

3. Si tu .... (*prendre*) tes vacances en juillet, je .... (*partir*) avec toi.

4. Si on .... (*trouver*) un appartement pas cher, on .... (*pouvoir*) vivre ensemble.

5. Si vous .... (*être*) romantique, vous .... (*choisir*) un cadeau moins utile.

Punkte ....../6

6. Si je .... (*avoir*) vingt ans aujourd'hui, je .... (*faire*) des études de marketing.

4 Verknüpfen Sie zwei Satzelemente zu einem Satz.

1. Nous aimerions mieux
2. Il fait un peu de jogging

3. Vous aurez une réduction
4. On va organiser une soirée

5. Je ne pense pas
6. On devrait vite rentrer

a. qu'elle soit très malade.
b. pour que les clients fassent connaissance.
c. avant qu'il pleuve.
d. qu'il y ait des musiciens pour animer la soirée.
e. bien qu'il ne soit pas sportif.
f. à condition que vous réserviez à l'avance.

....

Punkte ....../6

5 Worum handelt es sich? Setzen Sie den passenden Buchstaben ein.

> **a.** Rat **b.** Wunsch **c.** Vorschlag **d.** Gebrauchsanleitung
> **e.** Vorwurf **f.** Gefühle ausdrücken

1. Tu devrais changer de coiffeur ! ....
2. Vous pourriez être plus discret sur ma vie privée ! ....
3. J'aimerais bien partir en vacances en Guadeloupe. ....
4. Comparez les prix des hôtels avant de réserver ! ....
5. Je suis très heureuse pour toi ! ....
6. Pour écouter vos messages sur votre portable faites le 7 ! ....

Punkte ....../6

6 Finden Sie heraus, wofür die Pronomen *en* bzw. *y* stehen. Kreuzen Sie das Richtige an.

1. Tu en bois beaucoup ?
   ☐ le vin ☐ du thé ☐ la bière

2. J'en viens.
   ☐ du bureau ☐ à l'agence ☐ de mes voisins

3. J'y vais cet été.
   ☐ de Nice ☐ en Espagne ☐ à mes amis

4. J'y pense très souvent.
   ☐ en Bretagne ☐ à ce problème ☐ à mon patron

Punkte ....../6

5. Tu en veux encore ?
   ☐ du poisson ☐ l'eau minérale ☐ un ananas

Gesamt ....../34

6. Qu'est-ce que tu en penses ?
   ☐ à Romain ☐ de ce poste ☐ de ma voisine

Übersetzung der Dialoge

1 Erste Kontakte

Auf der Straße

Bernard:	Hallo Romain! Geht's dir gut?
Romain:	Ja, danke und wie geht's dir?
Bernard:	Oh, es geht ganz gut! Ich bin …
Romain:	Entschuldige Bernard, mein Bus ist da! Auf Wiedersehen!

In der Firma

Delphine:	Guten Tag, ich heiße Delphine. Wie heißt du?
Catherine:	Ich heiße Catherine.
Delphine:	Bist du auch Praktikantin?
Catherine:	Ja, das stimmt. Übrigens, das ist Patrick! Delphine, darf ich dir Patrick vorstellen? Patrick, Delphine.
Delphine:	Guten Tag, Patrick.
Patrick:	Guten Tag, Delphine.

Auf einer Party

Georges Gaillard:	Guten Abend, ich heiße Georges Gaillard. Und wie heißen Sie?
Sophie Gaume:	Ich heiße Sophie Gaume.
Georges Gaillard:	Es freut mich, Sie kennen zu lernen. Darf ich Ihnen Jean Dubois vorstellen?
Jean Dubois:	Sehr erfreut, Madame. Wie geht es Ihnen?
Sophie Gaume:	Sehr gut, danke.

2 Treffen im Café

Romain:	Hallo Morgane, hallo Léa! Entschuldigung, es ist schon ein Uhr, ich habe mich verspätet. Seid ihr schon lange hier?
Morgane:	Nein, nein, wir sind auch erst seit zehn Minuten hier. Nun erzähl', ist das Fest bei Sandrine am Freitag oder am Samstag?
Romain:	Sandrine bevorzugt den Samstag ab 20 Uhr. Habt ihr am Samstag Zeit?
Léa:	Ich habe Zeit und wie ist es bei dir, Morgane?
Morgane:	Bei mir klappt es auch! Arnaud und ich arbeiten in der Bibliothek, aber nur bis 17 Uhr.
Romain:	Da ist ja der Kellner! Entschuldigen Sie, bitte!
Kellner:	Ich komme! Guten Tag, was wünschen Sie?
Romain:	Für mich einen großen Milchkaffee und ein Sandwich mit Salami und Butter, bitte. Und ihr, nehmt ihr etwas anderes?

Léa:	Ja, bitte noch ein Bier vom Fass und einen Schinken-Käse-Toast. Was ist mit dir, Morgane?
Morgane:	Ich hätte gerne eine Quiche und einen gemischten Salat, bitte.
Kellner:	Gut, und zu trinken – noch einen Orangensaft?
Morgane:	Nein, einen Espresso und ein Mineralwasser, bitte.
Kellner:	Das Mineralwasser mit oder ohne Kohlensäure?
Morgane:	Mit Kohlensäure, ein Perrier, bitte ... Romain, kannst du mir bitte die Adresse von Sandrine geben! Wo wohnt sie?
Romain:	Sie wohnt in der Rue de Rennes 13, U-Bahnstation Saint Germain des Prés.
Morgane:	Danke, ich habe es notiert! Was kauft ihr Sandrine als Geschenk? Was hat sie gerne?
Romain:	Hm ... Sandrine mag Blumen, Kuchen, Musik, sie liebt Jazz.
Morgane:	Gut, ich kaufe Blumen!
Léa:	Also, ich bringe ihr einen Schokoladenkuchen mit. Und du, Romain?
Romain:	Ich lade Sandrine zu einem Jazzkonzert nächste Woche ein.
Léa:	Super! Oh es ist schon zwei Uhr, ich werde euch jetzt verlassen. Einen schönen Tag noch und bis Samstag.

3 Alles Gute zum Geburtstag!

Sandrine:	Nun sind alle (Gäste) da und wir trinken Champagner!
Romain:	Auf das Wohl von Sandrine! Alles Gute zum Geburtstag!
Sandrine:	Auf euer Wohl! Vielen Dank für die Geschenke!
Morgane:	Sandrine sieht wirklich blendend aus. Wie alt ist sie eigentlich?
Romain:	Nun, wir sind im selben Jahr geboren. Sie ist 26, genau wie ich.
Sandrine:	Liebe Freunde, heute Abend feiern wir auch das dreijährige Bestehen von *Contacts langue*. Ich möchte euch einen Teil des Teams vorstellen: Steve Milne und Raquel Munoz.
Romain:	Guten Abend, Raquel. Sie sind Spanierin?
Raquel:	Ja, ich bin aus Madrid. Ich bin Spanischlehrerin in Paris.
Romain:	Ich fahre oft nach Barcelona. Ich mag Spanien sehr.
Raquel:	Was sind Sie von Beruf?
Romain:	Ich bin Immobilienmakler, wir haben einen Partner in Malaga.
Raquel:	Dann sprechen Sie Spanisch?
Romain:	Ja, ein wenig. Ich würde gerne einen Intensivkurs in Spanien machen.
Raquel:	Und Sie, Morgane, was machen Sie? Arbeiten Sie mit Romain zusammen?
Morgane:	Nein, ich studiere Medizin. Steve, sind Sie Engländer oder Amerikaner?
Steve:	Ich bin Amerikaner. Ich gebe Englischkurse, um mein Studium zu finanzieren. Ach übrigens, Romain, ich suche eine günstige Wohnung in der Nähe der Sprachenschule. Haben Sie da etwas für mich?

Romain:	Hier, bitte, meine Visitenkarte. Wir haben sicherlich etwas für Sie. Rufen Sie am Montag an.
Sandrine:	Das Abendessen ist fertig, wir gehen zu Tisch! Ihr habt sicher großen Hunger!

4 Auf Wohnungssuche

Steve:	Entschuldigen Sie, ich suche die Straße Chrétien de Troyes bereits seit einer Viertelstunde und kann sie nicht finden. Ich weiß nicht mehr, was ich machen soll.
Passantin:	Was für eine Straße? Könnten Sie das bitte noch einmal wiederholen!
Steve:	Die Straße Chrétien de Troyes ... oder Troille, ich weiß nicht wie man das ausspricht.
Passantin:	Ah, die Straße Chrétien de Troyes! Gut, kennen Sie das Viertel ein wenig?
Steve:	Leider überhaupt nicht und ich bin sehr in Eile. Ich muss um 14 Uhr eine Wohnung besichtigen und jetzt ist es schon Viertel vor zwei!
Passantin:	Kein Problem, es ist nicht weit von hier. Sie gehen einfach gerade aus bis zum Platz Rutebœuf. Dort biegen sie rechts ab und nehmen die Straße Barthes, bis sie zu einer Ampel kommen. Dann biegen sie links ab, das ist die Straße Chrétien de Troyes.
Steve:	Vielen Dank!
Passantin:	Gern geschehen und viel Glück mit der Wohnung!
...	
Steve:	Guten Tag, ich heiße Steve Milne. Ich habe um 14 Uhr einen Termin für die Wohnungsbesichtigung.
Angestellte:	Guten Tag, sie sind der Erste auf der Liste ... Hier sind wir: dies ist der Eingangsbereich mit Wandschränken links. Dort rechts haben sie das große Wohnzimmer und die Küche. Dies ist die Südseite mit dem kleinen Balkon, der auf den Hinterhof geht. Auf der Nordseite liegt das Schlafzimmer mit einem kleinen Bad. Gefällt es Ihnen?
Steve:	Ja, sehr. Es ist eine schöne Wohnung, sehr hell, in guter Lage, aber ... etwas teuer für eine Person. Das geht mir zu schnell, ich muss noch nachdenken.
Angestellte:	Wie Sie wollen, aber es gibt noch sechs andere Interessenten. Ich brauche noch heute vor 18 Uhr eine Antwort.
Steve:	Einverstanden, ich rufe Sie auf Ihrem Handy zurück. Auf Wiedersehen und vielen Dank.

5 Über Geschmack lässt sich nicht streiten

In der Möbelabteilung

Steve: Was hältst du von diesem Couchtisch aus Glas fürs Wohnzimmer?

Sandrine: Ich finde ihn wunderschön. Ein runder Tisch ist praktisch. Wir nehmen ihn sofort! Was sollen wir als Nächstes machen? Sollen wir ein Sofa aussuchen?

Steve: Wenn du willst, heute haben wir Zeit dazu.

Verkäuferin: Guten Tag, kann ich Ihnen helfen?

Steve: Guten Tag, wir würden gerne die Schlafsofas sehen, die im Sonderangebot sind.

Verkäuferin: Was suchen Sie?

Steve: Wir suchen einen Zweisitzer in Leder oder Stoff fürs Wohnzimmer.

Verkäuferin: Ich würde Ihnen dieses Sofa in schwarzem Leder empfehlen. Es ist sehr bequem, es hat eine klassische Form, die Qualität ist ausgezeichnet und es kostet nur 750 €.

Steve: Das ist wirklich ein guter Preis. Wie findest du es, Sandrine?

Sandrine: Ich finde es nicht schlecht. Es sieht gemütlich aus, aber ich mag diese Farbe nicht.

Verkäuferin: Jeder nach seinem Geschmack! Wir haben es auch in Braun, in Beige oder in Grün.

Steve: Und dieses orangefarbene Sofa mit Stoffbezug, haben Sie das auch in Weiß?

Verkäuferin: Nein, ich bedauere, das ist das letzte. Wenn Sie dieses Modell bevorzugen, können Sie nächste Woche wiederkommen. Wir erwarten eine Lieferung.

Sandrine: Gute Idee, so haben wir auch Zeit, um noch mal nachzudenken. Vielen Dank! Bis nächsten Samstag!

Verkäuferin: Gern geschehen! Einen schönen Tag noch!

6 Im Restaurant

Telefonische Reservierung

Kellner: *Le Petit Mousse*, guten Abend.

Léa: Ich möchte einen Tisch reservieren, für zwei Personen am Samstag Abend.

Kellner: Ach, tut mir leid, für Samstag Abend ist nichts mehr frei. Für Samstag muss man immer frühzeitig reservieren.

Léa: Schade! Haben Sie noch einen Tisch frei für Freitag Abend?

Kellner: Moment ... Freitag, das geht.

Léa: Dann einen Tisch für Freitag Abend 20 Uhr.

Kellner: Auf welchen Namen, bitte?

Léa:	Frau Léa Martial.
Kellner:	In Ordnung! Ich habe es aufgeschrieben. Bis Freitag!

Freitag Abend im „Petit Mousse"

Léa:	Raquel, ich muss mich noch bedanken für die Übersetzung. Schreibst du mir eine Rechnung?
Raquel:	Nein, ich will kein Geld für eine fünfzeilige Übersetzung! Aber kannst du mir behilflich sein?
Léa:	Gern, was kann ich für dich tun?
Raquel:	Meinen Lebenslauf auf Französisch lesen und verbessern.
Léa:	Kein Problem! Ich bin sehr hungrig! Was möchtest du essen?
Raquel:	Ich möchte Fisch essen, ich mag Fisch unheimlich gern.
Léa:	Das trifft sich gut, das ist die Spezialität hier; es gibt auch Austern und Meeresfrüchte. Was nimmst du als Vorspeise?
Raquel:	Einen Teller mit Meeresfrüchten, und du?
Léa:	Ich auch.
Kellner:	Guten Abend, meine Damen. Haben Sie schon gewählt?
Léa:	Ja, zweimal Meeresfrüchte als Vorspeise.
Kellner:	Und dann?
Léa:	Einmal Seezunge nach Müllerin Art mit Dampfkartoffeln.
Kellner:	Und für Sie?
Raquel:	Hm..., ich bin noch nicht sicher. Seeteufel nach bretonischer Art, was ist das?
Kellner:	Das ist die Spezialität des Hauses, das ist eine klassische Soße mit Schalotten, Tomaten, Kognak, dickem Rahm, Olivenöl, Weißwein. Das schmeckt köstlich!
Raquel:	Also gut, für mich einen Seeteufel.
Kellner:	Was wollen Sie zum Fisch trinken? Weißwein oder Rosé?
Léa:	Eine Flasche Muskadet.

Am Ende des Essens

Kellner:	Möchten Sie eine Nachspeise?
Raquel:	Nein, danke, keinen Nachtisch, zwei Tassen Kaffee, bitte!

Etwas später

Raquel:	Herr Ober, zahlen, bitte!
Léa:	Nein, lass doch, das geht auf meine Rechnung, ich lade dich ein!

7 Wen soll ich melden?

Telefonistin:	Französisch-spanische Handelskammer, guten Tag!
Raquel:	Guten Tag. Könnte ich bitte Frau Chantal Dauré sprechen?
Telefonistin:	Wen soll ich melden?

Raquel:	Frau Raquel Munoz, Frau Dauré hat mir eine Nachricht hinterlassen und mich darum gebeten zurückzurufen.
Telefonistin:	Einen Moment bitte, ich verbinde Sie mit der Ausbildungsabteilung, bleiben Sie am Apparat!
Chantal Dauré:	Frau Munoz? Guten Tag! Schön, dass Sie zurückrufen, ich bin von Ihrem Lebenslauf sehr beeindruckt. Ich möchte Sie treffen, um Sie persönlich zu sprechen.
Raquel:	Mit Vergnügen.
Chantal Dauré:	Moment, ich sehe in meinem Terminkalender nach ... Diese Woche, Freitag Nachmittag um vier Uhr?
Raquel:	Es tut mir Leid, ich unterrichte in einer Firma, das geht nicht.
Chantal Dauré:	Gut, dann nächste Woche, sagen wir Dienstag Morgen um neun?
Raquel:	Ausgezeichnet, ich arbeite Dienstag Vormittag nicht.
Chantal Dauré:	Ja, dann bis Dienstag! Auf Wiedersehen, Frau Munoz.

Nice ou Venise ?

Sandrine:	Nanu, du bist es? Schon zu Hause? Das ist aber eine Überraschung!
Steve:	Guten Abend, Sandrine! Wie geht's? Hast du meine Nachricht nicht abgehört?
Sandrine:	Noch nicht, ich bin gerade heimgekommen und gehe heute Abend mit Léa aus! Du scheinst ja ganz aufgeregt zu sein! Was ist denn los?
Steve:	Wir fahren morgen zum Valentinstag übers Wochenende weg!
Sandrine:	Nur langsam! Das ist ja nicht realistisch. Ich bin zur Zeit völlig pleite!
Steve:	Moment! Ich bitte dich, mit mir wegzufahren, weil ich eine Reise für zwei Personen gewonnen habe!
Sandrine:	Was du nicht sagst! Wie hast du das gemacht?
Steve:	Ich habe bei einem Preisausschreiben mitgemacht und ich habe zum Valentinstag ein Wochenende für zwei Personen gewonnen, und ich darf natürlich fahren, mit wem ich möchte!
Sandrine:	Das ist ja großartig! Dann bin ich einverstanden! Wohin fahren wir denn?
Steve:	Nach Nizza oder nach Venedig, wie wir wollen. Was ist dir lieber?
Sandrine:	Warum nicht nach Nizza? Ende Februar ist dort schönes Wetter, die Mimosen blühen. Und das ist die Gelegenheit, Nicole zu besuchen! Außerdem regnet es in Venedig zu dieser Jahreszeit, und es ist noch kalt.
Steve:	Nicole, Nicole, immer Nicole! Du rufst sie dreimal in der Woche an! Und im Juni kommt sie nach Paris, um ein Praktikum zu machen. Ich neige eher dazu, eine romantische Reise nach Venedig zu machen, nur wir beide als *Verliebte*! Und das Hotel ist ein herrliches Viersternehotel in der Nähe vom Platz San Marco, einfach vornehm!

Sandrine:	Du, hör mal, wir wollen uns das in Ruhe überlegen. Wann musst du eine endgültige Antwort geben?
Steve:	In drei Tagen!

9 Und was ist mit der Liebe?

Léa:	Hallo, Sandrine? Wie geht's? Seid ihr gut heimgekommen?
Sandrine:	Ja, schon vor einer Woche. Hast du meine Karte aus Venedig erhalten?
Léa:	Ja, danke, sie ist gestern gekommen. Nun, es ist ja die große Liebe mit Steve?
Sandrine:	Ich kenne ihn schon seit drei Jahren und richtig verliebt bin ich seit sechs Monaten. Er hat viele gute Eigenschaften. Er ist nett, intelligent, dynamisch, großzügig und er hat (einen) Sinn für Humor.
Léa:	Ja, das stimmt, und er sieht auch gut aus, (ist) groß, schlank, sportlich, (hat) wunderbare blaue Augen, der echte nordländische Typ!
Sandrine:	Hör auf! Eigentlich bin doch ich verliebt! Ich werde noch eifersüchtig!
Léa:	Aber nein, ich freue mich für dich. Ich beneide dich auch ein bisschen, denn seit ich mit Pedro letztes Jahr Schluss gemacht habe, suche ich einen neuen Freund.
Sandrine:	Du wirst schon einen finden! Vielleicht bist du zu anspruchsvoll. Und du gehst auf jeden Fall zu selten aus, du verbringst jedes Wochenende bei deiner Mutter!
Léa:	Ja, aber bei meinem Beruf in der Immobilienagentur, da habe ich nicht viel Freizeit und außerdem bin ich eine vorsichtige Frau geworden.
Sandrine:	Zu vorsichtig! Hör zu, mir fällt etwas ein! Wir haben einen neuen, sehr begabten Schüler an der Schule, einen schönen Argentinier, er ist genau dein Typ! Ein Dunkelhaariger mit schwarzen Augen, einer wunderschönen Nase, einem sinnlichen Mund, und sehr witzig. Ansonsten mag er Malerei, Film und Theater.
Léa:	Ja, ich werde dann eine Party bei mir organisieren und lade euch mit ihm ein.
Sandrine:	Einverstanden, wann du willst! Bis bald!

10 Interview

Junger Interviewer:	Guten Tag, ich mache eine Meinungsumfrage für die Zeitschrift *Emplois*. Haben Sie zehn Minuten Zeit für mich?
Morgane:	Ja, aber nicht länger, ich bin (sowieso) schon zu spät dran. Um was geht es?
Junger Interviewer:	Es geht um eine Umfrage über die Arbeit der jungen Leute.

Morgane:	Aha, wissen Sie, ich interessiere mich nicht besonders für diese Art von Zeitschriften. Na gut, ich höre Ihnen zu.
Junger Interviewer:	Gehen Sie noch aufs Gymnasium oder sind Sie Studentin?
Morgane:	Ich studiere Medizin.
Junger Interviewer:	Arbeiten Sie nebenbei?
Morgane:	Ja, aber ich arbeite nicht das ganze Jahr über. Ich arbeite nur zwei Monate, im Juli und im August.
Junger Interviewer:	Entschuldigen Sie, aber ich möchte Ihnen jetzt eine indiskrete Frage stellen: Was machen Sie mit diesem ganzen Geld?
Morgane:	Zuerst finanziere ich teilweise mein Studium. Dann bezahle ich meinen Sportklub und was ich fürs Ausgehen brauche. Und dann spare ich und leiste mir von Zeit zu Zeit einen Urlaub.
Junger Interviewer:	Können Sie sich an Ihren ersten Job erinnern?
Morgane:	Natürlich! Ich habe das Gleiche gemacht wie Sie, den ganzen Tag Umfragen über die Benutzung des *Minitel (entspricht dem deutschen Btx)*! Haben Sie noch Fragen? Ich habe es eilig!
Junger Interviewer:	Ich weiß, ich mache schnell – eine letzte Frage noch: Haben Sie noch Zeit für Ihre Hobbys?
Morgane:	Ja, ich interessiere mich für Malerei, male Aquarelle und gehe gern mit Freunden aus. Ich lese viele Krimis, mag Spaß haben. Wissen Sie, ich langweile mich nie!
Junger Interviewer:	Ich danke Ihnen sehr für Ihre Antworten. Auf Wiedersehen und einen schönen Tag noch!

11 Die richtige Wahl treffen

In einem Fachgeschäft

Verkäufer:	Guten Tag, was kann ich für Sie tun?
Raquel:	Ich möchte mir ein Handy kaufen.
Verkäufer:	Ja, ziehen Sie eine bestimmte Marke vor?
Raquel:	Eigentlich nicht, welche Marke, das ist mir egal. Ich möchte ein normales Handy, mit dem ich leicht umgehen kann.
Verkäufer:	Gut, ich zeige Ihnen einige Modelle. Um ehrlich zu sein, alle Handys, die heutzutage auf dem Markt sind, haben Standardfunktionen, die leicht zu handhaben sind.
Raquel:	Zu welchem Typ raten Sie mir? Ein Handy mit Prepaid-Karte oder mit Vertrag? Wissen Sie, gewöhnlich benutze ich lieber den Festnetzapparat, aber das ist nicht wirklich praktisch für mich. Ich brauche wirklich ein Handy, um jederzeit erreichbar zu sein.
Verkäufer:	Beide Typen, Karte und Vertrag haben jeweils Vor- und Nachteile. Wenn Sie Ihr Handy nicht so häufig benutzen, rate ich Ihnen zur Lösung Prepaid-Karte. Wenn Sie hingegen oft und manchmal lange

telefonieren, dann ist der Vertrag mit Pauschale günstiger. Sie haben mehrere Arten von Pauschalen, die sich danach richten, wie häufig Sie telefonieren.

Raquel: In diesem Fall wird nicht lange gezögert, ich nehme lieber die Pauschale.

Verkäufer: Gut und was das Display angeht, haben Sie eine Vorliebe?

Raquel: Ich möchte Texte ohne Brille leicht lesen und schreiben können.

Verkäufer: Dann empfehle ich Ihnen dieses Modell mit großem Display. Weitere Vorteile: Es ist sehr leicht, hat ein hübsches Design und die Bedienung der Tasten ist bequem.

Raquel: Es sieht nicht schlecht aus! Und was den Anrufbeantworter betrifft, können Sie mir erklären, wie er funktioniert?

Verkäufer: Normalerweise ist das eine sehr nützliche Funktion, die bis zu fünfzehn Nachrichten von jeweils drei Minuten aufnehmen kann. Sie haben zehn Tage (Zeit), um Ihre neuen Nachrichten abzuhören und die schon abgehörten Nachrichten werden automatisch 24 Stunden lang gespeichert.

Raquel: Sehr gut! Eine letzte Frage: Ist das Handbuch wirklich gut (verständlich) gemacht?

Verkäufer: Im Vergleich zu anderen Marken finde ich es persönlich klar und einfach. Sie werden die Antworten auf Ihre Fragen leicht finden (können).

Raquel: Dann bin ich einverstanden mit diesem Modell; ich nehme es mit einer Pauschale. Wir machen jetzt den Vertrag (dafür).

Verkäufer: Gut, wir füllen gleich zusammen das Vertragsformular aus.

12 Winterdepression

Léa: Na Pauline, wie geht's? Seit du in einem anderen Viertel wohnst, sehen wir uns gar nicht mehr!

Pauline: Reden wir nicht drüber, ich fühle mich nicht wohl. Meine Stimmung ist auf dem Tiefpunkt, ich gehe nicht mehr aus und ich bin immer kaputt. Es ist jedes Jahr das gleiche im Winter!

Léa: Mach dir keine Sorgen! Das ist nicht schlimm, das ist die Winterdepression. Ich habe gerade einen Artikel in *Top santé* darüber gelesen.

Pauline: Winterdepression? Kenne ich nicht, erkläre mir das.

Léa: Das ist eine vorübergehende Depression, die durch Lichtmangel entsteht. Die Tage sind kurz, die Sonne scheint weniger oder gar nicht. Unser biologischer Rhythmus reagiert darauf, die Stimmung sinkt. Man bekommt schlechte Laune, hat keine Energie mehr, mag nicht mehr ausgehen, sondern lieber einen Winterschlaf halten.

Pauline: Genau so ist es, ich mag niemanden sehen, ich gehe nicht mehr joggen, da es zu kalt ist. Es ist so: Wenn ich von der Arbeit komme, ist es schon dunkel. Ich nehme die U-Bahn und wenn ich zu Hause bin, setze ich mich vor den Fernseher und zappe. Das ist doch kein Leben!

Léa:	Hör zu, Pauline, tu was dagegen! Du arbeitest in der Nähe eines Parks, bleib doch nicht immer über Mittag drinnen, geh raus! Geh 20 Minuten spazieren, das trainiert auch die Muskeln!
Pauline:	Das stimmt. Aber was kann ich für die Stimmung tun, was rätst du mir?
Léa:	Fang mit einer Vitamin C-Kur an, das hebt die Stimmung, iss Früchte und Gemüse. Was weiß ich! ... Trauben, Äpfel, Orangen, Spinat.
Pauline:	Einverstanden mit dem Vitaminstoß, das ist ganz einfach. Aber wie lerne ich andere Leute kennen? Hast du eine Idee? Seit ich das Viertel gewechselt habe, fühle ich mich einsam.
Léa:	Dann lade ich dich ein. Du hast bald Geburtstag, ich mache ein Fest bei mir! Lade deine Freunde ein! Außerdem, wenn du fröhliche und sympathische Leute treffen willst, komm am Freitag mit mir zum Spanischkurs. An Weihnachten fahren wir mit der Gruppe eine Woche auf die Kanarischen Inseln. Hast du Lust, mit uns zu fahren?
Pauline:	Warum eigentlich nicht? Ferien in der Sonne, das ist eine gute Idee, aber ...
Léa:	Hör zu, schreib dich sofort für den Spanischkurs ein! Und dann, gönn dir eine Woche auf den Kanarischen Inseln! Komm doch mit uns!
Pauline:	Gut, einverstanden! Dann sehen wir uns am Freitag!

13 Programmänderung

Morgane:	Hallo, Romain! Du brauchst dich nicht zu beeilen, es ist ausverkauft.
Romain:	Schade! Ich wollte unbedingt den Film in Originalfassung sehen.
Morgane:	Wir waren um sieben vor dem Kino verabredet, es ist jetzt halb acht. Wo warst du denn?
Romain:	Tut mir leid, ich habe gerade eine Freundin in der U-Bahn getroffen. Kannst du dich an Sylvie erinnern?
Morgane:	Sylvie Gaumet, meine ehemalige Nachbarin? Sie wohnte im ersten Stock in meinem Haus.
Romain:	Nein, Sylvie Mornand. Sie arbeitete in der Buchhandlung neben der Agentur, als wir in der Marktstraße wohnten, im sechsten Arrondissement (Bezirk).
Morgane:	Ach, ich erinnere mich, es war eine kleine Blonde mit langen Haaren und Brille? Sie spielte Theater?
Romain:	Ja, genau. Sie organisierte literarische Abende in der Buchhandlung. Wir haben oft mit ihr im Restaurant an der Ecke gegessen. Wir diskutierten über Film und Theater.
Morgane:	Wie geht es ihr? Hat sie sich verändert?

| Romain: | Eigentlich nicht, sie spricht immer noch soviel! Sie war mit ihrem Mann zusammen unterwegs und sie gingen in ein tolles argentinisches Lokal, *Die Trottoirs von Buenos Aires*. Das ist nicht weit von hier. Wenn du willst, gehen wir hin! |
| Morgane: | Gute Idee! Beeilen wir uns! |

14 Sommerschlussverkauf

In einem Geschäft

Pauline:	Schau mal im Schaufenster, diesen Minirock aus lindgrünem Samt! Er ist unheimlich schön! Er kostet nur 29,90 Euro.
Léa:	Er ist wirklich hübsch und nicht teuer. Komm, wir gehen rein!
Pauline:	Guten Tag, könnte ich den grünen Minirock zu 29,90 Euro sehen?
Verkäuferin:	Natürlich.
Pauline:	In welcher Größe haben Sie ihn?
Verkäuferin:	Ich habe ihn noch in den Größen 36 und 38. Welche Größe haben Sie?
Pauline:	Das kommt auf den Schnitt an. Normalerweise 38.
Verkäuferin:	So, hier ist er in Größe 38. Nehmen Sie den auch in 36 zum Anprobieren. Die Anprobekabinen sind hinten rechts.

Etwas später

Léa:	Ausgezeichnet! Er passt dir perfekt.
Pauline:	Meinst du? Ich weiß nicht, ich finde ihn ein bisschen zu weit.
Léa:	Du kannst ihn mit einem Gürtel tragen, oder du lässt ihn enger machen.
Pauline:	Ich mag Gürtel nicht besonders. Änderungen bei dem Preis, das lohnt sich nicht. Nein, ich probiere ihn in Größe 36. ... So, was meinst du?
Léa:	Gar nicht übel. Er ist nur enger und vor allem ein bisschen kürzer!
Pauline:	Du meinst, 38 passt mir besser?
Léa:	Beide passen dir gut.
Pauline:	Dann, nehme ich ihn in 36.

15 Im Reisebüro

Angestellte:	Guten Tag, was kann ich für Sie tun?
Raquel:	Es geht um ein Flugticket. Ich möchte Anfang Oktober nach Barcelona fliegen.
Angestellte:	Gut, wann?
Raquel:	Warten Sie mal, ich prüfe es gleich in meinem Terminkalender. Hier... am zweiten bin ich im Urlaub. Glauben Sie, dass es noch Plätze gibt?
Angestellte:	Ich sehe mal nach. Für wie viele Personen?

Raquel:	Eine (Person).
Angestellte:	Wann möchten Sie zurückfliegen?
Raquel:	Ende des Monats, am 30. oder am 31.
Angestellte:	Ich habe einen Charterflug, Abflug am 4. Oktober, Rückflug am 4. November. Diese Daten sind bindend.
Raquel:	Ach, das ist nicht praktisch. Ich möchte spätestens am 31. Oktober zurück sein.
Angestellte:	Dann habe ich einen etwas teureren Linienflug zu 325 Euro, die Flughafengebühren kommen dazu. Abflug am 2., Rückflug am 31. Oktober. Aber Sie müssen sich schnell entscheiden, der Flug ist fast ausgebucht, es gibt nur noch zwei Plätze für den Hinflug.
Raquel:	Welche Fluggesellschaft ist das?
Angestellte:	Air 7.
Raquel:	Na gut, dann buche ich sofort.

16 Du solltest dir eine neue Brille zulegen

Sandrine:	Mir tun die Augen weh. Ich habe immer mehr Schwierigkeiten, am Computer zu arbeiten.
Steve:	Ich denke, du solltest dir eine neue Brille machen lassen.
Sandrine:	Du hast recht. Ich möchte, dass du mich bei der Wahl eines Brillengestells berätst.
Steve:	Wann (immer) du willst, Liebling!

Am nächsten Tag beim Optiker

Sandrine:	Guten Tag, ich möchte mir ein Gestell für eine Sehbrille aussuchen. Hier ist das Rezept meines Augenarztes.
Verkäufer:	Sie schauen sich um?
Sandrine:	Ja, danke. Steve, was hältst du von diesem Modell aus Horn? Mit meinen roten Haaren sieht es gut aus.
Steve:	Das ist Geschmacksache. Ich finde, es wirkt ein bisschen streng! Deine alte Brille war ja schon aus Horn. Du solltest mal den Stil ändern. An deiner Stelle würde ich ein blaues Modell nehmen, das sehr gut zu deinen blauen Augen passt oder dieses Modell, ganz transparent.
Sandrine:	Das blaue Metallgestell ist hübsch, aber ich hätte lieber etwas Dezenteres.
Steve:	Dann probier doch dieses transparente Modell, das ist ja sehr modern.
Sandrine:	Tatsächlich, das steht mir. Das ist sehr leicht, sehr angenehm zu tragen, aber es sieht zerbrechlich aus.
Steve:	Auf jeden Fall, das steht dir ausgezeichnet! Das ist genau dein Stil … Entschuldigen Sie, entschuldigen Sie, eine kleine Auskunft bitte!
Verkäufer:	Natürlich, was möchten Sie wissen?
Steve:	Ist dieses transparente Modell stabil? Welches Metall wurde dafür verwendet?

| Verkäufer: | Das ist ein Gestell aus Titan, sehr stabil. Das ist eine ausgezeichnete Qualität und Sie haben zwei Jahre Garantie. |
| Sandrine: | Perfekt! Ich nehme es! |

17 Ausflug nach Reims

Romain:	Unsere spanischen Partner kommen in vierzehn Tagen zur Immobilienfachmesse. Hast du schon ein Programm für sie geplant?
Léa:	Nein, noch nicht, letztes Jahr sind wir mit ihnen am Wochenende nach Honfleur gefahren. Vor zwei Jahren haben wir die Loire-Schlösser besichtigt. ... Wann kommen sie an?
Romain:	Dieses Jahr sind sie schon am Donnerstag Mittag da. Ich hole sie mit dem Taxi am Flughafen ab. Danach fahren wir zum Hotel, um dort ihr Gepäck abzustellen und dann fahren wir direkt zur Messe.
Léa:	Für welchen Tag hast du die Arbeitssitzung geplant?
Romain:	Wie immer, Donnerstag Abend von 18 bis 21 Uhr.
Léa:	Könnten wir uns nicht ein anderes Programm einfallen lassen? Wir machen jedes Jahr das Gleiche. Ich würde zum Beispiel die Arbeitssitzung am Freitag ansetzen. Ich finde es sehr anstrengend, sich noch konzentrieren zu müssen nach einem ganzen Tag auf der Messe.
Romain:	Was schlägst du denn vor?
Léa:	Wir könnten entweder zwei Arbeitssitzungen von einundeinhalb Stunden am Donnerstag oder am Freitag machen oder eine einzige dreistündige Arbeitssitzung am Freitag vorsehen. Was hältst du davon?
Romain:	Mir ist eine lange Sitzung am Freitag lieber. Was schlägst du für das Ausflugsprogramm vor?
Léa:	Wenn wir am Wochenende einen Minivan mieten würden, könnten wir sie alle mit nach Reims nehmen. Wir könnten dort ein Arbeitsessen mit Arbeitssitzung am Freitag Mittag ansetzen. Der Nachmittag wäre dann zur freien Verfügung und abends könnten wir sie zu den Barockmusiktagen in Reims einladen.
Romain:	Das ist eine sehr gute Idee, und was könnten wir am Samstag machen?
Léa:	Am Samstag Morgen könnten wir eine Führung durch die Altstadt von Reims machen. Am Nachmittag könnten wir die Champagner-Keller (von) Du Barry besichtigen und am Abend in ein feines Restaurant gehen. Am Sonntag könnten wir im Lauf des Vormittags nach Paris zurückfahren.
Romain:	Na gut, einverstanden. Das ist ein schönes Programm. Machst du die Reservierungen für Reims?
Léa:	Ja, ich kümmere mich gleich darum.
Romain:	Und ich meinerseits rufe die Autovermietung *Europauto* an, um ein Fahrzeug zu reservieren.

18 Autovermietung EUROPAUTO

Angestellter: *Europauto*, guten Tag!

Romain: Guten Tag. Hier spricht Herr Giroud von der Immobilienagentur *Iberpromo*. Ich möchte für nächstes Wochenende einen Wagen reservieren, für fünf Personen.

Angestellter: Was für ein Fahrzeug möchten Sie?

Romain: Einen Minivan, wenn möglich. Das letzte Mal hatte ich ein (normales) Auto gemietet und es war uns zu eng.

Angestellter: Wir haben noch einen frei fürs nächste Wochenende. Es ist ein *Renox*, sehr bequem und stabil gebaut. Die vermieten wir sehr oft an Firmen, die für ihre Kunden Ausflüge organisieren.

Romain: Schön. Wie sind Ihre Preise?

Angestellter: Zur Zeit bieten wir einen sehr günstigen Sondertarif für Geschäftsleute an: drei Tage zu 250 € oder eine Woche zu 400, mit unbegrenzter Kilometerzahl.

Romain: Verstehen sich die Preise ohne Mehrwertsteuer oder mit Mehrwertsteuer?

Angestellter: Nein, mit Mehrwertsteuer. Das ist wirklich ein günstiges Angebot!

Romain: Gut, es geht in Ordnung für den *Renox*.

Angestellter: Wann wollen Sie ihn holen?

Romain: Freitag Vormittag gegen 10 Uhr.

Angestellter: Abgemacht, ich notiere die Reservierung. Sie müssen das Fahrzeug am Sonntag bis 19 Uhr in unsere Geschäftsstelle zurückbringen.

Romain: Kein Problem!

19 Gemeinsamer Stand

Im Treppenhaus

Morgane: Guten Abend, René, guten Abend, Amélie! Haben Sie den Brief von *Urbanisme et qualité de vie* erhalten?

Amélie: Ja, wir haben gelesen, dass es am Samstag früh einen Flohmarkt in unserer Straße gibt. Wir haben große Lust mitzumachen, und Sie?

Morgane: Ich auch. Das trifft sich gut, ich muss meinen Speicher ausräumen, aber ich habe nicht den Mut, einen Stand allein zu machen.

René: Hätten Sie Lust, einen gemeinsamen Stand mit uns zu machen? Das wäre lustiger!

Morgane: Eine tolle Idee! Ich habe vor allem alte Bücher und Kleinkram zu verkaufen.

Amélie: Und ich möchte gern die Sachen unserer Kinder loswerden, die jetzt groß sind. Wir haben Spielsachen und Kleider in Kisten auf dem Speicher. Könnten Sie mir beim Aussortieren helfen?

Morgane: Warum nicht? Ich helfe Ihnen gerne dabei.

René:	Und ich möchte meine Feuerzeugsammlung verkaufen. Man muss sich spätestens morgen für den Flohmarkt anmelden. Wenn Sie wollen, kümmere ich mich darum.
Morgane:	Einverstanden! Wir wollen darauf anstoßen! Kommen Sie zu mir, einen Aperitif trinken?
Amélie:	Mit Vergnügen.

Es lebe das Brautpaar!

Bei Steve zum Aperitif an einem Samstagabend

Sandrine:	Liebe Freunde, wir haben eine große Neuigkeit für euch!
Romain:	So? Um was geht's denn? Ihr tut aber geheimnisvoll, ihr beide?
Steve:	Ja, das ist eine große Überraschung, wir haben uns eben entschieden! Wir wollen heiraten!
Romain:	Ja, so was! Ich freue mich für euch. Léa, wusstest du Bescheid?
Léa:	Nein, aber ich habe es geahnt! Herzlichen Glückwunsch!
Sandrine:	Danke, danke, ich bin ganz durcheinander! Wir haben eine Bitte an euch! Steve, Liebling, mach du weiter!
Steve:	Das ist nämlich eine Sache, über die wir uns sehr freuen würden. Wenn ihr einverstanden seid, wir hätten es gern, dass ihr beide unsere Trauzeugen wäret!
Romain:	Ich sage gleich zu! Ihr erweist uns damit eine große Ehre. Was hältst du davon, Léa?
Léa:	Ich bin einverstanden, vorausgesetzt das fällt nicht mit meiner Vietnamreise zusammen! Welches Datum habt ihr euch ausgesucht?
Steve:	Damit meine ganze Verwandtschaft und meine Freunde kommen können, haben wir das letzte Wochenende im August gewählt.
Léa:	Ausgezeichnet! Passt dir dieser Termin auch, Romain?
Romain:	Vollkommen! Habt ihr schon über die Vorbereitungen nachgedacht?
Sandrine:	Wir haben angefangen, aber wir sind ein bisschen überfordert. Léa, es wäre super, wenn du dich zum Beispiel um die Hotelreservierungen kümmern könntest.
Léa:	Mit dem größten Vergnügen!
Romain:	Und ich könnte mich um die Organisation des Festes kümmern!
Steve:	Vielen Dank! Sandrine und ich kümmern uns um die übrigen Angelegenheiten. Wir würden euch gern die Liste der geladenen Gäste zeigen!
Sandrine:	Ich möchte auch, dass ihr einen Blick auf die Anzeigen werft, die wir schon entworfen haben.
Steve:	Zuerst wollen wir aber ein Glas darauf trinken! Hier habe ich einen guten Champagner, den ich für diese Gelegenheit aufbewahrt hatte!

Hör- und Sprechtraining 🔘

Leçon 1

1 Hören Sie, wie die folgenden Wörter buchstabiert werden und sortieren Sie die Wörter nach den Anfangsbuchstaben.

> radio   jazz   kilomètre   xylophone   nature   lampe   vase   éléphant
> musique   hôtel   idée   papier   zoo   alphabet   banane   café   façade   garage
> sardine   théâtre   domino   yoga   université   qualité   olive   week-end

A *alphabet* ....   N ....
B ....   O ....
C ....   P ....
D ....   Q ....
E ....   R ....
F ....   S ....
G ....   T ....
H ....   U ....
I ....   V ....
J ....   W ....
K ....   X ....
L ....   Y ....
M ....   Z ....

2 Städtequiz: Hören Sie die Namen folgender französischer Städte, ergänzen Sie die fehlenden Buchstaben.

1. .... O   R   D   E   A   U   X

2. N   I   C   ....

3. P   A   R   I   ....

4. ....   A   N   T   E   S

5. L   L   L   E

6. S   T   R   A   ....   B   O   U   R   G

7. T   O   U   L   O   U   S   ....

8. M   A   ....   S   E   I   L   L   E

9. R   ....   N   N   E   S

10. L   Y   O   ....

3 Folgende Vornamen werden vorgelesen und buchstabiert. Tragen Sie den jeweils fehlenden Buchstaben in die rechte Spalte ein.

1. A G N ... S   *Agnès* ....

2. B E R T H ...   .

3. C A ... H E R I N E ....

4. N I ... O L A S   ....

5. D É ... I R É   ....

6. M ... R I E   ....

7. J ... L I E   ....

8. G É R A ... D   ....

9. R ... B E R T   ....

10. P I ... R R E   ....

11. ... V O N N E   ....

12. S ... Z A N N E   ....

13. V I ... T O R   ....

4 Sie hören folgende männliche und weibliche Vornamen. Ordnen Sie die jeweils entsprechenden einander zu.

1. Léon
2. Henri
3. Lucien
4. Paul
5. Émile
6. François
7. Pierre
8. Martin
9. Roland
10. Jean

a. Paulette
b. Lucienne
c. Rolande
d. Pierrette
e. Martine
f. Jeanne
g. Henriette
h. Émilie
i. Françoise
k. Léonie

5 Hören Sie die einzelnen Sätze und tragen Sie die Bindungen in die Tabelle ein.

	nach **s**	nach **t**	keine Bindung
Je suis ingénieur	✗		
C'est à Paris.		✗	
Tu es stagiaire ?			✗
1. Vous vous appelez comment ?			
2. Vous êtes Monsieur Beaussart ?			
3. Comment allez-vous ?			
4. Comment vas-tu ?			
5. Vous allez bien ?			
6. Tu vas bien ?			
7. C'est un premier contact.			
8. Vous êtes sur notre site.			

6 [y] wie in *tu* / [u] wie in *vous*. Hören Sie die einzelnen Wörter und kreuzen Sie den richtigen Laut an: [y] / [u].

	[y]	[u]
tu	✗	
vous		✗
1. Bienvenue !		
2. Bonjour !		
3. nous		
4. rue		
5. pour		
6. Salut !		
7. solution		
8. Excusez-moi !		

Leçon 2

1 Zählen Sie mit! Sprechen Sie die Ergebniszahl nach dem folgenden Muster.

1. 1 + (plus) 1 = (égalent) _2_ (deux)

2. 5 + 1 = (égalent) ....

3. 6 + 1 = (égalent) ....

4. $7 + 1 =$ (égalent) ....

5. $8 + 1 =$ (égalent) ....

6. $9 + 1 =$ (égalent) ....

7. $10 + 1 =$ (égalent) ....

8. $10 + 2 =$ (égalent) ....

9. $13 + 2 =$ (égalent) ....

10. $14 + 2 =$ (égalent) ....

11. $15 + 2 =$ (égalent) ....

12. $18 + 2 =$ (égalent) ....

2 Hören Sie den Beispielsatz an. Beginnen Sie jeweils Ihren Satz mit *on* nach dem Muster.

1. Nous habitons à Paris.   **On habite** à Paris.

3 Stellen Sie Fragen mit *qu'est-ce que* nach dem folgenden Muster.

1. Il commande un sandwich.   **Qu'est-ce qu'**il commande comme sandwich ?

4 Hören Sie die einzelnen Sätze und tragen Sie die Bindungen in die Tabelle ein.

	nach **n**	nach **s**	keine Bindung
C'est un hôtel rue de Rennes.	X		
Je suis en retard.		X	
Tu aimes les gâteaux ?			X
1. Pour moi, un apéritif !			
2. Encore un sandwich s'il vous plaît !			
3. Elle achète des oranges.			
4. Qu'est-ce que vous achetez à Sandrine ?			
5. Elle aime les hôtels romantiques.			
6. J'apporte un ananas pour le dessert.			
7. J'aime les gâteaux au chocolat.			
8. Tu aimes les abricots ?			

5 Halten Sie das stumme e wie in *salade* und das geschlossene e wie in *café* auseinander! Hören Sie die einzelnen Wörter und kreuzen Sie im Buch den richtigen Laut an.

	stummes e [ ]	geschlossenes e [e]
salade	X	
café		X
1. déjà		
2. quatre		
3. habiter		
4. pomme		
5. Vous habitez où ?		
6. musique		
7. fromage		
8. numéro		

6 Hören Sie die einzelnen Wörter und ergänzen Sie die Wörter mit **é** oder **e** nach folgendem Muster.

1. madam...   madam<u>e</u>

Leçon 3

1 Berichtigen Sie die Fragen nach folgendem Muster. Die Lösung hören Sie nach der Sprechpause.

1. Vous êtes informaticien ?   *(ingénieur)*   Non, je suis **ingénieur**.

2 Kreuzen Sie die Zahl, die Sie gehört haben, an.

1. Il a ... ans.   20 ☒   16 ☐
2. J'habite ... rue Duroc.   61 ☐   71 ☐
3. Le professeur d'espagnol a ... élèves.   6 ☐   10 ☐
4. Elle prend le bus...   56 ☐   58 ☐
5. Il est ... heures et quart   4 ☐   3 ☐
6. Le bouquet de fleurs, c'est ...   18 € ☐   8 € ☐

3 Männlich oder weiblich? Finden Sie die passenden Adjektive nach folgendem Muster. Nach der Sprechpause hören Sie die Lösung.

1. John habite à New-York.   Il est **américain**.

4 *ont* oder *sont*? Kreuzen Sie was Sie hören an.

1. Ils ... à Paris.   ont ☐   sont ☒
2. Ils ... très faim.   ont ☐   sont ☐
3. Elles ... étudiantes.   ont ☐   sont ☐
4. Elles ... un cadeau pour toi.   ont ☐   sont ☐
5. Ils ... français.   ont ☐   sont ☐
6. Ils ... un appartement à Madrid.   ont ☐   sont ☐

5 Es gibt viele Schreibweisen für den Laut [s] wie in *dessert* oder den Laut [z] wie in *désert*. Hören Sie die einzelnen Sätze und sprechen Sie alle Sätze nach. Kreuzen Sie dann jeweils (1x oder mehrmals) den Laut [s] oder [z] an.

	[s]	[z]
dessert [desɛʀ]	☒	
désert [dezɛʀ]		☒
1. Je suis professeur d'anglais.		
2. Bises de Zoé.		
3. Perrier, c'est une eau gazeuse.		
4. Un verre de champagne ? Merci, avec plaisir.		
5. Tu invites Sylvie ? C'est gentil !		
6. À la santé de Léa !		
7. Elle habite à Toulouse.		
8. Il s'appelle Désiré.		

Leçon 4

1 Hören Sie die folgenden Sätze. Kreuzen Sie *à la*, *à l'* oder *au* an.

	1	2	3	4	5	6
à la						
à l'	☒					
au						

2 Geben Sie eine Antwort mit *ne... plus* nach dem folgendem Muster.

1. Tu es très pressé ?   Non, je **ne** suis **plus** pressé.

3 *Quelle heure est-il ?* Hören Sie die Zeitangaben und kreuzen Sie die richtige Uhrzeit an.

1. Il est dix heures quinze. Il est dix heures et quart.   10 h 15 ☒   10 h 05 ☐
2. Il est dix heures trente. Il est dix heures et demie.   10 h 30 ☐   10 h 10 ☐
3. Il est dix heures quarante-cinq.
   Il est onze heures moins le quart.   11 h ☐   10 h 45 ☐

4. Il est douze heures quinze. Il est midi et quart. 12 h 15 ☐ 12 h 05 ☐
5. Il est douze heures trente. Il est midi et demi. 11 h 30 ☐ 12 h 30 ☐
6. Il est quatorze heures dix. Il est deux heures dix. 14 h 10 ☐ 14 h 20 ☐
7. Il est quinze heures quarante.
   Il est quatre heures moins vingt. 15 h 13 ☐ 15 h 40 ☐
8. Il est vingt heures quinze. Il est huit heures et quart. 21 h 30 ☐ 20 h 15 ☐

4   Sie hören immer vier Wörter hintereinander. Ein Wort passt nicht in die Reihe. Welches?

1.	quartier ☒	rue ☐	boulevard ☐	place ☐
2.	cuisine ☐	heure ☐	chambre ☐	séjour ☐
3.	grand ☐	petit ☐	encore ☐	calme ☐
4.	pardon ☐	mais ☐	et ☐	ensuite ☐
5.	bus ☐	adresse ☐	métro ☐	R.E.R. ☐
6.	premier ☐	troisième ☐	six ☐	cinquième ☐

5   Hören Sie die folgenden Aussagen. Stehen die Adjektive vor oder nach dem Substantiv? Kreuzen Sie die richtige Antwort an.

		vor dem Substantiv	nach dem Substantiv
1.	vieux	✗	
2.	américaine		
3.	ancienne		
4.	française		
5.	petite		
6.	bonne		

6   [b] oder [p]? Hören Sie die einzelnen Wörter und kreuzen Sie die richtige Spalte an.

		[b]	[p]
	bonne	✗	
	pomme		✗
1.	bière		
2.	première		
3.	bus		
4.	Puces		
5.	bains		
6.	pain		
7.	bise		
8.	Pise		

7 Hören Sie zuerst die einzelnen Sätze und ergänzen Sie die Wörter mit **b** oder **p**.

1. ...*B*ienvenue à ...*P*aris !

2. .....rends le .....us !

3. J'ai .....esoin d'une ré.....onse.

4. .....ardon Madame, où est la .....yramide du Louvre ?

5. .....onne chance .....aul !

Leçon 5

1 Hören Sie den kurzen Dialog und entscheiden Sie, ob folgende Behauptungen zutreffen (VRAI) oder nicht (FAUX).

	VRAI	FAUX
1. Steve téléphone à Sandrine	☒	☐
2. Sandrine veut acheter un canapé-lit.	☐	☐
3. Sandrine veut acheter une moquette en promotion.	☐	☐
4. Steve n'aime pas le beige.	☐	☐
5. Sandrine aime beaucoup le rouge.	☐	☐

2 Beantworten Sie die Fragen nach folgendem Muster.

1. *frenchlessons-com.*, tu connais **ce site** sur Internet ?   Oui, je **le** connais.

3 Es gibt im Französischen ein nasal gesprochenes [ã] wie in *orange* und ein nasal gesprochenes [õ] wie in *marron*. Hören Sie die einzelnen Wörter und kreuzen Sie die richtige Spalte an.

	[ã]	[õ]
orange	✗	
marron		✗
1. plan		
2. combien		
3. danse		
4. ronde		
5. lampe		
6. pardon		
7. bonbon		
8. éléphant		

4 Wie oft hören Sie den Laut [ɑ̃] oder [ɔ̃] in folgenden Sätzen? Tragen Sie Ihr Ergebnis in die passende Spalte ein.

	[ɑ̃]	[ɔ̃]
Il y a un tapis blanc dans la chambre.	3x	
Je veux une table ronde !		1x
1. On est le combien aujourd'hui ?		
2. C'est dimanche, le trente septembre.		
3. Je vous conseille ce canapé confortable.		
4. Trois cent cinquante euros, c'est un bon prix !		
5. Il mange des croissants.		
6. Ce jus d'orange est très bon.		

Leçon 6

1 Hören Sie den kurzen Dialog und entscheiden Sie, ob folgende Behauptungen zutreffen (VRAI) oder nicht (FAUX).

	VRAI	FAUX
1. Le restaurant s'appelle *Le petit Mousse*.	☒	☐
2. La femme veut réserver une table pour vendredi soir.	☐	☐
3. C'est une réservation pour six personnes.	☐	☐
4. Le restaurant accepte la réservation.	☐	☐

2 In der folgenden Übung sollen Sie die gestellten Fragen verneinen. Geben Sie eine Antwort nach folgendem Muster.

1. Tu prends **du** poisson ?   Non, je n'aime pas **le** poisson.

3 Beantworten Sie die Fragen nach dem folgenden Muster.

1. Vous mangez **des** escargots ?   Non, nous **ne** mangeons **plus** d'escargots.

4 [b] wie in *bon* oder [v] wie in *vont*. Hören Sie die einzelnen Wörter und kreuzen Sie die richtige Spalte an.

	[b]	[v]
bon	✗	
vont		✗
1. beau		
2. veau		
3. bleu		
4. veut		
5. bien		
6. viens		
7. bière		
8. verre		

5 Hören Sie zuerst die einzelnen Sätze und ergänzen Sie die Wörter mit **b** oder **v**.

1. Cette ...*b*ière est vraiment très ...*b*onne !

2. Ils .....ont au restaurant .....endredi.

3. Vous prenez un .....erre de .....in .....lanc?

4. J'aime .....eaucoup les pommes .....apeur
   avec la sole meunière !

5. Tu es .....elle avec ce pull .....leu !

6. Tu vas .....ien ?

Leçon 7

1 Hören Sie den kurzen Dialog und entscheiden Sie, ob folgende Behauptungen zutreffen (VRAI) oder nicht (FAUX).

	VRAI	FAUX
1. La jeune femme a envoyé une lettre de candidature.	☒	☐
2. La candidate a déjà travaillé dans un hôtel à Rome.	☐	☐
3. Elle parle anglais et italien.	☐	☐
4. Elle a rendez-vous vendredi à neuf heures.	☐	☐

2 Hören Sie den Anfang der kurzen Dialoge und übernehmen Sie die Rolle der anrufenden Person.

1. ● Chambre de Commerce franco-espagnole, bonjour !
   ● Bonjour, je voudrais parler à Madame Dauré.

3 Beantworten Sie die Fragen mit dem richtigen Possessivbegleiter nach dem folgenden Muster.

1. Tu as reçu **mon** mail ?   Non, je n'ai pas reçu **ton** mail.

4 Es gibt drei verschiedene e-Laute: stumm oder kurz wie in *le*, offen wie in *mais*, geschlossen wie in *thé*. Hören Sie die einzelnen Wörter und kreuzen Sie die richtige Spalte an.

	stummes e [ ] *bzw.* kurzes e [ə]	offenes e [ɛ]	geschlossenes e [e]
le	✗		
mais		✗	
thé			✗
1. française			
2. demande			
3. les amis			
4. Marie			
5. déjà			
6. lycée			
7. parfait			
8. fête			

Leçon 8

1 Hören Sie den Text und die Nachricht auf dem Anrufbeantworter und kreuzen Sie die zutreffenden Aussagen an.

		VRAI	FAUX
1.	C'est le répondeur de Pauline Beaussart.	☒	☐
2.	Pauline est en réunion.	☐	☐
3.	Jean-Louis laisse un message sur le répondeur.	☐	☐
4.	Pauline est invitée à une fête d'anniversaire.	☐	☐

2 Hören Sie den Wetterbericht im Radio. Kreuzen Sie an, was Sie gehört haben.

1.	Quel temps fait-il...	aujourd'hui ?	☒	pour demain ?	☐
2.	Il fait	beau.	☐	frais.	☐
3.	Il y a	de la pluie.	☐	du soleil.	☐
4.	Il fait	25 degrés.	☐	30 degrés.	☐
5.	Il n'y a pas	de vent.	☐	de nuages.	☐

3 Hören Sie den Anfang der kurzen Dialoge und übernehmen Sie die Rolle der anrufenden Person. Kreuzen Sie dann die gehörte Verbform von *venir* in der passenden Spalte an.

viens	vient	venez / venons	viennent
1.			

4 *Lui* oder *leur*? Kreuzen Sie die richtige Antwort an.

	1.	2.	3.	4.	5.	6.
lui	✗					
leur						

5 [f] wie in *font* oder [v] wie in *vont*? Hören Sie die einzelnen Wörter und kreuzen Sie die richtige Spalte an.

	[f]	[v]
font	✗	
vont		✗
1. faire		
2. verre		
3. vais		
4. fais		
5. fille		
6. ville		
7. faim		
8. vin		

6 Hören Sie die Sätze und ergänzen Sie die Lücken mit **f** oder mit **v**.

1. Je ...v.ais ...f.aire un ...v.oyage à ...V.enise !

2. Je .....ais une .....ête pour mon anni.....ersaire.

3. On .....ait des sandwichs ? J'ai très .....aim.

4. Pour la Saint-.....alentin, je t'offre des .....leurs.

5. .....ictor aime les .....romages ......rançais.

6. Quel plaisir de .....ous .....oir .....lorence !

Leçon 9

1 Übernehmen Sie die Rolle von **Raquel** in dem folgenden Dialog.

1. ● Allô Raquel ? Quand est-ce que tu es arrivée à Nice ?
   ● Bonsoir Romain, je suis arrivée hier soir à Nice.

2 Hören Sie das Ratespiel und kreuzen Sie das Lösungswort an.

1. la bouche   ☒   les cheveux ☐
2. les cheveux ☐   les yeux   ☐
3. le nez   ☐   l'âge   ☐
4. les cheveux ☐   les yeux   ☐

3 Hören Sie die folgenden Sätze. Kreuzen Sie die passenden Formen von *avoir* oder *être* an.

	1.	2.	3.	4.	5.	6.
a						
ont						
est	✗					
sont						

4 [i] wie in *dis* / [y] wie in *du* / [u] wie in *doux*. Hören Sie die einzelnen Wörter und kreuzen Sie jeweils die richtige Spalte an.

	[i]	[y]	[u]
dis	✗		
du		✗	
doux			✗
1. tu			
2. tout			
3. type			
4. amour			
5. ami			
6. amusant			
7. style			
8. super			
9. souvent			

5 Hören Sie zuerst die einzelnen Sätze und ergänzen Sie die Wörter mit **i**, **u** oder **ou**.

1. N.*ou*s arr..*i*..vons dans une m..*i*..n.*u*..te !
2. T..... as vraiment le sens de l'h.....m.....r.
3. C'est t.....t à fait son t.....pe !
4. J'ai reç..... une carte postale de T.....rs.
5. Je n'aime pas les men.....s exot.....ques.
6. Mar.....e part au T.....bet dans d.....x j.....rs.

Leçon 10

1 Hören Sie die vier Kleinanzeigen mit Jobangeboten und kreuzen Sie die richtigen Informationen an.

	Wo?		Als was?		Wie lange?		Kontaktpersonen	
1.	Côte bretonne	☐	serveur	☐	du 15 juillet au 15 août	☐	Monsieur Durand	☐
	Provence	☐	journaliste	☐	du premier au 15 août	☐	Madame Durant	☐
2.	Les Vosges	☐	animateur	☐	juillet-août	☐	Monsieur Brun	☐
	Les Alpes	☐	guide	☐	août-septembre	☐	Madame Brun	☐
3.	Région parisienne	☐	stagiaire	☐	juin/juillet/août	☐	Monsieur Mimosa	☐
	Paris	☐	médecin	☐	juillet/août/septembre	☐	Madame Mimosa	☐
4.	Montpellier	☐	standardiste	☐	de mai à septembre	☐	Monsieur Gaillard	☐
	Nice	☐	traductrice	☐	de juin à septembre	☐	Madame Gaillard	☐

2 Hören Sie die Sätze und achten Sie auf die Aussprache. Haben Sie nach *tout / toute / tous* eine Bindung gehört oder nicht? Kreuzen Sie die entsprechende Spalte an.

		Bindung	Keine Bindung
1.	Il travaille toute la journée.		✗
2.	Elle finance toute une partie de ses études.		
3.	Il a passé tout un week-end à faire une traduction.		
4.	Presque tous les étudiants travaillent en été.		
5.	J'ai organisé une soirée pour tout un groupe de touristes.		
6.	On a réservé tous les hôtels pour ce grand congrès.		

3 [t] wie in *tout* oder [d] wie in *doux*? Hören Sie die einzelnen Wörter und kreuzen Sie die richtige Spalte an.

	[t]	[d]
tout	X	
doux		X
1. thé		
2. idée		
3. dans		
4. temps		
5. trois		
6. droit		

4 Hören Sie zuerst die einzelnen Sätze und ergänzen Sie die Wörter mit **d** oder **t**.

1. Vous ...t.ravaillez ...d.ans le ...t.ourisme ?

2. J'ai .....emandé .....eux .....hés.

3. Le pa.....ron .....it qu'il fait .....out.

4. C'est une .....ernière question in.....iscrè.....e.

5. Je ne suis pas .....isponible .....oute la journée.

6. Il se .....épêche car il est en re.....ard.

Leçon 11

1 Hören Sie den kurzen Dialog und entscheiden Sie, ob folgende Behauptungen zutreffen (VRAI) oder nicht (FAUX).

	VRAI	FAUX
1. La cliente a acheté son portable hier.	X	☐
2. Elle ne peut pas téléphoner.	☐	☐
3. Elle veut envoyer des messages.	☐	☐
4. Elle n'a pas activé la bonne fonction.	☐	☐

2 Hören Sie die folgenden Sätze. Kreuzen Sie das passende Adverb an.

	1.	2.	3.	4.	5.	6.
automatiquement				X		
bien	X					
confortablement						
facilement						
rapidement						
vraiment						

3 [ø] wie *peu* [pø], [œ] wie *heure* [hœʀ]. Hören Sie die einzelnen Wörter und kreuzen Sie die richtige Spalte an.

	[ø]	[œ]
peu	✗	
heure		✗
1. l'Europe		
2. les fleurs		
3. les cheveux		
4. le coiffeur		
5. les yeux		
6. le répondeur		
7. amoureux		
8. l'utilisateur		

4 Hören Sie die einzelnen Wörter und kreuzen Sie die richtige Spalte an.

	[ø]	[œ]
peu	✗	
heure		✗
1. fleurs		
2. bleus		
3. pleut		
4. répondeur		
5. Peugeot		
6. coiffeur		

Leçon 12

1 Hören Sie den kurzen Dialog und entscheiden Sie, ob die folgenden Aussagen zutreffen (VRAI) oder nicht (FAUX).

	VRAI	FAUX
1. Pauline rencontre Romain.	☒	☐
2. Romain est en pleine forme.	☐	☐
3. Pauline et Romain font un cours d'espagnol.	☐	☐
4. Pauline invite Romain au cinéma.	☐	☐

2 Sie hören den Anfang von fünf Werbeslogans. Finden Sie den zweiten Teil nach folgendem Muster.

1. Jouez au loto cette semaine ! ... – **Gagnez un million d'euros** !

3 [g] wie in **g**âteau oder [k] wie in **c**adeau? Hören Sie die einzelnen Wörter und kreuzen Sie jeweils die richtige Spalte an.

	[g]	[k]
gâteau	✗	
cadeau		✗
1. comment		
2. gare		
3. coûter		
4. goûter		
5. cinq		
6. gondole		
7. canapé		
8. garçon		

4 Hören Sie zuerst die einzelnen Sätze und ergänzen Sie die Wörter mit **g**, **c** oder **q**.

1. C'est un ..*g*âteau au cho.*c*.olat.

2. Elle s'appelle .....omment ? A.....athe ?

3. Viens aussi au .....ours d'anglais ! Le .....roupe est sympa.

4. Vous partez .....uand pour A.....adir ?

5. .....uelle heure est-il ? Il est une heure et .....uart ?

6. Il travaille .....omme .....arçon de ....afé.

Leçon 13

1 Hören Sie die folgenden Sätze. Kreuzen Sie das passende Verb an.

	1.	2.	3.	4.	5.	6.
avait						
avaient						
était	✗					
étaient						
faisait						
faisaient						

2 Hören Sie die folgenden Sätze. Kreuzen Sie das jeweils passende **participe passé** an.

	1.	2.	3.	4.	5.	6.
allée						
allés						
arrivé						
arrivée	✗					
resté						
restées						

3 offenes o [ɔ] wie in *robe* und geschlossenes o [o] wie in *rose*. Hören Sie die einzelnen Wörter und kreuzen Sie jeweils die richtige Spalte an.

	[ɔ]	[o]
robe	✗	
rose		✗
1. beau		
2. l'eau		
3. baroque		
4. le bateau		
5. le gâteau		
6. l'époque		
7. la politique		
8. le roman		

4 Sie hören immer drei Wörter hintereinander. Nur eines von jeweils drei Wörtern enthält ein **o**. Kreuzen Sie die entsprechende Spalte an.

	1. Wort	2. Wort	3. Wort
1. beige / balcon / **beau**			✗
2. drôle / détail / dîner			
3. côté / concert / crème			
4. tard / trop / très			
5. photo / père / page			
6. gaité / guide / gâteau			

Leçon 14

1 Hören Sie den Bericht und bewerten Sie die Aussagen in der Tabelle mit VRAI oder FAUX.

	VRAI	FAUX
1. La première minijupe, c'était en 1964.	☒	☐
2. Mary Quant était américaine.	☐	☐
3. André Courrèges a mis la minijupe à la mode en France.	☐	☐
4. Les manteaux maxi sont aussi à la mode cette année.	☐	☐

2 Formulieren Sie jeweils einen Vergleich um nach folgendem Muster.

1. La cuisine anglaise est moins bonne que la cuisine française.
La cuisine française est meilleure que la cuisine anglaise.

3 [ɛ̃] wie in *vin* oder [œ̃] wie in *lundi*. Hören Sie die einzelnen Wörter und kreuzen Sie die richtige Spalte an.

	[ɛ̃]	[œ̃]
vin	✗	
lundi		✗
1. Alain		
2. parfum		
3. copain		
4. ceinture		
5. brun		
6. prochain		
7. chacun		
8. Internet	✗	

4 Hören Sie zuerst die einzelnen Sätze und ergänzen Sie die Lücken mit den jeweils fehlenden Buchstaben.

1. Al.*ain* ? C'est .*un*. beau br.*un*.. !

2. Ils nous .....vitent l.....ndi proch..... .

3. Elle a .....venté la minijupe.

4. Chac..... doit mettre sa c.....ture de sécurité.

5. C'est u..... magas..... qui fait des soldes.

6. M.....tenant il met aussi du parf..... .

Leçon 15

1 Hören Sie den Dialog und bewerten Sie die Aussagen in der Tabelle mit VRAI oder FAUX.

	VRAI	FAUX
1. L'agence de voyages vend des voyages en Egypte.	X	☐
2. Le client veut offrir un voyage à ses parents.	☐	☐
3. Le client choisit le 11 novembre comme date de départ.	☐	☐
4. Il y a une offre intéressante pour 500 € par personne.	☐	☐
5. Le vol et l'hôtel avec pension complète sont compris dans le prix.	☐	☐
6. Le client s'appelle Monsieur Bobillon.	☐	☐

2 Hören Sie die folgenden Sätze. Kreuzen Sie die gehörte Verbform an.

	1.	2.	3.	4.	5.	6.
aura	X					
irons						
enverrons						
offriras						
pourrez						
trouverez						

3 [ʃ] wie in *chercher* oder [ʒ] wie in *manger*. Hören Sie die einzelnen Wörter und kreuzen Sie jeweils die richtige Spalte an.

	[ʃ]	[ʒ]
chercher	X	
manger		X
1. charmant		
2. bonjour		
3. agence		
4. charter		
5. voyager		
6. bouche		
7. choisir		
8. argent		

4 Sie hören immer drei Wörter hintereinander. Nur eines von diesen drei Wörtern enthält ein [ʃ] oder ein [ʒ]. Kreuzen Sie die entsprechende Spalte an.

	1. Wort	2. Wort	3. Wort
1. départ / avion / **guichet**			✗
2. âge / nom / adresse			
3. calendrier / agenda / date			
4. étage / été / étoile			
5. apéritif / déjeuner / dîner			
6. grand / gai / gentil			
7. chaise / table / fauteuil			

Leçon 16

1 Hören Sie den Dialog und bewerten Sie die Aussagen in der Tabelle mit VRAI oder FAUX.

	VRAI	FAUX
1. Steve veut s'acheter des nouvelles lunettes depuis un mois.	☐	☒
2. Sandrine conseille Steve.	☐	☐
3. Sandrine porte aussi des lunettes.	☐	☐
4. Sandrine préfère les lunettes en écaille.	☐	☐
5. La monture transparente coûte trois cents euros.	☐	☐
6. Il y a une garantie d'un an.	☐	☐

2 Hören Sie die folgenden Sätze. Kreuzen Sie die gehörte Verbform an.

	1.	2.	3.	4.	5.	6.
aimeriez	✗					
devrions						
faudrait						
pourrions						
pourriez						
sauriez						

3 [w] wie in *fois* und [ɥ] wie in *fruit*. Hören Sie die einzelnen Wörter und kreuzen Sie jeweils die richtige Spalte an.

	[w]	[ɥ]
fois	✗	
fruit		✗
1. moi		
2. huit		
3. toi		
4. nuit		
5. oui		
6. voilà		
7. cuisine		
8. voir		
9. depuis		
10. trois		

4 Hören Sie zuerst die einzelnen Sätze und ergänzen Sie die Lücken mit den jeweils fehlenden Buchstaben.

1. On a rendez-vous à min.*ui*.t .

2. C'est la première f.....s qu'il mange ces fr.....ts.

3. Tu sais très bien faire la c.....sine.

4. Il fait fr.....d aujourd'h.....

5. O....., je b.....s du thé vert.

6. Il a perdu tr.....s kilos dep.....s qu'il fait du sport.

Leçon 17

1 Hören Sie die Kommentare bei der Besichtigung des Weinkellers und bewerten Sie die Aussagen in der Tabelle mit VRAI oder FAUX.

	VRAI	FAUX
1. Le champagne est fabriqué avec du jus de raisin.	✗	☐
2. Il faut au minimum 15 ans pour faire du champagne.	☐	☐
3. On ne peut pas goûter le champagne pendant la visite des caves.	☐	☐
4. On peut acheter directement du champagne.	☐	☐
5. Les bouteilles sont emballées dans des cartons.	☐	☐
6. Le magnum est une bouteille de champagne d'un litre et demi.	☐	☐

2 Antworten Sie auf die Fragen nach dem folgenden Muster.

1. Tu as invité beaucoup de personnes ? (vingt) – Oui, j'**en** ai invité **vingt**.

3 [ɲ] wie in *champagne* [ʃɑ̃paɲ] und [j] wie in *payer* [peje]. Hören Sie die einzelnen Wörter und kreuzen Sie jeweils die richtige Spalte an.

	[ɲ]	[j]
champagne	X	
payer		X
1. essayer		
2. Bourgogne		
3. fille		
4. billet		
5. cognac		
6. envoyer		
7. gagner		
8. bouteille		

4 Sie hören immer drei Wörter hintereinander. Nur eines von diesen drei Wörtern enthält ein [ɲ] oder ein [j]. Kreuzen Sie die entsprechende Spalte an.

	1. Wort	2. Wort	3. Wort
1. gentil / **gentille** / rouge		X	
2. joignable / jeudi / jouer			
3. répondeur / retour / renseignement			
4. magasin / magnifique / maison			
5. détail / débat / /dîner			
6. vol / voyage / voilà			
7. site / style / soleil			

Leçon 18

1 Hören Sie den kurzen Dialog und entscheiden Sie, ob folgende Behauptungen zutreffen (VRAI) oder nicht (FAUX).

	VRAI	FAUX
1. Le bureau *Europauto* à l'aéroport est ouvert jusqu'à 20 heures.	☐	☒
2. On peut réserver une voiture en ligne.	☐	☐
3. Il n'y a plus de monospace à louer.	☐	☐
4. Le kilométrage est toujours illimité.	☐	☐
5. Au mois d'avril il y a une réduction de 20 % sur tous les prix.	☐	☐
6. Les prix de location sont des prix TTC.	☐	☐

2 Hören Sie die einzelnen Sätze an. Kreuzen Sie die jeweils passende Form des Superlativs an.

	1.	2.	3.	4.	5.	6.
la meilleure						
les meilleurs						
les moins chers	X					
les plus confortables						
les plus intéressantes						
les plus pratiques						

Leçon 19

1 Hören Sie den kurzen Dialog und entscheiden Sie, ob folgende Behauptungen zutreffen (VRAI) oder nicht (FAUX).

	VRAI	FAUX
1. Amélie rencontre Léa.	☐	☒
2. Il y a une fête de quartier dans un mois.	☐	☐
3. Il ne faut pas s'inscrire pour participer aux marché aux puces.	☐	☐
4. Il y a aussi un concours d'idées pour aménager la place Brancusi.	☐	☐
5. Il n'y aura pas de pique-nique.	☐	☐
6. Des musiciens viendront jouer pendant la soirée.	☐	☐

2 Hören Sie die folgenden Sätze. Kreuzen Sie die passende Verbform an.

	1.	2.	3.	4.	5.	6.
alliez	X					
conduisiez						X
finissiez						
parliez						
soyez						
vidiez						

3 [ʃ] wie in *chance* [ʃãs] und [s] wie in *sens* [sãs]. Hören Sie die einzelnen Wörter und kreuzen Sie jeweils die richtige Spalte an.

	[ʃ]	[s]
chance	X	
sens		X
1. français		
2. bouche		
3. tasse		
4. chambre		
5. succès		
6. marché		
7. passer		
8. chocolat		

Leçon 20

1 Hören Sie den kurzen Dialog und entscheiden Sie, ob folgende Behauptungen zutreffen (VRAI) oder nicht (FAUX).

	VRAI	FAUX
1. Léa raconte à Romain que Sandrine et Steve vont se marier.	X	☐
2. Romain est très surpris par cette nouvelle.	☐	☐
3. Le mariage aura lieu au mois de mars.	☐	☐
4. Léa trouve que ce mariage est la bonne décision.	☐	☐
5. Romain propose un voyage à l'île Maurice.	☐	☐
6. Léa ne connaît pas l'île Maurice.	☐	☐

2 Hören Sie die folgenden Sätze. Kreuzen Sie *c'est, ces, ses, ce* oder *se* an.

	1.	2.	3.	4.	5.	6.
c'est						
ces						
ses						
ce						
se	X					

3 Nicht verwechseln: [ʃ] oder [ʒ] oder [z]? Hören Sie die einzelnen Wörter und kreuzen Sie jeweils die richtige Spalte an.

	[ʃ]	[ʒ]	[z]
chance	X		
jeune		X	
voisine			X
1. orange			
2. désir			
3. joli			
4. choisir			
5. prison			
6. charme			
7. journée			
8. chérie			

Verbtabelle

❚ Um einen benutzerfreundlichen Überblick zu geben, sind die Verben nicht nach den Kategorien regelmäßige bzw. unregelmäßige Verben geordnet, sondern nach ihren Endungen (-er, -ir, -re, -oir). Das Grundmuster der jeweiligen Kategorie wird als erstes konjugiert, danach folgt die Rubrik „Besondere Formen", in der die unregelmäßigen Verben mit * gekennzeichnet sind. Bei den Verben auf -oir gibt es kein Grundmuster. Die Konjugation der Hilfsverben avoir (haben) und être (sein) finden Sie gleich am Anfang; diese Kategorie hat keine Nummer.

❚ Bei den folgenden Tabellen wird bei der dritten Person Singular nur il angegeben, die dargestellte Form gilt natürlich auch für elle (sie) / on (wir / man).

❚ Das Wort participe passé (Partizip Perfekt) ist als p.p. abgekürzt. Sie finden das participe passé immer in der Spalte passé composé.

Hilfsverben

avoir présent	haben p.p. eu passé composé	imparfait	futur	conditionnel	subjonctif
j'ai	j'ai eu	j'avais	j'aurai	j'aurais	que j'aie
tu as	tu as eu	tu avais	tu auras	tu aurais	que tu aies
il a	il a eu	il avait	il aura	il aurait	qu'il ait
nous avons	nous avons eu	nous avions	nous aurons	nous aurions	que nous ayons
vous avez	vous avez eu	vous aviez	vous aurez	vous auriez	que vous ayez
ils ont	ils ont eu	ils avaient	ils auront	ils auraient	qu'ils aient

être présent	sein p.p. été passé composé	imparfait	futur	conditionnel	subjonctif
je suis	j'ai été	j'étais	je serai	je serais	que je sois
tu es	tu as été	tu étais	tu seras	tu serais	que tu sois
il est	il a été	il était	il sera	il serait	qu'il soit
nous sommes	nous avons été	nous étions	nous serons	nous serions	que nous soyons
vous êtes	vous avez été	vous étiez	vous serez	vous seriez	que vous soyez
ils sont	ils ont été	ils étaient	ils seront	ils seraient	qu'ils soient

1. Verben auf -er

Grundmuster: aim**er**

aimer présent	*mögen, lieben* p.p. aim**é** passé composé	imparfait	futur	conditionnel	subjonctif
j'aime	j'ai aimé	j'aimais	j'aimerai	j'aimerais	que j'aime
tu aimes	tu as aimé	tu aimais	tu aimeras	tu aimerais	que tu aimes
il aime	il a aimé	il aimait	il aimera	il aimerait	qu'il aime
nous aim**ons**	nous avons aimé	nous aimions	nous aimerons	nous aimerions	que nous aimions
vous aim**ez**	vous avez aimé	vous aimiez	vous aimerez	vous aimeriez	que vous aimiez
ils aim**ent**	ils ont aimé	ils aimaient	ils aimeront	ils aimeraient	qu'ils aiment

Besondere Verben auf -er

acheter présent	*kaufen* p.p. achet**é** passé composé	imparfait	futur	conditionnel	subjonctif
j'achète	j'ai acheté	j'achetais	j'achèterai	j'achèterais	que j'achète
tu achètes	tu as acheté	tu achetais	tu achèteras	tu achèterais	que tu achètes
il achète	il a acheté	il achetait	il achètera	il achèterait	qu'il achète
nous achetons	nous avons acheté	nous achetions	nous achèterons	nous achèterions	que nous achetions
vous achetez	vous avez acheté	vous achetiez	vous achèterez	vous achèteriez	que vous achetiez
ils achètent	ils ont acheté	ils achetaient	ils achèteront	ils achèteraient	qu'ils achètent

*aller présent	*gehen* p.p. all**é** passé composé	imparfait	futur	conditionnel	subjonctif
je **vais**	je suis allé(e)	j'allais	j'irai	j'irais	que j'**aille**
tu **vas**	tu es allé(e)	tu allais	tu iras	tu irais	que tu ailles
il **va**	il / elle allé(e)	il allait	il ira	il irait	qu'il aille
nous allons	nous sommes allé(e)s	nous allions	nous irons	nous irions	que nous allions
vous allez	vous êtes allé(e) vous êtes allé(e)s	vous alliez	vous irez	vous iriez	que vous alliez
ils **vont**	ils sont allés elles sont allées	ils allaient	ils iront	ils iraient	qu'ils aillent

Verbtabelle

appeler présent	rufen, nennen passé composé	p.p. appelé imparfait	futur	conditionnel	subjonctif
j'appelle	j'ai appelé	j'appelais	j' appellerai	j' appellerais	que j'appelle
tu appelles	tu as appelé	tu appelais	tu appelleras	tu appellerais	que tu appelles
il appelle	il a appelé	il appelait	il appellera	il appellerait	qu'il appelle
nous appelons	nous avons appelé	nous appelions	nous appellerons	nous appellerions	que nous appelions
vous appelez	vous avez appelé	vous appeliez	vous appellerez	vous appelleriez	que vous appeliez
ils appellent	ils ont appelé	ils appelaient	ils appelleront	ils appelleraient	qu'ils appellent

Ebenso: **s'appeler** *heißen*

commencer présent	anfangen passé composé	p.p. commencé imparfait	futur	conditionnel	subjonctif
je commence	j'ai commencé	je commençais	je commencerai	je commencerais	que je commence
tu commences	tu as commencé	tu commençais	tu commenceras	tu commencerais	que tu commences
il commence	il a commencé	il commençait	il commencera	il commencerait	qu'il commence
nous commençons	nous avons commencé	nous commencions	nous commencerons	nous commencerions	que nous commencions
vous commencez	vous avez commencé	vous commenciez	vous commencerez	vous commenceriez	que vous commenciez
ils commencent	ils ont commencé	ils commençaient	ils commenceront	ils commenceraient	qu'ils commencent

Ebenso: **avancer** *vorwärtskommen, nach vorne gehen*

* jeter présent	werfen passé composé	p.p. jeté imparfait	futur	conditionnel	subjonctif
je jette	j'ai jeté	je jetais	je jetterai	je jetterais	que je jette
tu jettes	tu as jeté	tu jetais	tu jetteras	tu jetterais	que tu jettes
il jette	il a jeté	il jetait	il jettera	il jetterait	qu'il jette
nous jetons	nous avons jeté	nous jetions	nous jetterons	nous jetterions	que nous jetions
vous jetez	vous avez jeté	vous jetiez	vous jetterez	vous jetteriez	que vous jetiez
ils jettent	ils ont jeté	ils jetaient	ils jetteront	ils jetteraient	qu'ils jettent

manger présent	essen p.p. mangé passé composé	imparfait	futur	conditionnel	subjonctif
je mange	j'ai mangé	je mangeais	je mangerai	je mangerais	que je mange
tu manges	tu as mangé	tu mangeais	tu mangeras	tu mangerais	que tu manges
il mange	il a mangé	il mangeait	il mangera	il mangerait	qu'il mange
nous mangeons	nous avons mangé	nous mangions	nous mangerons	nous mangerions	que nous mangions
vous mangez	vous avez mangé	vous mangiez	vous mangerez	vous mangeriez	que vous mangiez
ils mangent	ils ont mangé	ils mangeaient	ils mangeront	ils mangeraient	qu'ils mangent

payer présent	bezahlen p.p. payé passé composé	imparfait	futur	conditionnel	subjonctif
je paie / paye	j'ai payé	je payais	je paierai / payerai	je paierais / payerais	que je paie / paye
tu paies / payes	tu as payé	tu payais	tu paieras / payeras	tu paierais / payerais	que tu paies / payes
il paie / paye	il a payé	il payait	il paiera / payera	il paierait / payerait	qu'il paie / paye
nous payons	nous avons payé	nous payions	nous paierons / payerons	nous paierions / payerions	que nous payions
vous payez	vous avez payé	vous payiez	vous paierez / payerez	vous paieriez / payeriez	que vous payiez
ils paient / payent	ils ont payé	ils payaient	ils paieront / payeront	ils paieraient / payeraient	qu'ils paient / payent

Ebenso: **essayer** *versuchen, probieren*

préférer présent	bevorzugen p.p. préféré passé composé	imparfait	futur	conditionnel	subjonctif
je préfère	j'ai préféré	je préférais	je préférerai	je préférerais	que je préfère
tu préfères	tu as préféré	tu préférais	tu préféreras	tu préférerais	que tu préfères
il préfère	il a préféré	il préférait	il préférera	il préférerait	qu'il préfère
nous préférons	nous avons préféré	nous préférions	nous préférerons	nous préférerions	que nous préférions
vous préférez	vous avez préféré	vous préfériez	vous préférerez	vous préféreriez	que vous préfériez
ils préfèrent	ils ont préféré	ils préféraient	ils préféreront	ils préféreraient	qu'ils préfèrent

2. Verben auf -ir

Grundmuster: choisir

choisir *auswählen* p.p. choisi					
présent	passé composé	imparfait	futur	conditionnel	subjonctif
je choisis	j'ai choisi	je choisissais	je choisirai	je choisirais	que je choisisse
tu choisis	tu as choisi	tu choisissais	tu choisiras	tu choisirais	que tu choisisses
il choisit	il a choisi	il choisissait	il choisira	il choisirait	qu'il choisisse
nous choisissons	nous avons choisi	nous choisissions	nous choisirons	nous choisirions	que nous choisissions
vous choisissez	vous avez choisi	vous choisissiez	vous choisirez	vous choisiriez	que vous choisissiez
ils choisissent	ils ont choisi	ils choisissaient	ils choisiront	ils choisiraient	qu'ils choisissent

Besondere Verben auf -ir

offrir *schenken* p.p. offert					
présent	passé composé	imparfait	futur	conditionnel	subjonctif
j'offre	j'ai offert	j'offrais	j'offrirai	j'offrirais	que j'offre
tu offres	tu as offert	tu offrais	tu offriras	tu offrirais	que tu offres
il offre	il a offert	il offrait	il offrira	il offrirait	qu'il offre
nous offrons	nous avons offert	nous offrions	nous offrirons	nous offririons	que nous offrions
vous offrez	vous avez offert	vous offriez	vous offrirez	vous offririez	que vous offriez
ils offrent	ils ont offert	ils offraient	ils offriront	ils offriraient	qu'ils offrent

Ebenso: **découvrir** *entdecken;* **ouvrir** *öffnen*

partir *weggehen* p.p. parti					
présent	passé composé	imparfait	futur	conditionnel	subjonctif
je pars	je suis parti(e)	je partais	je partirai	je partirais	que je parte
tu pars	tu es parti(e)	tu partait	tu partiras	tu partirais	que tu partes
il part	il / elle est parti(e)	il partait	il partira	il partirat	qu'il parte
nous partons	nous sommes parti(e)s	nous partions	nous partirons	nous partirions	que nous partions
vous partez	vous êtes parti(e) vous êtes parti(e)s	vous partiez	vous partirez	vous partiriez	que vous partiez
ils partent	ils sont partis elles sont parties	ils partaient	ils partiront	ils partiraient	qu'ils partent

Ebenso: **sortir** *ausgehen*

venir	kommen p.p. venu				
présent	passé composé	imparfait	futur	conditionnel	subjonctif
je viens	je suis **venu**(e)	je venais	je viendrai	je viendrais	que je vienne
tu viens	tu es venu(e)	tu venais	tu viendras	tu viendrais	que tu viennes
il vient	il / elle est venu(e)	il venait	il viendra	il viendrait	qu'il vienne
nous venons	nous sommes venu(e)s	nous venions	nous viendrons	nous viendrions	que nous venions
vous venez	vous êtes venu(e) vous êtes venu(e)s	vous veniez	vous viendrez	vous viendriez	que vous veniez
ils viennent	ils sont venus elles sont venues	ils venaient	ils viendront	ils viendraient	qu'ils viennent

Ebenso: **revenir** *zurückkommen;* **tenir** *halten*

3. Verben auf -re

Grundmuster: attendre

attendre	warten p.p. attendu				
présent	passé composé	imparfait	futur	conditionnel	subjonctif
j'attends	j'ai attendu	j'attendais	j'attendrai	j'attendrais	que j'attende
tu attends	tu as attendu	tu attendais	tu attendras	tu attendrais	que tu attendes
il attend	il a attendu	il attendait	il attendra	il attendrait	qu'il attende
nous attendons	nous avons attendu	nous attendions	nous attendrons	nous attendrions	que nous attendions
vous attendez	vous avez attendu	vous attendiez	vous attendrez	vous attendriez	que vous attendiez
ils attendent	ils ont attendu	ils attendaient	ils attendront	ils attendraient	qu'ils attendent

Ebenso: **entendre** *hören;* **perdre** *verlieren;* **rendre** *zurückgeben*

Besondere Verben auf -re

* boire	trinken p.p. bu				
présent	passé composé	imparfait	futur	conditionnel	subjonctif
je bois	j'ai **bu**	je buvais	je boirai	je boirais	que je boive
tu bois	tu as bu	tu buvais	tu boiras	tu boirais	que tu boives
il boit	il a bu	il buvait	il boira	il boirait	qu'il boive

Verbtabelle

nous **buvons**	nous avons bu	nous buvions	nous boirons	nous boirions	que nous buvions
vous **buvez**	vous avez bu	vous buviez	vous boirez	vous boiriez	que vous buviez
ils boivent	ils ont bu	ils buvaient	ils boiront	ils boiraient	qu'ils boivent

connaî**tre**   *kennen*   p.p. con**nu**

présent	passé composé	imparfait	futur	conditionnel	subjonctif
je connais	j'ai **connu**	je connaissais	je connaîtrai	je connaîtrais	que je connaisse
tu connais	tu as connu	tu connaissais	tu connaîtras	tu connaîtrais	que tu connaisses
il connaît	il a connu	il connaissait	il connaîtra	il connaîtrait	qu'il connaisse
nous connaissons	nous avons connu	nous connaissions	nous connaîtrons	nous connaîtrions	que nous connaissions
vous connaissez	vous avez connu	vous connaissiez	vous connaîtrez	vous connaîtriez	que vous connaissiez
ils connaissent	ils ont connu	ils connaissaient	ils connaîtront	ils connaîtraient	qu'ils connaissent

* croi**re**   *glauben*   p.p. **cru**

présent	passé composé	imparfait	futur	conditionnel	subjonctif
je crois	j'ai **cru**	je croyais	je croirai	je croirais	que je croie
tu crois	tu as cru	tu croyais	tu croiras	tu croirais	que tu croies
il croit	il a cru	il croyait	il croira	il croirait	qu'il croie
nous croyons	nous avons cru	nous croyions	nous croirons	nous croirions	que nous croyions
vous croyez	vous avez cru	vous croyiez	vous croirez	vous croiriez	que vous croyiez
ils croient	ils ont cru	ils croyaient	ils croiront	ils croiraient	qu'ils croient

*dire   *sagen*   p.p. **dit**

présent	passé composé	imparfait	futur	conditionnel	subjonctif
je dis	j'ai **dit**	je disais	je dirai	je dirais	que je dise
tu dis	tu as dit	tu disais	tu diras	tu dirais	que tu dises
il dit	il a dit	il disait	il dira	il dirait	qu'il dise
nous **disons**	nous avons dit	nous disions	nous dirons	nous dirions	que nous disions
vous **dites**	vous avez dit	vous disiez	vous direz	vous diriez	que vous disiez
ils disent	ils ont dit	ils disaient	ils diront	ils diraient	qu'ils disent

*écrire	schreiben p.p. écrit				
présent	passé composé	imparfait	futur	conditionnel	subjonctif
j'écris	j'ai écrit	j'écrivais	j'écrirai	j'écrirais	que j'écrive
tu écris	tu as écrit	tu écrivais	tu écriras	tu écrirais	que tu écrives
il écrit	il a écrit	il écrivait	il écrira	il écrirait	qu'il écrive
nous écrivons	nous avons écrit	nous écrivions	nous écrirons	nous écririons	que nous écrivions
vous écrivez	vous avez écrit	vous écriviez	vous écrirez	vous écririez	que vous écriviez
ils écrivent	ils ont écrit	ils écrivaient	ils écriront	ils écriraient	qu'ils écrivent

Ebenso: **décrire** *beschreiben*

*faire	machen p.p. fait				
présent	passé composé	imparfait	futur	conditionnel	subjonctif
je fais	j'ai fait	je faisais	je ferai	je ferais	que je fasse
tu fais	tu as fait	tu faisais	tu feras	tu ferais	que tu fasses
il fait	il a fait	il faisait	il fera	il ferait	qu'il fasse
nous faisons	nous avons fait	nous faisions	nous ferons	nous ferions	que nous fassions
vous faites	vous avez fait	vous faisiez	vous ferez	vous feriez	que vous fassiez
ils font	ils ont fait	ils faisaient	ils feront	ils feraient	qu'ils fassent

lire	lesen p.p. lu				
présent	passé composé	imparfait	futur	conditionnel	subjonctif
je lis	j'ai lu	je lisais	je lirai	je lirais	que je lise
tu lis	tu as lu	tu lisais	tu liras	tu lirais	que tu lises
il lit	il a lu	il lisait	il lira	il lirait	qu'il lise
nous lisons	nous avons lu	nous lisions	nous lirons	nous lirions	que nous lisions
vous lisez	vous avez lu	vous lisiez	vous lirez	vous liriez	que vous lisiez
ils lisent	ils ont lu	ils lisaient	ils liront	ils liraient	qu'ils lisent

*mettre	setzen, stellen p.p. mis				
présent	passé composé	imparfait	futur	conditionnel	subjonctif
je mets	j'ai mis	je mettais	je mettrai	je mettrais	que je mette
tu mets	tu as mis	tu mettais	tu mettras	tu mettrais	que tu mettes
il met	il a mis	il mettait	il mettra	il mettrait	qu'il mette
nous mettons	nous avons mis	nous mettions	nous mettrons	nous mettrions	que nous mettions
vous mettez	vous avez mis	vous mettiez	vous mettrez	vous mettriez	que vous mettiez
ils mettent	ils ont mis	ils mettaient	ils mettront	ils mettraient	qu'ils mettent

*prendre présent	nehmen p.p. **pris** passé composé	imparfait	futur	conditionnel	subjonctif
je prends	j'ai **pris**	je prenais	je prendrai	je prendrais	que je prenne
tu prends	tu as pris	tu prenais	tu prendras	tu prendrais	que tu prennes
il prend	il a pris	il prenait	il prendra	il prendrait	qu'il prenne
nous prenons	nous avons pris	nous prenions	nous prendrons	nous prendrions	que nous prenions
vous prenez	vous avez pris	vous preniez	vous prendrez	vous prendriez	que vous preniez
ils prennent	ils ont pris	ils prenaient	ils prendront	ils prendraient	qu'ils prennent

Ebenso: **apprendre** *lernen*; **comprendre** *verstehen*

vivre présent	leben p.p. **vécu** passé composé	imparfait	futur	conditionnel	subjonctif
je vis	j'ai **vécu**	je vivais	je vivrai	je vivrais	que je vive
tu vis	tu as vécu	tu vivais	tu vivras	tu vivrais	que tu vives
il vit	il a vécu	il vivait	il vivra	il vivrait	qu'il vive
nous vivons	nous avons vécu	nous vivions	nous vivrons	nous vivrions	que nous vivions
vous vivez	vous avez vécu	vous viviez	vous vivrez	vous vivriez	que vous viviez
ils vivent	ils ont vécu	ils vivaient	ils vivront	ils vivraient	qu'ils vivent

4. Verben auf -oir

Anmerkung: in dieser Kategorie gibt es kein Grundmuster.

*devoir présent	sollen, müssen p.p. **dû** passé composé	imparfait	futur	conditionnel	subjonctif
je dois	j'ai **dû**	je devais	je devrai	je devrais	que je doive
tu dois	tu as dû	tu devais	tu devras	tu devrais	que tu doives
il doit	il a dû	il devait	il devra	il devrait	qu'il doive
nous devons	nous avons dû	nous devions	nous devrons	nous devrions	que nous devions
vous devez	vous avez dû	vous deviez	vous devrez	vous devriez	que vous deviez
ils doivent	ils ont dû	ils devaient	ils devront	ils devraient	qu'ils doivent

*pouvoir présent	*können* p.p. **pu** passé composé	imparfait	futur	conditionnel	subjonctif
je peux	j'ai **pu**	je pouvais	je pourrais	je pourrais	que je **puisse**
tu preux	tu as pu	tu pouvais	tu pourras	tu pourrais	que tu puisses
il peut	il a pu	il pouvait	il pourra	il pourrait	qu'il puisse
nous	nous avons	nous	nous	nous	que nous
pouvons	pu	pouvions	pourrons	pourrions	puissions
vous pouvez	vous avez pu	vous pouviez	vous pourrez	vous pourriez	que vous
					puissiez
ils peuvent	ils ont pu	ils pouvaient	ils pourront	ils pourraient	qu'ils puissent

recevoir présent	*bekommen* p.p. re**çu** passé composé	imparfait	futur	conditionnel	subjonctif
je reçois	j'ai **reçu**	je recevais	je recevrai	je recevrais	que je reçoive
tu reçois	tu as reçu	tu recevais	tu recevras	tu recevrais	que tu reçoives
il reçoit	il a reçu	il recevait	il recevra	il recevrait	qu'il reçoive
nous	nous avons	nous	nous	nous	que nous
recevons	reçu	recevions	recevrons	recevrions	recevions
vous recevez	vous avez reçu	vous receviez	vous recevrez	vous recevriez	que vous receviez
ils reçoivent	ils ont reçu	ils recevaient	ils recevront	ils recevraient	qu'ils reçoivent

Ebenso: **apercevoir** *erblicken*; **décevoir** *enttäuschen*

*savoir présent	*wissen* p.p. **su** passé composé	imparfait	futur	conditionnel	subjonctif
je sais	j'ai **su**	je savais	je saurai	je saurais	que je **sache**
tu sais	tu as su	tu savais	tu sauras	tu saurais	que tu saches
il sait	il a su	il savait	il saura	il saurait	qu'il sache
nous savons	nous avons su	nous savions	nous saurons	nous saurions	que nous sachions
vous savez	vous avez su	vous saviez	vous saurez	vous sauriez	que vous sachiez
ils savent	ils ont su	ils savaient	ils sauront	ils sauraient	qu'ils sachent

Verbtabelle

voir présent	*sehen* *p.p.* **vu** passé composé	imparfait	futur	conditionnel	subjonctif
je vois	j'ai **vu**	je voyais	je verrai	je verrais	que je voie
tu vois	tu as vu	tu voyais	tu verras	tu verrais	que tu voies
il voit	il a vu	il voyait	il verra	il verrait	qu'il voie
nous voyons	nous avons vu	nous voyions	nous verrons	nous verrions	que nous voyions
vous voyez	vous avez vu	vous voyiez	vous verrez	vous verriez	que vous voyiez
ils voient	ils ont vu	ils voyaient	ils verront	ils verraient	qu'ils voient

Ebenso: **revoir** *wiedersehen*

*vouloir présent	*wollen* *p.p.* vou**lu** passé composé	imparfait	futur	conditionnel	subjonctif
je veux	j'ai **voulu**	je voulais	je voudrai	je voudrais	que je **veuille**
tu veux	tu as voulu	tu voulais	tu voudras	tu voudrais	que tu veuilles
il veut	il a voulu	il voulait	il voudra	il voudrait	qu'il veuille
nous voulons	nous avons voulu	nous voulions	nous voudrons	nous voudrions	que nous voulions
vous voulez	vous avez voulu	vous vouliez	vous voudrez	vous voudriez	que vous vouliez
ils veulent	ils ont voulu	ils voulaient	ils voudront	ils voudraient	qu'ils veuillent

Unpersönliche Verben auf -oir

infinitif	présent	passé composé	imparfait	futur	conditionnel	subjonctif
*falloir *müssen*	il faut	il a **fallu**	il fallait	il faudra	il faudrait	qu'il fasse
pleuvoir *regnen*	il pleut	il a **plu**	il pleuvait	il pleuvra	il pleuvrait	qu'il pleuve
valoir *kosten* (*meist gebraucht mit* il / ça)	il / ça vaut	il / ça a **valu**	il / ça valait	il / ça vaudra	il / ça vaudrait	que ça / qu'il vaille

Lösungen zum Lektionsteil

Leçon 1

1 1. b. – 2. c. – 3. b. – 4. c. – 5. c. – 6. a. – 7. c. – 8. c. – 9. b. – 10. b.

2

	dialogue 1	dialogue 2	dialogue 3
tu	x	x	
vous			x

3 *Fragesatz:* **1.** – **3.** – **5.** – **7.**   *Aussagesatz:* **2.** – **4.** – **6.** – **8.**

4 1. êtes – 2. c'est, c'est – 3. êtes, c'est – 4. sommes, suis – 5. c'est, c'est, c'est

5 1. a. – 2. a. – 3. a. – 4. a. – 5. a. – 6. a. – 7. a.

6 1. moi – 2. nous – 3. vous – 4. lui – 5. elle – 6. toi

7 1. merci – 2. et – 3. tiens – 4. bienvenue – 5. voilà – 6. Martin – 7. Martine

Leçon 2

1 1. Qu'est-ce que – 2. Est-ce que – 3. Est-ce que – 4. Qu'est-ce que – 5. Est-ce que – 6. Qu'est-ce que – 7. Est-ce que – 8. Qu'est-ce que

2 1. commandent – 2. arrive – 3. commandez – 4. travaille – 5. achètes – 6. invitons – 7. habitent – 8. préfère

3 1. b. – 2. a. – 3. b. – 4. b. – 5. b.

4 1. la – 2. l'*(m)* – 3. le – 4. le – 5. le – 6. l'*(f)* – 7. la – 8. la. – 9. l'*(f)* – 10. le

5 1. une, un – 2. un – 3. une, une – 4. un, un – 5. un, un

6 5 – 3 – 1 – 8 – 2
11 – 17 – 4 – 7 – 6
9 – 14 – 16 – 10 – 12
18 – 20 – 11 – 13 – 15

7 Camille – Nathalie – Amélie – Marie – Berthe – Pierre – Romain – Justine –
Lösungswort: CAMEMBERT

8 1. depuis – 2. fromage – 3. métro – 4. quiche – 5. des. – 6. cadeau – 7. salade

Leçon 3

1 1. quelle – 2. quel – 3. quelle – 4. quels – 5. quel – 6. quelles – 7. quelle – 8. quel

2 8. – 2. – 3. – 6. – 5. – 1. – 4. – 7. *od.* 8. – 2. – 3. – 6. – 4. – 7. – 5. – 1. *od.* 8. – 2. – 5. – 1. – 4. – 7. – 3. – 6.

3 1. prend – 2. invite – 3. allez – 4. fais – 5. as – 6. ont – 7. vont – 8. souhaite

4 1. b. – 2. a. – 3. b. – 4. a. – 5. b.

5 1. la France, **a.** le français – 2. l'Allemagne *(f)*, **b.** l'allemand – 3. l'Angleterre *(f)*, **c.** l'anglais – 4. l'Espagne *(f)*, **d.** l'espagnol – 5. la Hollande, **e.** le hollandais – 6. l'Italie *(f)*, **f.** l'italien – 7. les États-Unis, **g.** l'américain – 8. le Portugal, **h.** le portugais – 9. la Suéde, i. le suédois – 10. le Japon, **k.** le japonais

6 **1.** italien – **2.** portugaise – **3.** japonais – **4.** américaine – **5.** français. – **6.** allemande – **7.** anglais

7 80 – 45 – 100 – 70 – 60 – 21 – 58
75 – 30 – 43 – 65 – 39 – 50 – 1000
90 – 1.000.000 – 40 – 34 – 92 – 25

8 **1.** chère – **2.** âge – **3.** chez – **4.** merci – **5.** donner – **6.** équipe – **7.** Lyon

Leçon 4

1 **1.** pouvez – **2.** connaît – **3.** dois – **4.** savez – **5.** connais – **6.** peux – **7.** doivent – **8.** peux

2 Bel appartement **deuxième** étage avec ascenseur immeuble **ancien** dans quartier **calme** trois **grandes** pièces avec cuisine, **grand** séjour avec **petits** balcons, **grande** salle de bains. Agence **immobilière** Michaux, nº 110

3 **1.** immobilière – **2.** belle – **3.** ancienne – **4.** bonne – **5.** nouvelle – **6.** vieille – **7.** grosse

4 **1.** a. – **2.** a. – **3.** b. – **4.** a. – **5.** a. – **6.** b. – **7.** a.

5 4. – 6. – 2. – 7. – 3. – 5. – 1.

6 **1.** Non, je n'aime pas le jazz, j'aime la musique classique. – **2.** Non, je ne prends pas le bus, je prends le métro. – **3.** Non, je n'invite pas Léa, j'invite Morgane. – **4.** Non, je ne connais pas Sandrine, je connais Romain. – **5.** Non, je n'ai pas rendez-vous à midi, j'ai rendez-vous à deux heures. – **6.** Non, je n'habite pas rue de Rennes, j'habite rue Daguerre. – **7.** Non, je ne suis pas italien, je suis espagnol.

Leçon 5

1 **1.** choisit – **2.** attendent – **3.** vends – **4.** voulez – **5.** réfléchis – **6.** veut – **7.** choisissez – **8.** viens

2 **1.** b. – **2.** a. – **3.** c. – **4.** b. – **5.** c. – **6.** b. – **7.** c.

3 **1.** cette – **2.** ces – **3.** ce – **4.** cet – **5.** cette – **6.** ces

4 **dans la cuisine** : un placard, une table, une lampe, une chaise / des chaises – **dans le séjour** : une table, un canapé, un fauteuil, une étagère / des étagère, un tapis, une lampe / des lampes – **dans la chambre** : un lit, un tapis, une étagère / des étagères, un fauteuil, une lampe / des lampes, une armoire

5 6. – 4. – 1. – 3. – 5. – 7. – 2. – 8.

6 **1.** a. – **2.** b. – **3.** a. – **4.** a. – **5.** a. – **6.** a.

7 **1.** jeune – **2.** bleu – **3.** jaune – **4.** prix – **5.** attendre – **6.** couleur – **7.** sais – **8.** saison – **9.** place – **10.** moi

8 **1.** Le trente mai, c'est l'anniversaire de Jean. – **2.** Le treize mars, c'est l'anniversaire de Francine. – **3.** Le premier novembre, c'est l'anniversaire de Mélanie. – **4.** Le dix septembre, c'est l'anniversaire de Romain. – **5.** Le quinze août, c'est l'anniversaire de Morgane. – **6.** Le vingt-deux juillet, c'est l'anniversaire de Steve. – **7.** Le douze juin, c'est l'anniversaire de Sandrine. – **8.** Le premier décembre, c'est l'anniversaire de Léa. – **9.** Le vingt-huit octobre, c'est l'anniversaire de Pierre. – **10.** Le vingt et un février, c'est l'anniversaire de Louise. – **11.** Le premier janvier, c'est l'anniversaire de Sylvie. – **12.** Le deux avril, c'est l'anniversaire de Jules.

Leçon 6

1 **1.** prend – **2.** commençons – **3.** buvez – **4.** mangeons – **5.** bois – **6.** mange – **7.** paie / paye –
8. connais

2 **1.** j. – **2.** i. – **3.** b. – **4.** a. – **5.** e. – **6.** d. – **7.** f. – **8.** h. – **9.** g. –**10.** c.

3 **1.** du, de la – **2.** de la, du – **3.** de l' – **4.** de la – **5.** de l', de la – **6.** de la – **7.** du

4 **1.** Je n'ai pas de problème. – **2.** Elle n'a pas de chance. – **3.** Il ne boit pas d'eau minérale
gazeuse. – **4.** Elle ne mange pas de viande. – **5.** Je n'ai pas de CV en anglais. – **6.** Il n'invite pas
Raquel à déjeuner – **7.** Je ne mange pas de fruits exotiques. – **8.** Nous n'avons pas d'argent pour
aller au restaurant. – **9.** Nous ne mangeons pas de poisson le vendredi.

5 **1.** a. – **2.** b. – **3.** a. – **4.** b. – **5.** a. – **6.** b.

6 4. – 2. – 8. – 3. – 6. – 1. – 7. – 5. *oder* 4. – 2. – 3. – 8. – 6. – 1. – 7. – 5.

7 **1.** VRAI – **2.** FAUX – **3.** VRAI – **4.** FAUX – **5.** FAUX – **6.** VRAI– **7.** FAUX – **8.** FAUX

8 **1.** bœuf – **2.** eau – **3.** ananas – **4.** travailler – **5.** fromage – **6.** mauvais – **7.** huile – **8.** ligne –
9. soupe – **10.** œuf

Leçon 7

1 **1.** son – **2.** ses – **3.** leurs – **4.** votre – **5.** ton – **6.** notre – **7.** leur – **8.** mon – **9.** tes

2 **1.** Elle a travaillé vendredi jusqu'à 6 heures. – **2.** Nous avons invité Léa à Nice. – **3.** Tu as connu
son ami Pierre. – **4.** Elle a été stagiaire dans une agence. – **5.** Tu as téléphoné à Sandrine ? –
6. Elles ont eu un restaurant à Lyon. – **7.** Est-ce que vous avez laissé un message ? – **8.** On a
attendu Romain au café. – **9.** Vous avez pris le bus ou le métro ? – **10.** Qu'est-ce que tu as choisi
comme cadeau ?

3 **1.** FAUX– **2.** VRAI – **3.** FAUX – **4.** VRAI – **5.** VRAI – **6.** VRAI – **7.** FAUX – **8.** FAUX

4 **État civil** : Pauline Duval, mariée, 23 ans, 33, rue des Archives 7503 Paris
Formation : bac professionnel Lycée Voltaire Paris, école d'hôtellerie Grenoble
Langues : anglais, allemand
Expériences professionnelles : stage 6 mois Hôtel Westminster Glasgow, stage 3 mois Hôtel
Vier Jahreszeiten Munich
Activités extra-professionnelles : golf, tennis

5 **1.** a. – **2.** b. – **3.** b. – **4.** a. – **5.** b. – **6.** b.

6 7. – 4. – 5. – 3. – 6. – 1. – 2.

7 **1.** f. – **2.** h. – **3.** i. – **4.** e. – **5.** a. – **6.** b. – **7.** c.– **8.** j. – **9.** d.– **10.** g.

8 **1.** personne. – **2.** dix – **3.** sont – **4.** chance – **5.** consulter – **6.** ascenseur – **7.** agenda – **8.** objet –
9. avons – **10.** travaillé

Leçon 8

1 **1.** part – **2.** sortent – **3.** partez – **4.** part – **5.** sors – **6.** partons – **7.** sort – **8.** pars

2 **1.** Elle vient de gagner un voyage. – **2.** Nous venons d'acheter un répondeur. – **3.** Je viens de
téléphoner à Léa. – **4.** Elle vient de laisser un message pour toi. – **5.** Ils viennent de faire un
voyage d'affaires à Berlin. – **6.** Il vient de réserver une table pour ce soir. – **7.** On vient de prendre l'apéritif au café. – **8.** Nous venons de commander une bouteille de rosé. – **9.** Je viens de
manger un sandwich. – **10.** Elle vient de finir ses études.

3 1. FAUX – **2.** VRAI – **3.** FAUX – **4.** VRAI – **5.** FAUX – **6.** VRAI – **7.** VRAI – **8.** FAUX

4 1. c. – **2.** a. – **3.** h. – **4.** d. – **5.** b. – **6.** g. – **7.** e. – **8.** f.

5 1. Elle va partir à Rio en septembre. – **2.** Tu vas réserver un hôtel quatre étoiles à Nice ? – **3.** Je vais habiter rue des Rosiers à Paris. – **4.** Elle va faire une grande fête dimanche. – **5.** Est-ce que qu'on va partir en juillet ou en août ? – **6.** Léa et Raquel vont venir visiter Rome et Venise avec nous. – **7.** Nous allons partir tous les deux pour la Saint-Valentin. – **8.** Samedi, je vais sortir avec Romain. – **9.** Vous allez rentrer à quelle heure ce soir ? – **10.** Il va faire beau.

6 1. Il lui laisse un message. – **2.** Je lui donne la liste. – **3.** Elle lui demande un entretien. – **4.** Ils lui disent bonjour en espagnol. – **5.** Nous leur souhaitons la bienvenue. – **6.** Ils lui font un cadeau pour son anniversaire. – **7.** Je leur téléphone pour la Saint-Valentin.

7 1. Il ne te trouve pas sympathique. – **2.** Il ne nous invite pas au restaurant. – **3.** Il ne me trouve pas réaliste. – **4.** Il ne vous parle pas en anglais. – **5.** Je ne te donne pas ma recette pour les crêpes. – **6.** Elle ne nous aime pas beaucoup. – **7.** Je ne te contacte pas à Lyon.

8 1. place – **2.** contact – **3.** leurs – **4.** être – **5.** choix – **6.** sortir – **7.** participer – **8.** soleil – **9.** salutations – **10.** désolé

Leçon 9

1 1. elle est allée – **2.** Il est resté – **3.** Ils sont venus – **4.** vous êtes tombée – **5.** elle est sortie – **6.** Elles sont rentrées – **7.** Il est devenu – **8.** Ils sont arrivés – **9.** Elle est partie – **10.** Sandrine et Léa sont revenues

2 1. Romain a reçu une carte postale. – **2.** Sandrine a découvert Nice. – **3.** Elle a habité chez la mère de Nicole. – **4.** Il a fait beau. – **5.** Elles sont allées à un concert de jazz samedi. – **6.** Nicole a ouvert une école de langue en mai. – **7.** J'ai offert des mimosas à Nicole. – **8.** On a bu du champagne. – **9.** J'ai passé le 1er mai à Nice. – **10.** Je suis rentré(e) lundi matin à Paris.

3 1. h. – **2.** j. – **3.** f. – **4.** b. – **5.** g. – **6.** i. – **7.** d. – **8.** e. – **9.** a. – **10.** c.

4 1. a. – **2.** b. – **3.** b. – **4.** b. – **5.** b. – **6.** b.

5 1. VRAI – **2.** FAUX – **3.** VRAI – **4.** FAUX – **5.** VRAI – **6.** FAUX – **7.** FAUX – **8.** VRAI

6 1. Amélie fait 1m 75, elle est **grande**. C'est une **belle** femme. – **2.** Elle fait du tennis, elle est **sportive**. – **3.** Elle a le type **nordique**, elle est **blonde**. – **4.** Elle a les yeux **bleus**. – **5.** Elle a les cheveux **courts**. – **6.** Elle a **le sens de l'humour**.

7 3. – **7.** – **4.** – **2.** – **6.** – **1.** – **8.** – **5.**

8 1. grand – **2.** taille – **3.** contente – **4.** baroque – **5.** rupture – **6.** découvrir – **7.** déjà – **8.** bateau – **9.** hier

Leçon 10

1 1. lisent – **2.** met – **3.** voyez – **4.** mets – **5.** lis – **6.** voit – **7.** lisez – **8.** lit – **9.** mets – **10.** mettez

2 1. Il s'intéresse à – **2.** Tu te souviens – **3.** On se dépêche – **4.** nous nous offrons – **5.** Vous vous intéressez – **6.** Ils se marient – **7.** Elle s'ennuie – **8.** Tu t'adresses

3 1. c. – **2.** a. – **3.** h. – **4.** g. – **5.** f. – **6.** i. – **7.** d. – **8.** j. – **9.** e. – **10.** b.

4 1. a. – **2.** b. – **3.** a. – **4.** b. – **5.** a. – **6.** a.

5 1. VRAI – **2.** FAUX – **3.** VRAI – **4.** FAUX – **5.** FAUX – **6.** VRAI – **7.** FAUX – **8.** VRAI

6 1. tous les dimanches – **2.** toute la journée – **3.** tous nos copains – **4.** tous les ans – **5.** toute la quiche – **6.** tout mon argent – **7.** Toutes ses amies – **8.** toutes ses études – **9.** tout le temps – **10.** tous les soirs

7. 1. J'ai fait – **2.** Sandrine a mis – **3.** Elle s'est amusée – **4.** Vous avez financé – **5.** Il s'est souvenu – **6.** J'ai mis – **7.** Tu as offert – **8.** Elles se sont ennuyées

8 1. réponse – **2.** vos – **3.** occasion – **4.** patron – **5.** peinture – **6.** mis – **7.** tout – **8.** satisfait

Leçon 11

1 1. facilement – **2.** clairement – **3.** gentiment – **4.** automatiquement – **5.** pratiquement – **6.** simplement – **7.** tranquillement – **8.** rapidement – **9.** habituellement – **10.** sérieusement

2 1. prudente, prudent – **2.** sûre, sûr – **3.** chaleureuse, chaleureux – **4.** confortable, confortable – **5.** amoureuse, amoureux – **6.** élégante, élégant – **7.** bonne, bon – **8.** mauvaise, mauvais– **9.** douce, doux – **10.** intense, intense

3 1. e. – **2.** h. – **3.** g. – **4.** a. – **4.** f. – **5.** b. – **6.** c. – **7.** b. – **8.** b. – **9.** d. – **9.** i.

4 1. a. – **2.** b. – **3.** a. – **4.** a. – **5.** b. – **6.** a.

5 1. VRAI – **2.** FAUX – **3.** VRAI – **4.** VRAI – **5.** FAUX – **6.** VRAI – **7.** FAUX – **8.** VRAI

6 1. un homme – **2.** des chaises – **3.** des copains – **4.** une rue – **5.** les fonctions – **6.** une formule – **7.** le message – **8.** le vendeur

7 1. durée – **2.** varier – **3.** bien – **4.** joindre – **5.** nombre – **6.** appel – **7.** plutôt – **8.** ici

Leçon 12

1 1. apprenez – **2.** entretenez – **3.** faites – **4.** n'hibernez pas – **5.** intégrez – **6.** invitez – **7.** limitez – **8.** profitez – **9.** ne restez pas – **10.** exposez-vous – **11.** offrez-vous – **12.** sortez

2 1. Informez-vous ! – **2.** Amuse-toi bien au club ! – **3.** Abonnez-vous à cette revue ! – **4.** Inscristoi à un cours de langue ! – **5.** Offrez-vous une semaine aux Canaries ! – **6.** Expose-toi au soleil ! – **7.** Relaxez-vous au sauna !

3 1. c. – **2.** e. – **3.** b. – **4.** h. – **5.** d. – **6.** a. – **7.** f. – **8.** g.

4 1. Rentre du bureau à pied ! – **2.** Fais du sport avec moi le week-end ! – **3.** Limite les calories ! – **4.** Mange beaucoup de fruits ! – **5.** Bois deux litres d'eau par jour !

5 1. VRAI – **2.** VRAI – **3.** VRAI – **4.** FAUX – **5.** VRAI – **6.** VRAI – **7.** FAUX – **8.** FAUX – **9.** VRAI – **10.** FAUX

6 1. c. – **2.** f. – **3.** g. – **4.** h. – **5.** d. – **6.** e. – **7.** b. – **8.** a.

7 1. Vous faites du jogging ?, faire – **2.** Vous venez chez nous dimanche ?, venir – **3.** Vous prenez des vitamines ?, prendre – **4.** Vous limitez les calories ?, limiter – **5.** Vous sortez plus souvent ?, sortir – **6.** Vous allez aux Canaries ?, aller– **7.** Vous choisissez votre menue minceur ?, choisir

8 1. Ne lui téléphonez pas aujourd'hui ! – **2.** Ne leur demande pas de venir au club ! – **3.** Ne t'inscris pas à ce cours ! – **4.** Ne vous achetez pas ce livre ! – **5.** Ne les invitez pas samedi ! – **6.** Ne m'abonne pas à cette revue !

9 1. adorer le soleil – **2.** manquer de vitamines – **3.** avoir une alimentation équilibrée – **4.** rester de bonne humeur – **5.** avoir la forme – **6.** faire du jogging – **7.** aller faire un tour

10 1. les épinards – **2.** le club – **3.** déprimer – **4.** la nuit – **5.** l'année – **6.** le Portugal – **7.** sportif – **8.** la dépression

Leçon 13

1 1. aller – **2.** commencer – **3.** écrire – **4.** faire – **5.** lire – **6.** manger – **7.** finir – **8.** partir – **9.** être – **10.** avoir – **11.** pouvoir – **12.** savoir – **13.** devoir – **14.** vouloir – **15.** prendre

2 1. e. – **2.** a. – **3.** d. – **4.** b. – **5.** f. – **6.** c.

3 1. VRAI – **2.** FAUX – **3.** FAUX – **4.** VRAI – **5.** VRAI – **6.** FAUX

4 1. a. le grand-père – **2.** b. l'oncle – **3.** c. la tante – **4.** d. le cousin – **5.** e. la cousine – **6.** f. la belle-sœur – **7.** g. le beau-frère – **8.** h. la grand-mère

5 1. je faisais – **2.** il avait, il était – **3.** étaient – **4.** elles étaient, elles faisaient – **5.** Nous allions – **6.** adorait – **7.** racontait – **8.** rencontrais

6 1. je suis allé(e), nous avons téléphoné, il n'était plus, nous avons laissé – **2.** j'avais, je suis parti(e), ils étaient, avait, avait – **3.** je travaillais, je lisais, j'ai changé, j'ai travaillé, j'ai commencé – **4.** je n'aimais pas, j'ai découvert, nous sommes allés – **5.** s'appelai, il était, il venait, il est arrivé, il ne parlait pas, il a rencontré, ils se sont mariés

7 1. film – **2.** majeure – **3.** époque – **4.** roman – **5.** déjà – **6.** ami – **7.** voisin – **8.** jeune

Leçon 14

1 1. b. – **2.** c. – **3.** b. – **4.** b.

2 1. Léa est plus grande que Pauline. Pauline est moins grande que Léa. – **2.** Léa est moins jeune que Pauline. Pauline est plus jeune que Léa. – **3.** Léa est plus grosse que Pauline. Pauline est moins grosse que Léa. – **4.** Léa est plus sportive que Pauline. Pauline est moins sportive que Léa. – **5.** Léa est plus difficile que Pauline. Pauline est moins difficile que Léa. – **6.** Léa est moins bavarde que Pauline. Pauline est plus bavarde que Léa. – **7.** Léa est moins disponible que Pauline. Pauline est plus disponible que Léa.

3 1. g. – **2.** d. – **3.** c. – **4.** f. – **5.** b. – **6.** a. – **7.** e.

4 1. VRAI – **2.** FAUX – **3.** FAUX – **4.** FAUX – **5.** VRAI – **6.** FAUX – **7.** VRAI – **8.** FAUX

5

Vêtements	un	une	des	femme	homme
1. collant	X			X	
2. pantalon	X			X	X
3. jupe		X		X	
4. pull	X			X	X
5. chaussures			X	X	X
6. soutien-gorge	X			X	
7. chaussettes			X	X	X
8. manteau	X			X	X
9. slip	X			X	X
10. chemise		X			X
11. chemisier	X			X	
12. caleçon	X			X	X

6 1. soldes – **2.** démodé – **3.** dévoiler – **4.** taille – **5.** transparent – **6.** verre

Leçon 15

1 1. sera – **2.** On portera – **3.** Vous trouverez – **4.** nous ferons – **5.** Je t'enverrai – **6.** Tu pourras

2 1. Elle partira à Rio en septembre. – **2.** Je réserverai une table au restaurant pour samedi prochain. – **3.** Elle participera à un grand jeu concours pour gagner un portable. – **4.** Nous rencontrerons les parents de Steve à Grenoble. – **5.** Ils rentreront de vacances la semaine prochaine. – **6.** Il y aura une liaison aérienne directe Munich-Narbonne.

3 1. b. – **2.** d. – **3.** e. – **4.** f. – **5.** a. – **6.** c. – **7.** g. – **8.** h.

4 1. VRAI – **2.** FAUX – **3.** FAUX – **4.** FAUX – **5.** FAUX – **6.** VRAI

5 compagnies – le hall – informations – réservations – guichet – d'enregistrement – votre carte

6 1. bagages – **2.** brochure – **3.** passeport – **4.** douane – **5.** supplément – **6.** chariot

Leçon 16

1 1. pourrais – **2.** devrait – **3.** aimeriez – **4.** irait – **5.** préférerais – **6.** serais

2 1. celui-là *od.* celui-ci, celui – **2.** ceux-là, ceux – **3.** celui qui, celui-là *od.* celui-ci – **4.** celle, celle-là *od.* celle-ci

3 1. e. – **2.** f. – **3.** d. – **4.** c. – **5.** b. – **6.** a.

4 1. VRAI – **2.** FAUX – **3.** VRAI – **4.** FAUX – **5.** VRAI – **6.** FAUX – **7.** FAUX

5

	un	une	des	
1. tapis	✗			rectangulaire
2. table		✗		carrée
3. boule		✗		ronde
4. lunettes			✗	ovales
5. panneau	✗			rond
6. visage	✗			carré
7. yeux			✗	ronds
8. croissant	✗			ovale

6 1. transparent – **2.** monture – **3.** boule – **4.** fragile – **5.** conseiller – **6.** robuste

Leçon 17

1 1. Elle y va jeudi. – **2.** Elle y va vendredi. – **3.** Elle y va le soir / Elle n'y va pas l'après-midi, elle y va le soir. – **4.** Elle y va samedi après-midi. – **5.** Non, elle n'y retourne pas. – **6.** Elle y va à 14 heures.

2 1. Oui, je m'en occupe. – **2.** Oui, j'y vais. – **3.** Oui, j'en ai besoin. – **4.** Oui, on y va. – **5.** Oui, je veux en acheter. – **6.** Oui, on y reste deux jours.

3 1. e. – **2.** a. – **3.** d. – **4.** c. – **5.** f. – **6.** b.

4 1. VRAI – **2.** VRAI – **3.** FAUX – **4.** VRAI – **5.** FAUX – **6.** VRAI

5 1. on louait, on pourrait – **2.** on faisait, nous aurions – **3.** on achetait, ce serait – **4.** tu invitais, elle viendrait – **5.** vous changiez, vous devriez – **6.** je travaillais, je préfèrerais – **7.** nous invitaient, je pourrais – **8.** j'étais, je ferais – **9.** vous parliez, vous pourriez – **10.** tu changeais, tu lirais

6 1. année – **2.** chaise – **3.** fatigant – **4.** transport – **5.** raisin – **6.** cave

Leçon 18

1 1. c. – **2.** c. – **3.** c. – **4.** b.
2 1. Romain est le moins grand. Pedro est le plus grand. – **2.** Romain est le moins élégant. Pedro est le plus élégant. – **3.** Romain est le moins bavard. Pedro est le plus bavard. – **4.** Paulo est le moins généreux. Pedro est le plus généreux. – **5.** Romain *oder* Paulo est le plus prudent. Pedro est le moins prudent. – **6.** Paulo est le moins stressé. Pedro est le plus stressé.
3 1. f. – **2.** b. – **3.** e. – **4.** a. – **5.** c. – **6.** d.
4 1. VRAI – **2.** FAUX – **3.** VRAI – **4.** FAUX – **5.** FAUX – **6.** VRAI
5 7. – 2. – 8. – 4. – 6. – 5. – 3. – 1. – 9.
6 1. autoroute – **2.** toit – **3.** client – **4.** siège – **5.** péage – **6.** cour – **7.** tarif – **8.** réduction

Leçon 19

1 1. Il faut que vous fassiez du sport plus souvent. – **2.** Il faut que vous téléphoniez au chef du personnel demain matin. – **3.** Il faut que vous partiez en vacances avec des amis. – **4.** Il faut que vous choisissiez une destination exotique. – **5.** Il faut que vous soyiez prudent en voiture. – **6.** Il faut que vous vous inscriviez à un cours de gym. – **7.** Il faut que vous invitiez tous vos voisins pour votre anniversaire. – **8.** Il faut que vous mettiez une annonce dans le journal pour trouver un copain. – **9.** Il faut que vous sortiez plus souvent le week-end. – **10.** Il faut que vous triiez vos déchets pour préserver l'environnement.
2 1. vous répondiez – **2.** nous allions voir – **3.** fasse – **4.** vous ne puissiez pas – **5.** tu viennes – **6.** vous ayez – **7.** tu choisisses – **8.** il ait – **9.** nous participions – **10.** vous changiez
3 1. e. – **2.** a. – **3.** f. – **4.** c. – **5.** d. – **6.** b.
4 1. VRAI – **2.** FAUX – **3.** FAUX – **4.** VRAI – **5.** VRAI – **6.** VRAI – **7.** FAUX – **8.** FAUX
5 avait passé – Il était venu – Pablo avait rencontré Marie – Ils étaient tombés amoureux – ils s'étaient mariés
6 1. concours – **2.** association – **3.** objectif – **4.** vendre – **5.** bricoles – **6.** jouet

Leçon 20

1 1. pour qu'il **aille** chercher – **2.** avant qu'ils **viennent** – **3.** jusqu'à ce que vous me **rappeliez** – **4.** à condition que vous vous **décidiez** – **5.** afin que toute la famille **puisse** venir – **6.** bien que je ne **sache** pas
2 1. d. – **2.** e. – **3.** f. – **4.** a. – **5.** b. – **6.** c.
3 1. qui, que – **2.** qui, que – **3.** que, où – **4.** que, qui, ce que – **5.** qui, que – **6.** qui, que
4 1. Les invitations, tu les as envoyées ? – **2.** Son numéro de téléphone, vous l'avez noté ? – **3.** Leurs témoins de mariage, ils les ont choisis ? – **4.** La liste des invités, tu l'as faite ? – **5.** Mes dernières propositions, vous les avez reçues ? – **6.** Notre cadeau, tu l'as envoyé ?
5 1. célibataire – **2.** sécurité – **3.** honneur – **4.** débordé – **5.** parent – **6.** triste

6 **1.** Ils sont rest**és** à Paris après leur mariage. – **2.** Ils ont acheté une nouvelle voiture pour partir en voyage de noces. – **3.** Ils se sont décid**és** très vite pour changer d'appartement. – **4.** Ils se sont mari**és** fin août et ont fait une grande fête. – **5.** Les mariés sont par**tis** en voyage de noces en Italie début septembre.

7 Chers amis,
Nous aimerions beaucoup que vous **veniez** à notre mariage au mois de juin à Concarneau chez mes parents. Bien que nous **vivions** ensemble depuis trois ans, nous n'avions pas encore pensé à nous marier. Nous avons changé d'avis pour que notre futur enfant **ait** le même nom de famille que son père. Il est très possible que nous **devions** partir au Canada l'année prochaine pour des raisons professionnelles. Nous serions donc très heureux que vous **restiez** quelques jours chez nous après le mariage afin que nous **puissions** vous faire découvrir notre région. Répondez-nous bientôt pour que nous **réservions** des places pour cette excursion en bateau aux îles Glénans que nous voulions faire l'année dernière !
Amitiés
Amélie

Lösungen zu den Tests

34–26 Punkte: *super* – Tolle Leistung!

25–17 Punkte: *bravo* – Sie haben schon gute Fortschritte gemacht. Sehen Sie sich jetzt
noch einmal die Themen im Buch an, mit denen Sie Probleme hatten.

Weniger als 17 Punkte: *pas mal* – Na ja, das könnten Sie bestimmt besser. Wiederholen Sie die
Grammatikerklärungen und den Wortschatz der letzten fünf Lektionen
noch einmal.

Test 1

1   **a.** Elle s'appelle Hélène Gaillard. – **b.** Elle a trente ans. – **c.** Elle est française. – **d.** Elle est architecte.
2   **1.** le – **2.** la – **3.** des – **4.** un – **5.** une – **6.** les
3   **1.** française – **2.** japonais – **3.** américain – **4.** espagnole – **5.** allemand – **6.** français
4   **a.** Quelle est sa profession ? – **b.** Pour aller à la gare de Lyon, s'il vous plaît ? *od.* Où est la gare
de Lyon s'il vous plaît ? – **c.** Quelle heure est-il ? – **d.** Nous sommes le combien ? – **e.** Est-ce que
vous pouvez venir samedi soir ? *od* Vous pouvez venir samedi soir ? – **f.** Est-ce qu'il fait des
études d'architecture ?
5   **1.** heure – **2.** étage – **3.** mais – **4.** visite – **5.** mail – **6.** année
6   **1.** madam<u>e</u> – **2.** un th<u>é</u> – **3.** une salad<u>e</u> – **4.** un caf<u>é</u> – **5.** le fromag<u>e</u> – **6.** sam<u>e</u>di

Test 2

1   **1.** VRAI – **2.** VRAI – **3.** VRAI – **4.** FAUX
2   **1.** d. – **2.** a. – **3.** f. – **4.** e. – **5.** c. – **6.** b.
3   **1.** laissé – **2.** manger – **3.** voulez – **4.** inviter – **5.** posé – **6.** déménagez
4   **1.** a. – **2.** a. – **3.** a. – **4.** a. – **5.** b. – **6.** b.
5   *Stellenangebot Text:* CFECI Paris (6.) **Urgent** Pour notre (5.) **service** Formation continue
recherchons JH – (2.) **JF** professeur d'espagnol dynamique – sens du contact – expérience.
Poste (3.) **fixe** (1.) **Adresser** candidature et (4.) **références**
6   **1.** on – **2.** on – **3.** on – **4.** Il – **5.** on – **6.** Il

Test 3

1 **1.** FAUX – **2.** FAUX – **3.** VRAI – **4.** FAUX
2 **1.** la dépression – **2.** faire du sport – **3.** actif, active – **4.** la stimulation – **5.** inviter – **6.** communicatif, communicative
3 **1.** d. – **2.** f. – **3.** e. – **4.** a. – **5.** c. – **6.** b.
4 **1.** qui – **2.** comment – **3.** ans – **4.** qui – **5.** bien – **6.** toutes
5 **1.** manteau – **2.** pantalon – **3.** jupe – **4.** collant – **5.** robe – **6.** chemise
6 **1.** nous habitions – **2.** nous sommes all**és** *oder* all**ées** – **3.** Il a envoyé – **4.** vous faisiez – **5.** Elle a appris – **6.** C'était

Test 4

1 A Pour le mois d'octobre *usw.* – B Vous étiez fumeur *usw.* – C Printemps sur toute la ligne *usw.* – D Employé de banque. Grand *usw.*
2 **1.** c. – **2.** e. – **3.** d. – **4.** f. – **5.** a. – **6.** b.
3 **1.** je gagnais, je ferais – **2.** vous téléphoniez, elle serait – **3.** tu prenais, je partirais – **4.** on trouvait, on pourrait – **5.** vous étiez, vous choisiriez – **6.** j'avais, je ferais
4 **1.** d. – **2.** e. – **3.** f. – **4.** b. – **5.** a. – **6.** c.
5 **1.** a. – **2.** e. – **3.** b. – **4.** c. – **5.** f. – **6.** d.
6 **1.** du thé – **2.** du bureau – **3.** en Espagne – **4.** à ce problème – **5.** du poisson – **6.** de ce poste

Lösungen zum Hör- und Sprechtraining

Leçon 1

1 A comme alphabet – B comme banane – C comme café – D comme domino – E comme éléphant – F comme façade – G comme garage – H comme hôtel – I comme idée – J comme jazz – K comme kilomètre – L comme lampe – M comme musique – N comme nature – O comme olive – P comme papier – Q comme qualité – R comme radio – S comme sardine – T comme théâtre – U comme université – V comme vase – W comme week-end – X comme xylophone – Y comme yoga – Z comme zoo

2 **1.** B O R D E A U X – **2.** N I C E – **3.** P A R I S – **4.** N A N T E S – **5.** L I L L E – **6.** S T R A S B O U R G – **7.** T O U L O U S E – **8.** M A R S E I L L E – **9.** R E N N E S – **10.** L Y O N

3 **1.** Agnès – **2.** Berthe – **3.** Catherine – **4.** Nicolas – **5.** Désiré – **6.** Marie – **7.** Julie – **8.** Gérard – **9.** Robert – **10.** Pierre – **11.** Yvonne – **12.** Suzanne – **13.** Victor

4 **1.** k. – **2.** g. – **3.** b. – **4.** a. – **5.** h. – **6.** i. – **7.** d. – **8.** e. – **9.** c. – **10.** f.

5

	nach **s**	nach **t**	Keine Bindung
Je suis ingénieur	x		
C'est à Paris.		x	
Tu es stagiaire ?			x
1. Vous vous appelez comment ?	x		
2. Vous êtes Monsieur Beaussart ?	x		
3. Comment allez-vous ?		x	
4. Comment vas-tu ?			x
5. Vous allez bien ?	x		
6. Tu vas bien ?			x
7. C'est un premier contact.		x	
8. Vous êtes sur notre site.	x		

6

	[y]	[u]		[y]	[u]
tu	x				
vous		x			
1. Bienvenue !	x		**5.** pour		x
2. Bonjour !		x	**6.** Salut !	x	
3. nous		x	**7.** solution	x	
4. rue	x		**8.** Excusez-moi !	x	

Leçon 2

1 **1.** 2 (deux) – **2.** 6 (six) – **3.** 7 (sept) – **4.** 8 (huit) – **5.** 9 (neuf) – **6.** 10 (dix) – **7.** 11 (onze) – **8.** 12 (douze) – **9.** 15 (quinze) – **10.** 16 (seize) – **11.** 17 (dix-sept) – **12.** 20 (vingt)

2 **1.** Nous habitons à Paris. **On habite** à Paris. – **2.** Nous achetons des fruits. **On achète** des fruits. – **3.** Nous préférons Nantes. **On préfère** Nantes. – **4.** Nous commandons trois quiches. **On commande** trois quiches. – **5.** Nous sommes libres vendredi. **On est libres** vendredi. – **6.** Nous invitons Léa dimanche. **On invite** Léa dimanche.

3 **1.** Il commande un sandwich. **Qu'est-ce qu'il** commande comme sandwich ? – **2.** Elle aime
les jus de fruits. **Qu'est-ce qu'elle** aime comme jus de fruits ? – **3.** Ils aiment la musique.
Qu'est-ce qu'ils aiment comme musique ? – **4.** Il achète des fleurs. **Qu'est-ce qu'il** achète
comme fleurs ? – **5.** Elle apporte un cadeau. **Qu'est-ce qu'elle** apporte comme cadeau ? –
6. Il aime les gâteaux. **Qu'est-ce qu'il** aime comme gâteaux ?

4

	nach **n**	nach **s**	Keine Bindung
C'est un hôtel rue de Rennes.	x		
Je suis en retard.		x	
Tu aimes les gâteaux ?			x
1. Pour moi, un apéritif !	x		
2. Encore un sandwich s'il vous plaît !			x
3. Elle achète des oranges.		x	
4. Qu'est-ce que vous achetez à Sandrine ?		x	
5. Elle aime les hôtels romantiques.		x	
6. J'apporte un ananas pour le dessert.	x		
7. J'aime les gâteaux au chocolat.			x
8. Tu aimes les abricots ?		x	

5

	stummes e	geschlossenes e
salade	x	
café		x
1. déjà		x
2. quatre	x	
3. habiter		x
4. pomme	x	
5. chez		x
6. musique	x	
7. fromage	x	
8. numéro		x

6 **1.** madam**e** – **2.** om**e**lette – **3.** adress**e** – **4.** salad**e** compos**é**e – **5.** rend**e**z-vous – **6.** quich**e** –
7. sam**e**di – **8.** m**é**tro

Leçon 3

1 **1.** Vous êtes informaticien ? Non, je suis **ingénieur**. – **2.** Vous allez chez Pierre samedi ? Non, je
vais **chez Zoé** samedi. – **3.** Vous donnez des cours de piano ? Non, je donne des **cours d'anglais**.
– **4.** Vous prenez le bus ? Non, je prends **le métro**. – **5.** Vous parlez italien ? Non, je parle
espagnol. – **6.** Vous faites des études de marketing ? Non, je fais des études de **médecine**.

2 **1.** Il a 20 ans. – **2.** J'habite 71, rue Duroc. – **3.** Le professeur d'espagnol a 6 élèves. – **4.** Elle
prend le bus 58. – **5.** Il est 4 heures et quart. – **6.** Le bouquet de fleurs, c'est 8 €.

3 **1.** John habite à New-York. Il est **américain**. – **2.** Nancy habite à Boston. Elle est **américaine**. –
3. Pierre habite à Strasbourg. Il est **français**. – **4.** Geneviève habite à Paris. Elle est **française**. –
5. Jens habite à Munich. Il est **allemand**. – **6.** Petra habite à Berlin. Ell est **allemande**. –
7. Miguel habite à Barcelone. Il est **espagnol**. – **8.** Anna habite à Rome. Elle est **italienne**.

4 **1.** Ils **sont** à Paris. – **2.** Ils **ont** très faim. –**3.** Elles **sont** étudiantes. – **4.** Elles **ont** un cadeau pour
toi. – **5.** Ils **sont** français. – **6.** Ils **ont** un appartement à Madrid.

5

	[s]	[z]
dessert [desɛʀ]	✗	
désert [dezɛʀ]		1 ✗
1. Je suis professeur d'anglais.	✗	
2. Bises de Zoé.		2 ✗
3. Perrier, c'est une eau gazeuse.	1 ✗ (c'est)	2 ✗ (gazeuse)
4. Un verre de champagne ? Merci, avec plaisir.	1 ✗ (merci)	1 ✗ (plaisir)
5. Tu invites Sylvie ? C'est gentil !	2 ✗	
6. À la santé de Léa !	✗	
7. Elle habite à Toulouse.		1 ✗
8. Il s'appelle Désiré.	1 ✗ (s'appelle)	1 ✗ (Désiré)

Leçon 4

1 **1.** Il va à l'agence à 6 h. – **2.** Le métro ? Tout droit, jusqu' **à la** place Clichy. – **3.** La rue Lepic ? Vous allez jusqu' **au** feu et vous tournez à droite. – **4.** Sandrine n'est pas là, elle est **à l'**école jusqu'à 19 heures. – **5.** Nous allons **à la** gare de Lyon. – **5.** Rendez-vous **au** café à partir de 7 heures. – **6.** Merci pour l'invitation **au** concert.

2 **1.** Tu es très pressé ?   Non, je **ne** suis **plus** pressé.
   2. Vous êtes le premier sur la liste ?   Non, je **ne** suis **plus** le premier sur la liste.
   3. Tu sais comment s'appelle la rue ?   Non, je **ne** sais **plus** comment s'appelle la rue.
   4. Tu peux rappeler après 2 heures ?   Non, je **ne** peux **plus** rappeler après 2 heures.
   5. Vous êtes libre dimanche ?   Non, je **ne** suis **plus** libre dimanche.

3 **1.** Il est dix heures quinze. Il est dix heures et quart.   10 h 15 ☒   10 h 05 ☐
   2. Il est dix heures trente. Il est dix heures et demie.   10 h 30 ☒   10 h 10 ☐
   3. Il est dix heures quarante-cinq. Il est onze heures moins le quart.   11 h ☐   10 h 45 ☒
   4. Il est douze heures quinze. Il est midi et quart.   12 h 15 ☒   12 h 05 ☐
   5. Il est douze heures trente. Il est midi et demi.   11 h 30 ☐   12 h 30 ☒
   6. Il est quatorze heures dix. Il est deux heures dix.   14 h 10 ☒   14 h 20 ☐
   7. Il est quinze heures quarante. Il est quatre heures moins vingt.   15 h 13 ☐   15 h 40 ☒
   8. Il est vingt heures quinze. Il est huit heures et quart.   21 h 30 ☐   20 h 15 ☒

4 **1.** quartier – **2.** heure – **3.** encore – **4.** pardon – **5.** adresse – **6.** six

5 Sie haben folgende Sätze gehört:

	vor dem Substantiv	nach dem Substantiv
1. Il habite dans un vieux quartier.	✗	
2. C'est une étudiante américaine.		✗
3. C'est une ancienne pharmacie.	✗	
4. Peugeot, c'est une marque française.		✗
5. La rue Dufour, c'est une petite rue.	✗	
6. Bonne chance !	✗	

6

	[b]	[p]		[b]	[p]
bonne [bɔn]	x				
pomme [pɔm]		x			
1. bière	x		5. bains	x	
2. première		x	6. pain		x
3. bus	x		7. bise	x	
4. Puces		x	8. Pise		x

7 1. Bienvenue à Paris ! – 2. Prends le bus ! – 3. J'ai besoin d'une réponse. – 4. Pardon Madame, où est la Pyramide du Louvre ? – 5. Bonne chance Paul !

Leçon 5

1

	VRAI	FAUX
1. Steve téléphone à Sandrine	x	
2. Sandrine veut acheter un canapé-lit.		x
3. Sandrine veut acheter une moquette en promotion.	x	
4. Steve n'aime pas le beige.		x
5. Sandrine aime beaucoup le rouge.		x

● Allô Sandrine, c'est Steve. On attend encore une semaine pour acheter la moquette ? – ● Si tu veux, la semaine prochaine les moquettes sont en promotion chez *ROBOIS*. – ● Tu as une idée pour la couleur ? Qu'est-ce qu'on choisit ? – ● Je ne sais pas, moi, j'aime bien le beige, le bleu, le gris, et toi ? – ● Moi, ça m'est égal. Pourquoi pas beige ? Ça va avec la couleur du canapé-lit.

2 1. *frenchlessons-com*, tu connais **ce** site sur Internet ? Oui, je **le** connais. – 2. *Stalingrad*, vous connaissez **cette** station de métro ? Oui, je **la** connais. – 3. *Le Gavroche*, tu connais **ce** café ? Oui, je **le** connais. – 4. *Pierre Arditi*, vous connaissez **cet** acteur ? Oui, je **le** connais. – 5. *Bruxelles* et *Genève*, vous connaissez **ces** villes ? Oui, je **les** connais. – 6. *Igor et Sven*, tu connais **ces** amis de Léa ? Oui, je **les** connais.

3

	[ã]	[õ]		[ã]	[õ]
orange	x				
marron		x			
1. plan	x		5. lampe	x	
2. combien		x	6. pardon		x
3. danse	x		7. bonbon		x
4. ronde		x	8. éléphant	x	

4

	[ã]	[õ]
Il y a un tapis blanc dans la chambre.	3x	
Je veux une table ronde !		1x
1. On est le combien aujourd'hui ?		2x
2. C'est dimanche, le trente septembre.	3x	
3. Je vous conseille ce canapé confortable.		2x
4. Ça fait trois cent cinquante euros.	2x	
5. Il mange un croissant.	2x	
6. Ce jus d'orange est très bon.	1x (orange)	1x (bon)

Leçon 6

1

	VRAI	FAUX
1. Le restaurant s'appelle *Le Petit Mousse*.	✗	
2. Elle veut réserver une table pour vendredi soir.		✗
3. C'est une réservation pour six personnes.	✗	
4. Le restaurant accepte la réservation.		✗

● Allô, *Le Petit Mousse*, j'écoute ! – ● Bonsoir Monsieur, je voudrais réserver une table pour le samedi 10 décembre. – ● Le 10 décembre, attendez … c'est pour combien de personnes ? – ● Nous sommes six. – ● Ah, je suis désolé Madame, c'est trop tard, le 10 nous sommes complet. – ● Dommage ! Et pour le dimanche, le 11 décembre ? – ● Je suis désolé Madame, mais le 11 aussi nous sommes complet.

2 **1.** Tu prends **du** poisson ? Non, je n'aime pas **le** poisson. – **2.** Tu prends **des** fruits de mer ? Non, je n'aime pas **les** fruits de mer. – **3.** Tu prends **de la** soupe ? Non, je n'aime pas **la** soupe. **4.** Tu prends **des** crudités ? Non, je n'aime pas **les** crudités. – **5.** Tu prends **du** vin blanc ? Non, je n'aime pas **le** vin blanc. – **6.** Tu prends de l'eau minérale gazeuse ? Non, je n'aime pas l'eau minérale gazeuse.

3 **1.** Vous mangez des escargots ? Non, nous **ne** mangeons **plus** d'escargots. – **2.** Vous mangez de la glace au chocolat ? Non, nous **ne** mangeons **plus** de glace au chocolat. – **3.** Vous buvez de la bière blonde ? Non, nous **ne** buvons **plus** de bière blonde. – **4.** Vous mangez des huîtres ? Non, nous **ne** mangeons **plus** d'huîtres. – **5.** Vous prenez un apéritif ? Non, nous **ne** prenons **plus** d'apéritif. – **6.** Vous allez au restaurant ? Non, nous **n'**allons **plus** au restaurant.

4

	[b]	[v]			[b]	[v]
bon	✗					
vont		✗				
1. beau	✗			5. bien	✗	
2. veau		✗		6. viens		✗
3. bleu	✗			7. bière	✗	
4. veut		✗		8. verre		✗

5 **1.** Cette **b**ière est vraiment très **b**onne ! – **2.** Ils **v**ont au restaurant **v**endredi. – **3.** Vous prenez un **v**erre de **v**in **b**lanc ? – **4.** J'aime **b**eaucoup les pommes **v**apeur avec la sole meunière ! – **5.** Tu es **b**elle avec ce pull **b**leu ! – **6.** Tu vas **b**ien ?

Leçon 7

1

	VRAI	FAUX
1. La jeune femme a envoyé une lettre de candidature.	✗	
2. La candidate a déjà travaillé dans un hôtel à Rome.		✗
3. Elle parle anglais et italien.		✗
4. Elle a rendez-vous vendredi à neuf heures.	✗	

● Bonjour Mademoiselle. Nous avons reçu votre lettre de candidature pour le poste de standardiste. Vous avez déjà travaillé dans un hôtel ? – ● Oui, j'ai fait deux stages de trois mois en Suisse, à Zurich. – ● D'accord, qu'est-ce que vous parlez comme langues ? – ● Je parle anglais et allemand. – ● Bon... Vous êtes libre vendredi à neuf heures ? C'est pour un rendez-vous avec la direction du personnel. – ● Oui, vendredi à neuf heures, c'est parfait pour moi. – ● Alors, à vendredi Mademoiselle !

2 1. ● Chambre de Commerce franco-espagnole, bonjour ! – ● **Bonjour, je voudrais parler à Madame Dauré.**

2. ● Je suis désolée, Madame Dauré est en réunion. – ● **Madame Dauré est en réunion jusqu'à quelle heure ?**

3. ● Jusqu'à 19 heures, mais vous pouvez la joindre sur son portable. – ● **Vous pouvez me donner son numéro de portable, s'il vous plaît ?**

4. ● C'est le 06 18 09 85 43. – ● **Merci beaucoup.**

5. ● Je vous en prie. Au revoir Madame. – ● **Au revoir madame.**

3 1. Tu as reçu **mon** mail ?   Non, je n'ai pas reçu **ton** mail ?
2. Tu connais **mon** amie Corinne ?   Non, je ne connais pas **ton** amie Corinne.
3. Tu as envoyé **ma** lettre ?   Non, je n'ai pas envoyé **ta** lettre.
4. Tu as fini **tes** études de médecine ? Non, je n'ai pas fini **mes** études de médecine.
5. Tu travailles avec **ta** femme ?   Non, je ne travaille pas avec **ma** femme.
6. Tu as **son** numéro de portable ?   Non, je n'ai pas **son** numéro de portable.

4

	stummes e [ ] *bzw.* kurzes e [ə]	offenes e [ɛ]	geschlossenes e [e]
le	✗		
mais		✗	
thé			✗
1. française		✗	
2. demande	✗		
3. les amis			✗
4. Marie	✗		
5. déjà			✗
6. lycée			✗
7. parfait		✗	
8. fête		✗	

Leçon 8

1

	VRAI	FAUX
1. C'est le répondeur de Pauline Beaussart.	✗	
2. Pauline est en réunion.		✗
3. Jean-Louis laisse un message sur le répondeur.		✗
4. Pauline est invitée à une fête d'anniversaire.	✗	

● Bonjour, vous êtes bien chez Pauline Beaussart. Je ne suis pas là en ce moment. Merci de me laisser un message après le signal sonore. Merci de votre appel... – ● Salut Pauline, c'est Annick. Nous t'invitons samedi à une petite fête pour l'anniversaire de Jean-Louis. À plus tard.

2 1. Quel temps fait-il aujourd'hui ? – **2.** Il fait **beau**. – **3.** Il y a **du soleil**. – **4.** Il fait **30 degrés**. – **5.** Il n'y a pas **de vent**.

3 *Texte der vier kurzen Dialoge:*
  1. ● Tu vas téléphoner à Romain ? – ● Non, je **viens** de lui téléphoner.
  2. ● Bernard habite à Lille maintenant. – ● Ah bon ? Depuis longtemps ? – ● Non, il **vient** de déménager.
  3. ● Quelle chance ! Vous **venez** de gagner un voyage à Venise ! – ● Oui, c'est super ! Nous **venons** de recevoir une confirmation de l'hôtel.
  4. ● Tu as lu le mail de Sophie et de Luc ? – ● Non, qu'est-ce qu'ils racontent ? – ● Ils **viennent** d'avoir un bébé, c'est une petite fille Zoé.

4 1. Il laisse un message **à Pauline**. Il **lui** laisse un message. – **2.** Nous réservons une chambre à l'hôtel pour Romain et Léa. Nous **leur** réservons une chambre à l'hôtel – **3.** Je téléphone aujourd'hui à Sandrine. Je **lui** téléphone aujourd'hui. – **4.** Je propose à Raquel et à Léa de partir avec moi. – Je **leur** propose de partir avec moi. – **5.** Il demande son âge à Steve. Il **lui** demande son âge. – **6.** On donne rendez-vous à Léa et à Romain dans un restaurant japonais. On **leur** donne rendez-vous dans un restaurant japonais.

5

	[f]	[v]			[f]	[v]
font	✗					
vont		✗				
1. faire	✗			5. fille	✗	
2. verre		✗		6. ville		✗
3. vais		✗		7. faim	✗	
4. fais	✗			8. vin		✗

6 1. Je **v**ais **f**aire un **v**oyage à **V**enise ! – **2.** Je **f**ais une **f**ête pour mon anni**v**ersaire. – **3.** On **f**ait des sandwichs ? J'ai très **f**aim. – **4.** Pour la Saint-**V**alentin, je t'offre des **f**leurs. – **5.** **V**ictor aime les **f**romages **f**rançais. – **6.** Quel plaisir de **v**ous **v**oir **F**lorence !

Leçon 9

1 1. ● Allô Raquel ? Quand est-ce que tu es arrivée à Nice ? – ● Bonsoir Romain, je suis arrivée hier soir à Nice.
  2. ● Quel temps fait-il ? – ● Il fait très beau, il fait 25 degrés.
  3. ● Quand est-ce que tu rencontres Nicole ? – ● J'ai rendez-vous avec elle dimanche à 10 heures.
  4. ● Est-ce qu'elle a déjà ouvert son école de langue ? – ● Je ne sais pas.
  5. ● Grosses bises à Nicole et bon week-end ! – ● Je te remercie. Je te souhaite aussi un bon week-end !

2 1. Pour embrasser ou pour manger : la bouche – **2.** Ils sont deux, ils sont bleus ou marron ou verts ou gris ou noirs : les yeux – **3.** Il peut être grand ou petit : le nez – **4.** Ils sont longs ou courts, blonds ou bruns : les cheveux

3 1. Sandrine **a** écrit une carte postale de Venise. – **2.** Elle **est** restée quatre jours à Venise. – **3.** Steve **a** organisé les visites de musée. – **4.** Sandrine **est** amoureuse de Steve. – **5.** Ils **ont** rencontré des gens sympathiques. – **6.** Ils **sont** rentrés à Paris depuis une semaine.

4

	[i]	[y]	[u]
dis	✗		
du		✗	
doux			✗
1. tu		✗	
2. tout			✗
3. type	✗		
4. amour			✗
5. ami	✗		
6. amusant		✗	
7. style	✗		✗
8. super		✗	
9. souvent			✗

5 **1.** Nous arrivons dans une minute !! – **2.** Tu as vraiment le sens de l'humour. – **3.** C'est tout à fait son type ! – **4.** J'ai reçu une carte postale de Tours. – **5.** Je n'aime pas les menus exotiques. – **6.** Marie part au Tibet dans dix jours.

Leçon 10

1

	Wo?	Als was?	Wie lange?	Kontaktpersonen
1.	Côte bretonne	serveur	du 15 juillet au 15 août	Monsieur Durand
2.	Les Vosges	guide	juillet-août	Madame Brun
3.	Région parisienne	stagiaire	juin-juillet-août	Madame Mimosa
4.	Nice	standardiste	de mai à septembre	Monsieur Gaillard

Annonce 1
Restaurant gastronomique, côte bretonne, près de Nantes, recherche serveur du 15 juillet au 15 août, contacter Monsieur Durand au 06 85 05 17 70.
Annonce 2
Allez travailler cet été dans les Vosges ! Club Tourisme et santé cherche guide (homme ou femme) pour juillet-août, expérience professionnelle souhaitée. Téléphone 03 88 23 26 27, demander Madame Brun.
Annonce 3
Clinique privée dans région parisienne, cherche étudiant – étudiante en médecine pour poste de stagiaire, trois mois juin – juillet – août, contacter Madame Mimosa au 06 99 16 28 80.
Annonce 4
L'office du tourisme de Nice recherche étudiant – étudiante comme standardiste, de mai à septembre, bonnes connaissances en anglais. Tél. 04 93 16 00 22, Monsieur Gaillard.

2

	Bindung	Keine Bindung
1. Il travaille toute la journée.		✗
2. Elle finance toute une partie de ses études.	✗	
3. Il a passé tout un week-end à faire une traduction.	✗	
4. Presque tous les étudiants travaillent en été.		✗
5. J'ai organisé une soirée pour tout un groupe de touristes.	✗	
6. On a réservé tous les hôtels pour ce grand congrès.		✗

3

	[t]	[d]		[t]	[d]
tout	✗				
doux		✗			
1. thé	✗		**4.** temps	✗	
2. idée		✗	**5.** trois	✗	
3. dans		✗	**6.** droit		✗

4 **1.** Vous travaillez dans le tourisme ? – **2.** J'ai commandé deux thés. – **3.** Le patron dit qu'il fait tout. – **4.** C'est une dernière question indiscrète. – **5.** Je ne suis pas disponible toute la journée. – **6.** Il se dépêche car il est en retard.

Leçon 11

1

	VRAI	FAUX
1. La cliente a acheté son portable hier.	✗	
2. Elle ne peut pas téléphoner.		✗
3. Elle veut envoyer des messages	✗	
4. Elle n'a pas activé la bonne fonction.	✗	

● Bonjour Mademoiselle, qu'est-ce que je peux faire pour vous ? – ● J'ai acheté un portable ici hier et j'ai un problème. – ● Qu'est-ce que c'est comme problème ? – ● Je ne sais pas comment faire pour envoyer des messages. – ● Vous devez simplement activer cette fonction ... Voilà, regardez, tout est affiché sur l'écran. – ● C'est tout simple ! Merci ! – ● Je vous en prie ! Au revoir Mademoiselle.

2 **1.** Vous avez acheté un bon portable, il fonctionne très **bien** ! – **2.** Vous êtes **vraiment** joignable à tout moment. – **3.** Pour taper **rapidement** un message, il faut utiliser des abréviations. – **4.** Le nombre de messages reçus est **automatiquement** affiché sur l'écran. – **5.** Vous avez un écran large, vous pouvez lire **facilement** les messages. – **6.** Vous pouvez enfin communiquer **confortablement** !

3

	[ø]	[œ]		[ø]	[œ]
peu	✗				
heure		✗			
1. l'Europe	✗		**5.** les yeux	✗	
2. les fleurs		✗	**6.** le répondeur		✗
3. les cheveux	✗		**7.** amoureux	✗	
4. le coiffeur		✗	**8.** l'utilisateur		✗

4

	[ø]	[œ]
1. Est-ce qu'on lui achète des fleurs ?		fleurs
2. Elle a les yeux bleus.	bleus	
3. Il ne pleut plus.	pleut	
4. Tu as mis le répondeur ?		répondeur
5. Il vient d'acheter une Peugeot.	Peugeot	
6. J'ai trouvé un bon coiffeur.		coiffeur

Leçon 12

1

	VRAI	FAUX
1. Pauline rencontre Romain.	x	
2. Romain est en pleine forme.		x
3. Pauline et Romain font un cours d'espagnol.	x	
4. Pauline invite Romain au cinéma.		x

● Tiens Romain ! Salut ! Comment ça va ? On ne se voit plus ! – ● Désolé Pauline, je suis complétement crevé ! – ● Tu travaille trop ! Qu'est-ce que tu fais samedi ? – ● Samedi ? Je n'ai rien de spécial. – ● Eh bien, je t'invite chez moi, je fais une petite fête pour mon anniversaire. – ● Merci pour l'invitation, j'accepte avec plaisir.

2
1. Jouez au loto cette semaine !   **Gagnez un million d'euros !**
2. Restez mince   **Buvez *Biotonic* !**
3. Gardez la forme !   **Lisez *Top santé* !**
4. Apprenez à jouer au golf !   **Partez avec le *Club Green* en Tunisie !**
5. Parlez anglais sans problèmes !   **Découvrez la méthode *Take it easy* !**

3

	[g]	[k]		[g]	[k]
gâteau	x				
cadeau		x			
1. comment		x	**5.** cinq		x
2. gare	x		**6.** gondole	x	
3. coûter		x	**7.** canapé		x
4. goûter	x		**8.** garçon	x	

4 **1.** C'est un **g**âteau au cho**c**olat. – **2.** Elle s'appelle **c**omment ? A**g**athe ? – **3.** Viens au **c**ours d'anglais ! Le **g**roupe est sympa. – **4.** Vous partez **q**uand pour A**g**adir ? – **5.** **Q**uelle heure est-il ? Il est une heure et **q**uart ? – **6.** Il travaille **c**omme **g**arçon de **c**afé.

Leçon 13

1 1. Nous avons fait une fête de famille en mai, c'**était** l'anniversaire de ma grand-mère. – **2.** Il y a quarante ans mes grands-parents **avaient** un petit café-restaurant sur la grande place du village. – **3.** Les clients du café **étaient** tous de la région. – **4.** Il n'y **avait** pas encore de tourisme. – **5.** On **faisait** des grandes fêtes de famille. – **6.** Mes grands-parents **faisaient** une excellente cuisine très simple.

2 1. Quand Raquel est **arrivée** à Paris, elle parlait français avec un accent espagnol. – **2.** Nous sommes **allés** au musée du Louvre dimanche dernier, il y avait beaucoup de touristes. – **3.** Pauline n'était pas en forme hier, elle n'est pas **allée** travailler. – **4.** Romain est **arrivé** en retard à la réunion, les clients l'attendaient depuis une demi-heure. – **5.** Elle est **restée** six mois à Bruxelles l'année dernière, elle était jeune fille au pair. – **6.** Ils sont **restés** deux ans au Canada, ils ont habité à Toronto et à Montréal.

3

	[ɔ]	[o]		[ɔ]	[o]
robe	✗				
rose		✗			
1. beau		✗	5. le gâteau		✗
2. l'eau		✗	6. l'époque	✗	
3. baroque	✗		7. la politique	✗	
4. le bateau		✗	8. le roman	✗	

4 1. beau – 2. drôle – 3. côté – 4. – trop – 5. photo – 6. gâteau

Leçon 14

1

	VRAI	FAUX
1. La première minijupe, c'était en 1964.	✗	✗
2. Mary Quant était américaine.		✗
3. André Courrèges a mis la minijupe à la mode en France.	✗	
4. Les manteaux maxi sont aussi à la mode cette année.		✗

Cette année on assiste à un retour de la minijupe qu'on croyait complètement démodée. Un peu d'histoire de la mode : c'est la styliste anglaise Mary Quant qui a inventé la minijupe en 1964. Ensuite, dans les années 70, le couturier français André Courrèges reprend l'idée de la minijupe, la minijupe française était encore plus courte que la minijupe anglaise et surtout le style de Courrèges était plus futuriste. Par contre le manteau maxi, porté systématiquement à l'époque avec la minijupe, n'a pas fêté son retour, les manteaux peuvent être aujourd'hui courts ou longs.

2 1. La cuisine française est **meilleure** que la cuisine anglaise. – **2.** La cuisine française est **aussi bonne** que la cuisine italienne. – **3.** La cuisine anglaise est **moins bonne** que la cuisine allemande. – **4.** Les vestes sont **plus pratiques** que les manteaux. – **5.** Les robes sont **moins pratiques** que les pantalons. – **6.** Le français est **moins difficile** que l'allemand.

3

	[ɛ̃]	[œ̃]			[ɛ̃]	[œ̃]
vin	x					
lundi		x				
1. Alain	x		5. brun			x
2. parfum		x	6. prochain		x	
3. copain	x		7. chacun			x
4. ceinture	x		8. Internet		x	

4 **1.** Al**ain** ? C'est **un** beau br**un** ! – **2.** Ils nous **in**vitent l**un**di proch**ain**. – **3.** Elle a **in**venté la minijupe. – **4.** Chac**un** doit mettre sa **cein**ture de sécurité. – **5.** C'est u**n** magas**in** qui fait souvent des soldes. – **6.** M**ain**tenant il met aussi du parf**um**.

Leçon 15

1

	VRAI	FAUX
1. L'agence de voyages vend des voyages en Egypte.	x	
2. Le client veut offrir un voyage à ses parents.	x	
3. Le client choisit le 11 novembre comme date de départ.		x
4. Il y une offre intéressante pour 500 € par personne.		x
5. Le vol et l'hôtel avec pension complète sont compris dans le prix	x	
6. Le client s'appelle Monsieur Bobillon.	x	

● Agence de voyages *Pyramides*, bonjour ! – ● Bonjour Madame, je voudrais choisir un voyage en Egypte. Je pars avec mes parents. Qu'est-ce que vous me recommandez ? – ● Nous avons plusieurs offres intéressantes. Ma première question : vous avez déjà choisi une date pour le départ ? – ● Oui, en hiver, au mois de décembre ou au mois de janvier. – ● Alors, je vous conseille le mois de janvier, après le 8 c'est moins cher. J'ai encore une offre pour 1000 € par personne : dix jours avec vol et hôtel trois étoiles, en pension complète. Il me reste trois places. Vous ne trouverez pas mieux ! – ● C'est parfait, je réserve tout de suite. – ● Je fais la réservation à quel nom ? – ● Monsieur Bobillon, B. O. B. I. L. L. O. N.

2 **1.** Il y **aura** bientôt une deuxième aérogare pour accueillir plus de passagers. – **2.** Vous **trouverez** les comptoirs d'enregistrement au niveau des départs. – **3.** Sur demande, nous vous **enverrons** notre catalogue. – **4.** Vous **pourrez** bientôt faire directement toutes vos réservations sur Internet. – **5.** Cette année nous **irons** en Égypte au mois de janvier. – **6.** Quand est-ce que tu nous **offriras** un voyage à Venise ?

3

	[ʃ]	[ʒ]			[ʃ]	[ʒ]
chercher	x					
manger		x				
1. charmant	x		5. voyager			x
2. bonjour		x	6. bouche		x	
3. agence		x	7. choisir		x	
4. charter	x		8. argent			x

4 **1.** guichet – **2.** âge – **4.** agenda – **5.** étage – **6.** déjeuner – **7.** gentil – **8.** chaise

Leçon 16

1

	VRAI	FAUX
1. Steve veut s'acheter de nouvelles lunettes depuis un mois.		✗
2. Sandrine conseille Steve.	✗	
3. Sandrine porte aussi des lunettes.	✗	
4. Sandrine préfère les lunettes en écaille.		✗
5. La monture transparente coûte trois cents euros.		✗
6. Il y a une garantie d'un an.	✗	

● Allez, viens Steve ! On entre chez mon opticien. On va trouver des lunettes pour toi. – ● Tu crois ? Depuis trois jours, je n'arrive pas à me décider. Qu'est-ce que tu choisirais, toi, comme style ? – ● Moi, je te conseille quelque chose de classique, une monture légère et transparente. Regarde ce modèle, il est super ! Tu devrais l'essayer ! – ● D'accord ! ... C'est très agréable à porter, mais tu as vu le prix ? 350 euros ! – ● Écoute, elles te vont bien, c'est une excellente qualité ! En plus, elles sont garanties un an ! Décide-toi !

2 1. Qu'est-ce que vous **aimeriez** faire ce week-end ? – **2.** Vous **pourriez** parler plus lentement, s'il vous plaît ? – **3.** Vous **sauriez** comment organiser un grand congrès médical ? – **4.** Il **faudrait** faire les réservations quatre semaines avant le départ. – **5.** Cette année nous **pourrions** partir quatre semaines en vacances. – **6.** Nous **devrions** enfin créer un site Internet pour notre école.

3

	[w]	[ɥ]		[w]	[ɥ]
fois	✗				
fruit		✗			
1. moi	✗		6. voilà	✗	
2. huit		✗	7. cuisine		✗
3. toi	✗		8. voir	✗	
4. nuit		✗	9. depuis		✗
5. oui	✗		10. trois	✗	

4 1. Nous avons rendez-vous à min**ui**t. – **2.** C'est la première f**oi**s qu'il mange ces fr**ui**ts. – **3.** Tu sais très bien faire la c**ui**sine. – **4.** Il fait fr**oi**d aujourd'h**ui**. – **5.** O**ui**, je b**oi**s du thé vert. – **6.** Il a perdu tr**oi**s kilos dep**ui**s qu'il fait du sport.

Leçon 17

1

	VRAI	FAUX
1. Le champagne est fabriqué avec du jus de raisin.		✗
2. Il faut au minimum 15 ans pour faire du champagne.	✗	
3. On ne peut pas goûter le champagne pendant la visite des caves.	✗	
4. On peut acheter directement du champagne.		✗
5. Les bouteilles sont emballées dans des cartons.		✗
6. Le magnum est une bouteille de champagne d'un litre et demi.	✗	

Bienvenue dans les caves de champagne Du Barry ! Nous sommes actuellement dans la salle de fermentation où vous voyez ces grandes cuves... Comme vous le savez, le champagne est fait avec du jus de raisin, mais à la différence du vin, ce jus doit fermenter deux fois. Ensuite, le champagne va rester entre trois et quinze ans en cave. Avant de continuer cette petite visite guidée, nous vous invitons cordialement à goûter notre champagne. Si vous le désirez, vous pouvez acheter directement nos produits. Pour transporter les bouteilles, nous vous conseillons d'acheter notre champagne en carton, c'est plus pratique. Nous vendons aussi des magnums qui sont des bouteilles d'un litre et demi.

2 1. Tu as invité beaucoup de personnes ? Oui, j'**en** ai invité **vingt**. – **2.** Tu as réservé des chambres à l'hôtel ? Oui, j'**en** ai réservé **douze**. – **3.** Tu as aussi loué des voitures ? Oui, j'**en** ai loué **six**. – **4.** Tu as prévu combien de réunions de travail ? J'**en** ai prévu **quatre**. – **5.** Il y a des changements de programme ? Oui, il y **en** a **un**.

3

	[ɲ]	[j]		[ɲ]	[j]
champagne	✗				
payer		✗			
1. essayer		✗	5. cognac	✗	
2. Bourgogne	✗		6. envoyer		✗
3. fille		✗	7. gagner	✗	
4. billet		✗	8. bouteille		✗

4 1. gentille – **2.** joignable – **3.** renseignement – **4.** magnifique – **5.** détail – **6.** voyage – **7.** soleil

Leçon 18

1

	VRAI	FAUX
1. Le bureau *Europauto* à l'aéroport est ouvert jusqu'à 20 heures.		✗
2. On peut réserver une voiture en ligne.	✗	
3. Il n'y a plus de monospace à louer.		✗
4. Le kilométrage est toujours illimité.	✗	
5. Au mois d'avril il y a une réduction de 20 % sur tous les prix.		✗
6. Les prix de location sont des prix TTC.	✗	

Bonne route avec *Europauto* ! Vous trouverez *Europauto* dans le hall de départ de *Roissy*, nous sommes ouverts jusqu'à 22 heures. Vous pouvez réserver votre voiture à l'avance par téléphone, par fax ou directement en ligne. Avec *Europauto* vous pouvez aussi louer un monospace à un prix très intéressant. Nous vous offrons toujours un kilométrage illimité et vous bénéficierez systématiquement d'une réduction de 10 % sur tous les véhicules jusqu'au 30 avril. Nos prix sont des prix TTC. A bientôt !

2 1. Nous vous proposons les tarifs **les moins chers**. – **2.** Nous vous offrons les réductions **les plus intéressantes**. – **3.** Nos heures d'ouverture sont **les plus pratiques**. – **4.** Nous avons les véhicules **les plus confortables**. – **5.** Nous sommes **les meilleurs** sur le marché de la location de voiture. – **6.** Nous trouvons toujours **la meilleure** solution à vos problèmes.

Leçon 19

1

	VRAI	FAUX
1. Amélie rencontre Léa.		✗
2. Il y a une fête de quartier dans un mois.	✗	
3. Il ne faut pas s'inscrire pour participer aux marché aux puces.		✗
4. Il y a aussi un concours d'idées pour aménager la place Brancusi.	✗	
5. Il n'y aura pas de pique-nique.		✗
6. Des musiciens viendront jouer pendant la soirée.	✗	

● Amélie, alors il y a une fête de quartier cette année ? – ● Oui, Morgane, dans un mois dans notre rue et aussi place Brancusi. – ● Qu'est-ce qu'il y a au programme de la fête ? – ● Comme d'habitude, un grand marché aux puces, il faut s'inscrire à l'avance pour y participer. – ● C'est tout ? – ● Non, un pique-nique s'il fait beau et puis, cette année un concours d'idée pour aménager la place Brancusi. – ● Et pour la soirée, qu'est-ce qu'il y a de prévu ? – ● Je ne sais pas, je crois qu'il y aura un grand bal avec des musiciens.

2 1. Il faut absolument que vous **alliez** à la mairie pour vous inscrire. – **2.** Il faut que vous **conduisiez** plus lentement. – **3.** Il faut que vous **finissiez** la réunion à 19 heures. – **4.** Il faut que vous **parliez** anglais plus souvent. – **5.** Il faut que vous **soyez** plus prudent. – **6.** Il faut que vous **vidiez** votre grenier avant la fin du mois.

3

	[ʃ]	[s]		[ʃ]	[s]
chance	✗				
sens		✗			
1. français		✗	5. succès		✗
2. bouche	✗		6. marché	✗	
3. tasse		✗	7. passer		✗
4. chambre	✗		8. chocolat	✗	

Leçon 20

1

	VRAI	FAUX
1. Léa raconte à Romain que Sandrine et Steve vont se marier.	✗	
2. Romain est très surpris par cette nouvelle.		✗
3. Le mariage aura lieu au mois de mars.		✗
4. Léa trouve que ce mariage est la bonne décision.	✗	
5. Romain propose un voyage à l'île Maurice.	✗	
6. Léa ne connaît pas l'île Maurice.		✗

● Salut Romain, tu connais la grande nouvelle ? – ● Non, je ne suis pas au courant, dis-moi tout Léa ! – ● Sandrine vient de me téléphoner, elle va se marier avec Steve en décembre ! – ● Ce n'est pas une vraie surprise. Moi, je sais que Steve veut se marier avec Sandrine depuis longtemps, mais elle n'était pas pressée ! – ● Écoute, maintenant ils se sont décidés. C'est un très beau couple et puis ils s'entendent très bien. Qu'est-ce qu'on pourrait leur faire comme cadeau ? – ● Ils aiment beaucoup voyager. Avec les copains on pourrait leur offrir un voyage à l'île Maurice ? – ● Excellente idée ! J'y suis déjà allée deux fois en hiver, c'est magnifique ! Tu connais ? – ● Non, je n'y suis encore jamais allé ! Si tu y retournes une troisième fois, tu m'emmènes ? – ● Avec plaisir !

2 **1.** Ils **se** connaissent depuis trois ans. – **2.** Je te trouve très en forme **ce** matin. – **3.** Sandrine, **c'est** une fille sympathique. – **4.** Ils **se** sont rencontrés à l'école de langue. – **5.** J'aime beaucoup **ces** fleurs. – **6.** Elle a invité tous **ses** amis au mariage.

3

	[ʃ]	[ʒ]	[z]
chance	✗		
jeune		✗	
voisine			✗
1. orange		✗	
2. désir			✗
3. joli		✗	
4. choisir	✗		
5. prison			✗
6. charme	✗		
7. journée		✗	
8. chérie	✗		

Glossar

Anmerkungen zur Benutzung des Glossars

Grundsätzlich sind die **Substantive** mit dem Genus (= Geschlecht) *m* oder *f* angegeben. Bei den **Adjektiven** ist immer zuerst die männliche Form im Singular angegeben. Ist die Form des Adjektivs regelmäßig, so folgt das (e) der weiblichen Form in runder Klammer, z.b. blond(e) [blon(d)]; bei der Lautschrift ist die Aussprache der weiblichen Form ebenfalls in runder Klammer angegeben. Bei einigen Adjektiven gibt es keinen Unterschied in der Aussprache zwischen männlicher und weiblicher Form, wie z.B. bei beige [bɛʒ] oder bleu(e) [blø]. Bei Adjektiven mit einer besonderen weiblichen Form, z.B. amoureux, ~euse [amuʀø,ˌʀøz] *verliebt*; définitif, ~tive [definitif,ˌtiv] *endgültig*, sind Schreibung und Aussprache der weiblichen Form nach der Tilde (= Wiederholungszeichen) angegeben. Bei anderen Adjektiven ist aus phonetischen Gründen (z.B. nach einem Nasallaut) die weibliche Form ausgeschrieben, z.B. ancien, ancienne [ɑ̃sjɛ̃,ɑ̃sjɛn] *alt* oder long, longue [lõ,lõg] *lang*. Bei den unregelmäßigen Adjektiven folgt auf die Angabe der weiblichen Form ggf. die unregelmäßige Pluralbildung, z.B. beau, (*vor Vokal* und *h*) bel, belle, *pl* beaux.

A

à *prép* [a] in; bis; um **2**; **4**

à plus *loc* [aplys] bis später **11**

à plus tard *loc* [aplytaʀ] bis später **11**

abonnement *m* [abɔnmɑ̃] Abonnement **11**

abord (d') [dabɔʀ] zuerst **10**

abréviation *f* [abʀevjasjõ] Abkürzung **11**

absent(e) *adj* [apsɑ̃(t)] abwesend **7**

accélérateur *m* [akseleʀatœʀ] Gaspedal **18**

accentuer [aksɑ̃tɥe] betonen **16**

accepter [aksɛpte] annehmen **6**

accord (d') *loc* [dakɔʀ] einverstanden **4**

accorder (à) [akɔʀde] gewähren, gönnen **10**

accueil *m* [akœj] Empfang, Aufnahme **1**

achat *m* [aʃa] Einkauf **16**

achats *m/pl* (**faire des**) [fɛʀdɛzaʃa] einkaufen **14**

acheter [aʃte] kaufen **2**

activer [aktive] aktivieren **12**

activité *f* [aktivite] Tätigkeit **10**

activités *f/pl* **extra-professionnelles** [aktiviteɛkstʀapʀɔfɛsjɔnɛl] Hobbys **7**

adapter [adapte] anpassen **18**

addition *f* [adisjõ] Rechnung **6**

adorer [adɔʀe] sehr gern mögen **2**

adresse *f* [adʀɛs] Adresse **2**

adresser (s') à [sadʀɛsea] sich wenden an **10**

aérien, aérienne *adj* [aeʀjɛ̃,aeʀjɛn] Flug … **15**

aéroport *m* [aeʀɔpɔʀ] Flughafen **15**

affaires *f/pl* [afɛʀ] Geschäfte; Sachen **7**; **19**

afficher [afiʃe] anzeigen **11**

âge *m* [ɑʒ] Alter **3**

agence *f* **d'interim** [aʒɑ̃sdētēʀim] Zeitarbeitsfirma **10**

agence *f* **de voyage** [aʒɑ̃sdəvwajaʒ] Reisebüro **15**

agence *f* **immobilière** [aʒɑ̃simɔbiljɛʀ] Immobilienagentur **4**

agenda *m* [aʒɛ̃da] Terminkalender **7**

agent immobilier *m* [aʒɑ̃imɔbilje] Immobilienhändler **3**

agir (s') de [saʒiʀdə] sich handeln um **10**

agréable *adj* [agʀeabl] angenehm **16**

aider [ɛde] behilflich sein **19**

aile *f* [ɛl] Kotflügel **18**

aimer [ɛme] mögen, lieben **2**

aimer mieux [ɛmemjø] vorziehen, lieber mögen **19**

air (avoir l') *loc* [avwaʀlɛʀ] aussehen **5**

aller [ale] gehen **1**

aller *m* [ale] Hinflug **15**

aller à [ale a] passen **14**

aller chercher [aleʃɛrʃe] abholen **17**
aller voir [alevwar] besuchen;
 nachschauen **8; 15**
allumer [alyme] einschalten **11**
alors *adv* [alɔr] also **2**
alphabet *m* [alfabɛ] Alphabet **1**
amélioration *f* [ameljɔrasjõ] Verbesserung **19**
aménagement *m* [amenaʒmã] Gestaltung **19**
américain(e) *adj* [ameʀikɛ(n)] amerikanisch **3**
ameublement *m* [amœbləmã] Einrichtung **5**
ami(e) *m/(f)* [ami] Freund(in) **3**
amitié *f* [amitje] Freundschaft **3**
amitiés *f/pl* [amitje] Mit freundschaftlichen
 Grüßen **3**
amour *m* [amur] Liebe **9**
amoureux *m/pl* [amurø] Liebespaar **8**
amoureux, ~reuse *adj* [amurø,-røz] verliebt **8**
amours (les) *poetisch f/pl* [lezamur] Liebe **9**
amuser (s') [samyze] sich amüsieren, Spaß
 haben **10**
an *m* [ã] Jahr **3**
ancien, ancienne *adj* [ãsjɛ̃,ãsjɛn] alte(r,s);
 ehemalige(r,s) **4; 13**
anglais(e) *adj* [ãglɛ(z)] englisch
animer [anime] gestalten **19**
année *f* [ane] Jahr **3**
année dernière (l') [lanedɛrnjɛr] vorigem
 Jahr **17**
années 70 (les) [lezaneswasãtdis] die Sieb-
 zigerjahre **14**
annexe *f* [anɛks] Anhang **1**
anniversaire *m* [anivɛrsɛr] Geburtstag **3**
anniversaire (bon / joyeux) ! *loc*
 [bɔnanivɛrsɛr/ʒwajøzanivɛrsɛr] alles Gute
 zum Geburtstag! **3**
annonce *f* [anõs] Anzeige **4**
annonce (mettre une) [mɛtrynanõs] eine
 Anzeige aufgeben **10**
annoncer [anõse] ankündigen **20**
août *m* [u(t)] August **5**
aspect physique *m* [aspɛfizik] Aussehen **9**
apéritif *m* [apeʀitif] Aperitif **1**
apparaître [apaʀɛtr] erscheinen **11**
appartement *m* [apaʀtəmã] Wohnung **3**
appel *m* [apɛl] Anruf **8**
appeler (s') [sap(ə)le] heißen **1**
apporter [apɔʀte] mitbringen; bringen **2**

apprendre [apʀãdʀ] lernen **1**
appuyer [apɥije] drucken **11**
après-demain *adv* [apʀɛdmɛ̃] übermorgen **5**
après-midi *m* [apʀɛmidi] Nachmittag **9**
architecte *m/f* [aʀʃitɛkt] Architekt(in)
argent *m* [aʀʒã] Geld **6**
argenté(e) *adj* [aʀʒãte] silbrig **16**
argentin(e) *adj* [aʀʒãtɛ̃(aʀʒãtin)] aus
 Argentinien **9**
armoire *f* [aʀmwaʀ] Schrank **5**
armoricaine (à l'~) *loc* [alaʀmɔʀikɛn]
 bretonische Art **6**
arrêter [aʀete] aufhören **9**
arriver [aʀive] (an)kommen **2**
arriver à [aʀive a] bis an ... reichen **14**
arrondir (ses fins de mois) *loc*
 [aʀõdiʀsefɛ̃dmwa] etwas dazu verdienen **10**
arrondissement *m* [aʀõdismã] Bezirk **13**
arroser qc [aʀoze] ein Glas auf etwas trinken **20**
article *m* [aʀtikl] Zeitungsartikel **12**
ascenseur *m* [asãsœʀ] Fahrstuhl **4**
assiette *f* [asjɛt] Teller; Platte **6**
assiette *f* **de fruits de mer** [asjɛtdəfʀɥidmɛʀ]
 (kleine) Auswahl an Meeresfrüchten **6**
association *f* [asɔsjasjõ] Verein **19**
associer [asɔsje] verbinden **20**
assurance *f* [asyʀãs] Versicherung **18**
attendre [atãdʀ] warten auf **5**
attention [atãsjõ] Achtung **6**
au fait [ofɛt] übrigens **3**
audacieux, ~cieuse *adj* [odasjø,-sjøz] kühn **14**
au-delà [od(ə)la] hinaus **11**
aujourd'hui [oʒuʀdɥi] heute **5**
aussi *adv* [osi] auch **1**
automatiquement *adv* [ɔtɔmatikmã]
 automatisch **11**
automne *m od. f* [otɔn] Herbst **5**
autoroute *f* [otoʀut] Autobahn **18**
autre *adj* [otʀ] andere(r,s) **2**
avance (à l'~) [alavãs] im Voraus, vorher **19**
avant de (+ inf) [avãdə] bevor **17**
avant *prép/adv* [avã] vor (zeitlich); früher,
 damals **3; 13**
avantage *m* [avãtaʒ] *Vorteil* **11**
avantageux, ~geuse *adj* [avãtaʒø,-ʒøz]
 günstig **18**
avec *prép* [avɛk] mit **1**

avion *m* [avjõ] Flugzeug **15**
avis (faire changer d'~) *loc* [fɛʀʃãʒedavi] umstimmen **20**
avis *m* [avi] Meinung **20**
avoir [avwaʀ] haben **3**
avoir l'air *loc* [avwaʀlɛʀ] aussehen **5**
avoir lieu [avwaʀljø] stattfinden **19**
avoir mal (à + *Organ*) *loc* [avwaʀmal] Schmerzen haben **16**
avoir raison *loc* [avwaʀʀɛzõ] Recht haben **16**
avril *m* [avʀil] April **5**

B

bac *m* [bak] Abitur **7**
baiser *m* [bɛze] Kuss **3**
baisers (bons) [bõ bɛze] Herzliche Grüße **9**
baisser [bɛse] sinken **12**
balcon *m* [balkõ] Balkon **4**
baroque *adj* [baʀɔk] barock **9**
bas,basse *adj* [bɑ,bɑs] niedrig **5**
bas prix (à) *loc* [abɑpʀi] billig **18**
bateau *m/pl* bateaux [bato] Boot **9**
bavard(e) *adj* [bavaʀ(d)] gesprächig **13**
beau (il fait) *loc* [ilfɛbo] es ist schönes Wetter **8**
beau, (*vor Vokal u. h*) bel, belle *adj, pl* beaux [bo,bɛl,bo] schön **4**
beaucoup *adv* [boku] sehr;viel **3**
beau-frère *m* [bofʀɛʀ] Schwager **13**
beau-père *m* [bopɛʀ] Schwiegervater **13**
beaux-parents *m/pl* [bopaʀã] Schwieger-eltern **13**
beige *adj* [bɛʒ] beige **5**
belle-mère *f* [bɛlmɛʀ] Schwiegermutter **13**
belle-sœur *f* [bɛlsœʀ] Schwägerin **13**
bénéficier [benefisje] profitieren, in Anspruch nehmen **18**
bénévole *m/f* [benevɔl] Freiwillige(r) **19**
besoin de (avoir) [avwaʀbəzwɛdə] brauchen **4**
besoins *m/pl* [bəzwɛ] Bedürfnisse **18**
beurre *m* [bœʀ] Butter **2**
bibliothèque *f* [biblijɔtɛk] Bibliothek **2**
bien *adv* [bjɛ̃] weit; gut, richtig **11; 16**
bientôt (à) [abjɛ̃to] bis bald **3**
bienvenue ! [bjɛ̃v(ə)ny] Willkommen! **1**
bière *f* [bjɛʀ] Bier **2**
bière pression *f* [bjɛʀpʀɛsjõ] Bier vom Fass **2**
billet *m* d'avion [bijɛdavjõ] Flugticket **15**

bip sonore *m* [bipsɔnɔʀ] Signalton **11**
bise *f* [biz] Kuss **3**
bises *f/pl* [biz] Herzliche Grüße **3**
blanc, blanche *adj* [blã,blãʃ] weiß **5**
bleu(e) *adj* [blø] blau, blutig blau (Steak) **5; 6**
bleuté(e) *adj* [bløte] bläulich **16**
blond(e) *adj* [blõ(d)] blond **9**
bloquer [blɔke] sperren **11**
blues F *m* [bluz] Depression **12**
boire [bwaʀ] trinken **6**
boisson *f* [bwasõ] Getränk **2**
boîte *f* [bwat] Disco; Schachtel **13**
bon, bonne *adj* [bõ, bɔn] gut; richtig **3; 11**
bonjour [bõʒuʀ] guten Tag **1**
bonne chance ! *loc* [bɔnʃãs] viel Glück! **4**
bonne journée ! *loc* [bɔnʒuʀne] einen schönen Tag! **2**
bonne maîtrise écrit / oral [bɔnmɛtʀizekʀi/ɔʀal] in Wort und Schrift gut **7**
bonnes notions oral [bɔnnosjõɔʀal] Spre-chen/mündlich gut **7**
bons baisers [bõbɛze] Herzliche Grüße **9**
bonsoir [bõswaʀ] guten Abend **1**
bouche *f* [buʃ] Mund **9**
boule *f* [bul] Kugel **16**
boulot *m* [bulo] Job **9**
bouquin *m* [bukɛ̃] Buch **19**
bout *m* [bu] Stück **14**
bouteille *f* [butɛj] Flasche **2**
bouteille (mettre en) [mɛtʀãbutɛj] in Flaschen abfüllen **17**
bouteille *f* en plastique [butɛjãplastik] Plastikflasche **19**
boutique *f* hors taxe [butikɔʀtaks] Duty-freeshop **15**
branché [bʀãʃe] im Trend **6**
bricole *f* [bʀikɔl] Kleinigkeit **19**
briller [bʀije] scheinen **8**
brique *f* [bʀik] Tetra-Pack **19**
briquet *m* [bʀikɛ] Feuerzeug **19**
brochure *f* [bʀɔʃyʀ] Broschüre **15**
brouillard *m* [bʀujaʀ] Nebel **8**
brouillard (il y a du ~) *loc* [iljadybʀujaʀ] es ist neblig **8**
brun(e) *adj* [bʀœ̃(bʀyn)] dunkelhaarig **9**
brun(e) *m/(f)* [bʀœ̃, bʀyn] Dunkelhaarige(r) **9**
bureau *m/pl* bureaux [byʀo] Büro **18**

bureau d'informations *m* [byʀodɛfɔʀmasjõ] Infoschalter **15**
bus *m* [bys] Bus **2**

C

ça (c'est) *loc* [sɛsa] richtig, das stimmt **1**
cabine *f* [kabin] Telefonzelle **8**
cabine d'essayage *f* [kabindesɛjaʒ] Umkleide kabine **14**
cadeau *m/pl* **cadeaux** [kado] Geschenk **2**
cadre *m* [kɑdʀ] Rahmen **10**
café *m* [kafe] Café; Kaffee **2**
caisse *f* [kɛs] Kasse; Kiste **15**
caleçon *m* [kalsõ] Leggings; Unterhose **14**
calme *adj* [kalm] ruhig **4**
canapé *m* [kanape] Sofa **5**
canapé-lit *m* [kanapeli] Schlafsofa **5**
Canaries (les) *f/pl* [lɛkanaʀi] die Kanarischen Inseln **12**
candidature *f* [kãdidatyʀ] Bewerbung **7**
candidature (poser sa) [pozesakãdidatyʀ] sich bewerben **7**
capitale *f* [kapital] Hauptstadt **1**
capot *m* [kapo] Motohaube **18**
car [kaʀ] denn **9**
carré *m* [kaʀe] Quadrat **16**
carré(e) *adj* [kaʀe] viereckig **16**
carte *f* **d'embarquement** [kaʀt(ə)dãbaʀkəmã] Bordkarte **15**
carte *f* **de crédit** [kaʀt(ə)dəkʀedi] Kreditkarte **6**
carte *f* **de visite** [kaʀt(ə)dəvizit] Visitenkarte **3**
carte *f* **postale** [kaʀtpɔstal] Postkarte **9**
carte *f* **prépayée** [kaʀt(ə)pʀepeje] Prepaid-Karte **11**
carton *m* [kaʀtõ] Pappschachtel **17**
cas *m* [kɑ] Fall **16**
catastrophe *f* [katastʀɔf] Katastrophe **20**
causé par [kozepaʀ] verursacht durch **12**
cave *f* [kav] Weinkeller **17**
ce/cet, cette, *pl* **ces** *adj* [sə/sɛt, sɛt, se] diese(r,s) **5**
ceinture *f* [sɛ̃tyʀ] Gürtel **14**
ceinture *f* **de sécurité** [sɛ̃tyʀdəsekyʀite] Sicherheitsgurt **18**
célibataire *adj* [selibatɛʀ] ledig **7**
cercle *m* [sɛʀkl] Kreis **16**
chacun(e) *pr* [ʃakɛ̃(ʃakyn)] jede(-r,-s) **5**

chaise *f* [ʃɛz] Stuhl **5**
chaleureux, ~reuse *adj* [ʃaløʀø,~ʀøz] herzlich **9**
chambre *f* [ʃãbʀ] Schlafzimmer **4**
chambre *f* **de commerce** [ʃãbr(ə)dəkɔmɛrs] Handelskammer **7**
champagne *m* [ʃãpaɲ] Champagner **3**
chance *f* [ʃãs] Glück **4**
changement *m* [ʃãʒmã] Änderung **7**
changer de [ʃãʒe də] wechseln **12**
changer de vitesse [ʃãʒedvitɛs] einen anderen Gang einschalten **18**
charger de [ʃaʀʒe də] beauftragen mit **19**
charges *f/pl* [ʃaʀʒ] Nebenkosten **4**
charter (vol) *m* [(vɔl)ʃaʀtɛʀ] Charterflug **15**
château *m/pl* **châteaux** [ʃɑto] Schloss **17**
chaud(e) *adj* [ʃo(d)] warm **6**
chaussette *f* [ʃosɛt] Socke **14**
chaussures *f/pl* [ʃosyʀ] Schuhe **14**
chef *m* [ʃɛf] Chefkoch **6**
chemise *f* [ʃəmiz] Hemd **14**
chemisier *m* [ʃəmizje] Bluse **14**
chèque *m* [ʃɛk] Scheck **6**
cher, chère *adj* [ʃɛʀ] liebe(r,s); teuer **3**
cher, chère (pas) *loc* [paʃɛʀ] billig **14**
chercher [ʃɛʀʃe] suchen **2**
chéri(e) *m/(f)* [ʃeʀi] Anrede: Schatz **8**
chers tous [ʃɛʀtus] Anrede Brief: Ihr Lieben **9**
cheville *f* [ʃəvij] Knöchel **14**
chèvre *m* [ʃɛvʀ] Ziegenkäse **6**
chez [ʃe] bei **2**
chiffres *m/pl* [ʃifʀ] Grundzahlen **2**
chocolat *m* [ʃɔkɔla] Schokolade **2**
choisir [ʃwaziʀ] aussuchen, wählen **5**
choix *m* [ʃwa] Wahl **8**
choix (au) *loc* [oʃwa] zur Auswahl **8**
chose (autre) *loc* [otʀəʃoz] etwas anderes **2**
chose (la même) *loc* [lamɛmʃoz] das Gleiche **10**
clair(e) *adj* [klɛʀ] hell; klar **4**
classe (la) F *loc* [laklɑs] super! **8**
classique *adj* [klasik] klassisch **2**
club *m* [klœb] Club **10**
code PIN *m* [kɔdpin] die Pin-Nummer **11**
code *m* **de la route** [kɔddəlaʀut] Straßen-verkehrordnung **18**
coffre *m* [kɔfʀ] Kofferraum **18**
cognac *m* [kɔɲak] Kognak **6**
coin *m* [kwɛ̃] Ecke **13**

coin (du) *loc* [dykwɛ̃] um die Ecke **13**
collaborateur, ~trice *m/f* [kɔlabɔratœr, -tris] Mitarbeiter(in) **1**
collant *m* [kɔlɑ̃] Strumphose **14**
collecte *f* **des vieux papiers** [kɔlɛktədevjøpapje] Altpapiersammlung **19**
collecter [kɔlɛkte] sammeln **19**
collection *f* [kɔlɛksjɔ̃] Sammlung **19**
coloris *m* [kɔlɔri] Farbton **5**
combien [kɔ̃bjɛ̃] wie viel **5**
combien (On est le ~ ?) [ɔ̃nɛlkɔ̃bjɛ̃] Der Wievielte ist heute? **5**
commander [kɔmɑ̃de] bestellen **2**
comme [kɔm] wie; als **1**
commencer [kɔmɑ̃se] anfangen **3**
comment [kɔmɑ̃] wie **1**
commerce *m* [kɔmɛrs] Handel **7**
commercialisation *f* [kɔmɛrsjalizasjɔ̃] Vermarktung **17**
commun(e) *adj* [kɔmɛ̃(kɔmyn)] gemeinsam **19**
communication *f* [kɔmynikasjɔ̃] Anruf **11**
compagne *f* [kɔ̃paɲ] (Lebens-)Partnerin **20**
compagnie aérienne *f* [kɔ̃paɲiaɛrjɛn] Fluggesellschaft **15**
compagnon *m* [kɔ̃paɲɔ̃] (Lebens-)Partner **20**
comparaison *f* [kɔ̃parɛzɔ̃] Vergleich **11**
complément *m* **d'information** [kɔ̃plemɑ̃dɛ̃fɔrmasjɔ̃] zusätzliche Information **1**
complet, complète *adj* [kɔ̃plɛ, kɔ̃plɛt] voll (besetzt); ausgebucht **6**
complètement *adv* [kɔ̃plɛtmɑ̃] völlig **8**
composer [kɔ̃poze] eingeben **11**
compris(e) *adj* [kɔ̃pri(kɔ̃priz)] inbegriffen **2**
compter [kɔ̃te] rechnen **17**
compter sur [kɔ̃te syr] rechnen mit **3**
compteur *m* [kɔ̃tœr] Tachometer **18**
comptoir *m* [kɔ̃twar] Theke **2**
comptoir d'enregistrement *m* [kɔ̃twardɑ̃rəʒistrəmɑ̃] Schalter (zum Einchecken) **15**
concentrer (se) [səkɔ̃sɑ̃tre] sich konzentrieren **17**
concert *m* [kɔ̃sɛr] Konzert **2**
concours *m* [kɔ̃kur] Wettbewerb **19**
condition *f* [kɔ̃disjɔ̃] Bedingung **19**
conditionnement *m* [kɔ̃disjɔnmɑ̃] Verpackung **17**

conditions de vie *f/pl* [kɔ̃disjɔd(ə)vi] Lebensbedingungen **19**
conducteur, conductrice *m/f* [kɔ̃dyktœr, kɔ̃dyktris] Autofahrer(in) **18**
conduire [kɔ̃dɥir] Auto fahren **18**
confection *f* [kɔ̃fɛksjɔ̃] Konfektion **14**
confirmer [kɔ̃firme] bestätigen **3**
confortable *adj* [kɔ̃fɔrtabl] bequem **5**
congrès *m* [kɔ̃grɛ] Kongress **3**
connaître [kɔnɛtr] kennen lernen; kennen **1; 4**
conseil *m* [kɔ̃sɛj] Ratschlag **16**
conseiller à [kɔ̃sɛje a] raten **5**
conserver [kɔ̃sɛrve] bewahren **12**
constatation *f* [kɔ̃statasjɔ̃] Feststellung **11**
consulter [kɔ̃sylte] nachsehen **1**
contact *m* [kɔ̃takt] Kontakt **7**
contacter [kɔ̃takte] Kontakt aufnehmen **1**
container *m* **pour verre** [kɔ̃tɛnɛr] Altglascontainer **19**
container *m* **pour vieux papiers** [kɔ̃tɛnɛrpurvjøpapje] Altpapiercontainer **19**
contenance *f* [kɔ̃t(ə)nɑ̃s] Inhalt **2**
content(e) *adj* [kɔ̃tɑ̃(kɔ̃tɑ̃t)] zufrieden **8**
content(e) (être ~ pour) [ɛtrəkɔ̃tɑ̃(t)pur] sich freuen für **9**
continuer [kɔ̃tinɥe] weitermachen **20**
contrat *m* [kɔ̃tra] Vertrag **11**
contre [kɔ̃tr] dagegen **20**
contre (par) [parkɔ̃tr] jedoch **6**
convenir à [kɔ̃vnir] passen **20**
convertible *m* [kɔ̃vɛrtibl] Schlafcouch **5**
copain *m*, **copine** *f* [kɔpɛ̃, kɔpin] Freund(in) **9**
cordial(e) *adj* [kɔrdjal] herzlich **1**
cordiales salutations *loc* [kɔrdjalsalytasjɔ̃] Mit freundlichen Grüßen **1**
correspondre à [kɔrɛspɔ̃dr a] zusammenfallen mit **20**
corriger [kɔriʒe] korrigieren **6**
costume *m* [kɔstym] Anzug **14**
côté *m* [kote] Seite **4**
côté (à ~ de) *prép* [akotedə] neben **12**
côte de bœuf *f* [kotdəbœf] T-Bone-Steak **6**
coton *m* [kɔtɔ̃] Baumwolle **14**
couchage *m* [kuʃaʒ] Liegefläche **5**
couleur *f* [kulœr] Farbe **5**
couleur *f* **des cheveux** [kulœrdeʃvø] Haarfarbe **9**

couleur *f* **des yeux** [kulœʀdɛzjø] Augenfarbe **9**
coupe *f* [kup] Schnitt **14**
cour *f* [kuʀ] Hof **4**
courage *m* [kuʀaʒ] Mut haben, etwas zu tun **19**
courant (être au) *loc* [ɛtʀokuʀã] Bescheid wissen **20**
cours *m* [kuʀ] Kurs **1**
cours (avoir) [avwaʀkuʀ] unterrichten **7**
cours *m* **de danse** [kuʀdədãs] Tanzkurs **12**
cours *m* **de langue** [kuʀdəlãg] Sprachkurs **1**
court(e) *adj* [kuʀ(t)] kurz **14**
cousin, cousine *m/f* [kuzɛ̃,kuzin] Cousin(e) **13**
coûter [kute] kosten **14**
couturier *m* [kutyʀje] Modeschöpfer **14**
créer [kʀee] kreieren **14**
crème *m* [kʀɛm] Milchkaffee **2**
crème caramel *f* [kʀɛmkaʀamɛl] Karamell-pudding **6**
crème fraîche *f* [kʀɛmfʀɛʃ] (dicker) Rahm **6**
crevé(e) *adj* [kʀəve] kaputt **12**
croire [kʀwaʀ] glauben **14**
croque-monsieur *m* [kʀɔkməsjø] Schinken-Käse-Toast **2**
crudités *f/pl* [kʀydite] Rohkostsalate **6**
cube *m* [kyb] Würfel **16**
cubique *adj* [kybik] würfelfömig, kubisch **16**
cuir *m* [kɥiʀ] Leder **5**
cuir (en) [ãkɥiʀ] mit Lederbezug **5**
cuisine *f* [kɥizin] Küche (Raum); Kochkunst **4**
cure *f* [kyʀ] Kur **12**
cure *f* **de soleil** [kyʀdəsɔlɛj] Sonnenkur **12**
curriculum vitae *m* [kyʀikylɔmvite] Lebenslauf **7**
cuve *f* [kyv] Gärbehälter, Bottich **17**
C.V. (*abr* **curriculum vitae**) *m* [seve] Lebenslauf **7**
cylindre *m* [silɛ̃dʀ] Zylinder **16**
cylindrique *adj* [silɛ̃dʀik] zylinderförmig **16**

D

d'abord [dabɔʀ] zuerst **9**
dans *prép* [dã] auf, bei, in **1; 4; 8**
dans huit jours [dãɥiʒuʀ] in acht Tagen **5**
dans une semaine [dãzynsəmɛn] in einer Woche **5**
danse *f* [dãs] Tanz **12**
date *f* [dat] Datum **5**
de plus [dəplys] dazu **8**

de plus en plus [dəplyzãply(s)] immer mehr **10**
débarrasser (se ~ de) [sədebaʀase də] etwas loswerden **19**
débat *m* [deba] Diskussion **13**
début *m* [deby] Anfang **15**
décembre *m* [desãbʀ] Dezember **5**
déchets *m/pl* [deʃɛ] Müll **19**
déchetterie *f* [deʃɛtʀi] Müllsammelstelle **19**
décider [deside] entscheiden **14**
décider (se) [sədeside] sich entscheiden **15**
découvrir [dekuvʀiʀ] entdecken **9**
décrocher F [dekʀɔʃe] annehmen **11**
définitif, ~tive *adj* [definitif,_tiv] endgültig **8**
degré *m* [dəgʀe] Grad **8**
déjà [deʒa] schon **2**
déjeuner *m* [deʒœne] Mittagessen **6**
déjeuner d'affaires *m* [deʒœnedafɛʀ] Arbeits-essen **17**
délicieux, ~ cieuse *adj* [delisjø,_sjøz] lecker **6**
demain *adv* [dəmɛ̃] morgen **5**
demain soir [dəmɛ̃swaʀ] morgen abend **9**
demande *f* [dəmãd] Anfrage **7**
demande *f* **en mariage** [dəmãdãmaʀjaʒ] Heiratsantrag **20**
demander [dəmãde] fragen, bitten; verlangen **7**
demander de (*+ inf*) [dəmãde də] bitten etwas zu tun **7**
démarrer [demaʀe] starten **18**
demie (neuf heures et ~) [nœvœʀedmi] halb zehn **4**
démodé(e) *adj* [demɔde] aus der Mode **14**
départ *m* [depaʀ] Abflug **15**
dépêcher (se) [sədepɛʃe] sich beeilen **10**
dépendre de [depãdʀ də] abhängig sein **11**
déposer [depoze] abstellen **17**
dépression *f* [depʀɛsjõ] Depression **12**
depuis [dəpɥi] seit **2**
depuis que [dəpɥikə] seitdem **12**
dernier, ~nière *adj* [dɛʀnje, _njɛʀ] letzte(r,s) **5**
dernière fois (la) *loc* [ladɛʀnjɛʀfwa] das letzte Mal **18**
design *m* [dizajn] Design **11**
désirer [deziʀe] wünschen **2**
désolé(e) / désolés ! *loc* [dezɔle] tut mir/uns Leid **3**
dessert *m* [desɛʀ] Nachspeise **6**
destinataire *m* [dɛstinatɛʀ] Empfänger **1**
destination *f* [dɛstinasjõ] Ziel **8**

détail *m* [detaj] Detail, Einzelheit **8**
détaillé(e) *adj* [detaje] detailliert **15**
détendu(e) *adj* [detɑ̃dy] entspannt **12**
déterminer [detɛrmine] ermitteln **16**
deuche (= 2CV) F *f* [dœʃ] Ente **13**
deux (tous les) [tulɛdø] beide **8**
deux chevaux, *abr* 2 CV *f* [døʃvo] 2CV **13**
deux places *m* [døplas] Zweisitzer (Sofa) **5**
deuxième [døzjɛm] zweite(r) **4**
devant [dəvɑ̃] vor **12**
devenir [dəv(ə)niʀ] werden **14**
devenu(e) [dəv(ə)ny] geworden **14**
dévoiler [devwale] entblößen **14**
devoir [dəvwaʀ] müssen **4**
difficile *adj* [difisil] wählerisch **9**
dimanche *m* [dimɑ̃ʃ] Sonntag **2**
dimanche soir (le) [dimɑ̃ʃswaʀ] Sonntag
  abends **6**
dimension *f* [dimɑ̃sjõ] Maß **5**
dîner *m* [dine] Abendessen **3**
diplôme *m* [diplom] Diplom **7**
dire à [diʀ a] sagen; Lust zu etwas haben **7; 12**
discret, ~crète *adj* [diskʀɛ, ~kʀɛt] dezent **16**
discuter (de) [diskyte] sprechen über **13**
disponible *adj* [disponibl] frei, verfügbar **10**
disposer (de) [dispoze] zur Verfügung haben **11**
disposition de (être à la ~) [ɛtʀaladispozisjõ də]
  zur Verfügung stehen **1**
divers(e) *adj* [divɛʀ(s)] verschiedene(r,s) **15**
divorcé(e) *adj* [divɔʀse] geschieden **13**
divorcer [divɔʀse] sich scheiden lassen **13**
dix [dis] zehn **2**
dominant(e) *adj* [dominɑ̃(dominɑ̃t)]
  vorherrschend **16**
dommage ! [dɔmaʒ] Schade! **6**
donner [dɔne] geben **2**
donner des cours [dɔnedɛkuʀ] unterrichten **3**
donner un coup de main *loc* [dɔneœ̃kudmɛ̃]
  mit Hand anlegen **19**
dos *m* [do] Rücken **14**
dos nu *m* [dony] rückenfreies Top **14**
doucement *adv* [dusmɑ̃] langsam **8**
doué(e) *adj* [due] begabt **9**
douter (se ~ de) [sədute də] etwas ahnen **20**
doux, douce *adj* [du, dus] sanft **11**
droite (à) [adʀwat] (nach) rechts **4**
drôle *adj* [dʀol] witzig, lustig **9**

durée *f* [dyʀe] Dauer **11**
durer [dyʀe] dauern **11**
dynamique *adj* [dinamik] dynamisch **7**

E

eau *f* **gazeuse** [ogazøz] Mineralwasser mit
  Kohlensäure **2**
eau *f* **minérale** [omineral] Mineralwasser **2**
eau *f* **plate** [oplat] Mineralwasser ohne
  Kohlensäure **2**
écaille *f* [ekaj] Horn; Schildpatt **16**
échalote *f* [eʃalɔt] Schalotte **6**
écharpe *f* [eʃaʀp] Schal **14**
éclairage *m* [eklɛʀaʒ] Beleuchtung **12**
école *f* [ekɔl] Schule **3**
école *f* **d'hôtellerie** [ekɔldotɛlʀi] Hotel-
  fachschule **7**
école *f* **de journalisme** [ekɔldəʒuʀnalism]
  Jounalistenschule **7**
écologistes (les) *m/pl* [lezekɔlɔʒist] die
  Grünen **13**
écolos (les) F *m/pl* [lɛzekolo] die Grünen **13**
économique *adj* [ekɔnɔmik] günstig **11**
écouter [ekute] zuhören **8**
écran *m* [ekʀɑ̃] Display **11**
écran plat *m* [ekʀɑ̃pla] flacher Bildschirm **13**
écrire à [ekʀiʀ a] schreiben **9**
écrit (par) *loc* [paʀekʀi] schriftlich **11**
effacer [ɛfase] löschen **11**
effectivement *adv* [efɛktivmɑ̃] tatsächlich **16**
effectuer [efɛktɥe] machen; vornehmen **5**
effet *m* [efɛ] Wirkung **12**
égal (ça m'est ~) *loc* [samɛtegal] das ist
  mir egal **11**
église *f* [egliz] Kirche **9**
élève *m/f* [elɛv] Schüler(in) **9**
emballage *m* [ɑ̃balaʒ] Verpackungs(material) **19**
emballer [ɑ̃bale] verpacken **17**
embarquement *m* [ɑ̃baʀkəmɑ̃] An-Bord-
  Gehen, Einsteigen **15**
embrasser [ɑ̃bʀase] küssen **8**
embrayage *m* [ɑ̃bʀɛjaʒ] Kupplung **18**
emmener [ɑ̃m(ə)ne] mitnehmen **17**
emploi *m* [ɑ̃plwa] Beschäftigung, Arbeitsstelle **7**
employé(e) *m/(f)* [ɑ̃plwaje] Angestellte(r) **4**
employeur *m* [ɑ̃plwajœʀ] Arbeitgeber(in) **7**
ému(e) *adj* [emy] gerührt **20**

en *prép* [ɑ̃] in; aus **3**
enchanté(e) *adj* [ɑ̃ʃɑ̃te] sehr erfreut **1**
encore [ɑ̃kɔʀ] noch **2**
énergie *f* [enɛʀʒi] Energie **12**
enfant *m* [ɑ̃fɑ̃] Kind **13**
enfin *adv* [ɑ̃fɛ̃] schließlich **10**
engagement *m* [ɑ̃gaʒmɑ̃] Bindung **20**
enjoliveur *m* [ɑ̃ʒɔlivœʀ] Radkappe **18**
ennuyer (s') [sɑ̃nɥije] sich langweilen **10**
enquête *f* [ɑ̃kɛt] Befragung **10**
enquêteur *m* [ɑ̃kɛtœʀ] Interviewer **10**
enregistrement *m* [ɑ̃ʀəʒistʀəmɑ̃] Einchecken **15**
enregistrer [ɑ̃ʀəʒistʀe] aufnehmen,
  speichern **11**
enseigner [ɑ̃sɛɲe] unterrichten **7**
ensuite [ɑ̃sɥit] dann; danach **4**
entendu ! [ɑ̃tɑ̃dy] Einverstanden! **6**
entre [ɑ̃tʀ] zwischen **8**
entrée *f* [ɑ̃tʀe] Gang, Diele **4**
entrée *f* [ɑ̃tʀe] (warme) Vorspeise **6**
entreprise *f* [ɑ̃tʀəpʀiz] Unternehmen **1**
entrer [ɑ̃tʀe] reingehen **14**
entretenir [ɑ̃tʀət(ə)niʀ] trainieren **12**
entretien *m* [ɑ̃tʀətjɛ̃] Gespräch **7**
envie (avoir ~ de) *loc* [avwaʀɑ̃vidə] Lust,
  Appetit auf etwas haben **6**
envier [ɑ̃vje] beneiden **9**
environnement *m* [ɑ̃viʀɔnmɑ̃] Umwelt **19**
envoyer [ɑ̃vwaje] senden **11**
épinards *m/pl* [epinaʀ] Spinat **12**
époque *f* [epɔk] Zeit, Zeitalter **8, 14**
époque (à l'~) *loc* [alepɔk] zu dieser Zeit **13**
équipe *f* [ekip] Team **3**
escalope *f* **de veau** [ɛskalɔpdəvo] Kalbs-
  schnitzel **6**
escargots *m/pl* **de Bourgogne** [ɛskaʀgo]
  Schnecken auf Burgunder Art **6**
espèces (en) [ɑ̃nɛspɛs] bar **6**
essayer [esɛje] anprobieren **14**
essayer de *(+ inf.)* [esɛjedə] versuchen **20**
essentiel(le) *adj* [esɑ̃sjɛl] wesentlich **12**
et [e] und **1**
étage *m* [etaʒ] Stockwerk **4**
étagère *f* [etaʒɛʀ] Regal **5**
état civil *m* [etasivil] persönliche Daten **7**
été *m* [ete] Sommer **14**
éteindre [etɛ̃dʀ] ausschalten **11**
étoile *f* [etwal] Stern **8**

être [ɛtʀ] sein **1**
étude *f* [etyd] Studie **10**
études *f/pl* [etyd] Studium **3**
études (faire des ~) [fɛʀdezetyd] studieren **10**
études *f/pl* **secondaires** [etydsəgõdɛʀ]
  Sekundarstufe **7**
études *f/pl* **spécialisées** [etydspesjalize]
  Fachstudium **7**
étudiant(e) *m/(f)* [etydjɑ̃(etydjɑ̃t)] Student(in) **3**
Euh... [ø] Hm ... **6**
évidemment *adv* [evidamɑ̃] natürlich **8**
excellent(e) *adj* [ɛksɛlɑ̃(ɛksɛlɑ̃t)] ausgezeichnet **5**
excité(e) *adj* [ɛksite(ɛksite)] aufgeregt **8**
excursion *f* [ɛkskyʀsjõ] Ausflug **17**
excuser (s') [sɛkskyze] sich entschuldigen **2**
exemple *m* [ɛgzɑ̃pl] Beispiel **11**
exemple (par~) *loc* [paʀɛgzɑ̃pl] zum Beispiel **11**
expériences professionnelles *f/pl* [ɛkspeʀjɑ̃s]
  Berufsfeld **7**
expliquer [ɛksplike a] erklären **11**
exposer (s'~ à) [sɛkspoze a] sich aussetzen **12**
exposition *f* [ɛkspozisjõ] Lage **4**
express *m* [ɛkspʀɛs] Espresso **2**

F

facile *adj* [fasil] leicht **11**
facilement *adv* [fasilmɑ̃] leicht **11**
façon (de toute) *loc* [dətutfasõ] auf jeden Fall **9**
facture *f* [faktyʀ] Rechnung **6**
faim *f* [fɛ̃] Hunger **3**
faim (avoir) [avwaʀfɛ̃] hungrig sein,
  Hunger haben **3**
faire [fɛʀ] tun, machen **3**
faire faire [fɛʀfɛʀ] machen lassen **14**
faire du 36 [fɛʀdytʀɑ̃tsis] Kleidergröße
  36 haben **14**
faire-part *m* [fɛʀpaʀ] Anzeige **20**
fait (au) *loc* [ofɛt] übrigens **3**
fait (ça) deux *loc* [safɛdə] das sind zwei Paar
  Stiefel **20**
fait (en) *adv* [ɑ̃fɛt] in der Tat **11**
falloir *v/imp* [falwaʀ] erforderlich sein,
  müssen **11**
famille *f* [famij] Familie **13**
fatigant(e) *adj* [fatigɑ̃(fatigɑ̃t)] anstrengend **17**
fauché(e) *adj* [foʃe(foʃe)] pleite **14**
faut (il) cf falloir *v/imp* [ilfo] man muss **11**

faute de [fot(ə)də] mangels **19**
fauteuil *m* [fotœj] Sessel **5**
faux, fausse *adj* [fo, fos] falsch **14**
femme *f* [fam] Frau; Ehefrau **9; 13**
fermentation *f* [fɛʀmãtasjõ] Gärung **17**
fermer [fɛʀme] schließen **6**
festival *m* **de musique** [fɛstivaldəmyzik] Musiktage **17**
fête *f* [fɛt] Fest **2**
fête *f* **de famille** [fɛtdəfamij] Familienfest **13**
fête *f* **de quartier** [fɛtdəkaʀtje] Stadtviertelfest **19**
fêter [fɛte] feiern **3**
feu *m/pl* **feux** [fø] Ampel **4**
février *m* [fevʀije] Februar **5**
fille *m* [fij] Mädchen; Tochter **13; 14**
film *m* [film] Film **13**
fils *m* [fis] Sohn **13**
fin *f* [fɛ̃] Ende **15**
finalement *adv* [finalmã] schließlich **9**
financer [finãse] finanzieren **3**
finir [finiʀ] beenden, fertig machen **7**
finir par (+ *inf.*) [finiʀpaʀ] gleich … werden **9**
fixe *adj* [fiks] fest **7**
fleur *f* [flœʀ] Blume **3**
fleurs (être en ~) [ɛtʀãflœʀ] blühen **8**
fois *f* [fwa] Mal **18**
foncé(e) *adj* [fõse] dunkel **16**
fonction *f* [fõksjõ] Funktion **11**
fond (au) [ofõ] hinten **14**
foot (faire du ~) [fɛʀdyfut] Fußball spielen **10**
forfait *m* [fɔʀfɛ] Pauschale **11**
formateur, ~trice *m/f* [fɔʀmatœʀ, ₋tʀis] Ausbilder(in) **10**
formation *f* [fɔʀmasjõ] Ausbildung **7**
formation continue *f* [fɔʀmasjõkõtiny] Weiterbildung **7**
forme *f* [fɔʀm] Form **5**
forme d'étoile (en) [ãfɔʀmdetwal] sternförmig **16**
formulaire *m* [fɔʀmylɛʀ] Formular **11**
formule *f* [fɔʀmyl] Art, Typ **11**
fragile *adj* [fʀaʒil] zerbrechlich **16**
frais, fraîche *adj* [fʀɛ,fʀɛʃ] frisch **8**
franc, franche *adj* [fʀã,fʀãʃ] echte(r,s) **19**
français(e) *adj* [fʀãsɛ(fʀãsɛz)] französisch **1**
français *m* [fʀãsɛ] französische Sprache **1**

français *m* **des affaires** [fʀãsɛdezafɛʀ] Wirtschaftsfranzösisch **7**
franco-espagnol(e) *adj* [fʀãkoɛspaɲɔl] spanisch-französisch **7**
francophile *adj* [fʀãkɔfil] frankreichfreundlich, frankophil **1**
francophone *adj* [fʀãkɔfɔn] französischsprachig, frankophon **1**
frein *m* **à main** [fʀɛ̃amɛ̃] Handbremse **18**
freiner [fʀɛne] bremsen **18**
freins *m/pl* [fʀɛ̃] Bremse **18**
fréquence *f* [fʀekãs] Frequenz **11**
fréquenté(e) [fʀekãte] gut besucht **6**
frère *m* [fʀɛʀ] Bruder **13**
froid(e) *adj* [fʀwa(fʀwad)] kalt **8**
froid (il fait~) *loc* [ilfɛfʀwa] es ist kalt **8**
fromage *m* [fʀɔmaʒ] Käse **2**
fruit *m* [fʀɥi] Frucht **12**
fruits *m/pl* **de mer** [fʀɥidmɛʀ] Meeresfrüchte **6**
fruits *m/pl* **de saison** [fʀɥidsɛzõ] Obst (nach Jahreszeit) **6**
futuriste *adj* [fytyʀist] futuristisch **14**

G

gagner [gaɲe] gewinnen **8**
gai(e) *adj* [gɛ] lustig **12**
gaité *f* [gete] Fröhlichkeit **12**
gant *m* [gã] Handschuh **14**
garder [gaʀde] aufbewahren **20**
gare *m* [gaʀ] Bahnhof **4**
gâteau *m/pl* **gâteaux** [gɑto] Kuchen **2**
gauche (à) [agoʃ] nach links **4**
gazeux, ~zeuse *adj* [gazø, ₋zøz] mit Kohlensäure **2**
général (en) [ãʒeneʀal] normalerweise **14**
généreux, ~reuse *adj* [ʒeneʀø, ₋røz] großzügig **9**
gens *m/pl* [ʒã] Leute **12**
gentil, ~tille *adj* [ʒãti,₋tij] nett **9**
géométrique *adj* [ʒeɔmetʀik] geometrisch **16**
gigot *m* **d'agneau** [ʒigodaɲo] Lammkeule **6**
glace *f* [glas] Speiseeis **6**
gondole *f* [gõdɔl] Gondel **9**
gosse (être beau) *loc* [ɛtʀəbogɔs] verdammt gut aussehen **9**
goût *m* [gu] Geschmack **5**
goûter [gute] kosten, probieren **17**

grand(e) *adj* [gʀɑ̃(gʀɑ̃d)] große(r,s); erwachsen **2**
grand-mère *f* [gʀɑ̃mɛʀ] Großmutter **13**
grand-parents (les) *m/pl* [lɛgʀɑ̃paʀɑ̃] Großeltern **13**
grand-père *m* [gʀɑ̃pɛʀ] Großvater **13**
grave *adj* [gʀav] schlimm **12**
grenier *m* [gʀənje] Speicher **19**
gris(e) *adj* [gʀi(z)] grau **5**
gros, grosse *adj* [gʀo, gʀos] dicke(r,s) **4**
grosses bises [gʀosbiz] Herzliche Grüße **9**
groupe *m* [gʀup] Gruppe **12**
guichet *m* [giʃɛ] Schalter **14**
guide *m* [gid] Führer (Buch) **6**
guide *m* **de l'utilisateur** [giddəlytilizatœʀ] Handbuch **11**
gym *f* [ʒim] Gymnastik **10**
gymnastique *f* [ʒimnastik] Gymnastik **10**

H

habiller (s') [sabije] sich anziehen **14**
habitant(e) *m/(f)* [abitɑ̃,abitɑ̃t] Anwohner(in) **19**
habiter [abite] wohnen **2**
habituellement *adv* [abitɥɛlmɑ̃] gewöhnlich **11**
hall *m* **de départ** [oldədepaʀ] Abflughalle **15**
hauteur *f* [otœʀ] Höhe
hésitation *f* [ezitasjõ] das Zögern **11**
hésiter [ezite] zögern **6**
heure (l') *f* [lœʀ] Stunde; Uhrzeit **1**
heure (à quelle ~ ?) [akɛlœʀ] um wie viel Uhr? **4**
heure (Quelle ~ est-il ?) [kɛlœʀɛtil] Wie viel Uhr ist es? **4**
heureux, ~reuse *adj* [øʀø,‿ʀøz] glücklich **20**
hexagonal(e) *adj* [ɛgzagɔnal] sechseckförmig **16**
hexagone *m* [egzagɔn,-gon] Sechseck **16**
Hexagone(l') *m* [lɛgzagɔn,-gon] Bezeichnung für Frankreich **16**
hiberner [ibɛʀne] Winterschlaf halten **12**
hier *adv* [ijɛʀ] gestern **9**
hier matin *loc* [ijɛʀmatɛ̃] gestern Vormittag **9**
hiver *m* [ivɛʀ] Winter **5**
homme *m* [ɔm] Mann **9**
honneur *m* [ɔnœʀ] Ehre **20**

hors taxes (abr HT) *loc* [ɔʀtaks] ohne Mwst. **18**
hors-d'oeuvre *m, inv* [ɔʀdœvʀ] (kalte) Vorspeise **6**
hôtel *m* [otɛl] Hotel **8**
huile *f* **d'olive** [hɥildɔliv] Olivenöl **6**
huître *f* [hɥitʀ] Auster **6**
humeur *f* [ymœʀ] Laune **12**
humour *m* [ymuʀ] Humor **9**

I

ici *adv* [isi] hier **4**
idée *f* [ide] Idee **3**
il y a *loc* [il(i)ja] es gibt; (+ *Zeitangabe*) vor **4**
illimité(e) *adj* [ilimite] unbegrenzt **18**
immédiat(e) *adj* [imedja(imedjat)] sofortige(r,s) **18**
immersion *f* [imɛʀsjõ] Eintauchen **1**
immeuble *m* [imœbl] Gebäude **4**
immeuble ancien *m* [imœblɑ̃sjɛ̃] Altbau **4**
immoral(e) *adj* [imɔʀal] unmoralisch **20**
impeccable *adj* [ɛ̃pɛkabl] ausgezeichnet **14**
impératif, ~tive *adj* [ɛ̃peʀatif, ‿tiv] bindend **15**
imperméable *m* [ɛ̃pɛʀmeabl] Regenmantel **14**
important *adj* [ɛ̃pɔʀtɑ̃] wichtig **19**
important (il est ~ que + subj) [ilɛtɛ̃pɔʀtɑ̃kə] es ist wichtig, dass... **19**
impossible *adj* [ɛ̃pɔsibl] unmöglich **3**
impressionné(e) *adj* [ɛ̃pʀesjɔne] beeindruckt **7**
inclure [ɛ̃klyʀ] einbeziehen, einschließen **18**
inconvénient *m* [ɛ̃kõvenjɑ̃] Nachteil **11**
indicatif (l') *m* [lɛ̃dikatif] Vorwahl **11**
indiquer [ɛ̃dike] angeben **6**
indiscret, ~crète *adj* [ɛ̃diskʀɛ, ‿kʀɛt] indiskret **10**
info F *f* [ɛ̃fo] Kurzinfo **15**
information *f* [ɛ̃fɔʀmasjõ] Information **1**
inquiéter (s') [sɛ̃kjete] sich Sorgen machen **12**
inscrire (s'~) à [sɛ̃skʀiʀ a] sich einschreiben für **12**
INSEE *m* [inse] entspricht Bundesamt für Statistik **10**
instant *m* [ɛ̃stɑ̃] Moment **7**
intégration *f* [ɛ̃tegʀasjõ] Integration **1**
intelligent(e) *adj* [ɛ̃teliʒɑ̃(ɛ̃teliʒɑ̃t)] klug **9**
intensif, ~sive *adj* [ɛ̃tɑ̃sif, ‿siv] intensiv **3**
intéressant(e) *adj* [ɛ̃teʀɛsɑ̃(ɛ̃teʀɛsɑ̃t)] günstig, preiswert **18**

intéressé(e) *adj* [ɛ̃teʀɛse] interessiert **4**
intéressé(e) (être ~ par) [ɛ̃teʀɛse] sich für
etwas interessieren **7**
intéresser (s') à [sɛ̃teʀɛse] sich für etwas
interessieren **10**
Internet od l'**Internet** *m* [ɛ̃teʀnɛt, lɛ̃teʀnɛt]
Internet **13**
interview *f* [ɛ̃tɛʀvju] Interview **10**
inventer [ɛ̃vɑ̃te] erfinden **14**
invitation *f* [ɛ̃vitasjɔ̃] Einladung **3**
invité(e) *m/(f)* [ɛ̃vite] Gast **3**
inviter [ɛ̃vite] einladen **2**
isoler (s') [sizɔle] sich zurückziehen **12**
IUT *m* [iyte] Fachoberschule **7**

J

jaloux, ~louse *adj* [ʒalu, ̃luz] eifersüchtig **9**
jambe *f* [ʒɑ̃b] Bein **14**
jambon *m* [ʒɑ̃bɔ̃] Schinken **2**
janvier *m* [ʒɑ̃vje] Januar **5**
jaune *adj* [ʒon] gelb **5**
jazz *m* [dʒaz] Jazz **2**
jeter [ʒəte] wegwerfen; werfen **19**
jeter un œil (sur *qc* **)** *loc* [ʒ(e)teœ̃œjsyʀ]
einen Blick (auf etwas) werfen **20**
jeu-concours *m* [ʒøkɔ̃kuʀ] Preisausschreiben **8**
jeudi *m* [ʒødi] Donnerstag **2**
jeune *adj* [ʒœn] jung **9**
jeune fille *f* [ʒœnfij] junges Mädchen **14**
jeunes (les) *m/pl* [leʒœn] die jungen Leute **10**
job *m* [dʒɔb] Job **10**
joignable *adj* [ʒwaɲabl] erreichbar **11**
joindre [ʒwɛ̃dʀ] erreichen **7**
joli(e) *adj* [ʒɔli] schön **11**
jouer [ʒwe] spielen **12**
jouet *m* [ʒwɛ] Spielzeug **19**
jour *m* [ʒuʀ] Tag **5**
journal *m/pl* **journaux** [ʒuʀnal, ʒuʀno]
Zeitung **10**
journée *f* [ʒuʀne] Tag **2**
jours *m/pl* **de la semaine** [ʒuʀdəlasmɛn]
Wochentage **2**
joyeux, joyeuse *adj* [ʒwajø, ʒwajøz] fröhlich **3**
juillet *m* [ʒɥijɛ] Juli **5**
juin *m* [ʒɥɛ̃] Juni **5**
jupe *f* [ʒyp] Rock **14**
jus *m* **de fruits** [ʒydfʀɥi] Fruchtsaft **2**

jus *m* **de raisin** [ʒydʀɛzɛ̃] Traubensaft **17**
jusqu'à [ʒyska] bis **2**

K

kilométrage *m* [kilɔmetʀaʒ] Kilometerzahl **18**
kilomètre *m* [kilɔmɛtʀ] Kilometer **18**

L

là *adv* [la] da **2**
laisser [lɛse] lassen, hinterlassen **2**
laisser (se ~ aller à) [sələsealea] sich
hingeben **12**
lampe *f* [lɑ̃p] Lampe **5**
langue *f* **(vivante)** [lɑ̃g(vivɑ̃t)] Sprache **1**
langue *f* **maternelle** [lɑ̃gmatɛʀnɛl] Muttersprache **7**
large *adj* [laʀʒ] breit; weit **11**
leader *m* [lidœʀ] Nummer 1 **18**
lecture *m* [lɛktyʀ] das Lesen **11**
léger, légère *adj* [leʒe, leʒɛʀ] leicht **11**
légume *m* [legym] Gemüse **12**
lent(e) *adj* [lɑ̃(lɑ̃t)] langsam **13**
lettre *f* [lɛtʀ] Brief **19**
levier *m* **de changement de vitesses**
[ləvjedəʃɑ̃ʒmɑ̃dvitɛs] Schalthebel **18**
liberté *f* [libɛʀte] Freiheit **11**
librairie *f* [libʀɛʀi] Buchhandlung **13**
libre *adj* [libʀ] frei **2**
lien *m* [ljɛ̃] Link **1**
lieu (avoir) [avwaʀljø] stattfinden **19**
ligne *f* [liɲ] Zeile; Linie (Mode) **6**
limitation *f* **de vitesse** [limitasjɔ̃d(ə)vitɛs]
Geschwindigkeitbegrenzung **18**
limiter [limite] begrenzen **12**
lire [liʀ] lesen **6**
liste *f* [list] Liste **1**
lit *m* [li] Bett **5**
littéraire *adj* [liteʀɛʀ] Literatur-; literarisch **13**
livraison *f* [livʀɛzɔ̃] Lieferung **5**
livre *m* [livʀ] Buch **11**
location *f* [lɔkasjɔ̃] Mietwohnung;
Vermietung **4**
location *f* **de voiture** [lɔkasjɔ̃d(ə)vwatyʀ]
Autovermietung **17**
loin *adv* [lwɛ̃] weit **4**
loisirs *m/pl* [lwaziʀ] Freizeit **10**
long, longue *adj* [lɔ̃, lɔ̃g] lang **14**

longtemps *adv* [lõtã] lange **2**
lors de *prép* [lɔʀdə] bei **19**
losange *m* [lɔzãʒ] Raute **16**
losange (en forme de) [ãfɔʀmdələzãʒ] rautenförmig **16**
lotte *f* [lɔt] Seeteufel **6**
louer [lwe] vermieten **18**
lu [ly] cf lire **19**
lumière *f* [lymjɛʀ] Licht **12**
lumineux, ~neuse *adj* [lyminø, ˌnøz] mit Leuchtkraft **12**
lundi *m* [lœ̃di] Montag **2**
lundi (le) *loc* [ləlœ̃di] montags **6**
lunettes *f/pl* [lynɛt] Brille **11**
lunettes *f/pl* **de vue** [lynɛtdəvy] Sehbrille **16**
lycée *m* [lise] Gymnasium **7**
lycéen(ne) *m/(f)* [liseɛ̃, ɬiseɛn] Gymnasiast(in) **10**

M

madame *f, pl* **mesdames** [madam,mɛdam] *(Anrede)* Frau **1**
mademoiselle *f, pl* **mesdemoiselles** [madmwazɛl,mɛdmwazɛl] *(Anrede)* Fräulein **1**
magasin *m* [magazɛ̃] Laden **14**
magazine *m* [magazin] Wochen-, Monatszeitschrift **10**
magnifique *adj* [maɲifik] wunderschön **9**
mai *m* [mɛ] Mai **5**
mail *m* [mɛl] Mail **3**
maintenant [mɛ̃tnã] jetzt **3**
maire *m* [mɛʀ] Bürgermeister **20**
mais [mɛ] aber **4**
maison *f* [mɛzõ] Haus **6**
majeur(e) *adj* [maʒœʀ(maʒœʀ)] volljährig **13**
majorité *f* [maʒɔʀite] Volljährigkeit **13**
mal *adv* [mal] schlecht **11**
mal (avoir ~ à ...) *loc* [avwaʀmala] *(subst. +)* ...schmerzen haben **16**
mal (pas ~ du tout) *loc* [pamaldytu] gar nicht übel **11**
manger [mãʒe] essen **6**
manque *m* [mãk] das Fehlen **12**
manquer [mãke] verpassen **6**
manteau *m/pl* **manteaux** [mãto] Mantel **14**
manteau maxi *m* [mãtomaksi] Maximantel **14**
marche (faire de la ~) [fɛʀdəlamaʀʃ] wandern **10**

marché *m* [maʀʃe] Markt **11**
marché *m* **aux puces** [maʀʃeopys] Flohmarkt **19**
marcher [maʀʃe] klappen; (zu Fuß) gehen ; funktionieren **2**
mardi *m* [maʀdi] Dienstag **2**
mari *m* [maʀi] Ehemann **13**
mariage *m* [maʀjaʒ] Ehe, Hochzeit **13**
marié(e) *adj* [maʀie] verheiratet **7**
mariés (les) *m/pl* [lɛmaʀie] Brautpaar **20**
marier (se ~ avec) [səmaʀje] heiraten **13**
maritalement *adv* [maʀitalmã] in wilder Ehe **20**
marque *f* [maʀk] Marke **11**
marraine *f* [maʀɛn] Patin **13**
marron *adj/inv* [maʀõ] braun **5**
mars *m* [maʀs] März **5**
matin *m* [matɛ̃] Vormittag **9**
matinée *f* [matine] Vormittag **17**
mauvais(e) *adj* [mɔvɛ(mɔvɛz)] schlecht **6**
mauvais temps *m* [mɔvetã] schlechtes Wetter **8**
maxi *adj* [maksi] Maxi... **14**
maximal(e) *adj* [maksimal(maksimal)] maximal **11**
maximum (au) [omaksimɔm] maximal **12**
maxisuccès *m* [maksisyksɛ] Riesenerfolg **14**
médecin *m* [medsɛ̃] Arzt, Ärztin **3**
médecine *f* [medsin] Medizin **3**
médical(e) *adj, m/pl* **médicaux** [medikal,mediko] medizinisch **3**
membre *m* **de la famille** [mãbʀədəlafamij] Familienmitglied **13**
même (la) chose *loc* [lamɛmʃoz] das Gleiche **10**
même *adj* [mɛm] selbe(r,s) **3**
menu *m* [məny] Menu **11**
merci *loc* [mɛʀsi] danke! **12**
mercredi *m* [mɛʀkʀədi] Mittwoch **2**
mère *f* [mɛʀ] Mutter **9**
Mesdames *f/pl* [mɛdam] Anrede: Meine Damen **6**
message *m* [mɛsaʒ] Nachricht; SMS **7; 11**
message *m* **vocal** [mɛsaʒvɔkal] Nachricht (gesprochene) **11**
métal *m* [metal] Metall **16**
météo *f* [meteo] Wetterbericht **8**
métro *m* [metʀo] U-Bahn **2**
mettre [mɛtʀ] hinlegen; anziehen, tragen **10; 14**

mettre (se) [səmɛtʀ] sich hinstellen; getragen werden **12**

mettre de l'argent de côté [mɛtʀədəlaʀʒãd(ə)kote] Geld zur Seite legen **10**

mettre en bouteilles [mɛtʀãbutɛj] in Flaschen abfüllen **17**

mettre en service [mɛtʀãsɛʀvis] einschalten **11**

mettre en valeur [mɛtʀãvalœʀ] zur Geltung bringen **16**

mettre la table [mɛtʀ(ə)latabl] Tisch decken **10**

mettre une annonce [mɛtʀynanõs] eine Anzeige aufgeben **10**

mettre une heure (pour faire qc) [mɛtʀynœʀ(puʀfɛʀkɛlkəʃoz)] eine Stunde brauchen (um etwas zu tun) **10**

mettre une lettre à la poste [mɛtʀynlɛtʀalapɔst] einen Brief zur Post bringen **10**

meuble *m* [mœbl] Möbel, Möbelstück **5**

Meunière *loc* [mønjɛʀ] nach Müllerinart **6**

midi *m* [midi] Mittag **4**

mieux *adv* [mjø] besser **14**

mimosas *m/pl* [mimɔza] Mimose **8**

mince *adj* [mɛ̃s] schlank **9**

mini *f* [mini] Minirock, Minikleid **14**

minijupe *f* [miniʒyp] Minirock **14**

minuit *m* [minɥi] Mitternacht (es ist) **4**

minute *f* [minyt] Minute **2**

mode *f* [mɔd] Mode **14**

mode (être à la ~) [ɛtʀalamɔd] Mode sein **14**

mode *m* **veille** [mɔdvɛj] Ruhezustand **11**

modèle *m* [mɔdɛl] Modell **5**

moins *adv* [mwɛ̃] minus,Temperatur: unter **8**

moins cinq (onze heures) [õzœʀmwɛ̃sɛ̃k] fünf vor elf **4**

moins le quart [mwɛ̃lakaʀ] Viertel vor zehn **4**

mois *m* [mwa] Monat **5**

moment (à tout) *loc* [atumɔmã] jederzeit **11**

moment (en ce) *loc* [ãs(ə)mɔmã] momentan **8**

moment *m* [mɔmã] Moment **8**

mon [mõ] mein(r,s) **6**

monde (tout le ~) [tulmõd] alle **3**

monospace *m* [mɔnɔspes] Minivan **17**

monsieur *m/pl* **messieurs** [məsjø, mɛsjø] *(Anrede)* Herr **1**

montrer [mõtʀe] zeigen **11**

monture *f* [mõtyʀ] Brillengestell **16**

moquette *f* [mɔkɛt] Teppichboden **5**

moral (avoir le ~ à zéro) *loc* [avwaʀləmɔʀalazeʀo] auf dem Tiefpunkt sein **12**

moral *m* [mɔʀal] Stimmung **12**

mort *f* [mɔʀ] Tod **13**

mot doux *m* [modu] Liebesbotschaft **11**

mot *m* [mo] Wort **20**

mourir [muʀiʀ] sterben **13**

mousseline *f* [muslin] Musselin **14**

moyens *m/pl* [mwajɛ̃] Mittel,Geld **19**

multinational *adj* [myltinasjɔnal] multi-national **1**

Muscadet *m* [myskadɛ] ein französischer trockener Weißwein **6**

muscle *m* [myskl] Muskel **12**

musée *m* [myze] Museum **9**

musicien, ~cienne *m/f* [myzisjɛ̃, ₋sjɛn] Musiker(in) **19**

musique *f* [myzik] Musik **2**

mystérieux, ~rieuse *adj* [misteʀjø,₋ʀjøz] geheimnisvoll **20**

N

naissance *f* [nɛsãs] Geburt **13**

nationalité *f* [nasjɔnalite] Nationalität-bezeichnung **3**

né (être ~ en + Jahreszahl) [ɛtʀəneã] geboren (in) **13**

ne... jamais [nə...ʒamɛ] nie **10**

ne... pas [nə...pa] nicht **4**

ne... plus [nə...ply] nicht mehr **4**

ne... pas de *(+subst)* [nə...padə] keine(r,s) **6**

neige *f* [nɛʒ] Schnee **8**

neiger (il neige) *v, imp* [ilnɛʒ] es schneit **8**

net *adj* [nɛt] netto **2**

neveu *m/pl* **neveux** [nəvø,nəvø] Neffe **13**

nez *m* [ne] Nase **9**

nièce *f* [njɛs] Nichte **13**

niveau *m/pl* **niveaux** [nivo,nivo] Ebene **15**

noir(e) *adj* [nwaʀ] schwarz **5**

nom *m* [nõ] Name, Familienname **1**

nombre *m* [nõbʀ] Anzahl **11**

nombres *m/pl* **cardinaux** [nõbʀəkaʀdino] Ordnungszahlen **4**

non *adv* [nõ] nein **1**

nord *m* [nɔʀ] Norden **4**

nordique *m* [nɔʀdik] Nordländer **9**

normal(e) *adj* [nɔʀmal] normal **11**

noter [nɔte] aufschreiben; eintragen **2**
nouveau, (vor Vokal u. h) nouvel, nouvelle
  adj, pl **nouveaux** [nuvo, nuvεl, nuvo] neu **1**
nouvelle *f* [nuvεl] Nachricht; Neuigkeit **8; 20**
nouvelles (donner des ~) *loc* [dɔnedεnuvεl]
  von sich hören Lassen **9**
novembre *m* [nɔvãbʀ] November **3**
nuage *m* [nɥaʒ] Wolke **8**
nuageux *adj* [nɥaʒø] bewölkt **8**
nuance *f* [nɥãs] Abstufung **16**
nuit *f* [nɥi] Nacht **12**
nuit (à la tombée de la) *loc* [alatõbed(ə)lanɥi]
  beim Einbruch der Dunkelheit **19**
numéro *m* [nymeʀo] Nummer **4**
numéro d'appel *m* [nymeʀodapεl] Ruf-
  nummer **11**
numéro de téléphone *m* [nymeʀod(ə)telefɔn]
  Telefonnummer **15**

O

objectif *m* [ɔbʒεktif] Ziel **19**
objet *m* [ɔbʒε] in einem Brief: Betreff **7**
occasion *f* [ɔkazjõ] Gelegenheit **8**
occuper (s') de [sɔkypedə] sich
  kümmern um **17**
octobre *m* [ɔktɔbʀ] Oktober **5**
œil *m/pl* **yeux s. yeux** [œj, jø] Auge **9**
officiel, –elle *adj* [ɔfisjεl, ɔfisjεl] offiziell **7**
offre *f* [ɔfʀ] Stellenangebot **7**
offrir [ɔfʀiʀ] schenken **9**
offrir (s') [sɔfʀiʀ] sich gönnen **10**
olive *f* [ɔliv] Olive **6**
omelette *f* [ɔmlεt] Omelett **2**
oncle *m* [õkl] Onkel **13**
ophtalmo, ophtalmologue *m/f*
  [ɔftalmo, ɔftalmɔlɔg] Augenarzt, -ärztin **16**
opter pour [ɔptepuʀ] sich entscheiden für **16**
opticien, opticienne *m/f* [ɔptisjε̃, ɔptisjεn]
  Optiker(in) **16**
orange *adj, inv* [ɔʀãʒ] orange **5**
orange *f* [ɔʀãʒ] Orange **2**
ordinateur *m* [ɔʀdinatœʀ] Computer **13**
ordonnance *f* [ɔʀdɔnãs] Rezept **16**
ordures ménagères *f/pl* [ɔʀdyʀmena3εʀ]
  Abfall **19**
organisation *f* [ɔʀganizasjõ] Organisation **19**
organiser [ɔʀganize] organisieren **19**

organiser (s') [sɔʀganize] sich organisieren **1**
organisme *m* [ɔʀganism] Institution **7**
orientation *f* [ɔʀjãtasjõ] Orientierung **4**
où *adv* [u] wo, wohin **2**
oui *adv* [wi] ja **1**
ouvert [uvεʀ] geöffnet **6**
ouvrir [uvʀiʀ] öffnen **6**
ovale *adj* [ɔval] oval **16**
ovale *m* [ɔval] Oval **16**

P

page *f* [paʒ] Seite **1**
page d'accueil *f* [paʒdakœj] Homepage **1**
paire de lunettes *f* [pεʀdəlynεt] Brille **16**
panneau *m/pl* **panneaux** [pano] Tafel **15**
panneau *m* **d' affichage** [panodafiʃaʒ]
  Anzeigetafel **15**
pantalon *m* [pãtalõ] Hose **14**
par *prép* [paʀ] pro, mit **6**
par contre *adv* [paʀkõtʀ] hingegen, jedoch **11**
par écrit *loc* [paʀekʀi] schriftlich **11**
par exemple *loc* [paʀεgzãpl] zum Beispiel **11**
parc *m* [paʀk] Park **12**
parce que [paʀs(ə)kə] weil **8**
pardon [paʀdõ] Entschuldigung **4**
pare-chocs *m* [paʀʃɔk] Stoßstange **18**
pareil (c'est) *loc* [sεpaʀεj] es ist das Gleiche **12**
parent(e) *m/(f)* [paʀã(t)] Verwandte **13**
parent (être ~ avec) *loc* [εtʀəpaʀãavεk]
  verwandt sein mit **13**
parents (les) *m/pl* [lepaʀã] Eltern **13**
parfait(e) *adj* [paʀfε(paʀfεt)] perfekt **7**
parfois *adv* [paʀfwa] manchmal **11**
parler (de) [paʀle] sprechen; reden **3**
parrain *m* [paʀε̃] Pate **13**
part (c'est de la ~ de qui ?) *loc*
  [sεd(ə)lapaʀdəki] *am Telefon:* Wer spricht? **7**
partenaire *m/(f)* [paʀtənεʀ] Partner(in) **3**
participant(e) *m/(f)* [paʀtisipã(t)] Teilneh-
  mer(in) **19**
participer [paʀtisipe] teilnehmen **8**
partie *f* [paʀti] Teil **3**
partir [paʀtiʀ] wegfahren, fahren nach **15**
partir (à~ de) *prép* [apaʀtiʀdə] ab **2**
pas cher, pas chère *adj* [paʃεʀ] billig **14**
pas de quoi *loc* [padkwa] bitte sehr, nicht
  die Rede wert **4**

pas du tout [padytu] gar nicht **4**
pas la peine de *(+ inf.) loc* [palapɛndə]
Man muss nicht ... **20**
passager, passagère *adj* [pasaʒe, pasaʒɛʀ]
vorübergehend **12**
passager, passagère *m/f* [pasaʒe, pasaʒɛʀ]
Fluggast **15**
passant(e) *(m)/f* [pasɑ̃(t)] Fußgänger(in) **4**
passé(e) de mode [pase(pase)d(ə)mɔd] aus
der Mode **14**
passer [pase] vorbeikommen; verbinden;
verbringen; machen **7; 9; 18**
passer (d'une position à une autre)
[pase(dynpozisjɔ̃aynotʀ)] die Lage wechseln **17**
passer à [pasea] herabgesetzt werden **13**
passer à table *loc* [paseatabl] sich zu Tisch
setzen **3**
passer chercher [paseʃɛʀʃe] abholen **18**
passer devant monsieur le maire *loc*
[pasedəvɑ̃məsjølmɛʀ] auf das Standesamt
gehen, heiraten **20**
passer voir [pasevwaʀ] besuchen **8**
passion *f* [pasjɔ̃] Leidenschaft **20**
pastis *m* [pastis] ein Aperitif mit Anis **2**
pâté *m* [pɑte] Pastete **2**
patron, patronne *m/f* [patʀõ, patʀɔn]
Chef(in) **10**
payer [peje] bezahlen **6**
pays *m* [pei] Land **3**
péage *m* [peaʒ] Zahlstelle (der Autobahn) **18**
peine (ce n'est pas la ~ de + inf) *loc*
[sənɛpalapɛndə] du usw. brauchst dich nicht
zu ... **13**
peinture (faire de la ~) [fɛʀdəlapɛ̃tyʀ] malen
(als Hobby) **10**
pendant [pɑ̃dɑ̃] während **9**
penser [pɑ̃se] denken; halten **5**
père *m* [pɛʀ] Vater **13**
permettre [pɛʀmɛtʀ] ermöglichen **11**
permis de conduire *m* [pɛʀmidkõdɥiʀ]
Führerschein machen **18**
personnalité *f* [pɛʀsɔnalite] Typ **16**
personne *f* [pɛʀsɔn] Person **1**
personne *pr* [pɛʀsɔn] niemand **12**
personne intéressée *f* [pɛʀsɔnɛterese]
Interessent(in) **4**

personnel(le) *adj* [pɛʀsɔnɛl] persönlich **7**
personnellement *adv* [pɛʀsɔnɛlmɑ̃]
persönlich **11**
petit(e) *adj* [p(ə)ti(t)] klein-(e,r,s) **3**
petite-fille *f* [p(ə)titfij] Enkelin **13**
petites annonces *f/pl* [p(ə)titzanõs]
Anzeigenteil **4**
petit-fils *m* [p(ə)tifis] Enkel **13**
petits-enfants (les) *m/pl* [lɛptizɑ̃fɑ̃] Enkel-
kinder **13**
peu (un) *adv* [œ̃pø] ein bisschen **4**
peut-être *adv* [pøtɛtʀ] vielleicht **9**
phare *m* [faʀ] Scheinwerfer **18**
photo *f* [foto] Bild, Foto **13**
pièce *f* [pjɛs] Zimmer **4**
pièces jointes *f/pl abr.* P.J. [pjɛsʒwɛ̃t]
Anlage **7**
pintade *f* [pɛ̃tad] Perlhuhn **6**
pique-nique *m* [piknik] Picknick **19**
placard *m* [plakar] Wandschrank **4**
place *f* [plas] Platz; (Sitz-) Platz; Raum **4; 5; 19**
plaire [plɛʀ] gefallen **4**
plaisir (avec) [avɛkpleziʀ] gern, mit
Vergnügen **3**
plaît (s'il vous plaît) *loc* [silvuplɛ] bitte **2**
plan *m* [plɑ̃] Plan **4**
planifier [planifje] planen **17**
plat(e) *adj* [pla(plat)] flach **13**
plateau *m* **de fromages** [platodfʀɔmaʒ]
Auswahl von verschiedenen Käsesorten **6**
plateau *m* **de fruits de mer** [platodfʀɥidmɛʀ]
Auswahl an Meeresfrüchte **6**
plein(e) de... *adj* [plɛ̃(plɛn)də] gefüllt mit **17**
pleut (il) [ilplø] es regnet **8**
pleuvoir *v/imp* [plœvwaʀ] regnen **8**
pluie *f* [plɥi] Regen **8**
plus (de) *adv* [dəplys] dazu **8**
plus en plus (de) *adv* [dəplyzɑ̃ply(s)] immer
mehr **10**
plusieurs *adj/pl* [plyzjœʀ] mehrere **11**
plutôt *adv* [plyto] eher **11**
pneu *m* [pnø] Reifen **18**
point (à) [apwɛ̃] (Steak) durch **6**
pointure *f* [pwɛ̃tyʀ] Schuhgröße **14**
poisson *m* [pwasõ] Fisch, Fischgericht **6**
pollution *f* [pɔlysjõ] Umweltverschmutzung **19**

pomme *f* [pɔm] Apfel **2**
pommes vapeur *f/pl* [pɔmvapœʀ] Dampfkartoffeln **6**
portable *m* [pɔʀtabl] Handy **4**
porter [pɔʀte] tragen **14**
portière *f* [pɔʀtjɛʀ] Autotür **18**
poser [poze] stellen **10**
poser (sa candidature) [pozesakɑ̃didatyʀ] sich bewerben **7**
position *f* **horizontale** [pozisjɔ̃ɔʀizɔtal] das Liegen **17**
position *f* **verticale** [pozisjɔ̃vɛʀtikal] das Aufstellen **17**
possible *adj* [pɔsibl] möglich **6**
poste *m* [pɔst] Stelle; Anschluss (Telefon) **7**; **11**
poste (mettre à la ~) *f* [mɛtʀalapost] Brief: einwerfen **10**
potage *m* [pɔtaʒ] Suppe **6**
poubelle *f* [pubɛl] Mülltonne **19**
poulet *m* [pulɛ] Hähnchen **2**
poulet rôti *m* [pulɛʀɔti] Brathuhn **6**
pour [puʀ] für **1**
pour *(+ inf.)* [puʀ] um ... zu **9**
pour la vie *loc* [puʀlavi] lebenslang **20**
pour le meilleur *loc* [puʀləmejœʀ] in guten Zeiten **20**
pour le pire *loc* [puʀləpiʀ] in schlechten Zeiten **20**
pourquoi [puʀkwa] warum **8**
pourquoi (c'est) [sɛpuʀkwa] deshalb **18**
pourquoi pas [puʀkwapa] warum nicht **8**
pouvoir [puvwaʀ] können **4**
pratique *adj* [pʀatik] praktisch **5**
pratiquer [pʀatike] machen **18**
précis(e) *adj* [pʀesi(z)] hier bestimmt **11**
préférence *f* [pʀefeʀɑ̃s] Vorliebe **11**
préférer [pʀefeʀe] vorziehen **2**
premier, première *adj* [pʀəmje,pʀəmjɛʀ] erste(r,s) **4**
prendre [pʀɑ̃dʀ] nehmen; annehmen **3**; **11**
prénom *m* [pʀenõ] Vorname **1**
préparer [pʀepaʀe] vorbereiten; entwerfen **19**
près de [pʀɛdə] in der Nähe von **3**
présenter (à) [pʀezɑ̃te] j-m vorstellen **1**
préservation *f* **de l'environnement** [pʀezɛʀvasjɔ̃d(ə)lɑ̃viʀɔnmɑ̃] Umweltschutz **19**
préserver [pʀezɛʀve] schützen **19**

pressé (être) *loc* [ɛtʀpʀɛse] es eilig haben **4**
prêt(e) *adj* [pʀɛ(pʀɛt)] bereit, fertig **3**
preuve *f* [pʀœv] Beweis **15**
preuve *f* **d'amour** [pʀœvdamuʀ] Liebesbeweis **20**
prévenir [pʀevniʀ] benachrichtigen **11**
prévoir [pʀevwaʀ] planen, vorsehen **17**
prie (je vous en) *loc* [ʒəvuzɑ̃pʀi] bitte, gern geschehen **5**
printemps *m* [pʀɛ̃tɑ̃] Frühling **5**
prison *f* [pʀizɔ̃] Gefängnis **20**
privé(e) *adj* [pʀive] privat **7**
privilégier [pʀivileʒje] vorziehen **16**
prix *m* [pʀi] Preis **2**
problème *m* [pʀɔblɛm] Problem **1**
prochain(e) *adj* [pʀɔʃɛ̃(pʀɔʃɛn)] nächste(r,s) **2**
procurer [pʀɔkyʀe] beschaffen **15**
profession *f* [pʀɔfɛsjɔ̃] Beruf **3**
professionnel(le) *adj* [pʀɔfɛsjɔnɛl] Berufs... **7**
profil *m* [pʀɔfil] Profil **20**
profiter de [pʀɔfitedə] tanken; profitieren von **12**
profondeur *f* [pʀɔfɔ̃dœʀ] Tiefe **5**
programme *m* [pʀɔgʀam] Programm **1**
promenade *f* [pʀɔmnad] Fahrt **9**
promotion *f* [pʀɔmɔsjɔ̃] Sonderangebot **5**
promotion (en) [ɑ̃pʀɔmɔsjɔ̃] im Sonderangebot **5**
prononcer [pʀɔnɔ̃se] aussprechen **4**
propos (à) [apʀɔpo] übrigens **3**
proposer [pʀɔpoze] anbieten **6**
proposition *f* [pʀɔpozisjɔ̃] Vorschlag **17**
proximité *f* [pʀɔksimite] Nähe **4**
prudent(e) *adj* [pʀydɑ̃(pʀydɑ̃t)] vorsichtig **9**
publication *f* [pyblikasjɔ̃] Prospekt **15**
puis *adv* [pɥi] dann **9**
pull *m* [pyl] Pulli **14**
pyramide *f* [piʀamid] Pyramide **16**

Q

qu'est-ce qu'il y a ? *loc* [kɛskilja] Was ist los? **8**
qu'est-ce que [kɛsk(ə)] was **8**
qualité *f* [kalite] Qualität; (gute) Eigenschaft **5**
qualité (de) *loc* [dəkalite] qualitativ gut **6**
quand [kɑ̃] wann; als **8**
quant à ... [kɑ̃ta] was...betrifft **14**
quart (et ~) [ekaʀ] *Uhrzeit:* Viertel nach **4**

quart d'heure *m* [kaʀdœʀ] Viertelstunde **4**
quartier *m* [kaʀtje] Viertel **4**
quatre étoiles *m* [katʀetwal] Viersternehotel **8**
quatrième *adj* [katʀijɛm] vierte(r) **4**
que [kə] dass; den, die, das **14; 19**
quel(le), quels /quelles *adj/m/(f)/pl*
[kɛl(kɛl), kɛl /kɛl] welche(r,s) **3**
quelque *adj* [kɛlk] einige **10**
quelque chose *abr qc* [kɛlkəʃoz] etwas **3**
question *f* [kɛstjõ] Frage **10**
qui *pr* [ki] wer; der, die; das **7; 14**
quiche (lorraine) *f* [kiʃ(lɔʀɛn)] Speckkuchen
aus Lothringen **2**
quitter [kite] verlassen **20**
quittez (ne ~ pas !) *loc* [nəkitepa] Am Telefon:
Bleiben Sie dran **7**
quoi *pr* [kwa] was (Akkusativ) **9**
quotidien *m* [kɔtidjẽ] Tageszeitung **10**

R

raccrocher [ʀakʀɔʃe] Anruf nicht annehmen **11**
raconter [ʀakõte] erzählen **2**
raisin *m* [ʀɛzẽ] Traube **12**
raison (avoir) *loc* [avwaʀʀɛzõ] Recht haben **16**
raison *f* [ʀɛzõ] Grund ; Vernunft **12; 20**
raisonnable *adj* [ʀɛzɔnabł] angemessen **6**
rapide *adj* [ʀapid] schnell **4**
rapidement *adv* [ʀapidmã] schnell **11**
rappeler [ʀaple] zurückrufen; in Erinnerung
bringen **4**
rater [ʀate] versäumen **20**
ravi(e) *adj* [ʀavi] erfreut **1**
rayon *m* [ʀɛjõ] Abteilung **5**
rayons ultraviolets *m/pl* [ʀɛjõyltʀavijɔlɛ]
ultraviolette Strahlen **12**
razzia (faire une ~ sur) F *loc* [fɛʀynʀadzjasyʀ]
sich stürzen auf **12**
réagir [ʀeaʒiʀ] reagieren **12**
réaliste *adj* [ʀealist] realistisch **8**
recevoir [ʀəsəvwaʀ] bekommen, erhalten **9**
recherche *f* [ʀəʃɛʀʃ] Suche **4**
rechercher [ʀəʃɛʀʃe] suchen **7**
rectangle *m* [ʀɛktãgl] Rechteck **16**
rectangulaire *adj* [ʀɛktãgylɛʀ] rechteckig **16**
recyclable *adj* [ʀəsiklabl] wieder verwertbar **19**
recyclage *m* [ʀəsiklaʒ] Recycling, Wieder-
verwertung **19**
recycler [ʀəsikle] wieder verwerten **19**

rédiger [ʀediʒe] formulieren **11**
réduction *f* [ʀedyksjõ] Preisnachlass **18**
réécouter [ʀeekute] ein zweites Mal anhören **11**
référence *f* [ʀefeʀãs] Referenz **7**
réfléchir [ʀefleʃiʀ] überlegen **4**
refuser [ʀəfyze] ablehnen **20**
regarder [ʀəgaʀde] anschauen **13**
regretter [ʀəgʀɛte] bedauern **3**
régulation *f* [ʀegylasjõ] Regulierung **12**
régulier, ~lière *adj* [ʀegylje, ˌljɛʀ]
regelmäßig **10**
remplir [ʀãpliʀ] ausfüllen **11**
rencontre *f* [ʀãkõtʀ] Kontakt **13**
rencontrer [ʀãkõtʀe] treffen **7**
rendez-vous *m* [ʀãdevu] Verabredung ;
Termin **2, 4**
rendez-vous (avoir) *loc* [avwaʀʀãdevu] einen
Termin haben **4**
rendre (se) [səʀãdʀ] sich begeben **15**
rendre des services *loc* [ʀãdʀədesɛʀvis]
Nutzen bringen **11**
renseignement *m* [ʀãsɛɲmã] Auskunft **16**
renseigner [ʀãsɛɲe] Auskunft geben **5**
rentrer [ʀãtʀe] heimfahren, zurückkommen **8**
repartir [ʀəpaʀtiʀ] (wieder) wegfahren **9**
répertoire *m* [ʀepɛʀtwaʀ] Namensregister,
Telefonbuch **11**
répéter [ʀepete] wiederholen **4**
répondeur *m* [ʀepõdœʀ] Anrufbeantworter;
Mailbox **8; 11**
réponse *f* [ʀepõs] Antwort **4**
reprendre [ʀəpʀãdʀ] wieder aufgreifen **14**
réseau *m/pl* **réseaux** [ʀezo, ʀezo] Netz **11**
réservation *f* [ʀezɛʀvasjõ] Reservierung **6**
réserver [ʀezɛʀve] bereiten; reservieren **6**
resplendissant(e) *adj* [ʀɛsplãdisã(t)] blen-
dend (aussehend) **3**
restaurant *m* [ʀɛstɔʀã] Restaurant **6**
rester [ʀɛste] bleiben; übrig sein **9; 15**
restituer [ʀɛstitɥe] zurückbringen **18**
resto F *m* [ʀɛsto] Restaurant **6**
résultat *m* [ʀezylta] Ergebnis **14**
retard (en) [ãʀ(ə)taʀ] zu spät **2**
retouche *f* [ʀətuʃ] Änderung **14**
retour *m* [ʀətuʀ] Come-back; Rückflug **14; 15**
rétroviseur *m* **(extérieur)**
[ʀetʀɔvizœʀɛkstɛʀjœʀ] Außenspiegel **18**

rétroviseur *m* (intérieur)
[ʀetʀɔvizœʀɛ̃teʀjœʀ] Rückspiegel **18**
réunion (en) *loc* [ãʀeynjõ] in einer Sitzung **7**
réunion de travail *f* [ʀeynjõd(ə)tʀavaj]
Arbeitssitzung **17**
revenir [ʀəv(ə)niʀ] wieder kommen **5**
revoir (au) [ʀəvwaʀ] auf Wiedersehen **1**
revue *f* **spécialisée** [ʀəvyspesjalize] Fachzeitschrift **10**
robe *f* [ʀɔb] Kleid **14**
robuste *adj* [ʀɔbyst] stabil **16**
rôle *m* [ʀol] Rolle **12**
roman *m* **policier** [ʀɔmãpɔlisje] Krimi **10**
romantique *adj* [ʀɔmãtik] romantisch **8**
rond(e) *adj* [ʀõ(d)] rund **5**
rosé *m* [ʀoze] Roséwein **6**
rôti *m* **de porc** [ʀɔtidpɔʀ] Schweinebraten **6**
rouge *adj* [ʀuʒ] *rot* **5**
rouler [ʀule] fahren **18**
roux, rousse *adj/m/adj/f* [ʀu,ʀus] rot (Haar) **16**
R.S.V.P (*abr* répondez s'il vous plaît) u.A.w.g
(um Antwort wird gebeten) **20**
rubrique *f* [ʀybʀik] Rubrik **7**
rue *f* [ʀy] Straße **1**
rupture *f* [ʀyptyʀ] Schluss **9**
rythme biologique *m* [ʀitm(ə)bjɔlɔʒik]
Biorhythmus **12**

S

sac *m* [sak] Handtasche **14**
saignant [sɛɲã] blutig (Steak) **6**
Saint-Valentin (la) [lasɛ̃valãtɛ̃] Valentinstag **8**
saisir [sɛziʀ] eingeben **11**
saison *f* [sɛzõ] Jahreszeit **5**
saisonnier,~nière *adj* [sɛzɔnje, ˍnjɛʀ]
saison- **12**
salade *f* [salad] Salat **2**
salade composée *f* [saladkõpoze] gemischter
Salat **2**
salarié(e) *m/(f)* [salaʀje] Angestellte(r) **10**
salle de bains *f* [saldəbɛ̃] Badezimmer **4**
salle de fermentation *f* [saldəfɛʀmãtasjõ]
Gärungsraum **17**
salle *f* [sal] Saal, Lokal **2**
Salon (*de + subst.*) *m* [salõ (də)] ... Messe **17**
salut [saly] grüß(t) dich / euch, Hallo **1**
salutations (cordiales) *f/pl* [kɔʀdjalsalytasjõ]
Mit freundlichen Grüßen **1**

samedi *m* [samdi] Samstag **2**
sandwich *m* [sãdwi(t)ʃ] Sandwich **2**
sans [sã] ohne **6**
santé *f* [sãte] Gesundheit **3**
santé (à la ~ de ...) *loc* [alasãtedə] auf das
Wohl ... **3**
satisfait(e) *adj* [satisfɛ(t)] zufrieden **10**
sauce *f* [sos] Soße **6**
saucisson *m* [sosisõ] Salami **2**
saumon *m* [somõ] Lachs **6**
sauvegarder [sovgaʀde] sichern, speichern **11**
savoir [savwaʀ] wissen **4**
sécurité *f* [sekyʀite] Sicherheit **20**
séjour *m* [seʒuʀ] Wohnzimmer **4**
selon [səlõ] je nach **10**
semaine *f* [səmɛn] Woche **2**
sens *m* [sãs] Sinn **7**
sensuel (le) *adj* [sãsɥɛl] sinnlich **9**
sentir (se) [səsãtiʀ] sich fühlen **12**
septembre *m* [sɛptãbʀ] September **5**
sérieux, ~ rieuse *adj* [seʀjø, ˍʀjøz] seriös **9**
serré(e) *adj* [sere] eng; dicht gedrängt **14**
serveur,~euse *m/f* [sɛʀvœʀ, ˍvøz] Kellner(in) **2**
service *m* [sɛʀvis] Dienstleistung, Bedienung;
Abteilung **1**
service *m* **compris** [sɛʀviskõpʀi] einschließlich Bedienung **2**
service (rendre un~) *loc* [ʀãdʀœ̃sɛʀvis]
behilflich sein **6**
services (rendre des ~s) *loc* [ʀãdʀədɛsɛʀvis]
Nutzen bringen **11**
servir (se ~) de [səsɛʀviʀdə] benützen **11**
seul(e) *adj* [sœl] einsam; einzig **12**
seulement *adv* [sœlmã] nur **2**
short *m* [ʃɔʀt] Short **14**
si [si] wenn **5**
siège *m* [sjɛʒ] Sitz **18**
signal *m* **sonore** [siɲalsɔnɔʀ] Bip **8**
s'il vous plaît *abr* S.V.P. [silvuplɛ] bitte **2**
simple *adj* [sɛ̃pl] einfach **11**
sinon [sinõ] sonst **9**
site *m* [sit] Website **1**
situé (bien ~) *loc* [bjɛ̃sitɥe] in schöner Lage **4**
sixième (le) *abr* [ləsizjɛm] sechster Bezirk **6**
ski *m* [ski] Ski **10**
ski (faire du ~) [fɛʀdyski] Ski fahren **10**
slip *m* [slip] Slip **14**
société *f* [sɔsjete] Firma **7**

soda *m* [sɔda] Sodawasser **2**

sœur *f* [sœʀ] Schwester **13**

soie *f* [swa] Seide **14**

soir *m* [swaʀ] Abend **3**

soirée *f* [swaʀ] Party; Abend **1; 13**

soit... soit [swa swa] entweder ... oder **10**

soldes *f/pl* [sɔld] Schlussverkauf **14**

soldes (faire les ~) [fɛʀlɛsɔld] Schlussverkauf abklappern **14**

sole *f* [sɔl] Seezunge **6**

soleil *m* [sɔlɛj] Sonne **8**

solide *adj* [sɔlid] stabil **16**

solution *f* [sɔlysjõ] Lösung **11**

sorbet *m* [sɔʀbɛ] Fruchteis **6**

sortie *f* [sɔʀti] das Ausgehen **10**

sortir [sɔʀtiʀ] ausgehen **8**

souhaiter [swɛte] wünschen **3**

souhaiter que *(+ subj)*... [swɛtekə] sich wünschen, dass... **19**

soupe *f* [sup] Suppe **6**

sous-vêtements *m/pl* [suvɛtmã] Unterwäsche **14**

soutien-gorge *m* [sutjẽgɔʀʒ] BH **14**

souvenir (se ~) de qc [səsuvniʀ] sich an etwas erinnern **10**

souvent *adv* [suvã] oft **3**

spécial(e) *adj* [spesjal] spezial **12**

spécialiste *m/f* [spesjalist] Fachmann, Fachfrau **1**

spécialité *f* [spesjalite] Spezialität **6**

sphère *f* [sfɛʀ] Kugel (in der Geometrie) **16**

sphérique *adj* [sfeʀik] kugelförmig **16**

splendide [splãdid] wunderschön (Wetter) **8**

spontanément *adv* [spõtanemã] spontan **20**

sport *m* [spɔʀ] Sport **10**

sport (faire du ~) [fɛʀdyspɔʀ] Sport treiben **10**

sportif, sportive *adj* [spɔʀtif, spɔʀtiv] sportlich **9**

stage *m* de formation [staʒdəfɔʀmasjõ] Ausbildungspraktikum **7**

stagiaire *m/f* [staʒjɛʀ] Praktikant(in) **1**

stand *m* [stãd] Stand **19**

standard *adj* [stãdaʀ] Standard **11**

standardiste *f* [stãdaʀdist] Telefonistin **7**

steak *f* [stɛk] Steak **6**

stimuler [stimyle] anregen **12**

strict(e) *adj* [stʀikt] streng **16**

style *m* [stil] Stil **14**

styliste *m/f* [stilist] Modedesigner(in) **14**

succès *m* [syksɛ] Erfolg **14**

sud *m* [syd] Süden **4**

suivre [sɥivʀ] folgen **6**

sujet *m* [syʒɛ] Thema **10**

sujet (c'est à quel ~ ?) *loc* [sɛtakɛlsyʒɛ] Worum geht es? **7**

super *adj* [sypɛʀ] toll **2**

superbe *adj* [sypɛʀb] wunderschön **5**

sûr(e) de soi *adj* [syʀdəswa] selbstsicher **20**

sûrement *adv* [syʀmã] bestimmt, sicher **3**

surfer (sur) [sœʀfe] surfen **13**

surprise *f* [syʀpʀiz] Überraschung **6**

sweat-shirt *m* [swɛtʃœʀt] Sweatshirt **14**

symbole *m* [sẽbɔl] Symbol **11**

sympathique *adj* [sẽpatik] sympathisch **3**

systématiquement *adv* [sistematikmã] systematisch **18**

système *m* nerveux [sistɛmnɛʀvø] Nervensystem **12**

table *f* [tabl] Tisch **5**

taille *f* [taj] Kleidergröße **9**

tailleur *m* [tajœʀ] Damenkostüm **14**

tante *f* [tãt] Tante **13**

taper [tape] schreiben **11**

tapis *m* [tapi] Teppich **5**

tard *adv* [taʀ] spät **6**

tard (à plus ~) *loc* [aplytaʀ] bis später **8**

tard (au plus) *loc* [oplytaʀ] spätestens **15**

tard (un peu plus ~) *loc* [œ̃pøplytaʀ] etwas später **6**

tarif *m* [taʀif] Preisliste; Preis **1**

tarte *f* [taʀt] Obstkuchen (aus Blätterteig oder Mürbteig) **6**

taxes (toutes ~ comprises) *abr* TTC [tuttakskõpʀiz] mit Mwst. **18**

taxes d'aéroport *f/pl* [tak aeʀopɔʀ] Flughafengebühren **15**

tee-shirt *m* [tiʃœʀt] T-Shirt **14**

télé F (télévision) *f* [tele(televizjõ)] Fernsehen **12**

téléphone *m* [telefɔn] Telefon **3**

téléphone (par) *loc* [paʀtelefɔn] telefonisch **6**

téléphoner [telefɔne] anrufen **3**

téléphonique *adj* [telefɔnik] telefonisch **11**

témoin *m* **(de mariage)** [temwɛ̃(dəmaʀjaʒ)] Trauzeuge, Trauzeugin **20**

temps *m* [tɑ̃] Zeit; Wetter **5; 8**

temps (avoir le) *loc* [avwaʀlətɑ̃] Zeit haben **5**

temps (de ~ en ~) *loc* [dətɑ̃zɑ̃tɑ̃] von Zeit zu Zeit **10**

temps (Quel ~ fait-il ?) [kɛltɑ̃fɛtil] Wie ist das Wetter? **8**

temps *m* **partiel** [tɑ̃paʀsjɛl] Teilzeit- beschäftigung **10**

tendance *f* [tɑ̃dɑ̃s] Trend **14**

tendance (avoir ~ à) *loc* [avwaʀtɑ̃dɑ̃sa] neigen **12**

terrine *f* **de volaille** [tɛʀindəvɔlɑj] Geflügel- pastete **6**

texto *m* [tɛksto] Nachricht, SMS **11**

thé *m* [te] schwarzer Tee **2**

théâtre *m* [teatʀ] Theater **9**

théâtre (faire du ~) *loc* [fɛʀdyteatʀ] Theater spielen **13**

tiens (!) *loc* [tjɛ̃] ach, hier kommt ... **1**

tissu *m* [tisy] Stoff **5**

tissu (en) *loc* [ɑ̃tisy] mit Stoffbezug **5**

titane *m* [titan] Titan **16**

toit *m* [twa] Dach **18**

tomate *f* [tɔmat] Tomate **6**

tombe (ça ~ bien) *loc* [satɔ̃bbjɛ̃] das trifft sich gut **6**

tomber amoureux, ~reuse [tɔ̃beamuʀø, ˍʀøz] sich verlieben **9**

tomber sur [tɔ̃besyʀ] sich treffen **6**

ton *m* [tɔ̃] Farbton **16**

top *m* [tɔp] Top (Shirt) **14**

tôt *adv* [to] verfrüht **20**

total(e) *adj* [tɔtal] vollständig

touche *f* **(de correction)** [tuʃ(dəkɔʀɛksjɔ̃)] Korrekturtaste **11**

tourner [tuʀne] abbiegen **4**

tout de suite *adv* [tudsɥit] gleich **5**

tout droit *adv* [tudʀwa] geradeaus **4**

tout le monde [tulmɔ̃d] alle **3**

tout près [tupʀɛ] ganz in der Nähe **4**

traditionnel(le) *adj* [tʀadisjɔnɛl] gut bürgerlich; traditionell **6**

traduction *f* [tʀadyksjɔ̃] Übersetzung **6**

traitement *m* [tʀɛtmɑ̃] Therapie **12**

tranquillement *adv* [tʀɑ̃kilmɑ̃] ruhig **8**

transfert d'appel *m* [tʀɑ̃sfɛʀdapɛl] Rufumleitung **11**

transformer (se) [sətʀɑ̃sfɔʀme] sich verwandeln **10**

transparent(e) *adj* [tʀɑ̃spaʀɑ̃(tʀɑ̃spaʀɑ̃t)] durchsichtig **14**

transporter [tʀɑ̃spɔʀte] transportieren **17**

travail *m* [tʀavaj] Arbeit **10**

travailler [tʀavaje] arbeiten **2**

très *adv* [tʀɛ] sehr **4**

tri (faire le) *loc* [fɛʀlətʀi] aussortieren **19**

tri *m* **des déchets** [tʀidedeʃɛ] Mülltrennung **19**

triangle *m* [tʀijɑ̃gl] Dreieck **16**

triangulaire *adj* [tʀijɑ̃gylɛʀ] dreieckig **16**

trier [tʀije] aussortieren **19**

trois places *m* [tʀwaplas] Dreisitzer (Sofa) **5**

troisième *adj* [tʀwazjɛm] dritte(r,s) **4**

trop *adv* [tʀo] zu **3**

trouver [tʀuve] finden **4**

trouver (se) [sətʀuve] sich befinden **15**

truite *f* [tʀɥit] Forelle **6**

type *m* [tip] Typ **9**

U

un, une [œ̃,yn] eine(r,s) **2**

universitaire *adj* **(année)** [ynivɛʀsitɛʀ] Studienjahr **10**

utilisateur, ~trice *m/f* [ytilizatœʀ, ˍtʀis] Benutzer(in) **11**

utiliser [ytilize] benutzen **11**

V

va (ça~) [sava] es geht **1**

vacances *f/pl* [vakɑ̃s] Ferien, Urlaub **10**

valeur (mettre en~) *loc* [mɛtʀɑ̃valœʀ] zur Geltung bringen **16**

valider [valide] bestätigen **11**

valoir la peine [valwaʀlapɛn] sich lohnen **14**

varier [vaʀje] variieren **11**

véhicule *m* [veikyl] Fahrzeug **17**

velours *m* [vəluʀ] Samt **14**

vendre [vɑ̃dʀ] verkaufen **19**

vendredi *m* [vɑ̃dʀədi] Freitag **2**

venir [vəniʀ] kommen **3**

vent *m* [vɑ̃] Wind **8**

vent (il y a du ~) *loc* [iljadyvɑ̃] es ist windig **8**

verre *m* [vɛʁ] Glas **5**
version *f* **originale** [vɛʁsjɔɔʁiʒinal]
Originalfassung **13**
vert(e) *adj* [vɛʁ(t)] grün **5**
vert amande *adj inv* [vɛʁamɑ̃d] zartgrün **14**
veste *f* [vɛst] Jacke **14**
veston *m* [vɛstɔ̃] Sakko **14**
vêtement *m* [vɛtmɑ̃] Kleidungsstück,
Plural: Kleidung **14**
viande *f* [vjɑ̃d] Fleisch, Fleischgericht **6**
vider [vide] leer machen **19**
vie *f* [vi] Leben **12**
vie (pour la) *loc* [puʁlavi] lebenslang **20**
vie *f* **de famille** [vidfamij] Familienleben **13**
vieillir [vjɛjiʁ] hier: reifen **17**
Vietnam (le) [vjɛtnam] Vietnam **20**
vieux oder **vieil** (vor Vokal + h), **vieille** *adj, pl*
vieux [vjø,vjɛl,vjø] alt **19**
vin *m* [vɛ̃] Wein **6**
vin *m* **blanc** [vɛ̃blɑ̃] Weißwein **6**
visage *m* [vizaʒ] Gesicht **16**
visite *f* [vizit] Besichtigung **4**
visite *f* **guidée** [vizitgide] Stadtführung **17**
visiter [vizite] besichtigen **4**
vitamine C *f* [vitamin se] Vitamin C **12**
vite *adv* [vit] schnell **15**
vitrine *f* [vitʁin] Schaufenster **14**
Vive... ! *loc* [viv] Ein Hoch auf ... **20**
vivre [vivʁ] Leben **20**
voilà [vwala] hier ist, hier kommt **1**
voir [vwar] sehen, anschauen **5**

voisin(e) *m/(f)* [vwazɛ̃(vwazin)] Nachbar(in) **13**
voiture *f* [vwatyʁ] Auto **13**
vol *m* [vɔl] Flug **15**
vol *m* **charter** [vɔlʃaʁtɛʁ] Charterflug **15**
vol *m* **régulier** [vɔlʁegylje] Linienflug **15**
volant *m* [vɔlɑ̃] Lenkrad **18**
volontiers *adv* [vɔlɔ̃tje] gerne **3**
voter [vɔte] wählen **13**
vouloir [vulwaʁ] wollen **5**
voyage *m* [vwajaʒ] Reise **8**
voyage *m* **d'affaires** [vwajaʒdafɛʁ]
Geschäftsreise **7**
voyage *m* **de noces** [vwajaʒdənɔs]
Hochzeitsreise **20**
voyager [vwajaʒe] reisen **15**
vrai(e) *adj* [vʁɛ] echt **9**
vrai (c'est) *loc* [sɛvʁɛ] das stimmt **12**
vraiment *adv* [vʁɛmɑ̃] wirklich **3**

W

week-end *m* [wikɛnd] Wochenende **6**

Y

yeux *m/pl* s. **œil** *m* [jø] Augen **9**
yeux (avoir les ~ noirs) *loc* [avwaʁlɛzjɔ̃nwaʁ]
braun-schwarze Augen haben **9**

Z

zapper [zape] zappen **12**
zéro *m* [zeʁo] Null, Nullpunkt **12**